法律政策全书
系列

全新

道路交通安全

法律政策全书

2023版

全面准确收录

合理分类检索

含法律、法规、司法解释、典型案例及相关文书

中国法制出版社
CHINA LEGAL PUBLISHING HOUSE

导　读

道路交通相关法律文件规范了车辆和驾驶人管理、明确了道路通行条件和各种道路交通主体的通行规则、确立了道路交通事故处理原则和机制、加强了对公安机关交通管理部门及其交通警察的执法监督、完善了违反交通安全管理行为的法律责任等等。学习和应用相关规范需要注意以下几点：

一、驾驶人管理

公安部2021年修订后的《机动车驾驶证申领和使用规定》自2022年4月1日起实施。其对公安部近年来已推出的交管改革措施予以固化，推进改革成果制度化、法治化，并回应群众新要求新期待，推出了多项便民利企新措施。

同时，此次修订坚持防风险保安全，严格大中型客货车驾驶人安全准入管理，从源头上预防道路交通事故。

二、机动车报废

2012年12月27日公布的《机动车强制报废标准规定》，自2013年5月1日起开始施行。该规定明确规定根据机动车使用和安全技术、排放检验状况，国家对达到报废标准的机动车实施强制报废。已注册机动车应当强制报废的情况包括：达到规定使用年限；经修理和调整仍不符合机动车安全技术国家标准对在用车有关要求的；经修理和调整或者采用控制技术后，向大气排放污染物或者噪声仍不符合国家标准对在用车有关要求的；在检验有效期届满后连续3个机动车检验周期内未取得机动车检验合格标志的。国家对达到一定行驶里程的机动车引导报废。

三、交通行政处罚

在处罚交通违章行为时，最常见的处罚就是罚款。目前法律作出了“罚缴分离”的有关规定，即作出罚款决定的行政机关应当与收缴罚款的机构分离。

四、交通事故处理

（一）交通事故自行协商

2017年7月22日，公安部修订的《道路交通事故处理程序规定》对交通事故自行协商的情形、场所、程序及方式作出了具体规定。第一，机动车与机动车、机动车与非机动车发生财产损失事故，当事人应当在确保安全的原则下，采取现场拍照或者标划事故车辆现场位置等方式固定证据后，立即撤离现场，将车辆移至不妨碍交通的地点，再协商处理损害赔偿事宜，但有本规定第十三条第一款情形的除外。非机动车与非机动车或者行人发生财产损失事故，当事人应当先撤离现场，再协商处理损害赔偿事宜。第二，发生可以自行协商处理的财产损失事故，当事人可以通过互联网在线自行协商处理；当事人对事实及成因有争议的，可以通过互联网共同申请公安机关交通管理部门在线确定当事人的责任。第三，当事人自行协商达成协议的，制作道路交通事故自行协商协议书，载明法定事项并共同签名。

（二）酒后驾车责任

《中华人民共和国道路交通安全法》第91条规定：“饮酒后驾驶机动车的，处暂扣六个月机动车驾驶证，并处一千元以上二千元以下罚款。因饮酒后驾驶机动车被处罚，再次饮酒后驾驶机动车的，处十日以下拘留，并处一千元以上二千元以下罚款，吊销机动车驾驶证。醉酒驾驶机动车的，由公安机关交通管理部门约束至酒醒，吊销机动车驾驶证，依法追究刑事责任；五年内不得重新取得机动车驾驶证。饮酒后驾驶营运机动车的，处十五日拘留，并处五千元罚款，吊销机动车驾驶证，五年内不得重新取得机动车驾驶证。醉酒驾驶营运机动车的，由公安机关交通管理部门约束至酒醒，吊销机动车驾驶证，依法追究刑事责任；十年内不得重新取得机动车驾驶证，重新取得机动车驾驶证后，不得驾驶营运机动车。饮酒后或者醉酒驾驶机动车发生重大交通事故，构成犯罪的，依法追究刑事责任，并由公安机关交通管理部门吊销机动车驾驶证，终生不得重新取得机动车驾驶证。”

五、交通事故责任和赔偿数额认定

道路交通事故引发的损害赔偿包括人身损害赔偿和财产损害赔偿，而赔偿案件主要涉及事故责任和赔偿数额的认定。对于事故责任认定，主要由《中华人民共和国道路交通安全法》第76条规定。《中华人民共和国民法典》《最高人民法院关于审理人身损害赔偿案件适用法律若干问题的解释》对赔偿项目和计算方法作了具体规定。

六、第三者责任强制保险

《中华人民共和国道路交通安全法》规定了机动车实行第三者责任强制保险制度，并设立道路交通事故社会救助基金。2019年3月修订的《机动车交通事故责任强制保险条例》，是对机动车交通事故责任强制保险的投保、赔偿和监督管理进行规范的行政法规。

目　　录

一、综　合

二、道路运输管理

---

① 本目录中的时间为法律文件的公布时间或最后一次修正、修订公布时间。

三、机动车与驾驶人管理

四、交通事故处理与违法行为处罚

（一）交通事故处理

（二）违法行为处罚

五、交通事故损害赔偿与强制保险

（一）交通事故损害赔偿

（二）交通事故责任强制保险

附　录

（一）典型案例

（二）相关文书

一 综　合

中华人民共和国道路交通安全法

（2003年10月28日第十届全国人民代表大会常务委员会第五次会议通过　根据2007年12月29日第十届全国人民代表大会常务委员会第三十一次会议《关于修改〈中华人民共和国道路交通安全法〉的决定》第一次修正　根据2011年4月22日第十一届全国人民代表大会常务委员会第二十次会议《关于修改〈中华人民共和国道路交通安全法〉的决定》第二次修正　根据2021年4月29日第十三届全国人民代表大会常务委员会第二十八次会议《关于修改〈中华人民共和国道路交通安全法〉等八部法律的决定》第三次修正）

目　录

第一章　总　　则

第一条　【立法宗旨】[①] 为了维护道路交通秩序，预防和减少交通事故，保护人身安全，保护公民、法人和其他组织的财产安全及其他合法权益，提高通行效率，制定本法。

第二条　【适用范围】 中华人民共和国境内的车辆驾驶人、行人、乘车人以及与道路交通活动有关的单位和个人，都应当遵守本法。

第三条　【基本原则】 道路交通安全工作，应当遵循依法管理、方便群众的原则，保障道路交通有序、安全、畅通。

第四条　【道路交通安全管理规划及实施】 各级人民政府应当保障道路交通安全管理工作与经济建设和社会发展相适应。

县级以上地方各级人民政府应当适应道路交通发展的需要，依据道路交通安全法律、法规和国家有关政策，制定道路交通安全管理规划，并组织实施。

第五条　【道路交通安全工作的管辖】 国务院公安部门负责全国道路交通安全管理工作。县级以上地方各级人民政府公安机关交

---

① 条文主旨为编者所加，下同。

通管理部门负责本行政区域内的道路交通安全管理工作。

县级以上各级人民政府交通、建设管理部门依据各自职责，负责有关的道路交通工作。

第六条　【道路交通安全宣传】各级人民政府应当经常进行道路交通安全教育，提高公民的道路交通安全意识。

公安机关交通管理部门及其交通警察执行职务时，应当加强道路交通安全法律、法规的宣传，并模范遵守道路交通安全法律、法规。

机关、部队、企业事业单位、社会团体以及其他组织，应当对本单位的人员进行道路交通安全教育。

教育行政部门、学校应当将道路交通安全教育纳入法制教育的内容。

新闻、出版、广播、电视等有关单位，有进行道路交通安全教育的义务。

第七条　【道路交通安全管理的发展要求】对道路交通安全管理工作，应当加强科学研究，推广、使用先进的管理方法、技术、设备。

第二章　车辆和驾驶人

第一节　机动车、非机动车

第八条　【机动车登记制度】国家对机动车实行登记制度。机动车经公安机关交通管理部门登记后，方可上道路行驶。尚未登记的机动车，需要临时上道路行驶的，应当取得临时通行牌证。

第九条　【注册登记】申请机动车登记，应当提交以下证明、凭证：

（一）机动车所有人的身份证明；

（二）机动车来历证明；

（三）机动车整车出厂合格证明或者进口机动车进口凭证；

（四）车辆购置税的完税证明或者免税凭证；

（五）法律、行政法规规定应当在机动车登记时提交的其他证明、凭证。

公安机关交通管理部门应当自受理申请之日起五个工作日内完成机动车登记审查工作，对符合前款规定条件的，应当发放机动车登记证书、号牌和行驶证；对不符合前款规定条件的，应当向申请人说明不予登记的理由。

公安机关交通管理部门以外的任何单位或者个人不得发放机动车号牌或者要求机动车悬挂其他号牌，本法另有规定的除外。

机动车登记证书、号牌、行驶证的式样由国务院公安部门规定并监制。

第十条　【机动车应符合国家安全技术标准】准予登记的机动车应当符合机动车国家安全技术标准。申请机动车登记时，应当接受对该机动车的安全技术检验。但是，经国家机动车产品主管部门依据机动车国家安全技术标准认定的企业生产的机动车型，该车型的新车在出厂时经检验符合机动车国家安全技术标准，获得检验合格证的，免予安全技术检验。

第十一条　【机动车上道行驶手续和号牌悬挂】驾驶机动车上道路行驶，应当悬挂机动车号牌，放置检验合格标志、保险标志，并随车携带机动车行驶证。

机动车号牌应当按照规定悬挂并保持清晰、完整，不得故意遮挡、污损。

任何单位和个人不得收缴、扣留机动车号牌。

第十二条　【变更登记】有下列情形之一的，应当办理相应的登记：

（一）机动车所有权发生转移的；

（二）机动车登记内容变更的；

（三）机动车用作抵押的；

（四）机动车报废的。

第十三条　【机动车安检】对登记后上道路行驶的机动车，应当依照法律、行政法规的规定，根据车辆用途、载客载货数量、使用年限等不同情况，定期进行安全技术检验。对提供机动车行驶证和机动车第三者责任强制保险单的，机动车安全技术检验机构应当予以检验，任何单位不得附加其他条件。对符合机动车国家安全技术标准的，公安机关交通管理部门应当发给检验合格标志。

对机动车的安全技术检验实行社会化。具体办法由国务院规定。

机动车安全技术检验实行社会化的地方，任何单位不得要求机动车到指定的场所进行检验。

公安机关交通管理部门、机动车安全技术检验机构不得要求机动车到指定的场所进行维修、保养。

机动车安全技术检验机构对机动车检验收取费用，应当严格执行国务院价格主管部门核定的收费标准。

第十四条　【强制报废制度】国家实行机动车强制报废制度，根据机动车的安全技术状况和不同用途，规定不同的报废标准。

应当报废的机动车必须及时办理注销登记。

达到报废标准的机动车不得上道路行驶。报废的大型客、货车及其他营运车辆应当在公安机关交通管理部门的监督下解体。

第十五条　【特种车辆标志图案的喷涂和警报器、标志灯具的安装、使用】警车、消防车、救护车、工程救险车应当按照规定喷涂标志图案，安装警报器、标志灯具。其他机动车不得喷涂、安装、使用上述车辆专用的或者与其相类似的标志图案、警报器或者标志灯具。

警车、消防车、救护车、工程救险车应当严格按照规定的用途和条件使用。

公路监督检查的专用车辆，应当依照公路法的规定，设置统一的标志和示警灯。

第十六条　【禁止拼装、改变、伪造、变造等违法行为】任何单位或者个人不得有下列行为：

（一）拼装机动车或者擅自改变机动车已登记的结构、构造或者特征；

（二）改变机动车型号、发动机号、车架号或者车辆识别代号；

（三）伪造、变造或者使用伪造、变造的机动车登记证书、号牌、行驶证、检验合格标志、保险标志；

（四）使用其他机动车的登记证书、号牌、行驶证、检验合格标志、保险标志。

第十七条　【机动车第三者责任强制保险制度和道路交通事故社会救助基金】国家实行机动车第三者责任强制保险制度，设立道路交通事故社会救助基金。具体办法由国务院规定。

第十八条　【非机动车的管理】依法应当登记的非机动车，经公安机关交通管理部门登记后，方可上道路行驶。

依法应当登记的非机动车的种类，由省、自治区、直辖市人民政府根据当地实际情况规定。

非机动车的外形尺寸、质量、制动器、车铃和夜间反光装置，应当符合非机动车安全技术标准。

第二节　机动车驾驶人

第十九条　【驾驶证】驾驶机动车，应当依法取得机动车驾驶证。

申请机动车驾驶证，应当符合国务院公安部门规定的驾驶许可条件；经考试合格后，由公安机关交通管理部门发给相应类别的机动车驾驶证。

持有境外机动车驾驶证的人，符合国务院公安部门规定的驾驶许可条件，经公安机关交通管理部门考核合格的，可以发给中国的机动车驾驶证。

驾驶人应当按照驾驶证载明的准驾车型驾驶机动车；驾驶机动车时，应当随身携带机动车驾驶证。

公安机关交通管理部门以外的任何单位或者个人，不得收缴、扣留机动车驾驶证。

第二十条　【驾驶培训】机动车的驾驶培训实行社会化，由交通运输主管部门对驾驶培训学校、驾驶培训班实行备案管理，并对驾驶培训活动加强监督，其中专门的拖拉机驾驶培训学校、驾驶培训班由农业（农业机械）主管部门实行监督管理。

驾驶培训学校、驾驶培训班应当严格按照国家有关规定，对学员进行道路交通安全法律、法规、驾驶技能的培训，确保培训质量。

任何国家机关以及驾驶培训和考试主管部门不得举办或者参与举办驾驶培训学校、驾驶培训班。

第二十一条　【上路行驶前的安全检查】驾驶人驾驶机动车上道路行驶前，应当对机动车的安全技术性能进行认真检查；不得驾驶安全设施不全或者机件不符合技术标准等具有安全隐患的机动车。

第二十二条　【机动车驾驶人应当安全驾驶】机动车驾驶人应当遵守道路交通安全法律、法规的规定，按照操作规范安全驾驶、文明驾驶。

饮酒、服用国家管制的精神药品或者麻醉药品，或者患有妨碍安全驾驶机动车的疾病，或者过度疲劳影响安全驾驶的，不得驾驶机动车。

任何人不得强迫、指使、纵容驾驶人违反道路交通安全法律、法规和机动车安全驾驶要求驾驶机动车。

第二十三条　【机动车驾驶证定期审验】公安机关交通管理部

门依照法律、行政法规的规定，定期对机动车驾驶证实施审验。

第二十四条　【累积记分制度】公安机关交通管理部门对机动车驾驶人违反道路交通安全法律、法规的行为，除依法给予行政处罚外，实行累积记分制度。公安机关交通管理部门对累积记分达到规定分值的机动车驾驶人，扣留机动车驾驶证，对其进行道路交通安全法律、法规教育，重新考试；考试合格的，发还其机动车驾驶证。

对遵守道路交通安全法律、法规，在一年内无累积记分的机动车驾驶人，可以延长机动车驾驶证的审验期。具体办法由国务院公安部门规定。

第三章　道路通行条件

第二十五条　【道路交通信号和分类】全国实行统一的道路交通信号。

交通信号包括交通信号灯、交通标志、交通标线和交通警察的指挥。

交通信号灯、交通标志、交通标线的设置应当符合道路交通安全、畅通的要求和国家标准，并保持清晰、醒目、准确、完好。

根据通行需要，应当及时增设、调换、更新道路交通信号。增设、调换、更新限制性的道路交通信号，应当提前向社会公告，广泛进行宣传。

第二十六条　【交通信号灯分类和示义】交通信号灯由红灯、绿灯、黄灯组成。红灯表示禁止通行，绿灯表示准许通行，黄灯表示警示。

第二十七条　【铁路道口的警示标志】铁路与道路平面交叉的道口，应当设置警示灯、警示标志或者安全防护设施。无人看守的铁路道口，应当在距道口一定距离处设置警示标志。

第二十八条　【道路交通信号的保护】任何单位和个人不得擅

自设置、移动、占用、损毁交通信号灯、交通标志、交通标线。

道路两侧及隔离带上种植的树木或者其他植物，设置的广告牌、管线等，应当与交通设施保持必要的距离，不得遮挡路灯、交通信号灯、交通标志，不得妨碍安全视距，不得影响通行。

第二十九条　【公共交通的规划、设计、建设和对交通安全隐患的防范】道路、停车场和道路配套设施的规划、设计、建设，应当符合道路交通安全、畅通的要求，并根据交通需求及时调整。

公安机关交通管理部门发现已经投入使用的道路存在交通事故频发路段，或者停车场、道路配套设施存在交通安全严重隐患的，应当及时向当地人民政府报告，并提出防范交通事故、消除隐患的建议，当地人民政府应当及时作出处理决定。

第三十条　【道路或交通信号毁损的处置措施】道路出现坍塌、坑漕、水毁、隆起等损毁或者交通信号灯、交通标志、交通标线等交通设施损毁、灭失的，道路、交通设施的养护部门或者管理部门应当设置警示标志并及时修复。

公安机关交通管理部门发现前款情形，危及交通安全，尚未设置警示标志的，应当及时采取安全措施，疏导交通，并通知道路、交通设施的养护部门或者管理部门。

第三十一条　【未经许可不得占道从事非交通活动】未经许可，任何单位和个人不得占用道路从事非交通活动。

第三十二条　【占用道路施工的处置措施】因工程建设需要占用、挖掘道路，或者跨越、穿越道路架设、增设管线设施，应当事先征得道路主管部门的同意；影响交通安全的，还应当征得公安机关交通管理部门的同意。

施工作业单位应当在经批准的路段和时间内施工作业，并在距离施工作业地点来车方向安全距离处设置明显的安全警示标志，采取防护措施；施工作业完毕，应当迅速清除道路上的障碍物，消除安全隐患，经道路主管部门和公安机关交通管理部门验收合格，符合通行要求后，方可恢复通行。

对未中断交通的施工作业道路，公安机关交通管理部门应当加强交通安全监督检查，维护道路交通秩序。

第三十三条　【停车场、停车泊位的设置】新建、改建、扩建的公共建筑、商业街区、居住区、大（中）型建筑等，应当配建、增建停车场；停车泊位不足的，应当及时改建或者扩建；投入使用的停车场不得擅自停止使用或者改作他用。

在城市道路范围内，在不影响行人、车辆通行的情况下，政府有关部门可以施划停车泊位。

第三十四条　【行人过街设施、盲道的设置】学校、幼儿园、医院、养老院门前的道路没有行人过街设施的，应当施划人行横道线，设置提示标志。

城市主要道路的人行道，应当按照规划设置盲道。盲道的设置应当符合国家标准。

第四章　道路通行规定

第一节　一般规定

第三十五条　【右侧通行】机动车、非机动车实行右侧通行。

第三十六条　【车道划分和通行规则】根据道路条件和通行需要，道路划分为机动车道、非机动车道和人行道的，机动车、非机动车、行人实行分道通行。没有划分机动车道、非机动车道和人行道的，机动车在道路中间通行，非机动车和行人在道路两侧通行。

第三十七条　【专用车道只准许规定车辆通行】道路划设专用车道的，在专用车道内，只准许规定的车辆通行，其他车辆不得进入专用车道内行驶。

第三十八条　【遵守交通信号】车辆、行人应当按照交通信号通行；遇有交通警察现场指挥时，应当按照交通警察的指挥通行；

在没有交通信号的道路上，应当在确保安全、畅通的原则下通行。

第三十九条 【交通管理部门可根据情况采取管理措施并提前公告】公安机关交通管理部门根据道路和交通流量的具体情况，可以对机动车、非机动车、行人采取疏导、限制通行、禁止通行等措施。遇有大型群众性活动、大范围施工等情况，需要采取限制交通的措施，或者作出与公众的道路交通活动直接有关的决定，应当提前向社会公告。

第四十条 【交通管制】遇有自然灾害、恶劣气象条件或者重大交通事故等严重影响交通安全的情形，采取其他措施难以保证交通安全时，公安机关交通管理部门可以实行交通管制。

第四十一条 【授权国务院规定道路通行的其他具体规定】有关道路通行的其他具体规定，由国务院规定。

第二节 机动车通行规定

第四十二条 【机动车行驶速度】机动车上道路行驶，不得超过限速标志标明的最高时速。在没有限速标志的路段，应当保持安全车速。

夜间行驶或者在容易发生危险的路段行驶，以及遇有沙尘、冰雹、雨、雪、雾、结冰等气象条件时，应当降低行驶速度。

第四十三条 【不得超车的情形】同车道行驶的机动车，后车应当与前车保持足以采取紧急制动措施的安全距离。有下列情形之一的，不得超车：

（一）前车正在左转弯、掉头、超车的；

（二）与对面来车有会车可能的；

（三）前车为执行紧急任务的警车、消防车、救护车、工程救险车的；

（四）行经铁路道口、交叉路口、窄桥、弯道、陡坡、隧道、人行横道、市区交通流量大的路段等没有超车条件的。

第四十四条　【交叉路口通行规则】机动车通过交叉路口，应当按照交通信号灯、交通标志、交通标线或者交通警察的指挥通过；通过没有交通信号灯、交通标志、交通标线或者交通警察指挥的交叉路口时，应当减速慢行，并让行人和优先通行的车辆先行。

第四十五条　【交通不畅条件下的行驶】机动车遇有前方车辆停车排队等候或者缓慢行驶时，不得借道超车或者占用对面车道，不得穿插等候的车辆。

在车道减少的路段、路口，或者在没有交通信号灯、交通标志、交通标线或者交通警察指挥的交叉路口遇到停车排队等候或者缓慢行驶时，机动车应当依次交替通行。

第四十六条　【铁路道口通行规则】机动车通过铁路道口时，应当按照交通信号或者管理人员的指挥通行；没有交通信号或者管理人员的，应当减速或者停车，在确认安全后通过。

第四十七条　【避让行人】机动车行经人行横道时，应当减速行驶；遇行人正在通过人行横道，应当停车让行。

机动车行经没有交通信号的道路时，遇行人横过道路，应当避让。

第四十八条　【机动车载物】机动车载物应当符合核定的载质量，严禁超载；载物的长、宽、高不得违反装载要求，不得遗洒、飘散载运物。

机动车运载超限的不可解体的物品，影响交通安全的，应当按照公安机关交通管理部门指定的时间、路线、速度行驶，悬挂明显标志。在公路上运载超限的不可解体的物品，并应当依照公路法的规定执行。

机动车载运爆炸物品、易燃易爆化学物品以及剧毒、放射性等危险物品，应当经公安机关批准后，按指定的时间、路线、速度行驶，悬挂警示标志并采取必要的安全措施。

第四十九条　【机动车载人】机动车载人不得超过核定的人

数，客运机动车不得违反规定载货。

第五十条　【货运车运营规则】禁止货运机动车载客。

货运机动车需要附载作业人员的，应当设置保护作业人员的安全措施。

第五十一条　【安全带及安全头盔的使用】机动车行驶时，驾驶人、乘坐人员应当按规定使用安全带，摩托车驾驶人及乘坐人员应当按规定戴安全头盔。

第五十二条　【机动车故障处置】机动车在道路上发生故障，需要停车排除故障时，驾驶人应当立即开启危险报警闪光灯，将机动车移至不妨碍交通的地方停放；难以移动的，应当持续开启危险报警闪光灯，并在来车方向设置警告标志等措施扩大示警距离，必要时迅速报警。

第五十三条　【特种车辆的优先通行权】警车、消防车、救护车、工程救险车执行紧急任务时，可以使用警报器、标志灯具；在确保安全的前提下，不受行驶路线、行驶方向、行驶速度和信号灯的限制，其他车辆和行人应当让行。

警车、消防车、救护车、工程救险车非执行紧急任务时，不得使用警报器、标志灯具，不享有前款规定的道路优先通行权。

第五十四条　【养护、工程作业等车辆的作业通行权】道路养护车辆、工程作业车进行作业时，在不影响过往车辆通行的前提下，其行驶路线和方向不受交通标志、标线限制，过往车辆和人员应当注意避让。

洒水车、清扫车等机动车应当按照安全作业标准作业；在不影响其他车辆通行的情况下，可以不受车辆分道行驶的限制，但是不得逆向行驶。

第五十五条　【拖拉机的通行和营运】高速公路、大中城市中心城区内的道路，禁止拖拉机通行。其他禁止拖拉机通行的道路，由省、自治区、直辖市人民政府根据当地实际情况规定。

在允许拖拉机通行的道路上，拖拉机可以从事货运，但是不得用于载人。

第五十六条　【机动车的停泊】机动车应当在规定地点停放。禁止在人行道上停放机动车；但是，依照本法第三十三条规定施划的停车泊位除外。

在道路上临时停车的，不得妨碍其他车辆和行人通行。

第三节　非机动车通行规定

第五十七条　【非机动车通行规则】驾驶非机动车在道路上行驶应当遵守有关交通安全的规定。非机动车应当在非机动车道内行驶；在没有非机动车道的道路上，应当靠车行道的右侧行驶。

第五十八条　【非机动车行驶速度限制】残疾人机动轮椅车、电动自行车在非机动车道内行驶时，最高时速不得超过十五公里。

第五十九条　【非机动车的停放】非机动车应当在规定地点停放。未设停放地点的，非机动车停放不得妨碍其他车辆和行人通行。

第六十条　【畜力车使用规则】驾驭畜力车，应当使用驯服的牲畜；驾驭畜力车横过道路时，驾驭人应当下车牵引牲畜；驾驭人离开车辆时，应当拴系牲畜。

第四节　行人和乘车人通行规定

第六十一条　【行人通行规则】行人应当在人行道内行走，没有人行道的靠路边行走。

第六十二条　【行人横过道路规则】行人通过路口或者横过道路，应当走人行横道或者过街设施；通过有交通信号灯的人行横道，应当按照交通信号灯指示通行；通过没有交通信号灯、人行横道的路口，或者在没有过街设施的路段横过道路，应当在确认安全后通过。

第六十三条　【行人禁止行为】行人不得跨越、倚坐道路隔离设施，不得扒车、强行拦车或者实施妨碍道路交通安全的其他行为。

第六十四条　【特殊行人通行规则】学龄前儿童以及不能辨认或者不能控制自己行为的精神疾病患者、智力障碍者在道路上通行，应当由其监护人、监护人委托的人或者对其负有管理、保护职责的人带领。

盲人在道路上通行，应当使用盲杖或者采取其他导盲手段，车辆应当避让盲人。

第六十五条　【行人通过铁路道口规则】行人通过铁路道口时，应当按照交通信号或者管理人员的指挥通行；没有交通信号和管理人员的，应当在确认无火车驶临后，迅速通过。

第六十六条　【乘车规则】乘车人不得携带易燃易爆等危险物品，不得向车外抛洒物品，不得有影响驾驶人安全驾驶的行为。

第五节　高速公路的特别规定

第六十七条　【高速公路通行规则、时速限制】行人、非机动车、拖拉机、轮式专用机械车、铰接式客车、全挂拖斗车以及其他设计最高时速低于七十公里的机动车，不得进入高速公路。高速公路限速标志标明的最高时速不得超过一百二十公里。

第六十八条　【故障处理】机动车在高速公路上发生故障时，应当依照本法第五十二条的有关规定办理；但是，警告标志应当设置在故障车来车方向一百五十米以外，车上人员应当迅速转移到右侧路肩上或者应急车道内，并且迅速报警。

机动车在高速公路上发生故障或者交通事故，无法正常行驶的，应当由救援车、清障车拖曳、牵引。

第六十九条　【不得在高速公路上拦截车辆】任何单位、个人不得在高速公路上拦截检查行驶的车辆，公安机关的人民警察依法执行紧急公务除外。

第五章　交通事故处理

第七十条　【交通事故处理及报警】在道路上发生交通事故，车辆驾驶人应当立即停车，保护现场；造成人身伤亡的，车辆驾驶人应当立即抢救受伤人员，并迅速报告执勤的交通警察或者公安机关交通管理部门。因抢救受伤人员变动现场的，应当标明位置。乘车人、过往车辆驾驶人、过往行人应当予以协助。

在道路上发生交通事故，未造成人身伤亡，当事人对事实及成因无争议的，可以即行撤离现场，恢复交通，自行协商处理损害赔偿事宜；不即行撤离现场的，应当迅速报告执勤的交通警察或者公安机关交通管理部门。

在道路上发生交通事故，仅造成轻微财产损失，并且基本事实清楚的，当事人应当先撤离现场再进行协商处理。

第七十一条　【交通事故逃逸的处理】车辆发生交通事故后逃逸的，事故现场目击人员和其他知情人员应当向公安机关交通管理部门或者交通警察举报。举报属实的，公安机关交通管理部门应当给予奖励。

第七十二条　【交警处理交通事故程序】公安机关交通管理部门接到交通事故报警后，应当立即派交通警察赶赴现场，先组织抢救受伤人员，并采取措施，尽快恢复交通。

交通警察应当对交通事故现场进行勘验、检查，收集证据；因收集证据的需要，可以扣留事故车辆，但是应当妥善保管，以备核查。

对当事人的生理、精神状况等专业性较强的检验，公安机关交通管理部门应当委托专门机构进行鉴定。鉴定结论应当由鉴定人签名。

第七十三条　【交通事故认定书】公安机关交通管理部门应当根据交通事故现场勘验、检查、调查情况和有关的检验、鉴定结论，及时制作交通事故认定书，作为处理交通事故的证据。交通事故认定书应当载明交通事故的基本事实、成因和当事人的责任，并送达当事人。

第七十四条 【交通事故的调解或起诉】对交通事故损害赔偿的争议，当事人可以请求公安机关交通管理部门调解，也可以直接向人民法院提起民事诉讼。

经公安机关交通管理部门调解，当事人未达成协议或者调解书生效后不履行的，当事人可以向人民法院提起民事诉讼。

第七十五条 【受伤人员的抢救及费用承担】医疗机构对交通事故中的受伤人员应当及时抢救，不得因抢救费用未及时支付而拖延救治。肇事车辆参加机动车第三者责任强制保险的，由保险公司在责任限额范围内支付抢救费用；抢救费用超过责任限额的，未参加机动车第三者责任强制保险或者肇事后逃逸的，由道路交通事故社会救助基金先行垫付部分或者全部抢救费用，道路交通事故社会救助基金管理机构有权向交通事故责任人追偿。

第七十六条 【交通事故赔偿责任】机动车发生交通事故造成人身伤亡、财产损失的，由保险公司在机动车第三者责任强制保险责任限额范围内予以赔偿；不足的部分，按照下列规定承担赔偿责任：

（一）机动车之间发生交通事故的，由有过错的一方承担赔偿责任；双方都有过错的，按照各自过错的比例分担责任。

（二）机动车与非机动车驾驶人、行人之间发生交通事故，非机动车驾驶人、行人没有过错的，由机动车一方承担赔偿责任；有证据证明非机动车驾驶人、行人有过错的，根据过错程度适当减轻机动车一方的赔偿责任；机动车一方没有过错的，承担不超过百分之十的赔偿责任。

交通事故的损失是由非机动车驾驶人、行人故意碰撞机动车造成的，机动车一方不承担赔偿责任。

第七十七条　【道路外交通事故处理】车辆在道路以外通行时发生的事故，公安机关交通管理部门接到报案的，参照本法有关规定办理。

第六章　执法监督

第七十八条　【交警管理及考核上岗】公安机关交通管理部门应当加强对交通警察的管理，提高交通警察的素质和管理道路交通的水平。

公安机关交通管理部门应当对交通警察进行法制和交通安全管理业务培训、考核。交通警察经考核不合格的，不得上岗执行职务。

第七十九条　【依法履行法定职责】公安机关交通管理部门及其交通警察实施道路交通安全管理，应当依据法定的职权和程序，简化办事手续，做到公正、严格、文明、高效。

第八十条　【执行职务要求】交通警察执行职务时，应当按照规定着装，佩带人民警察标志，持有人民警察证件，保持警容严整，举止端庄，指挥规范。

第八十一条　【收费标准】依照本法发放牌证等收取工本费，应当严格执行国务院价格主管部门核定的收费标准，并全部上缴国库。

第八十二条　【处罚和收缴分离原则】公安机关交通管理部门依法实施罚款的行政处罚，应当依照有关法律、行政法规的规定，实施罚款决定与罚款收缴分离；收缴的罚款以及依法没收的违法所得，应当全部上缴国库。

第八十三条　【回避制度】交通警察调查处理道路交通安全违法行为和交通事故，有下列情形之一的，应当回避：

（一）是本案的当事人或者当事人的近亲属；

（二）本人或者其近亲属与本案有利害关系；

（三）与本案当事人有其他关系，可能影响案件的公正处理。

第八十四条　【执法监督】公安机关交通管理部门及其交通警察的行政执法活动，应当接受行政监察机关依法实施的监督。

公安机关督察部门应当对公安机关交通管理部门及其交通警察执行法律、法规和遵守纪律的情况依法进行监督。

上级公安机关交通管理部门应当对下级公安机关交通管理部门的执法活动进行监督。

第八十五条　【举报、投诉制度】公安机关交通管理部门及其交通警察执行职务，应当自觉接受社会和公民的监督。

任何单位和个人都有权对公安机关交通管理部门及其交通警察不严格执法以及违法违纪行为进行检举、控告。收到检举、控告的机关，应当依据职责及时查处。

第八十六条　【交警执法保障】任何单位不得给公安机关交通管理部门下达或者变相下达罚款指标；公安机关交通管理部门不得以罚款数额作为考核交通警察的标准。

公安机关交通管理部门及其交通警察对超越法律、法规规定的指令，有权拒绝执行，并同时向上级机关报告。

第七章　法律责任

第八十七条　【交通管理部门的职权】公安机关交通管理部门及其交通警察对道路交通安全违法行为，应当及时纠正。

公安机关交通管理部门及其交通警察应当依据事实和本法的有关规定对道路交通安全违法行为予以处罚。对于情节轻微，未影响道路通行的，指出违法行为，给予口头警告后放行。

第八十八条　【处罚种类】对道路交通安全违法行为的处罚种类包括：警告、罚款、暂扣或者吊销机动车驾驶证、拘留。

第八十九条　【对违法行人、乘车人、非机动车驾驶人的处罚】行人、乘车人、非机动车驾驶人违反道路交通安全法律、法规关于道路通行规定的，处警告或者五元以上五十元以下罚款；非机动车驾驶人拒绝接受罚款处罚的，可以扣留其非机动车。

第九十条　【对违法机动车驾驶人的处罚】机动车驾驶人违反道路交通安全法律、法规关于道路通行规定的，处警告或者二十元以上二百元以下罚款。本法另有规定的，依照规定处罚。

第九十一条　【饮酒、醉酒驾车处罚】饮酒后驾驶机动车的，处暂扣六个月机动车驾驶证，并处一千元以上二千元以下罚款。因饮酒后驾驶机动车被处罚，再次饮酒后驾驶机动车的，处十日以下拘留，并处一千元以上二千元以下罚款，吊销机动车驾驶证。

醉酒驾驶机动车的，由公安机关交通管理部门约束至酒醒，吊销机动车驾驶证，依法追究刑事责任；五年内不得重新取得机动车驾驶证。

饮酒后驾驶营运机动车的，处十五日拘留，并处五千元罚款，吊销机动车驾驶证，五年内不得重新取得机动车驾驶证。

醉酒驾驶营运机动车的，由公安机关交通管理部门约束至酒醒，吊销机动车驾驶证，依法追究刑事责任；十年内不得重新取得机动车驾驶证，重新取得机动车驾驶证后，不得驾驶营运机动车。

饮酒后或者醉酒驾驶机动车发生重大交通事故，构成犯罪的，依法追究刑事责任，并由公安机关交通管理部门吊销机动车驾驶证，终生不得重新取得机动车驾驶证。

第九十二条　【超载行为处罚】公路客运车辆载客超过额定乘员的，处二百元以上五百元以下罚款；超过额定乘员百分之二十或者违反规定载货的，处五百元以上二千元以下罚款。

货运机动车超过核定载质量的，处二百元以上五百元以下罚款；超过核定载质量百分之三十或者违反规定载客的，处五百元以上二千元以下罚款。

有前两款行为的，由公安机关交通管理部门扣留机动车至违法状态消除。

运输单位的车辆有本条第一款、第二款规定的情形，经处罚不改的，对直接负责的主管人员处二千元以上五千元以下罚款。

第九十三条 【对违法泊车的处理及拖车规则】对违反道路交通安全法律、法规关于机动车停放、临时停车规定的，可以指出违法行为，并予以口头警告，令其立即驶离。

机动车驾驶人不在现场或者虽在现场但拒绝立即驶离，妨碍其他车辆、行人通行的，处二十元以上二百元以下罚款，并可以将该机动车拖移至不妨碍交通的地点或者公安机关交通管理部门指定的地点停放。公安机关交通管理部门拖车不得向当事人收取费用，并应当及时告知当事人停放地点。

因采取不正确的方法拖车造成机动车损坏的，应当依法承担补偿责任。

第九十四条 【对机动车安检机构的管理】机动车安全技术检验机构实施机动车安全技术检验超过国务院价格主管部门核定的收费标准收取费用的，退还多收取的费用，并由价格主管部门依照《中华人民共和国价格法》的有关规定给予处罚。

机动车安全技术检验机构不按照机动车国家安全技术标准进行检验，出具虚假检验结果的，由公安机关交通管理部门处所收检验费用五倍以上十倍以下罚款，并依法撤销其检验资格；构成犯罪的，依法追究刑事责任。

第九十五条 【未悬挂号牌、未放置标志、未携带证件、未合理安放号牌的处理】上道路行驶的机动车未悬挂机动车号牌，未放置检验合格标志、保险标志，或者未随车携带行驶证、驾驶证的，公安机关交通管理部门应当扣留机动车，通知当事人提供相应的牌证、标志或者补办相应手续，并可以依照本法第九十条的规定予以处罚。当事人提供相应的牌证、标志或者补办相应手续的，应当及时退还机动车。

故意遮挡、污损或者不按规定安装机动车号牌的，依照本法第九十条的规定予以处罚。

第九十六条　【对伪造、变造行为的处罚】伪造、变造或者使用伪造、变造的机动车登记证书、号牌、行驶证、驾驶证的，由公安机关交通管理部门予以收缴，扣留该机动车，处十五日以下拘留，并处二千元以上五千元以下罚款；构成犯罪的，依法追究刑事责任。

伪造、变造或者使用伪造、变造的检验合格标志、保险标志的，由公安机关交通管理部门予以收缴，扣留该机动车，处十日以下拘留，并处一千元以上三千元以下罚款；构成犯罪的，依法追究刑事责任。

使用其他车辆的机动车登记证书、号牌、行驶证、检验合格标志、保险标志的，由公安机关交通管理部门予以收缴，扣留该机动车，处二千元以上五千元以下罚款。

当事人提供相应的合法证明或者补办相应手续的，应当及时退还机动车。

第九十七条　【对非法安装警报器、标志灯具的处罚】非法安装警报器、标志灯具的，由公安机关交通管理部门强制拆除，予以收缴，并处二百元以上二千元以下罚款。

第九十八条　【对未投保交强险的处罚】机动车所有人、管理人未按照国家规定投保机动车第三者责任强制保险的，由公安机关交通管理部门扣留车辆至依照规定投保后，并处依照规定投保最低责任限额应缴纳的保险费的二倍罚款。

依照前款缴纳的罚款全部纳入道路交通事故社会救助基金。具体办法由国务院规定。

第九十九条　【其他违法行为的处罚】有下列行为之一的，由公安机关交通管理部门处二百元以上二千元以下罚款：

（一）未取得机动车驾驶证、机动车驾驶证被吊销或者机动车驾驶证被暂扣期间驾驶机动车的；

（二）将机动车交由未取得机动车驾驶证或者机动车驾驶证被吊销、暂扣的人驾驶的；

（三）造成交通事故后逃逸，尚不构成犯罪的；

（四）机动车行驶超过规定时速百分之五十的；

（五）强迫机动车驾驶人违反道路交通安全法律、法规和机动车安全驾驶要求驾驶机动车，造成交通事故，尚不构成犯罪的；

（六）违反交通管制的规定强行通行，不听劝阻的；

（七）故意损毁、移动、涂改交通设施，造成危害后果，尚不构成犯罪的；

（八）非法拦截、扣留机动车辆，不听劝阻，造成交通严重阻塞或者较大财产损失的。

行为人有前款第二项、第四项情形之一的，可以并处吊销机动车驾驶证；有第一项、第三项、第五项至第八项情形之一的，可以并处十五日以下拘留。

第一百条　【驾驶拼装及应报废机动车的处理】驾驶拼装的机动车或者已达到报废标准的机动车上道路行驶的，公安机关交通管理部门应当予以收缴，强制报废。

对驾驶前款所列机动车上道路行驶的驾驶人，处二百元以上二千元以下罚款，并吊销机动车驾驶证。

出售已达到报废标准的机动车的，没收违法所得，处销售金额等额的罚款，对该机动车依照本条第一款的规定处理。

第一百零一条　【交通事故刑事责任及终生禁驾规定】违反道路交通安全法律、法规的规定，发生重大交通事故，构成犯罪的，依法追究刑事责任，并由公安机关交通管理部门吊销机动车驾驶证。

造成交通事故后逃逸的，由公安机关交通管理部门吊销机动车驾驶证，且终生不得重新取得机动车驾驶证。

第一百零二条　【对专业运输单位的管理】对六个月内发生二次以上特大交通事故负有主要责任或者全部责任的专业运输单位，

由公安机关交通管理部门责令消除安全隐患，未消除安全隐患的机动车，禁止上道路行驶。

第一百零三条　【机动车的生产和销售管理】国家机动车产品主管部门未按照机动车国家安全技术标准严格审查，许可不合格机动车型投入生产的，对负有责任的主管人员和其他直接责任人员给予降级或者撤职的行政处分。

机动车生产企业经国家机动车产品主管部门许可生产的机动车型，不执行机动车国家安全技术标准或者不严格进行机动车成品质量检验，致使质量不合格的机动车出厂销售的，由质量技术监督部门依照《中华人民共和国产品质量法》的有关规定给予处罚。

擅自生产、销售未经国家机动车产品主管部门许可生产的机动车型的，没收非法生产、销售的机动车成品及配件，可以并处非法产品价值三倍以上五倍以下罚款；有营业执照的，由工商行政管理部门吊销营业执照，没有营业执照的，予以查封。

生产、销售拼装的机动车或者生产、销售擅自改装的机动车的，依照本条第三款的规定处罚。

有本条第二款、第三款、第四款所列违法行为，生产或者销售不符合机动车国家安全技术标准的机动车，构成犯罪的，依法追究刑事责任。

第一百零四条　【擅自挖掘、占用道路的处理】未经批准，擅自挖掘道路、占用道路施工或者从事其他影响道路交通安全活动的，由道路主管部门责令停止违法行为，并恢复原状，可以依法给予罚款；致使通行的人员、车辆及其他财产遭受损失的，依法承担赔偿责任。

有前款行为，影响道路交通安全活动的，公安机关交通管理部门可以责令停止违法行为，迅速恢复交通。

第一百零五条　【道路施工、管理单位未履行职责的责任】道路施工作业或者道路出现损毁，未及时设置警示标志、未采取防护措施，或者应当设置交通信号灯、交通标志、交通标线而没有设置或者应当及时变更交通信号灯、交通标志、交通标线而没有及时变更，致使通行的人员、车辆及其他财产遭受损失的，负有相关职责的单位应当依法承担赔偿责任。

第一百零六条　【对妨碍交通标志行为的管理】在道路两侧及隔离带上种植树木、其他植物或者设置广告牌、管线等，遮挡路灯、交通信号灯、交通标志，妨碍安全视距的，由公安机关交通管理部门责令行为人排除妨碍；拒不执行的，处二百元以上二千元以下罚款，并强制排除妨碍，所需费用由行为人负担。

第一百零七条　【当场处罚】对道路交通违法行为人予以警告、二百元以下罚款，交通警察可以当场作出行政处罚决定，并出具行政处罚决定书。

行政处罚决定书应当载明当事人的违法事实、行政处罚的依据、处罚内容、时间、地点以及处罚机关名称，并由执法人员签名或者盖章。

第一百零八条　【罚款的缴纳】当事人应当自收到罚款的行政处罚决定书之日起十五日内，到指定的银行缴纳罚款。

对行人、乘车人和非机动车驾驶人的罚款，当事人无异议的，可以当场予以收缴罚款。

罚款应当开具省、自治区、直辖市财政部门统一制发的罚款收据；不出具财政部门统一制发的罚款收据的，当事人有权拒绝缴纳罚款。

第一百零九条　【逾期不缴纳罚款的处理】当事人逾期不履行行政处罚决定的，作出行政处罚决定的行政机关可以采取下列措施：

（一）到期不缴纳罚款的，每日按罚款数额的百分之三加处罚款；

（二）申请人民法院强制执行。

第一百一十条　【扣留机动车驾驶证的规则】执行职务的交通

警察认为应当对道路交通违法行为人给予暂扣或者吊销机动车驾驶证处罚的，可以先予扣留机动车驾驶证，并在二十四小时内将案件移交公安机关交通管理部门处理。

道路交通违法行为人应当在十五日内到公安机关交通管理部门接受处理。无正当理由逾期未接受处理的，吊销机动车驾驶证。

公安机关交通管理部门暂扣或者吊销机动车驾驶证的，应当出具行政处罚决定书。

第一百一十一条　【有权作出拘留裁决的机关】对违反本法规定予以拘留的行政处罚，由县、市公安局、公安分局或者相当于县一级的公安机关裁决。

第一百一十二条　【扣留车辆的规则】公安机关交通管理部门扣留机动车、非机动车，应当当场出具凭证，并告知当事人在规定期限内到公安机关交通管理部门接受处理。

公安机关交通管理部门对被扣留的车辆应当妥善保管，不得使用。

逾期不来接受处理，并且经公告三个月仍不来接受处理的，对扣留的车辆依法处理。

第一百一十三条　【暂扣、吊销的期限】暂扣机动车驾驶证的期限从处罚决定生效之日起计算；处罚决定生效前先予扣留机动车驾驶证的，扣留一日折抵暂扣期限一日。

吊销机动车驾驶证后重新申请领取机动车驾驶证的期限，按照机动车驾驶证管理规定办理。

第一百一十四条　【根据技术监控记录进行的处罚】公安机关交通管理部门根据交通技术监控记录资料，可以对违法的机动车所有人或者管理人依法予以处罚。对能够确定驾驶人的，可以依照本法的规定依法予以处罚。

第一百一十五条　【对交警及交管部门违法行为的处理】交通警察有下列行为之一的，依法给予行政处分：

（一）为不符合法定条件的机动车发放机动车登记证书、号牌、行驶证、检验合格标志的；

（二）批准不符合法定条件的机动车安装、使用警车、消防车、救护车、工程救险车的警报器、标志灯具，喷涂标志图案的；

（三）为不符合驾驶许可条件、未经考试或者考试不合格人员发放机动车驾驶证的；

（四）不执行罚款决定与罚款收缴分离制度或者不按规定将依法收取的费用、收缴的罚款及没收的违法所得全部上缴国库的；

（五）举办或者参与举办驾驶学校或者驾驶培训班、机动车修理厂或者收费停车场等经营活动的；

（六）利用职务上的便利收受他人财物或者谋取其他利益的；

（七）违法扣留车辆、机动车行驶证、驾驶证、车辆号牌的；

（八）使用依法扣留的车辆的；

（九）当场收取罚款不开具罚款收据或者不如实填写罚款额的；

（十）徇私舞弊，不公正处理交通事故的；

（十一）故意刁难，拖延办理机动车牌证的；

（十二）非执行紧急任务时使用警报器、标志灯具的；

（十三）违反规定拦截、检查正常行驶的车辆的；

（十四）非执行紧急公务时拦截搭乘机动车的；

（十五）不履行法定职责的。

公安机关交通管理部门有前款所列行为之一的，对直接负责的主管人员和其他直接责任人员给予相应的行政处分。

第一百一十六条　【对违规交警的处分】依照本法第一百一十五条的规定，给予交通警察行政处分的，在作出行政处分决定前，可以停止其执行职务；必要时，可以予以禁闭。

依照本法第一百一十五条的规定，交通警察受到降级或者撤职行政处分的，可以予以辞退。

交通警察受到开除处分或者被辞退的，应当取消警衔；受到撤职以下行政处分的交通警察，应当降低警衔。

第一百一十七条　【对构成犯罪的交警追究刑事责任】 交通警察利用职权非法占有公共财物，索取、收受贿赂，或者滥用职权、玩忽职守，构成犯罪的，依法追究刑事责任。

第一百一十八条　【公安交管部门、交警违法赔偿责任】 公安机关交通管理部门及其交通警察有本法第一百一十五条所列行为之一，给当事人造成损失的，应当依法承担赔偿责任。

第八章　附　　则

第一百一十九条　【本法用语含义】 本法中下列用语的含义：

（一）“道路”，是指公路、城市道路和虽在单位管辖范围但允许社会机动车通行的地方，包括广场、公共停车场等用于公众通行的场所。

（二）“车辆”，是指机动车和非机动车。

（三）“机动车”，是指以动力装置驱动或者牵引，上道路行驶的供人员乘用或者用于运送物品以及进行工程专项作业的轮式车辆。

（四）“非机动车”，是指以人力或者畜力驱动，上道路行驶的交通工具，以及虽有动力装置驱动但设计最高时速、空车质量、外形尺寸符合有关国家标准的残疾人机动轮椅车、电动自行车等交通工具。

（五）“交通事故”，是指车辆在道路上因过错或者意外造成的人身伤亡或者财产损失的事件。

第一百二十条　【军警机动车管理】 中国人民解放军和中国人民武装警察部队在编机动车牌证、在编机动车检验以及机动车驾驶人考核工作，由中国人民解放军、中国人民武装警察部队有关部门负责。

第一百二十一条　【拖拉机管理】 对上道路行驶的拖拉机，由农业（农业机械）主管部门行使本法第八条、第九条、第十三条、第十九条、第二十三条规定的公安机关交通管理部门的管理职权。

农业（农业机械）主管部门依照前款规定行使职权，应当遵守本法有关规定，并接受公安机关交通管理部门的监督；对违反规定的，依照本法有关规定追究法律责任。

本法施行前由农业（农业机械）主管部门发放的机动车牌证，在本法施行后继续有效。

第一百二十二条　【境外车辆入境管理】国家对入境的境外机动车的道路交通安全实施统一管理。

第一百二十三条　【授权制定执行具体标准】省、自治区、直辖市人民代表大会常务委员会可以根据本地区的实际情况，在本法规定的罚款幅度内，规定具体的执行标准。

第一百二十四条　【生效日期】本法自 2004 年 5 月 1 日起施行。

中华人民共和国道路交通安全法实施条例

（2004 年 4 月 30 日中华人民共和国国务院令第 405 号公布　根据 2017 年 10 月 7 日《国务院关于修改部分行政法规的决定》修订）

第一章　总　　则

第一条　根据《中华人民共和国道路交通安全法》（以下简称道路交通安全法）的规定，制定本条例。

第二条　中华人民共和国境内的车辆驾驶人、行人、乘车人以及与道路交通活动有关的单位和个人，应当遵守道路交通安全法和本条例。

第三条　县级以上地方各级人民政府应当建立、健全道路交通安全工作协调机制，组织有关部门对城市建设项目进行交通影响评价，制定道路交通安全管理规划，确定管理目标，制定实施方案。

第二章　车辆和驾驶人

第一节　机　动　车

第四条　机动车的登记，分为注册登记、变更登记、转移登记、抵押登记和注销登记。

第五条　初次申领机动车号牌、行驶证的，应当向机动车所有人住所地的公安机关交通管理部门申请注册登记。

申请机动车注册登记，应当交验机动车，并提交以下证明、凭证：

（一）机动车所有人的身份证明；

（二）购车发票等机动车来历证明；

（三）机动车整车出厂合格证明或者进口机动车进口凭证；

（四）车辆购置税完税证明或者免税凭证；

（五）机动车第三者责任强制保险凭证；

（六）法律、行政法规规定应当在机动车注册登记时提交的其他证明、凭证。

不属于国务院机动车产品主管部门规定免予安全技术检验的车型的，还应当提供机动车安全技术检验合格证明。

第六条　已注册登记的机动车有下列情形之一的，机动车所有人应当向登记该机动车的公安机关交通管理部门申请变更登记：

（一）改变机动车车身颜色的；

（二）更换发动机的；

（三）更换车身或者车架的；

（四）因质量有问题，制造厂更换整车的；

（五）营运机动车改为非营运机动车或者非营运机动车改为营运机动车的；

（六）机动车所有人的住所迁出或者迁入公安机关交通管理部门管辖区域的。

申请机动车变更登记，应当提交下列证明、凭证，属于前款第（一）项、第（二）项、第（三）项、第（四）项、第（五）项情形之一的，还应当交验机动车；属于前款第（二）项、第（三）项情形之一的，还应当同时提交机动车安全技术检验合格证明：

（一）机动车所有人的身份证明；

（二）机动车登记证书；

（三）机动车行驶证。

机动车所有人的住所在公安机关交通管理部门管辖区域内迁移、机动车所有人的姓名（单位名称）或者联系方式变更的，应当向登记该机动车的公安机关交通管理部门备案。

第七条 已注册登记的机动车所有权发生转移的，应当及时办理转移登记。

申请机动车转移登记，当事人应当向登记该机动车的公安机关交通管理部门交验机动车，并提交以下证明、凭证：

（一）当事人的身份证明；

（二）机动车所有权转移的证明、凭证；

（三）机动车登记证书；

（四）机动车行驶证。

第八条 机动车所有人将机动车作为抵押物抵押的，机动车所有人应当向登记该机动车的公安机关交通管理部门申请抵押登记。

第九条 已注册登记的机动车达到国家规定的强制报废标准的，公安机关交通管理部门应当在报废期满的 2 个月前通知机动车所有人办理注销登记。机动车所有人应当在报废期满前将机动车交售给机动车回收企业，由机动车回收企业将报废的机动车登记证书、号牌、行驶证交公安机关交通管理部门注销。机动车所有人逾期不办理注销登记的，公安机关交通管理部门应当公告该机动车登记证书、号牌、行驶证作废。

因机动车灭失申请注销登记的，机动车所有人应当向公安机关交通管理部门提交本人身份证明，交回机动车登记证书。

第十条　办理机动车登记的申请人提交的证明、凭证齐全、有效的，公安机关交通管理部门应当当场办理登记手续。

人民法院、人民检察院以及行政执法部门依法查封、扣押的机动车，公安机关交通管理部门不予办理机动车登记。

第十一条　机动车登记证书、号牌、行驶证丢失或者损毁，机动车所有人申请补发的，应当向公安机关交通管理部门提交本人身份证明和申请材料。公安机关交通管理部门经与机动车登记档案核实后，在收到申请之日起15日内补发。

第十二条　税务部门、保险机构可以在公安机关交通管理部门的办公场所集中办理与机动车有关的税费缴纳、保险合同订立等事项。

第十三条　机动车号牌应当悬挂在车前、车后指定位置，保持清晰、完整。重型、中型载货汽车及其挂车、拖拉机及其挂车的车身或者车厢后部应当喷涂放大的牌号，字样应当端正并保持清晰。

机动车检验合格标志、保险标志应当粘贴在机动车前窗右上角。

机动车喷涂、粘贴标识或者车身广告的，不得影响安全驾驶。

第十四条　用于公路营运的载客汽车、重型载货汽车、半挂牵引车应当安装、使用符合国家标准的行驶记录仪。交通警察可以对机动车行驶速度、连续驾驶时间以及其他行驶状态信息进行检查。安装行驶记录仪可以分步实施，实施步骤由国务院机动车产品主管部门会同有关部门规定。

第十五条　机动车安全技术检验由机动车安全技术检验机构实施。机动车安全技术检验机构应当按照国家机动车安全技术检验标准对机动车进行检验，对检验结果承担法律责任。

质量技术监督部门负责对机动车安全技术检验机构实行计量认证管理，对机动车安全技术检验设备进行检定，对执行国家机动车安全技术检验标准的情况进行监督。

机动车安全技术检验项目由国务院公安部门会同国务院质量技术监督部门规定。

第十六条 机动车应当从注册登记之日起，按照下列期限进行安全技术检验：

（一）营运载客汽车 5 年以内每年检验 1 次；超过 5 年的，每 6 个月检验 1 次；

（二）载货汽车和大型、中型非营运载客汽车 10 年以内每年检验 1 次；超过 10 年的，每 6 个月检验 1 次；

（三）小型、微型非营运载客汽车 6 年以内每 2 年检验 1 次；超过 6 年的，每年检验 1 次；超过 15 年的，每 6 个月检验 1 次；

（四）摩托车 4 年以内每 2 年检验 1 次；超过 4 年的，每年检验 1 次；

（五）拖拉机和其他机动车每年检验 1 次。

营运机动车在规定检验期限内经安全技术检验合格的，不再重复进行安全技术检验。

第十七条 已注册登记的机动车进行安全技术检验时，机动车行驶证记载的登记内容与该机动车的有关情况不符，或者未按照规定提供机动车第三者责任强制保险凭证的，不予通过检验。

第十八条 警车、消防车、救护车、工程救险车标志图案的喷涂以及警报器、标志灯具的安装、使用规定，由国务院公安部门制定。

第二节 机动车驾驶人

第十九条 符合国务院公安部门规定的驾驶许可条件的人，可以向公安机关交通管理部门申请机动车驾驶证。

机动车驾驶证由国务院公安部门规定式样并监制。

第二十条　学习机动车驾驶，应当先学习道路交通安全法律、法规和相关知识，考试合格后，再学习机动车驾驶技能。

在道路上学习驾驶，应当按照公安机关交通管理部门指定的路线、时间进行。在道路上学习机动车驾驶技能应当使用教练车，在教练员随车指导下进行，与教学无关的人员不得乘坐教练车。学员在学习驾驶中有道路交通安全违法行为或者造成交通事故的，由教练员承担责任。

第二十一条　公安机关交通管理部门应当对申请机动车驾驶证的人进行考试，对考试合格的，在5日内核发机动车驾驶证；对考试不合格的，书面说明理由。

第二十二条　机动车驾驶证的有效期为6年，本条例另有规定的除外。

机动车驾驶人初次申领机动车驾驶证后的12个月为实习期。在实习期内驾驶机动车的，应当在车身后部粘贴或者悬挂统一式样的实习标志。

机动车驾驶人在实习期内不得驾驶公共汽车、营运客车或者执行任务的警车、消防车、救护车、工程救险车以及载有爆炸物品、易燃易爆化学物品、剧毒或者放射性等危险物品的机动车；驾驶的机动车不得牵引挂车。

第二十三条　公安机关交通管理部门对机动车驾驶人的道路交通安全违法行为除给予行政处罚外，实行道路交通安全违法行为累积记分（以下简称记分）制度，记分周期为12个月。对在一个记分周期内记分达到12分的，由公安机关交通管理部门扣留其机动车驾驶证，该机动车驾驶人应当按照规定参加道路交通安全法律、法规的学习并接受考试。考试合格的，记分予以清除，发还机动车驾驶证；考试不合格的，继续参加学习和考试。

应当给予记分的道路交通安全违法行为及其分值，由国务院公安部门根据道路交通安全违法行为的危害程度规定。

公安机关交通管理部门应当提供记分查询方式供机动车驾驶人查询。

第二十四条 机动车驾驶人在一个记分周期内记分未达到12分，所处罚款已经缴纳的，记分予以清除；记分虽未达到12分，但尚有罚款未缴纳的，记分转入下一记分周期。

机动车驾驶人在一个记分周期内记分2次以上达到12分的，除按照第二十三条的规定扣留机动车驾驶证、参加学习、接受考试外，还应当接受驾驶技能考试。考试合格的，记分予以清除，发还机动车驾驶证；考试不合格的，继续参加学习和考试。

接受驾驶技能考试的，按照本人机动车驾驶证载明的最高准驾车型考试。

第二十五条 机动车驾驶人记分达到12分，拒不参加公安机关交通管理部门通知的学习，也不接受考试的，由公安机关交通管理部门公告其机动车驾驶证停止使用。

第二十六条 机动车驾驶人在机动车驾驶证的6年有效期内，每个记分周期均未达到12分的，换发10年有效期的机动车驾驶证；在机动车驾驶证的10年有效期内，每个记分周期均未达到12分的，换发长期有效的机动车驾驶证。

换发机动车驾驶证时，公安机关交通管理部门应当对机动车驾驶证进行审验。

第二十七条 机动车驾驶证丢失、损毁，机动车驾驶人申请补发的，应当向公安机关交通管理部门提交本人身份证明和申请材料。公安机关交通管理部门经与机动车驾驶证档案核实后，在收到申请之日起3日内补发。

第二十八条 机动车驾驶人在机动车驾驶证丢失、损毁、超过有效期或者被依法扣留、暂扣期间以及记分达到12分的，不得驾驶机动车。

第三章　道路通行条件

第二十九条　交通信号灯分为：机动车信号灯、非机动车信号灯、人行横道信号灯、车道信号灯、方向指示信号灯、闪光警告信号灯、道路与铁路平面交叉道口信号灯。

第三十条　交通标志分为：指示标志、警告标志、禁令标志、指路标志、旅游区标志、道路施工安全标志和辅助标志。

道路交通标线分为：指示标线、警告标线、禁止标线。

第三十一条　交通警察的指挥分为：手势信号和使用器具的交通指挥信号。

第三十二条　道路交叉路口和行人横过道路较为集中的路段应当设置人行横道、过街天桥或者过街地下通道。

在盲人通行较为集中的路段，人行横道信号灯应当设置声响提示装置。

第三十三条　城市人民政府有关部门可以在不影响行人、车辆通行的情况下，在城市道路上施划停车泊位，并规定停车泊位的使用时间。

第三十四条　开辟或者调整公共汽车、长途汽车的行驶路线或者车站，应当符合交通规划和安全、畅通的要求。

第三十五条　道路养护施工单位在道路上进行养护、维修时，应当按照规定设置规范的安全警示标志和安全防护设施。道路养护施工作业车辆、机械应当安装示警灯，喷涂明显的标志图案，作业时应当开启示警灯和危险报警闪光灯。对未中断交通的施工作业道路，公安机关交通管理部门应当加强交通安全监督检查。发生交通阻塞时，及时做好分流、疏导，维护交通秩序。

道路施工需要车辆绕行的，施工单位应当在绕行处设置标志；不能绕行的，应当修建临时通道，保证车辆和行人通行。需要封闭道路中断交通的，除紧急情况外，应当提前5日向社会公告。

第三十六条 道路或者交通设施养护部门、管理部门应当在急弯、陡坡、临崖、临水等危险路段，按照国家标准设置警告标志和安全防护设施。

第三十七条 道路交通标志、标线不规范，机动车驾驶人容易发生辨认错误的，交通标志、标线的主管部门应当及时予以改善。

道路照明设施应当符合道路建设技术规范，保持照明功能完好。

第四章 道路通行规定

第一节 一般规定

第三十八条 机动车信号灯和非机动车信号灯表示：

（一）绿灯亮时，准许车辆通行，但转弯的车辆不得妨碍被放行的直行车辆、行人通行；

（二）黄灯亮时，已越过停止线的车辆可以继续通行；

（三）红灯亮时，禁止车辆通行。

在未设置非机动车信号灯和人行横道信号灯的路口，非机动车和行人应当按照机动车信号灯的表示通行。

红灯亮时，右转弯的车辆在不妨碍被放行的车辆、行人通行的情况下，可以通行。

第三十九条 人行横道信号灯表示：

（一）绿灯亮时，准许行人通过人行横道；

（二）红灯亮时，禁止行人进入人行横道，但是已经进入人行横道的，可以继续通过或者在道路中心线处停留等候。

第四十条 车道信号灯表示：

（一）绿色箭头灯亮时，准许本车道车辆按指示方向通行；

（二）红色叉形灯或者箭头灯亮时，禁止本车道车辆通行。

第四十一条 方向指示信号灯的箭头方向向左、向上、向右分别表示左转、直行、右转。

第四十二条　闪光警告信号灯为持续闪烁的黄灯，提示车辆、行人通行时注意瞭望，确认安全后通过。

第四十三条　道路与铁路平面交叉道口有两个红灯交替闪烁或者一个红灯亮时，表示禁止车辆、行人通行；红灯熄灭时，表示允许车辆、行人通行。

第二节　机动车通行规定

第四十四条　在道路同方向划有 2 条以上机动车道的，左侧为快速车道，右侧为慢速车道。在快速车道行驶的机动车应当按照快速车道规定的速度行驶，未达到快速车道规定的行驶速度的，应当在慢速车道行驶。摩托车应当在最右侧车道行驶。有交通标志标明行驶速度的，按照标明的行驶速度行驶。慢速车道内的机动车超越前车时，可以借用快速车道行驶。

在道路同方向划有 2 条以上机动车道的，变更车道的机动车不得影响相关车道内行驶的机动车的正常行驶。

第四十五条　机动车在道路上行驶不得超过限速标志、标线标明的速度。在没有限速标志、标线的道路上，机动车不得超过下列最高行驶速度：

（一）没有道路中心线的道路，城市道路为每小时 30 公里，公路为每小时 40 公里；

（二）同方向只有 1 条机动车道的道路，城市道路为每小时 50 公里，公路为每小时 70 公里。

第四十六条　机动车行驶中遇有下列情形之一的，最高行驶速度不得超过每小时 30 公里，其中拖拉机、电瓶车、轮式专用机械车不得超过每小时 15 公里：

（一）进出非机动车道，通过铁路道口、急弯路、窄路、窄桥时；

（二）掉头、转弯、下陡坡时；

（三）遇雾、雨、雪、沙尘、冰雹，能见度在50米以内时；

（四）在冰雪、泥泞的道路上行驶时；

（五）牵引发生故障的机动车时。

第四十七条 机动车超车时，应当提前开启左转向灯、变换使用远、近光灯或者鸣喇叭。在没有道路中心线或者同方向只有1条机动车道的道路上，前车遇后车发出超车信号时，在条件许可的情况下，应当降低速度、靠右让路。后车应当在确认有充足的安全距离后，从前车的左侧超越，在与被超车辆拉开必要的安全距离后，开启右转向灯，驶回原车道。

第四十八条 在没有中心隔离设施或者没有中心线的道路上，机动车遇相对方向来车时应当遵守下列规定：

（一）减速靠右行驶，并与其他车辆、行人保持必要的安全距离；

（二）在有障碍的路段，无障碍的一方先行；但有障碍的一方已驶入障碍路段而无障碍的一方未驶入时，有障碍的一方先行；

（三）在狭窄的坡路，上坡的一方先行；但下坡的一方已行至中途而上坡的一方未上坡时，下坡的一方先行；

（四）在狭窄的山路，不靠山体的一方先行；

（五）夜间会车应当在距相对方向来车150米以外改用近光灯，在窄路、窄桥与非机动车会车时应当使用近光灯。

第四十九条 机动车在有禁止掉头或者禁止左转弯标志、标线的地点以及在铁路道口、人行横道、桥梁、急弯、陡坡、隧道或者容易发生危险的路段，不得掉头。

机动车在没有禁止掉头或者没有禁止左转弯标志、标线的地点可以掉头，但不得妨碍正常行驶的其他车辆和行人的通行。

第五十条 机动车倒车时，应当察明车后情况，确认安全后倒车。不得在铁路道口、交叉路口、单行路、桥梁、急弯、陡坡或者隧道中倒车。

第五十一条　机动车通过有交通信号灯控制的交叉路口，应当按照下列规定通行：

（一）在划有导向车道的路口，按所需行进方向驶入导向车道；

（二）准备进入环形路口的让已在路口内的机动车先行；

（三）向左转弯时，靠路口中心点左侧转弯。转弯时开启转向灯，夜间行驶开启近光灯；

（四）遇放行信号时，依次通过；

（五）遇停止信号时，依次停在停止线以外。没有停止线的，停在路口以外；

（六）向右转弯遇有同车道前车正在等候放行信号时，依次停车等候；

（七）在没有方向指示信号灯的交叉路口，转弯的机动车让直行的车辆、行人先行。相对方向行驶的右转弯机动车让左转弯车辆先行。

第五十二条　机动车通过没有交通信号灯控制也没有交通警察指挥的交叉路口，除应当遵守第五十一条第（二）项、第（三）项的规定外，还应当遵守下列规定：

（一）有交通标志、标线控制的，让优先通行的一方先行；

（二）没有交通标志、标线控制的，在进入路口前停车瞭望，让右方道路的来车先行；

（三）转弯的机动车让直行的车辆先行；

（四）相对方向行驶的右转弯的机动车让左转弯的车辆先行。

第五十三条　机动车遇有前方交叉路口交通阻塞时，应当依次停在路口以外等候，不得进入路口。

机动车在遇有前方机动车停车排队等候或者缓慢行驶时，应当依次排队，不得从前方车辆两侧穿插或者超越行驶，不得在人行横道、网状线区域内停车等候。

机动车在车道减少的路口、路段，遇有前方机动车停车排队等候或者缓慢行驶的，应当每车道一辆依次交替驶入车道减少后的路口、路段。

第五十四条 机动车载物不得超过机动车行驶证上核定的载质量，装载长度、宽度不得超出车厢，并应当遵守下列规定：

（一）重型、中型载货汽车，半挂车载物，高度从地面起不得超过4米，载运集装箱的车辆不得超过4.2米；

（二）其他载货的机动车载物，高度从地面起不得超过2.5米；

（三）摩托车载物，高度从地面起不得超过1.5米，长度不得超出车身0.2米。两轮摩托车载物宽度左右各不得超出车把0.15米；三轮摩托车载物宽度不得超过车身。

载客汽车除车身外部的行李架和内置的行李箱外，不得载货。载客汽车行李架载货，从车顶起高度不得超过0.5米，从地面起高度不得超过4米。

第五十五条 机动车载人应当遵守下列规定：

（一）公路载客汽车不得超过核定的载客人数，但按照规定免票的儿童除外，在载客人数已满的情况下，按照规定免票的儿童不得超过核定载客人数的10%；

（二）载货汽车车厢不得载客。在城市道路上，货运机动车在留有安全位置的情况下，车厢内可以附载临时作业人员1人至5人；载物高度超过车厢栏板时，货物上不得载人；

（三）摩托车后座不得乘坐未满12周岁的未成年人，轻便摩托车不得载人。

第五十六条 机动车牵引挂车应当符合下列规定：

（一）载货汽车、半挂牵引车、拖拉机只允许牵引1辆挂车。挂车的灯光信号、制动、连接、安全防护等装置应当符合国家标准；

（二）小型载客汽车只允许牵引旅居挂车或者总质量700千克

以下的挂车。挂车不得载人；

（三）载货汽车所牵引挂车的载质量不得超过载货汽车本身的载质量。

大型、中型载客汽车，低速载货汽车，三轮汽车以及其他机动车不得牵引挂车。

第五十七条　机动车应当按照下列规定使用转向灯：

（一）向左转弯、向左变更车道、准备超车、驶离停车地点或者掉头时，应当提前开启左转向灯；

（二）向右转弯、向右变更车道、超车完毕驶回原车道、靠路边停车时，应当提前开启右转向灯。

第五十八条　机动车在夜间没有路灯、照明不良或者遇有雾、雨、雪、沙尘、冰雹等低能见度情况下行驶时，应当开启前照灯、示廓灯和后位灯，但同方向行驶的后车与前车近距离行驶时，不得使用远光灯。机动车雾天行驶应当开启雾灯和危险报警闪光灯。

第五十九条　机动车在夜间通过急弯、坡路、拱桥、人行横道或者没有交通信号灯控制的路口时，应当交替使用远近光灯示意。

机动车驶近急弯、坡道顶端等影响安全视距的路段以及超车或者遇有紧急情况时，应当减速慢行，并鸣喇叭示意。

第六十条　机动车在道路上发生故障或者发生交通事故，妨碍交通又难以移动的，应当按照规定开启危险报警闪光灯并在车后50米至100米处设置警告标志，夜间还应当同时开启示廓灯和后位灯。

第六十一条　牵引故障机动车应当遵守下列规定：

（一）被牵引的机动车除驾驶人外不得载人，不得拖带挂车；

（二）被牵引的机动车宽度不得大于牵引机动车的宽度；

（三）使用软连接牵引装置时，牵引车与被牵引车之间的距离应当大于4米小于10米；

（四）对制动失效的被牵引车，应当使用硬连接牵引装置牵引；

（五）牵引车和被牵引车均应当开启危险报警闪光灯。

汽车吊车和轮式专用机械车不得牵引车辆。摩托车不得牵引车辆或者被其他车辆牵引。

转向或者照明、信号装置失效的故障机动车，应当使用专用清障车拖曳。

第六十二条 驾驶机动车不得有下列行为：

（一）在车门、车厢没有关好时行车；

（二）在机动车驾驶室的前后窗范围内悬挂、放置妨碍驾驶人视线的物品；

（三）拨打接听手持电话、观看电视等妨碍安全驾驶的行为；

（四）下陡坡时熄火或者空挡滑行；

（五）向道路上抛撒物品；

（六）驾驶摩托车手离车把或者在车把上悬挂物品；

（七）连续驾驶机动车超过 4 小时未停车休息或者停车休息时间少于 20 分钟；

（八）在禁止鸣喇叭的区域或者路段鸣喇叭。

第六十三条 机动车在道路上临时停车，应当遵守下列规定：

（一）在设有禁停标志、标线的路段，在机动车道与非机动车道、人行道之间设有隔离设施的路段以及人行横道、施工地段，不得停车；

（二）交叉路口、铁路道口、急弯路、宽度不足 4 米的窄路、桥梁、陡坡、隧道以及距离上述地点 50 米以内的路段，不得停车；

（三）公共汽车站、急救站、加油站、消防栓或者消防队（站）门前以及距离上述地点 30 米以内的路段，除使用上述设施的以外，不得停车；

（四）车辆停稳前不得开车门和上下人员，开关车门不得妨碍其他车辆和行人通行；

（五）路边停车应当紧靠道路右侧，机动车驾驶人不得离车，上下人员或者装卸物品后，立即驶离；

（六）城市公共汽车不得在站点以外的路段停车上下乘客。

第六十四条　机动车行经漫水路或者漫水桥时，应当停车察明水情，确认安全后，低速通过。

第六十五条　机动车载运超限物品行经铁路道口的，应当按照当地铁路部门指定的铁路道口、时间通过。

机动车行经渡口，应当服从渡口管理人员指挥，按照指定地点依次待渡。机动车上下渡船时，应当低速慢行。

第六十六条　警车、消防车、救护车、工程救险车在执行紧急任务遇交通受阻时，可以断续使用警报器，并遵守下列规定：

（一）不得在禁止使用警报器的区域或者路段使用警报器；

（二）夜间在市区不得使用警报器；

（三）列队行驶时，前车已经使用警报器的，后车不再使用警报器。

第六十七条　在单位院内、居民居住区内，机动车应当低速行驶，避让行人；有限速标志的，按照限速标志行驶。

第三节　非机动车通行规定

第六十八条　非机动车通过有交通信号灯控制的交叉路口，应当按照下列规定通行：

（一）转弯的非机动车让直行的车辆、行人优先通行；

（二）遇有前方路口交通阻塞时，不得进入路口；

（三）向左转弯时，靠路口中心点的右侧转弯；

（四）遇有停止信号时，应当依次停在路口停止线以外。没有停止线的，停在路口以外；

（五）向右转弯遇有同方向前车正在等候放行信号时，在本车道内能够转弯的，可以通行；不能转弯的，依次等候。

第六十九条　非机动车通过没有交通信号灯控制也没有交通警

察指挥的交叉路口，除应当遵守第六十八条第（一）项、第（二）项和第（三）项的规定外，还应当遵守下列规定：

（一）有交通标志、标线控制的，让优先通行的一方先行；

（二）没有交通标志、标线控制的，在路口外慢行或者停车瞭望，让右方道路的来车先行；

（三）相对方向行驶的右转弯的非机动车让左转弯的车辆先行。

第七十条 驾驶自行车、电动自行车、三轮车在路段上横过机动车道，应当下车推行，有人行横道或者行人过街设施的，应当从人行横道或者行人过街设施通过；没有人行横道、没有行人过街设施或者不便使用行人过街设施的，在确认安全后直行通过。

因非机动车道被占用无法在本车道内行驶的非机动车，可以在受阻的路段借用相邻的机动车道行驶，并在驶过被占用路段后迅速驶回非机动车道。机动车遇此情况应当减速让行。

第七十一条 非机动车载物，应当遵守下列规定：

（一）自行车、电动自行车、残疾人机动轮椅车载物，高度从地面起不得超过 1.5 米，宽度左右各不得超出车把 0.15 米，长度前端不得超出车轮，后端不得超出车身 0.3 米；

（二）三轮车、人力车载物，高度从地面起不得超过 2 米，宽度左右各不得超出车身 0.2 米，长度不得超出车身 1 米；

（三）畜力车载物，高度从地面起不得超过 2.5 米，宽度左右各不得超出车身 0.2 米，长度前端不得超出车辕，后端不得超出车身 1 米。

自行车载人的规定，由省、自治区、直辖市人民政府根据当地实际情况制定。

第七十二条 在道路上驾驶自行车、三轮车、电动自行车、残疾人机动轮椅车应当遵守下列规定：

（一）驾驶自行车、三轮车必须年满 12 周岁；

（二）驾驶电动自行车和残疾人机动轮椅车必须年满 16 周岁；

（三）不得醉酒驾驶；

（四）转弯前应当减速慢行，伸手示意，不得突然猛拐，超越前车时不得妨碍被超越的车辆行驶；

（五）不得牵引、攀扶车辆或者被其他车辆牵引，不得双手离把或者手中持物；

（六）不得扶身并行、互相追逐或者曲折竞驶；

（七）不得在道路上骑独轮自行车或者 2 人以上骑行的自行车；

（八）非下肢残疾的人不得驾驶残疾人机动轮椅车；

（九）自行车、三轮车不得加装动力装置；

（十）不得在道路上学习驾驶非机动车。

第七十三条　在道路上驾驭畜力车应当年满 16 周岁，并遵守下列规定：

（一）不得醉酒驾驭；

（二）不得并行，驾驭人不得离开车辆；

（三）行经繁华路段、交叉路口、铁路道口、人行横道、急弯路、宽度不足 4 米的窄路或者窄桥、陡坡、隧道或者容易发生危险的路段，不得超车。驾驭两轮畜力车应当下车牵引牲畜；

（四）不得使用未经驯服的牲畜驾车，随车幼畜须拴系；

（五）停放车辆应当拉紧车闸，拴系牲畜。

第四节　行人和乘车人通行规定

第七十四条　行人不得有下列行为：

（一）在道路上使用滑板、旱冰鞋等滑行工具；

（二）在车行道内坐卧、停留、嬉闹；

（三）追车、抛物击车等妨碍道路交通安全的行为。

第七十五条　行人横过机动车道，应当从行人过街设施通过；没有行人过街设施的，应当从人行横道通过；没有人行横道的，应当观察来往车辆的情况，确认安全后直行通过，不得在车辆临近时突然加速横穿或者中途倒退、折返。

第七十六条 行人列队在道路上通行，每横列不得超过2人，但在已经实行交通管制的路段不受限制。

第七十七条 乘坐机动车应当遵守下列规定：

（一）不得在机动车道上拦乘机动车；

（二）在机动车道上不得从机动车左侧上下车；

（三）开关车门不得妨碍其他车辆和行人通行；

（四）机动车行驶中，不得干扰驾驶，不得将身体任何部分伸出车外，不得跳车；

（五）乘坐两轮摩托车应当正向骑坐。

第五节 高速公路的特别规定

第七十八条 高速公路应当标明车道的行驶速度，最高车速不得超过每小时120公里，最低车速不得低于每小时60公里。

在高速公路上行驶的小型载客汽车最高车速不得超过每小时120公里，其他机动车不得超过每小时100公里，摩托车不得超过每小时80公里。

同方向有2条车道的，左侧车道的最低车速为每小时100公里；同方向有3条以上车道的，最左侧车道的最低车速为每小时110公里，中间车道的最低车速为每小时90公里。道路限速标志标明的车速与上述车道行驶车速的规定不一致的，按照道路限速标志标明的车速行驶。

第七十九条 机动车从匝道驶入高速公路，应当开启左转向灯，在不妨碍已在高速公路内的机动车正常行驶的情况下驶入车道。

机动车驶离高速公路时，应当开启右转向灯，驶入减速车道，降低车速后驶离。

第八十条 机动车在高速公路上行驶，车速超过每小时100公里时，应当与同车道前车保持100米以上的距离，车速低于每小时

100 公里时，与同车道前车距离可以适当缩短，但最小距离不得少于 50 米。

第八十一条　机动车在高速公路上行驶，遇有雾、雨、雪、沙尘、冰雹等低能见度气象条件时，应当遵守下列规定：

（一）能见度小于 200 米时，开启雾灯、近光灯、示廓灯和前后位灯，车速不得超过每小时 60 公里，与同车道前车保持 100 米以上的距离；

（二）能见度小于 100 米时，开启雾灯、近光灯、示廓灯、前后位灯和危险报警闪光灯，车速不得超过每小时 40 公里，与同车道前车保持 50 米以上的距离；

（三）能见度小于 50 米时，开启雾灯、近光灯、示廓灯、前后位灯和危险报警闪光灯，车速不得超过每小时 20 公里，并从最近的出口尽快驶离高速公路。

遇有前款规定情形时，高速公路管理部门应当通过显示屏等方式发布速度限制、保持车距等提示信息。

第八十二条　机动车在高速公路上行驶，不得有下列行为：

（一）倒车、逆行、穿越中央分隔带掉头或者在车道内停车；

（二）在匝道、加速车道或者减速车道上超车；

（三）骑、轧车行道分界线或者在路肩上行驶；

（四）非紧急情况时在应急车道行驶或者停车；

（五）试车或者学习驾驶机动车。

第八十三条　在高速公路上行驶的载货汽车车厢不得载人。两轮摩托车在高速公路行驶时不得载人。

第八十四条　机动车通过施工作业路段时，应当注意警示标志，减速行驶。

第八十五条　城市快速路的道路交通安全管理，参照本节的规定执行。

高速公路、城市快速路的道路交通安全管理工作，省、自治区、直辖市人民政府公安机关交通管理部门可以指定设区的市人民政府公安机关交通管理部门或者相当于同级的公安机关交通管理部门承担。

第五章　交通事故处理

第八十六条　机动车与机动车、机动车与非机动车在道路上发生未造成人身伤亡的交通事故，当事人对事实及成因无争议的，在记录交通事故的时间、地点、对方当事人的姓名和联系方式、机动车牌号、驾驶证号、保险凭证号、碰撞部位，并共同签名后，撤离现场，自行协商损害赔偿事宜。当事人对交通事故事实及成因有争议的，应当迅速报警。

第八十七条　非机动车与非机动车或者行人在道路上发生交通事故，未造成人身伤亡，且基本事实及成因清楚的，当事人应当先撤离现场，再自行协商处理损害赔偿事宜。当事人对交通事故事实及成因有争议的，应当迅速报警。

第八十八条　机动车发生交通事故，造成道路、供电、通讯等设施损毁的，驾驶人应当报警等候处理，不得驶离。机动车可以移动的，应当将机动车移至不妨碍交通的地点。公安机关交通管理部门应当将事故有关情况通知有关部门。

第八十九条　公安机关交通管理部门或者交通警察接到交通事故报警，应当及时赶赴现场，对未造成人身伤亡，事实清楚，并且机动车可以移动的，应当在记录事故情况后责令当事人撤离现场，恢复交通。对拒不撤离现场的，予以强制撤离。

对属于前款规定情况的道路交通事故，交通警察可以适用简易程序处理，并当场出具事故认定书。当事人共同请求调解的，交通警察可以当场对损害赔偿争议进行调解。

对道路交通事故造成人员伤亡和财产损失需要勘验、检查现场的，公安机关交通管理部门应当按照勘查现场工作规范进行。现场勘查完毕，应当组织清理现场，恢复交通。

第九十条　投保机动车第三者责任强制保险的机动车发生交通事故，因抢救受伤人员需要保险公司支付抢救费用的，由公安机关交通管理部门通知保险公司。

抢救受伤人员需要道路交通事故救助基金垫付费用的，由公安机关交通管理部门通知道路交通事故社会救助基金管理机构。

第九十一条　公安机关交通管理部门应当根据交通事故当事人的行为对发生交通事故所起的作用以及过错的严重程度，确定当事人的责任。

第九十二条　发生交通事故后当事人逃逸的，逃逸的当事人承担全部责任。但是，有证据证明对方当事人也有过错的，可以减轻责任。

当事人故意破坏、伪造现场、毁灭证据的，承担全部责任。

第九十三条　公安机关交通管理部门对经过勘验、检查现场的交通事故应当在勘查现场之日起10日内制作交通事故认定书。对需要进行检验、鉴定的，应当在检验、鉴定结果确定之日起5日内制作交通事故认定书。

第九十四条　当事人对交通事故损害赔偿有争议，各方当事人一致请求公安机关交通管理部门调解的，应当在收到交通事故认定书之日起10日内提出书面调解申请。

对交通事故致死的，调解从办理丧葬事宜结束之日起开始；对交通事故致伤的，调解从治疗终结或者定残之日起开始；对交通事故造成财产损失的，调解从确定损失之日起开始。

第九十五条　公安机关交通管理部门调解交通事故损害赔偿争议的期限为10日。调解达成协议的，公安机关交通管理部门应当制作调解书送交各方当事人，调解书经各方当事人共同签字后生效；调解未达成协议的，公安机关交通管理部门应当制作调解终结书送交各方当事人。

交通事故损害赔偿项目和标准依照有关法律的规定执行。

第九十六条 对交通事故损害赔偿的争议，当事人向人民法院提起民事诉讼的，公安机关交通管理部门不再受理调解申请。

公安机关交通管理部门调解期间，当事人向人民法院提起民事诉讼的，调解终止。

第九十七条 车辆在道路以外发生交通事故，公安机关交通管理部门接到报案的，参照道路交通安全法和本条例的规定处理。

车辆、行人与火车发生的交通事故以及在渡口发生的交通事故，依照国家有关规定处理。

第六章 执法监督

第九十八条 公安机关交通管理部门应当公开办事制度、办事程序，建立警风警纪监督员制度，自觉接受社会和群众的监督。

第九十九条 公安机关交通管理部门及其交通警察办理机动车登记，发放号牌，对驾驶人考试、发证，处理道路交通安全违法行为，处理道路交通事故，应当严格遵守有关规定，不得越权执法，不得延迟履行职责，不得擅自改变处罚的种类和幅度。

第一百条 公安机关交通管理部门应当公布举报电话，受理群众举报投诉，并及时调查核实，反馈查处结果。

第一百零一条 公安机关交通管理部门应当建立执法质量考核评议、执法责任制和执法过错追究制度，防止和纠正道路交通安全执法中的错误或者不当行为。

第七章 法律责任

第一百零二条 违反本条例规定的行为，依照道路交通安全法和本条例的规定处罚。

第一百零三条 以欺骗、贿赂等不正当手段取得机动车登记或者驾驶许可的，收缴机动车登记证书、号牌、行驶证或者机动车驾驶证，撤销机动车登记或者机动车驾驶许可；申请人在 3 年内不得申请机动车登记或者机动车驾驶许可。

第一百零四条　机动车驾驶人有下列行为之一，又无其他机动车驾驶人即时替代驾驶的，公安机关交通管理部门除依法给予处罚外，可以将其驾驶的机动车移至不妨碍交通的地点或者有关部门指定的地点停放：

（一）不能出示本人有效驾驶证的；

（二）驾驶的机动车与驾驶证载明的准驾车型不符的；

（三）饮酒、服用国家管制的精神药品或者麻醉药品、患有妨碍安全驾驶的疾病，或者过度疲劳仍继续驾驶的；

（四）学习驾驶人员没有教练人员随车指导单独驾驶的。

第一百零五条　机动车驾驶人有饮酒、醉酒、服用国家管制的精神药品或者麻醉药品嫌疑的，应当接受测试、检验。

第一百零六条　公路客运载客汽车超过核定乘员、载货汽车超过核定载质量的，公安机关交通管理部门依法扣留机动车后，驾驶人应当将超载的乘车人转运、将超载的货物卸载，费用由超载机动车的驾驶人或者所有人承担。

第一百零七条　依照道路交通安全法第九十二条、第九十五条、第九十六条、第九十八条的规定被扣留的机动车，驾驶人或者所有人、管理人30日内没有提供被扣留机动车的合法证明，没有补办相应手续，或者不前来接受处理，经公安机关交通管理部门通知并且经公告3个月仍不前来接受处理的，由公安机关交通管理部门将该机动车送交有资格的拍卖机构拍卖，所得价款上缴国库；非法拼装的机动车予以拆除；达到报废标准的机动车予以报废；机动车涉及其他违法犯罪行为的，移交有关部门处理。

第一百零八条　交通警察按照简易程序当场作出行政处罚的，应当告知当事人道路交通安全违法行为的事实、处罚的理由和依据，并将行政处罚决定书当场交付被处罚人。

第一百零九条　对道路交通安全违法行为人处以罚款或者暂扣

驾驶证处罚的，由违法行为发生地的县级以上人民政府公安机关交通管理部门或者相当于同级的公安机关交通管理部门作出决定；对处以吊销机动车驾驶证处罚的，由设区的市人民政府公安机关交通管理部门或者相当于同级的公安机关交通管理部门作出决定。

公安机关交通管理部门对非本辖区机动车的道路交通安全违法行为没有当场处罚的，可以由机动车登记地的公安机关交通管理部门处罚。

第一百一十条 当事人对公安机关交通管理部门及其交通警察的处罚有权进行陈述和申辩，交通警察应当充分听取当事人的陈述和申辩，不得因当事人陈述、申辩而加重其处罚。

第八章 附 则

第一百一十一条 本条例所称上道路行驶的拖拉机，是指手扶拖拉机等最高设计行驶速度不超过每小时 20 公里的轮式拖拉机和最高设计行驶速度不超过每小时 40 公里、牵引挂车方可从事道路运输的轮式拖拉机。

第一百一十二条 农业（农业机械）主管部门应当定期向公安机关交通管理部门提供拖拉机登记、安全技术检验以及拖拉机驾驶证发放的资料、数据。公安机关交通管理部门对拖拉机驾驶人作出暂扣、吊销驾驶证处罚或者记分处理的，应当定期将处罚决定书和记分情况通报有关的农业（农业机械）主管部门。吊销驾驶证的，还应当将驾驶证送交有关的农业（农业机械）主管部门。

第一百一十三条 境外机动车入境行驶，应当向入境地的公安机关交通管理部门申请临时通行号牌、行驶证。临时通行号牌、行驶证应当根据行驶需要，载明有效日期和允许行驶的区域。

入境的境外机动车申请临时通行号牌、行驶证以及境外人员申请机动车驾驶许可的条件、考试办法由国务院公安部门规定。

第一百一十四条 机动车驾驶许可考试的收费标准，由国务院价格主管部门规定。

第一百一十五条　本条例自2004年5月1日起施行。1960年2月11日国务院批准、交通部发布的《机动车管理办法》，1988年3月9日国务院发布的《中华人民共和国道路交通管理条例》，1991年9月22日国务院发布的《道路交通事故处理办法》，同时废止。

国务院关于加强道路交通安全工作的意见

（2012年7月22日　国发〔2012〕30号）

各省、自治区、直辖市人民政府，国务院各部委、各直属机构：

为适应我国道路通车里程、机动车和驾驶人数量、道路交通运量持续大幅度增长的形势，进一步加强道路交通安全工作，保障人民群众生命财产安全，提出以下意见：

一、总体要求

（一）指导思想。以邓小平理论和“三个代表”重要思想为指导，深入贯彻落实科学发展观，牢固树立以人为本、安全发展的理念，始终把维护人民群众生命财产安全放在首位，以防事故、保安全、保畅通为核心，以落实企业主体责任为重点，全面加强人、车、路、环境的安全管理和监督执法，推进交通安全社会管理创新，形成政府统一领导、各部门协调联动、全社会共同参与的交通安全管理工作格局，有效防范和坚决遏制重特大道路交通事故，促进全国安全生产形势持续稳定好转，为经济社会发展、人民平安出行创造良好环境。

（二）基本原则。

——安全第一，协调发展。正确处理安全与速度、质量、效益的关系，坚持把安全放在首位，加强统筹规划，使道路交通安全融入国民经济社会发展大局，与经济社会同步协调发展。

——预防为主，综合治理。严格驾驶人、车辆、运输企业准入和安全管理，加强道路交通安全设施建设，深化隐患排查治理，着力解决制约和影响道路交通安全的源头性、根本性问题，夯实道路交通安全基础。

——落实责任，强化考核。全面落实企业主体责任、政府及部门监管责任和属地管理责任，健全目标考核和责任追究制度，加强督导检查和责任倒查，依法严格追究事故责任。

——科技支撑，法治保障。强化科技装备和信息化技术应用，建立健全法律法规和标准规范，加强执法队伍建设，依法严厉打击各类交通违法违规行为，不断提高道路交通科学管理与执法服务水平。

二、强化道路运输企业安全管理

（三）规范道路运输企业生产经营行为。严格道路运输市场准入管理，对新设立运输企业，要严把安全管理制度和安全生产条件审核关。强化道路运输企业安全主体责任，鼓励客运企业实行规模化、公司化经营，积极培育集约化、网络化经营的货运龙头企业。严禁客运车辆、危险品运输车辆挂靠经营。推进道路运输企业诚信体系建设，将诚信考核结果与客运线路招投标、运力投放以及保险费率、银行信贷等挂钩，不断完善企业安全管理的激励约束机制。鼓励运输企业采用交通安全统筹等形式，加强行业互助，提高企业抗风险能力。

（四）加强企业安全生产标准化建设。道路运输企业要建立健全安全生产管理机构，加强安全班组建设，严格执行安全生产制度、规范和技术标准，强化对车辆和驾驶人的安全管理，持续加大道路交通安全投入，提足、用好安全生产费用。建立专业运输企业交通安全质量管理体系，健全客运、危险品运输企业安全评估制度，对安全管理混乱、存在重大安全隐患的企业，依法责令停业整顿，对整改不达标的按规定取消其相应资质。

（五）严格长途客运和旅游客运安全管理。严格客运班线审批和监管，加强班线途经道路的安全适应性评估，合理确定营运线路、车型和时段，严格控制1000公里以上的跨省长途客运班线和夜间运行时间，对现有的长途客运班线进行清理整顿，整改不合格的坚决停止运营。创造条件积极推行长途客运车辆凌晨2时至5时停止运行或实行接驳运输。客运车辆夜间行驶速度不得超过日间限速的80%，并严禁夜间通行达不到安全通行条件的三级以下山区公路。夜间遇暴雨、浓雾等影响安全视距的恶劣天气时，可以采取临时管理措施，暂停客运车辆运行。加强旅游包车安全管理，根据运行里程严格按规定配备包车驾驶人，逐步推行包车业务网上申请和办理制度，严禁发放空白旅游包车牌证。运输企业要积极创造条件，严格落实长途客运驾驶人停车换人、落地休息制度，确保客运驾驶人24小时累计驾驶时间原则上不超过8小时，日间连续驾驶不超过4小时，夜间连续驾驶不超过2小时，每次停车休息时间不少于20分钟。有关部门要加强监督检查，对违反规定超时、超速驾驶的驾驶人及相关企业依法严格处罚。

（六）加强运输车辆动态监管。抓紧制定道路运输车辆动态监督管理办法，规范卫星定位装置安装、使用行为。旅游包车、三类以上班线客车、危险品运输车和校车应严格按规定安装使用具有行驶记录功能的卫星定位装置，卧铺客车应同时安装车载视频装置，鼓励农村客运车辆安装使用卫星定位装置。重型载货汽车和半挂牵引车应在出厂前安装卫星定位装置，并接入道路货运车辆公共监管与服务平台。运输企业要落实安全监控主体责任，切实加强对所属车辆和驾驶人的动态监管，确保车载卫星定位装置工作正常、监控有效。对不按规定使用或故意损坏卫星定位装置的，要追究相关责任人和企业负责人的责任。

三、严格驾驶人培训考试和管理

（七）加强和改进驾驶人培训考试工作。进一步完善机动车驾驶人培训大纲和考试标准，严格考试程序，推广应用科技评判和监控手段，强化驾驶人安全、法制、文明意识和实际道路驾驶技能考试。客、货车辆驾驶人培训考试要增加复杂路况、恶劣天气、突发情况应对处置技能的内容，大中型客、货车辆驾驶人增加夜间驾驶考试。将大客车驾驶人培养纳入国家职业教育体系，努力解决高素质客运驾驶人短缺问题。实行交通事故驾驶人培训质量、考试发证责任倒查制度。

（八）严格驾驶人培训机构监管。加强驾驶人培训市场调控，提高驾驶人培训机构准入门槛，按照培训能力核定其招生数量，严格教练员资格管理。加强驾驶人培训质量监督，全面推广应用计算机计时培训管理系统，督促落实培训教学大纲和学时。定期向社会公开驾驶人培训机构的培训质量、考试合格率以及毕业学员的交通违法率和肇事率等，并作为其资质审核的重要参考。

（九）加强客货运驾驶人安全管理。严把客货运驾驶人从业资格准入关，加强从业条件审核与培训考试。建立客货运驾驶人从业信息、交通违法信息、交通事故信息的共享机制，加快推进信息查询平台建设，设立驾驶人“黑名单”信息库。加强对长期在本地经营的异地客货运车辆和驾驶人安全管理。督促运输企业加强驾驶人聘用管理，对发生道路交通事故致人死亡且负同等以上责任的，交通违法记满 12 分的，以及有酒后驾驶、超员 20%以上、超速 50%（高速公路超速 20%）以上，或者 12 个月内有 3 次以上超速违法记录的客运驾驶人，要严格依法处罚并通报企业解除聘用。

四、加强车辆安全监管

（十）提高机动车安全性能。制定完善相关政策，推动机动车生产企业兼并重组，调整产品结构，鼓励发展安全、节能、环保的汽车产品，积极推进机动车标准化、轻量化，加快传统汽车升级换代。大力推广厢式货车取代栏板式货车，尽快淘汰高安全风险车型。抓紧清理、修订并逐步提高机动车安全技术标准，督促生产企业改进车辆安全技术，增设客运车辆限速和货运车辆限载等安全装置。进一步提高大中型客车和公共汽车的车身结构强度、座椅安装强度、内部装饰材料阻燃性能等，增强车辆行驶稳定性和抗侧倾能力。客运车辆座椅要尽快全部配置安全带。

（十一）加强机动车安全管理。落实和完善机动车生产企业及产品公告管理、强制性产品认证、注册登记、使用维修和报废等管理制度。积极推动机动车生产企业诚信体系建设，加强机动车产品准入、生产一致性监管，对不符合机动车国家安全技术标准或者与公告产品不一致的车辆，不予办理注册登记，生产企业要依法依规履行更换、退货义务。严禁无资质企业生产、销售电动汽车。落实和健全缺陷汽车产品召回制度，加大对大中型客、货汽车缺陷产品召回力度。严格报废汽车回收企业资格认定和监督管理，依法严厉打击制造和销售拼装车行为，严禁拼装车和报废汽车上路行驶。加强机动车安全技术检验和营运车辆综合性能检测，严格检验检测机构的资格管理和计量认证管理。对道路交通事故中涉及车辆非法生产、改装、拼装以及机动车产品严重质量安全问题的，要严查责任，依法从重处理。

（十二）强化电动自行车安全监管。修订完善电动自行车生产国家强制标准，着力加强对电动自行车生产、销售和使用的监督管理，严禁生产、销售不符合国家强制标准的电动自行车。省级人民政府要制定电动自行车登记管理办法，质监部门要做好电动自行车生产许可证管理和国家强制性标准修订工作，工业和信息化部门要严格电动自行车生产的行业管理，工商部门要依法加强电动自行车销售企业的日常监管。对违规生产、销售不合格产品的企业，要依法责令整改并严格处罚、公开曝光。公安机关要加强电动自行车通行秩序管理，严格查处电动自行车交通违法行为。地方各级人民政府要通过加强政策引导，逐步解决在用的超出国家标准的电动自行车问题。

五、提高道路安全保障水平

（十三）完善道路交通安全设施标准和制度。加快修订完善公路安全设施设计、施工、安全性评价等技术规范和行业标准，科学设置安全防护设施。鼓励地方在国家和行业标准的基础上，进一步提高本地区公路安全设施建设标准。严格落实交通安全设施与道路建设主体工程同时设计、同时施工、同时投入使用的“三同时”制度，新建、改建、扩建道路工程在竣（交）工验收时要吸收公安、安全监管等部门人员参加，严格安全评价，交通安全设施验收不合格的不得通车运行。对因交通安全设施缺失导致重大事故的，要限期进行整改，整改到位前暂停该区域新建道路项目的审批。

（十四）加强道路交通安全设施建设。地方各级人民政府要结合实际科学规划，有计划、分步骤地逐年增加和改善道路交通安全设施。在保证国省干线公路网等项目建设资金的基础上，加大车辆购置税等资金对公路安保工程的投入力度，进一步加强国省干线公路安全防护设施建设，特别是临水临崖、连续下坡、急弯陡坡等事故易发路段要严格按标准安装隔离栅、防护栏、防撞墙等安全设施，设置标志标线。加强公路与铁路、河道、码头联接交叉路段特别是公铁立交、跨航道桥梁的安全保护。收费公路经营企业要加强公路养护管理，对安全设施缺失、损毁的，要及时予以完善和修复，确保公路及其附属设施始终处于良好的技术状况。要积极推进公路灾害性天气预报和预警系统建设，提高对暴雨、浓雾、团雾、冰雪等恶劣天气的防范应对能力。

（十五）深入开展隐患排查治理。地方各级人民政府要建立完善道路交通安全隐患排查治理制度，落实治理措施和治理资金，根据隐患严重程度，实施省、市、县三级人民政府挂牌督办整改，对隐患整改不落实的，要追究有关负责人的责任。有关部门要强化交通事故统计分析，排查确定事故多发点段和存在安全隐患路段，全面梳理桥涵隧道、客货运场站等风险点，设立管理台账，明确治理责任单位和时限，强化对整治情况的全过程监督。切实加强公路两侧农作物秸秆禁烧监管，严防焚烧烟雾影响交通安全。

六、加大农村道路交通安全管理力度

（十六）强化农村道路交通安全基础。深入开展“平安畅通县市”和“平安农机”创建活动，改善农村道路交通安全环境。严格落实县级人民政府农村公路建设养护管理主体责任，制定改善农村道路交通安全状况的计划，落实资金，加大建设和养护力度。新建、改建农村公路要根据需要同步建设安全设施，已建成的农村公路要按照“安全、有效、经济、实用”的原则，逐步完善安全设施。地方各级人民政府要统筹城乡公共交通发展，以城市公交同等优惠条件扶持发展农村公共交通，拓展延伸农村地区客运的覆盖范围，着力解决农村群众安全出行问题。

（十七）加强农村道路交通安全监管。地方各级人民政府要加强农村道路交通安全组织体系建设，落实乡镇政府安全监督管理责任，调整优化交警警力布局，加强乡镇道路交通安全管控。发挥农村派出所、农机监理站以及驾驶人协会、村委会的作用，建立专兼职道路交通安全管理队伍，扩大农村道路交通管理覆盖面。完善农业机械安全监督管理体系，加强对农机安全监理机构的支持保障，积极推广应用农机安全技术，加强对拖拉机、联合收割机等农业机械的安全管理。

七、强化道路交通安全执法

（十八）严厉整治道路交通违法行为。加强公路巡逻管控，加大客运、旅游包车、危险品运输车等重点车辆检查力度，严厉打击和整治超速超员超载、疲劳驾驶、酒后驾驶、吸毒后驾驶、货车违法占道行驶、不按规定使用安全带等各类交通违法行为，严禁三轮汽车、低速货车和拖拉机违法载人。依法加强校车安全管理，保障乘坐校车学生安全。健全和完善治理车辆超限超载工作长效机制。研究推动将客货运车辆严重超速、超员、超限超载等行为列入以危险方法危害公共安全行为，追究驾驶人刑事责任。制定客货运车辆和驾驶人严重交通违法行为有奖举报办法，并将车辆动态监控系统记录的交通违法信息作为执法依据，定期进行检查，依法严格处罚。大力推进文明交通示范公路创建活动，加强城市道路通行秩序整治，规范机动车通行和停放，严格非机动车、行人交通管理。

(十九) 切实提升道路交通安全执法效能。推进高速公路全程监控等智能交通管理系统建设，强化科技装备和信息化技术在道路交通执法中的应用，提高道路交通安全管控能力。整合道路交通管理力量和资源，建立部门、区域联勤联动机制，实现监控信息等资源共享。严格落实客货运车辆及驾驶人交通事故、交通违法行为通报制度，全面推进交通违法记录省际转递工作。研究推动将公民交通安全违法记录与个人信用、保险、职业准入等挂钩。

(二十) 完善道路交通事故应急救援机制。地方各级人民政府要进一步加强道路交通事故应急救援体系建设，完善应急救援预案，定期组织演练。健全公安消防、卫生等部门联动的省、市、县三级交通事故紧急救援机制，完善交通事故急救通信系统，加强交通事故紧急救援队伍建设，配足救援设备，提高施救水平。地方各级人民政府要依法加快道路交通事故社会救助基金制度建设，制定并完善实施细则，确保事故受伤人员的医疗救治。

八、深入开展道路交通安全宣传教育

(二十一) 建立交通安全宣传教育长效机制。地方各级人民政府每年要制定并组织实施道路交通安全宣传教育计划，加大宣传投入，督促各部门和单位积极履行宣传责任和义务，实现交通安全宣传教育社会化、制度化。加大公益宣传力度，报刊、广播、电视、网络等新闻媒体要在重要版面、时段通过新闻报道、专题节目、公益广告等方式开展交通安全公益宣传。设立“全国交通安全日”，充分发挥主管部门、汽车企业、行业协会、社区、学校和单位的宣传作用，广泛开展道路交通安全宣传活动，不断提高全民的交通守法意识、安全意识和公德意识。

(二十二) 全面实施文明交通素质教育工程。深入推进“文明交通行动计划”，广泛开展交通安全宣传进农村、进社区、进企业、进学校、进家庭活动，推行实时、动态的交通安全教育和在线服务。建立交通安全警示提示信息发布平台，加强事故典型案例警示教育，开展交通安全文明驾驶人评选活动，充分利用各种手段促进驾驶人依法驾车、安全驾车、文明驾车。坚持交通安全教育从儿童抓起，督促指导中小学结合有关课程加强交通安全教育，鼓励学校结合实际开发有关交通安全教育的校本课程，夯实国民交通安全素质基础。

（二十三）加强道路交通安全文化建设。积极拓展交通安全宣传渠道，建立交通安全宣传教育基地，创新宣传教育方法，以学校、驾驶人培训机构、运输企业为重点，广泛宣传道路交通安全法律法规和安全知识。推动开设交通安全宣传教育网站、电视频道，加强交通安全文学、文艺、影视等作品创作、征集和传播活动，积极营造全社会关注交通安全、全民参与文明交通的良好文化氛围。

九、严格道路交通事故责任追究

（二十四）加强重大道路交通事故联合督办。严格执行重大事故挂牌督办制度，健全完善重大道路交通事故“现场联合督导、统筹协调调查、挂牌通报警示、重点约谈检查、跟踪整改落实”的联合督办工作机制，形成各有关部门齐抓共管的监管合力。研究制定道路交通安全奖惩制度，对于成效显著的地方、部门和单位予以表扬和奖励；对发生特别重大道路交通事故的，或者一年内发生 3 起及以上重大道路交通事故的，省级人民政府要向国务院作出书面检查；对一年内发生两起重大道路交通事故或发生性质严重、造成较大社会影响的重大道路交通事故的，国务院安全生产委员会办公室要会同有关部门及时约谈相关地方政府和部门负责同志。

（二十五）加大事故责任追究力度。研究制定重特大道路交通事故处置规范，完善跨区域责任追究机制，建立健全重大道路交通事故信息公开制度。对发生重大及以上或者 6 个月内发生两起较大及以上责任事故的道路运输企业，依法责令停业整顿；停业整顿后符合安全生产条件的，准予恢复运营，但客运企业3年内不得新增客运班线，旅游企业3年内不得新增旅游车辆；停业整顿仍不具备安全生产条件的，取消相应许可或吊销其道路运输经营许可证，并责令其办理变更、注销登记直至依法吊销营业执照。对道路交通事故发生负有责任的单位及其负责人，依法依规予以处罚，构成犯罪的，依法追究刑事责任。发生重特大道路交通事故的，要依法依纪追究地方政府及相关部门的责任。

十、强化道路交通安全组织保障

（二十六）加强道路交通安全组织领导。地方各级人民政府要高度重视道路交通安全工作，将其纳入经济和社会发展规划，与经济建设和社会发展同部署、同落实、同考核，并加强对道路交通安全工作的统筹协调和监督指导。实行道路交通安全地方行政首长负责制，将道路交通安全工作纳入政府工作重要议事日程，定期分析研判安全形势，研究部署重点工作。严格道路交通事故总结报告制度，省级人民政府每年1月15日前要将本地区道路交通安全工作情况向国务院作出专题报告。

（二十七）落实部门管理和监督职责。各有关部门要按照“谁主管、谁负责，谁审批、谁负责”的原则，依法履行职责，落实监管责任，切实构建“权责一致、分工负责、齐抓共管、综合治理”的协调联动机制。要严格责任考核，将道路交通安全工作作为有关领导干部实绩考评的重要内容，并将考评结果作为综合考核评价的重要依据。

（二十八）完善道路交通安全保障机制。研究建立中央、地方、企业和社会共同承担的道路交通安全长效投入机制，不断拓展道路交通安全资金保障来源，推动完善相关财政、税收、信贷支持政策，强化政府投资对道路交通安全投入的引导和带动作用，将交警、运政、路政、农机监理各项经费按规定纳入政府预算。要根据道路里程、机动车增长等情况，相应加强道路交通安全管理力量建设，完善道路交通警务保障机制。地方各级人民政府要研究出台高速公路交通安全发展的相关保障政策，将高速公路交通安全执勤执法营房等配套设施与高速公路建设同步规划设计、同步投入使用并给予资金保障，高速公路建设管理单位要积极创造条件予以配合支持。

交通警察道路执勤执法工作规范

（2008 年 11 月 15 日　公通字〔2008〕58 号）

目　　录

第一章 总 则

第一条 为了规范交通警察道路执勤执法行为，维护道路交通秩序，保障道路交通安全畅通，根据《中华人民共和国道路交通安全法》及其他有关规定，制定本规范。

第二条 交通警察在道路上执行维护交通秩序、实施交通管制、执行交通警卫任务、纠正和处理道路交通安全违法行为（以下简称“违法行为”）等任务，适用本规范。

第三条 交通警察执勤执法应当坚持合法、公正、文明、公开、及时，查处违法行为应当坚持教育与处罚相结合。

第四条 交通警察执勤执法应当遵守道路交通安全法律法规。对违法行为实施行政处罚或者采取行政强制措施，应当按照《道路交通安全法》、《道路交通安全法实施条例》、《道路交通安全违法行为处理程序规定》等法律、法规、规章执行。

第五条 交通协管员可以在交通警察指导下承担以下工作：

（一）维护道路交通秩序，劝阻违法行为；

（二）维护交通事故现场秩序，保护事故现场，抢救受伤人员；

（三）进行交通安全宣传；

（四）及时报告道路上的交通、治安情况和其他重要情况；

（五）接受群众求助。

交通协管员不得从事其他执法行为，不得对违法行为人作出行政处罚或者行政强制措施决定。

第二章 执勤执法用语

第六条 交通警察在执勤执法、接受群众求助时应当尊重当事人，使用文明、礼貌、规范的语言，语气庄重、平和。对当事人不理解的，应当耐心解释，不得呵斥、讽刺当事人。

第七条 检查涉嫌有违法行为的机动车驾驶人的机动车驾驶

证、行驶证时，交通警察应当使用的规范用语是：你好！请出示驾驶证、行驶证。

第八条　纠正违法行为人（含机动车驾驶人、非机动车驾驶人、行人、乘车人，下同）的违法行为，对其进行警告、教育时，交通警察应当使用的规范用语是：你的（列举具体违法行为）违反了道路交通安全法律法规，请遵守交通法规。谢谢合作。

第九条　对行人、非机动车驾驶人的违法行为给予当场罚款时，交通警察应当使用的规范用语是：你的（列举具体违法行为）违反了道路交通安全法律法规，依据《道路交通安全法》第××条和《道路交通安全法实施条例》第××条（或××地方法规）的规定，对你当场处以××元的罚款。

非机动车驾驶人拒绝缴纳罚款时，交通警察应当使用的规范用语是：根据《道路交通安全法》第89条的规定，你拒绝接受罚款处罚，可以扣留你的非机动车。

第十条　对机动车驾驶人给予当场罚款或者采取行政强制措施时，交通警察应当使用的规范用语是：你的（列举具体违法行为）违反了道路交通安全法律法规，依据《道路交通安全法》第××条和《道路交通安全法实施条例》第××条（或××地方法规）的规定，对你处以××元的罚款，记××分（或者扣留你的驾驶证/机动车）。

第十一条　实施行政处罚或者行政强制措施前，告知违法行为人应享有的权利时，交通警察应当使用的规范用语是：你有权陈述和申辩。

第十二条　要求违法行为人在行政处罚决定书（或行政强制措施凭证）上签字时，交通警察应当使用的规范用语是：请你认真阅读法律文书的这些内容，并在签名处签名。

第十三条　对违法行为人依法处理后，交通警察应当使用的规范用语是：请收好法律文书（和证件）。

对经检查未发现违法行为时，交通警察应当使用的规范用语是：谢谢合作。

第十四条 对于按规定应当向银行缴纳罚款的，机动车驾驶人提出当场缴纳罚款时，交通警察应当使用的规范用语是：依据法律规定，我们不能当场收缴罚款。请到×××银行缴纳罚款。

第十五条 对于机动车驾驶人拒绝签收处罚决定书或者行政强制措施凭证时，交通警察应当使用的规范用语是：依据法律规定，你拒绝签字或者拒收，法律文书同样生效并即为送达。

第十六条 实施交通管制、执行交通警卫任务、维护交通事故现场交通秩序，交通警察应当使用的规范用语是：前方正在实行交通管制（有交通警卫任务或者发生了交通事故），请你绕行×××道路（或者耐心等候）。

第十七条 要求当事人将机动车停至路边接受处理时，交通警察应当使用的规范用语是：请将机动车停在（指出停车位置）接受处理。

第三章 执勤执法行为举止

第十八条 交通警察在道路上执勤执法应当规范行为举止，做到举止端庄、精神饱满。

第十九条 站立时做到抬头、挺胸、收腹，双手下垂置于大腿外侧，双腿并拢、脚跟相靠，或者两腿分开与肩同宽，身体不得倚靠其他物体，不得摇摆晃动。

第二十条 行走时双肩及背部要保持平稳，双臂自然摆动，不得背手、袖手、搭肩、插兜。

第二十一条 敬礼时右手取捷径迅速抬起，五指并拢自然伸直，中指微接帽檐右角前，手心向下，微向外张，手腕不得弯屈。礼毕后手臂迅速放回原位。

第二十二条 交还被核查当事人的相关证件后时应当方便当事人接取。

第二十三条　使用手势信号指挥疏导时应当动作标准，正确有力，节奏分明。

手持指挥棒、示意牌等器具指挥疏导时，应当右手持器具，保持器具与右小臂始终处于同一条直线。

第二十四条　驾驶机动车巡逻间隙不得倚靠车身或者趴在摩托车把上休息。

第四章　着装和装备配备

第二十五条　交通警察在道路上执勤执法应当按照规定穿着制式服装，佩戴人民警察标志。

第二十六条　交通警察在道路上执勤执法应当配备多功能反光腰带、反光背心、发光指挥棒、警用文书包、对讲机或者移动通信工具等装备，可以选配警务通、录音录像执法装备等，必要时可以配备枪支、警棍、手铐、警绳等武器和警械。

第二十七条　执勤警用汽车应当配备反光锥筒、警示灯、停车示意牌、警戒带、照相机（或者摄像机）、灭火器、急救箱、牵引绳等装备；根据需要可以配备防弹衣、防弹头盔、简易破拆工具、防化服、拦车破胎器、酒精检测仪、测速仪等装备。

第二十八条　执勤警用摩托车应当配备制式头盔、停车示意牌、警戒带等装备。

第二十九条　执勤警车应当保持车容整洁、车况良好、装备齐全。

第三十条　交通警察执勤执法装备，省、自治区、直辖市公安机关可以根据实际需要增加，但应当在全省、自治区、直辖市范围内做到统一规范。

第五章　通行秩序管理

第三十一条　交通警察在道路上执勤时，应当采取定点指挥疏导和巡逻管控相结合的方式。

第三十二条 交通警察在指挥疏导交通时，应当注意观察道路的交通流量变化，指挥机动车、非机动车、行人有序通行。

在信号灯正常工作的路口，可以根据交通流量变化，合理使用交通警察手势信号，指挥机动车快速通过路口，提高通行效率，减少通行延误。

在无信号灯或者信号灯不能正常工作的路口，交通警察应当使用手势信号指挥疏导，提高车辆、行人通过速度，减少交通冲突，避免发生交通拥堵。

第三十三条 交通警察遇到交通堵塞应当立即指挥疏导；遇严重交通堵塞的，应当采取先期处置措施，查明原因，向上级报告。

接到疏导交通堵塞指令后，应当按照工作预案，选取分流点，并视情设置临时交通标志、提示牌等交通安全设施，指挥疏导车辆。

在疏导交通堵塞时，对违法行为人以提醒、教育为主，不处罚轻微违法行为。

第三十四条 交通警察在执勤时，应当定期检查道路及周边交通设施，包括信号灯、交通标志、交通标线、交通设施等是否完好，设置是否合理。发现异常，应当立即采取处置措施，无法当场有效处理的，应当先行做好应急处置工作，并立即向上级报告。

第三十五条 交通警察发现违反规定占道挖掘或者未经许可擅自在道路上从事非交通行为危及交通安全或者妨碍通行，尚未设置警示标志的，应当及时制止，并向上级报告，积极做好交通疏导工作。

第三十六条 在高速公路上执勤时应当以巡逻为主，通过巡逻和技术监控，实现交通监控和违法信息收集。必要时可以在收费站、服务区设置执勤点。

第三十七条 交通警察发现高速公路交通堵塞，应当立即进行疏导，并查明原因，向上级报告或者通报相关部门，采取应对措施。

造成交通堵塞，必须借用对向车道分流的，应当设置隔离设施，并在分流点安排交通警察指挥疏导。

第三十八条　交通警察执勤时遇交通事故应当按照《道路交通事故处理程序规定》（公安部令第 104 号）和《交通事故处理工作规范》的规定执行。

第六章　违法行为处理

第一节　一般规定

第三十九条　交通警察在道路上执勤，发现违法行为时，应当及时纠正。无法当场纠正的，可以通过交通技术监控设备记录，依据有关法律、法规、规章的规定予以处理。

第四十条　交通警察纠正违法行为时，应当选择不妨碍道路通行和安全的地点进行。

第四十一条　交通警察发现行人、非机动车驾驶人的违法行为，应当指挥当事人立即停靠路边或者在不影响道路通行和安全的地方接受处理，指出其违法行为，听取当事人的陈述和申辩，作出处理决定。

第四十二条　交通警察查处机动车驾驶人的违法行为，应当按下列程序执行：

（一）向机动车驾驶人敬礼；

（二）指挥机动车驾驶人立即靠边停车，可以视情要求机动车驾驶人熄灭发动机或者要求其下车；

（三）告知机动车驾驶人出示相关证件；

（四）检查机动车驾驶证，询问机动车驾驶人姓名、出生年月、住址，对持证人的相貌与驾驶证上的照片进行核对；检查机动车行驶证，对类型、颜色、号牌进行核对；检查检验合格标志、保险标志；查询机动车及机动车驾驶人的违法行为信息、机动车驾驶人记分情况；

（五）指出机动车驾驶人的违法行为；

（六）听取机动车驾驶人的陈述和申辩；

（七）给予口头警告、制作简易程序处罚决定书、违法处理通知书或者采取行政强制措施。

第二节 查处轻微违法行为

第四十三条 对《道路交通安全法》规定可以给予警告、无记分的违法行为、未造成影响道路通行和安全的后果且违法行为人已经消除违法状态的，可以认定为轻微违法行为。

第四十四条 对轻微违法行为，口头告知其违法行为的基本事实、依据，纠正违法行为并予以口头警告后放行。

第四十五条 交通警察在指挥交通、巡逻管控过程中发现的违法行为，在不具备违法车辆停车接受处理的条件或者交通堵塞时，可以通过手势、喊话等方式纠正违法行为。

第四十六条 对交通技术监控设备记录的轻微违法行为，可以通过手机短信、邮寄违法行为提示、通知车辆所属单位等方式，提醒机动车驾驶人遵守交通法律法规。

第四十七条 各省、自治区、直辖市公安机关可以根据本地实际，依照本规范第四十三条的规定确定轻微违法行为的具体范围。

第三节 现场处罚和采取强制措施

第四十八条 违法行为适用简易程序处罚的，交通警察对机动车驾驶人作出简易程序处罚决定后，应当立即交还机动车驾驶证、行驶证等证件，并予以放行。

制作简易程序处罚决定书、行政强制措施凭证时应当做到内容准确、字迹清晰。

第四十九条 违法行为需要适用一般程序处罚的，交通警察应当依照规定制作违法行为处理通知书或者依法采取行政强制措施，告知机动车驾驶人接受处理的时限、地点。

第五十条　当事人拒绝在法律文书上签字的，交通警察除应当在法律文书上注明有关情况外，还应当注明送达情况。

第五十一条　交通警察依法扣留车辆时，不得扣留车辆所载货物，并应当提醒机动车驾驶人妥善处置车辆所载货物。

当事人无法自行处理或者能够自行处理但拒绝自行处理的，交通警察应当在行政强制措施凭证上注明，登记货物明细并妥善保管。

货物明细应当由交通警察、机动车驾驶人签名，有见证人的，还应当由见证人签名。机动车驾驶人拒绝签名的，交通警察应当在货物登记明细上注明。

第七章　实施交通管制

第五十二条　遇有雾、雨、雪等恶劣天气、自然灾害性事故以及治安、刑事案件时，交通警察应当及时向上级报告，由上级根据工作预案决定实施限制通行的交通管制措施。

第五十三条　执行交通警卫任务以及具有本规范第五十二条规定情形的，需要临时在城市道路、国省道实施禁止机动车通行的交通管制措施的，应当由市（地）级以上公安机关交通管理部门决定。需要在高速公路上实施交通管制的，应当由省级公安机关交通管理部门决定。

第五十四条　实施交通管制，公安机关交通管理部门应当提前向社会公告车辆、行人绕行线路，并在现场设置警示标志、绕行引导标志等，做好交通指挥疏导工作。

无法提前公告的，交通警察应当做好交通指挥疏导工作，维护交通秩序。对机动车驾驶人提出异议或者不理解的，应当做好解释工作。

第五十五条　交通警察在道路上实施交通管制，应当严格按照相关法律、法规规定和工作预案进行。

第五十六条 在高速公路执勤遇恶劣天气时，交通警察应当采取以下措施：

（一）迅速上报路况信息，包括雾、雨、雪、冰等恶劣天气的区域范围、能见度、车流量等情况；

（二）根据路况和上级要求，采取发放警示卡、间隔放行、限制车速、巡逻喊话提醒、警车限速引导等措施；

（三）加强巡逻，及时发现和处置交通事故，严防发生次生交通事故；

（四）关闭高速公路时，要通过设置绕行提示标志、电子显示屏或者可变情报板、交通广播等方式发布提示信息。车辆分流应当在高速公路关闭区段前的站口进行，交通警察要在分流处指挥疏导。

第五十七条 交通警察遇到正在发生的治安、刑事案件或者根据指令赶赴治安、刑事案件现场时，应当通知治安、刑侦部门，并根据现场情况采取以下先期处置措施：

（一）制止违法犯罪行为，控制违法犯罪嫌疑人；

（二）组织抢救伤者，排除险情；

（三）划定警戒区域，疏散围观群众，保护现场，维护好中心现场及周边道路交通秩序，确保现场处置通道畅通；

（四）进行现场询问，及时组织追缉、堵截；

（五）及时向上级报告案件（事件）性质、事态发展情况。

第五十八条 交通警察发现因群体性事件而堵塞交通的，应当立即向上级报告，并维护现场交通秩序。

第五十九条 交通警察接受堵截任务后，应当迅速赶往指定地点，并按照预案实施堵截。

紧急情况下，可以使用拦车破胎器堵截车辆。

第六十条 交通警察发现有被通缉的犯罪嫌疑车辆，应当视情采取跟踪、堵截等措施，确保有效控制车辆和嫌疑人员，并向上级报告。

第八章　执行交通警卫任务

第六十一条　交通警察执行警卫任务，应当及时掌握任务的时间、地点、性质、规模以及行车路线等要求，掌握管制措施、安全措施。

按要求准时到达岗位，及时对路口、路段交通秩序进行管理，纠正各类违法行为，依法文明执勤。

第六十二条　交通警察执行交通警卫任务时，应当遵守交通警卫工作纪律，严格按照不同级别的交通警卫任务的要求，适时采取交通分流、交通控制、交通管制等安全措施。在确保警卫车辆安全畅通的前提下，尽量减少对社会车辆的影响。

警卫车队到来时，遇有车辆、行人强行冲击警卫车队等可能影响交通警卫任务的突发事件，应当及时采取有效措施控制车辆和人员，维护现场交通秩序，并迅速向上级报告。

警卫任务结束后，应当按照指令迅速解除交通管制，加强指挥疏导，尽快恢复道路交通。

第六十三条　交通警察在路口执行警卫任务时，负责指挥的交通警察应当用手势信号指挥车队通过路口，同时密切观察路口情况，防止车辆、行人突然进入路口。负责外围控制的交通警察，应当分别站在路口来车方向，控制各类车辆和行人进入路口。

第六十四条　交通警察在路段执行警卫任务时，应当站在警卫路线道路中心线对向机动车道一侧，指挥控制对向车辆靠右缓行，及时发现和制止违法行为，严禁对向车辆超车、左转、调头及行人横穿警卫路线。

第九章　接受群众求助

第六十五条　交通警察遇到属于《110接处警工作规则》受理范围的群众求助，应当做好先期处置，并报110派员处置。需要过往机动车提供帮助的，可以指挥机动车驾驶人停车，请其提供帮助。机动车驾驶人拒绝的，不得强制。

第六十六条 交通警察遇到职责范围以外但如不及时处置可能危及公共安全、国家财产安全和人民群众生命财产安全的紧急求助时，应当做好先期处置，并报请上级通报相关部门或者单位派员到现场处置，在相关部门或者单位进行处置时，可以予以必要的协助。

第六十七条 交通警察遇到职责范围以外的非紧急求助，应当告知求助人向所求助事项的主管部门或者单位求助，并视情予以必要的解释。

第六十八条 交通警察指挥疏导交通时不受理群众投诉，应当告知其到相关部门或者机构投诉。

第十章 执勤执法安全防护

第六十九条 交通警察在道路上执勤时应当遵守以下安全防护规定：

（一）穿着统一的反光背心；

（二）驾驶警车巡逻执勤时，开启警灯，按规定保持车速和车距，保证安全。驾驶人、乘车人应当系安全带。驾驶摩托车巡逻时，应当戴制式头盔；

（三）保持信息畅通，服从统一指挥和调度。

第七十条 在城市快速路、主干道及公路上执勤应当由两名以上交通警察或者由一名交通警察带领两名以上交通协管员进行。需要设点执勤的，应当根据道路条件和交通状况，临时选择安全和不妨碍车辆通行的地点进行，放置要求驾驶人停车接受检查的提示标志，在距执勤点至少二百米处开始摆放发光或者反光的警告标志、警示灯，间隔设置减速提示标牌、反光锥筒等安全防护设备。

第七十一条 在执行公务时，警车需要临时停车或者停放的，应当开启警灯，并选择与处置地点同方向的安全地点，不得妨碍正常通行秩序。

警车在公路上执行公务时临时停车和停放应当开启警灯，并根据道路限速，将警车停在处置地点来车方向五十至二百米以外。在不影响周围群众生产生活的情况下，可以开启警报器。

第七十二条　交通警察在雾、雨、雪、冰冻及夜间等能见度低和道路通行条件恶劣的条件下设点执勤，应当遵守以下规定：

（一）在公路、城市快速路上执勤，应当由三名（含）以上交通警察或者两名交通警察和两名（含）以上交通协管员进行；

（二）需要在公路上设点执勤，应当在距执勤点至少五百米处开始摆放发光或者反光的警告标志、警示灯，间隔设置减速提示标牌、反光锥筒等安全防护设备，并确定专人对执勤区域进行巡控；在高速公路上应当将执勤点设在收费站或者服务区、停车区，并在至少两公里处开始摆放发光或者反光的警告标志、警示灯，间隔设置减速提示标牌、反光锥筒等安全防护设备。

第七十三条　查处违法行为应当遵守以下规定：

（一）除执行堵截严重暴力犯罪嫌疑人等特殊任务外，拦截、检查车辆或者处罚交通违法行为，应当选择不妨碍道路通行和安全的地点进行，并在来车方向设置分流或者避让标志；

（二）遇有机动车驾驶人拒绝停车的，不得站在车辆前面强行拦截，或者脚踏车辆踏板，将头、手臂等伸进车辆驾驶室或者攀扒车辆，强行责令机动车驾驶人停车；

（三）除机动车驾驶人驾车逃跑后可能对公共安全和他人生命安全有严重威胁以外，交通警察不得驾驶机动车追缉，可采取通知前方执勤交通警察堵截，或者记下车号，事后追究法律责任等方法进行处理；

（四）堵截车辆应采取设置交通设施、利用交通信号灯控制所拦截车辆前方车辆停车等非直接拦截方式，不得站立在被拦截车辆行进方向的行车道上拦截车辆。

第七十四条 在高速公路发现有不按规定车道行驶、超低速行驶、遗洒载运物、客车严重超员、车身严重倾斜等危及道路通行安全的违法行为，可以通过喊话、鸣警报器、车载显示屏提示等方式，引导车辆到就近服务区或者驶出高速公路接受处理。情况紧急的，可以立即进行纠正。

第七十五条 公安机关交通管理部门应当定期检查交通警察安全防护装备配备和使用情况，发现和纠正存在的问题。

第十一章 执法监督与考核评价

第七十六条 公安机关督察部门和交通管理部门应当建立对交通警察道路执勤执法现场督察制度。

公安机关交通管理部门应当建立交通警察道路执勤执法检查和考核制度。

对模范遵守法纪、严格执法的交通警察，应当予以表彰和奖励。

对违反规定执勤执法的，应当批评教育；情节严重的，给予党纪、政纪处分；构成犯罪的，依法追究法律责任。

第七十七条 公安机关交通管理部门应当根据交通警察工作职责，结合辖区交通秩序、交通流量情况和交通事故的规律、特点，以及不同岗位管理的难易程度，安排勤务工作，确定执勤执法任务和目标，以执法形象、执法程序、执法效果、执法纪律、执勤执法工作量、执法质量、接处警等为重点，开展考核评价工作。

不得下达或者变相下达罚款指标，不得以处罚数量作为考核交通警察执法效果的唯一依据。

考核评价结果应当定期公布，记入交通警察个人执法档案，并与交通警察评先创优、记功、职级和职务晋升、公务员年度考核分配挂钩，兑现奖励措施。

第七十八条 省、市（地）、县级公安机关交通管理部门应当公开办事制度、办事程序，公布举报电话，自觉接受社会和群众的监督，认真受理群众的举报，坚决查处交通警察违法违纪问题。

第七十九条　公安机关交通管理部门应当建立和完善值日警官制度，通过接待群众及时发现交通警察在执法形象、执法纪律、执法程序、接处警中出现的偏差、失误，随时纠正，使执法监督工作动态化、日常化。

第八十条　公安机关交通管理部门应当建立本单位及其所属交通警察的执法档案，实施执法质量考评、执法责任制和执法过错追究。执法档案可以是电子档案或者纸质档案。

执法档案的具体内容，由省级公安机关交通管理部门商公安法制部门按照执法质量考评的要求统一制定。

第八十一条　公安机关交通管理部门通过执法档案应当定期分析交通警察的执法情况，发现、梳理带有共性的执法问题，制定整改措施。

第八十二条　交警大队应当设立专职法制员，交警中队应当设立兼职法制员。法制员应当重点审查交通警察执勤执法的事实依据、证据收集、程序适用、文书制作等，规范交通警察案卷、文书的填写、制作。

第八十三条　公安机关交通管理部门可以使用交通违法信息系统，实行执法办案网上流程管理、网上审批和网上监督，加强对交通警察执法情况的分析、研判。

第八十四条　交通警察在道路上执勤执法时，严禁下列行为：

（一）违法扣留车辆、机动车行驶证、驾驶证和机动车号牌；

（二）违反规定当场收缴罚款，当场收缴罚款不开具罚款收据、不开具简易程序处罚决定或者不如实填写罚款金额；

（三）利用职务便利索取、收受他人财物或者谋取其他利益；

（四）违法使用警报器、标志灯具；

（五）非执行紧急公务时拦截搭乘机动车；

（六）故意为难违法行为人；

（七）因自身的过错与违法行为人或者围观群众发生纠纷或者冲突；

（八）从事非职责范围内的活动。

第十二章 附 则

第八十五条 各省、自治区、直辖市公安机关可以根据本地实际，制定实施办法。

第八十六条 本规范自2009年1月1日起实施。2005年11月14日公安部印发的《交通警察道路执勤执法工作规范》同时废止。

附件：（略）

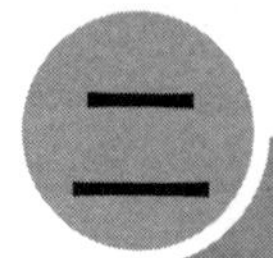

道路运输管理

中华人民共和国公路法

（1997年7月3日第八届全国人民代表大会常务委员会第二十六次会议通过　根据1999年10月31日第九届全国人民代表大会常务委员会第十二次会议《关于修改〈中华人民共和国公路法〉的决定》第一次修正　根据2004年8月28日第十届全国人民代表大会常务委员会第十一次会议《关于修改〈中华人民共和国公路法〉的决定》第二次修正　根据2009年8月27日第十一届全国人民代表大会常务委员会第十次会议《关于修改部分法律的决定》第三次修正　根据2016年11月7日第十二届全国人民代表大会常务委员会第二十四次会议《关于修改〈中华人民共和国对外贸易法〉等十二部法律的决定》第四次修正　根据2017年11月4日第十二届全国人民代表大会常务委员会第三十次会议《关于修改〈中华人民共和国会计法〉等十一部法律的决定》第五次修正）

目　录

第一章　总　　则

第一条　为了加强公路的建设和管理，促进公路事业的发展，适应社会主义现代化建设和人民生活的需要，制定本法。

第二条　在中华人民共和国境内从事公路的规划、建设、养护、经营、使用和管理，适用本法。

本法所称公路，包括公路桥梁、公路隧道和公路渡口。

第三条　公路的发展应当遵循全面规划、合理布局、确保质量、保障畅通、保护环境、建设改造与养护并重的原则。

第四条　各级人民政府应当采取有力措施，扶持、促进公路建设。公路建设应当纳入国民经济和社会发展计划。

国家鼓励、引导国内外经济组织依法投资建设、经营公路。

第五条　国家帮助和扶持少数民族地区、边远地区和贫困地区发展公路建设。

第六条　公路按其在公路路网中的地位分为国道、省道、县道和乡道，并按技术等级分为高速公路、一级公路、二级公路、三级公路和四级公路。具体划分标准由国务院交通主管部门规定。

新建公路应当符合技术等级的要求。原有不符合最低技术等级要求的等外公路，应当采取措施，逐步改造为符合技术等级要求的公路。

第七条　公路受国家保护，任何单位和个人不得破坏、损坏或者非法占用公路、公路用地及公路附属设施。

任何单位和个人都有爱护公路、公路用地及公路附属设施的义务，有权检举和控告破坏、损坏公路、公路用地、公路附属设施和影响公路安全的行为。

第八条 国务院交通主管部门主管全国公路工作。

县级以上地方人民政府交通主管部门主管本行政区域内的公路工作；但是，县级以上地方人民政府交通主管部门对国道、省道的管理、监督职责，由省、自治区、直辖市人民政府确定。

乡、民族乡、镇人民政府负责本行政区域内的乡道的建设和养护工作。

县级以上地方人民政府交通主管部门可以决定由公路管理机构依照本法规定行使公路行政管理职责。

第九条 禁止任何单位和个人在公路上非法设卡、收费、罚款和拦截车辆。

第十条 国家鼓励公路工作方面的科学技术研究，对在公路科学技术研究和应用方面作出显著成绩的单位和个人给予奖励。

第十一条 本法对专用公路有规定的，适用于专用公路。

专用公路是指由企业或者其他单位建设、养护、管理，专为或者主要为本企业或者本单位提供运输服务的道路。

第二章 公路规划

第十二条 公路规划应当根据国民经济和社会发展以及国防建设的需要编制，与城市建设发展规划和其他方式的交通运输发展规划相协调。

第十三条 公路建设用地规划应当符合土地利用总体规划，当年建设用地应当纳入年度建设用地计划。

第十四条 国道规划由国务院交通主管部门会同国务院有关部门并商国道沿线省、自治区、直辖市人民政府编制，报国务院批准。

省道规划由省、自治区、直辖市人民政府交通主管部门会同同级有关部门并商省道沿线下一级人民政府编制，报省、自治区、直辖市人民政府批准，并报国务院交通主管部门备案。

县道规划由县级人民政府交通主管部门会同同级有关部门编制，经本级人民政府审定后，报上一级人民政府批准。

乡道规划由县级人民政府交通主管部门协助乡、民族乡、镇人民政府编制，报县级人民政府批准。

依照第三款、第四款规定批准的县道、乡道规划，应当报批准机关的上一级人民政府交通主管部门备案。

省道规划应当与国道规划相协调。县道规划应当与省道规划相协调。乡道规划应当与县道规划相协调。

第十五条 专用公路规划由专用公路的主管单位编制，经其上级主管部门审定后，报县级以上人民政府交通主管部门审核。

专用公路规划应当与公路规划相协调。县级以上人民政府交通主管部门发现专用公路规划与国道、省道、县道、乡道规划有不协调的地方，应当提出修改意见，专用公路主管部门和单位应当作出相应的修改。

第十六条 国道规划的局部调整由原编制机关决定。国道规划需要作重大修改的，由原编制机关提出修改方案，报国务院批准。

经批准的省道、县道、乡道公路规划需要修改的，由原编制机关提出修改方案，报原批准机关批准。

第十七条 国道的命名和编号，由国务院交通主管部门确定；省道、县道、乡道的命名和编号，由省、自治区、直辖市人民政府交通主管部门按照国务院交通主管部门的有关规定确定。

第十八条 规划和新建村镇、开发区，应当与公路保持规定的距离并避免在公路两侧对应进行，防止造成公路街道化，影响公路的运行安全与畅通。

第十九条 国家鼓励专用公路用于社会公共运输。专用公路主要用于社会公共运输时，由专用公路的主管单位申请，或者由有关方面申请，专用公路的主管单位同意，并经省、自治区、直辖市人民政府交通主管部门批准，可以改划为省道、县道或者乡道。

第三章 公路建设

第二十条 县级以上人民政府交通主管部门应当依据职责维护公路建设秩序，加强对公路建设的监督管理。

第二十一条 筹集公路建设资金，除各级人民政府的财政拨款，包括依法征税筹集的公路建设专项资金转为的财政拨款外，可以依法向国内外金融机构或者外国政府贷款。

国家鼓励国内外经济组织对公路建设进行投资。开发、经营公路的公司可以依照法律、行政法规的规定发行股票、公司债券筹集资金。

依照本法规定出让公路收费权的收入必须用于公路建设。

向企业和个人集资建设公路，必须根据需要与可能，坚持自愿原则，不得强行摊派，并符合国务院的有关规定。

公路建设资金还可以采取符合法律或者国务院规定的其他方式筹集。

第二十二条 公路建设应当按照国家规定的基本建设程序和有关规定进行。

第二十三条 公路建设项目应当按照国家有关规定实行法人负责制度、招标投标制度和工程监理制度。

第二十四条 公路建设单位应当根据公路建设工程的特点和技术要求，选择具有相应资格的勘查设计单位、施工单位和工程监理单位，并依照有关法律、法规、规章的规定和公路工程技术标准的要求，分别签订合同，明确双方的权利义务。

承担公路建设项目的可行性研究单位、勘查设计单位、施工单位和工程监理单位，必须持有国家规定的资质证书。

第二十五条 公路建设项目的施工，须按国务院交通主管部门的规定报请县级以上地方人民政府交通主管部门批准。

第二十六条 公路建设必须符合公路工程技术标准。

承担公路建设项目的设计单位、施工单位和工程监理单位，应当按照国家有关规定建立健全质量保证体系，落实岗位责任制，并依照有关法律、法规、规章以及公路工程技术标准的要求和合同约定进行设计、施工和监理，保证公路工程质量。

第二十七条 公路建设使用土地依照有关法律、行政法规的规定办理。

公路建设应当贯彻切实保护耕地、节约用地的原则。

第二十八条 公路建设需要使用国有荒山、荒地或者需要在国有荒山、荒地、河滩、滩涂上挖砂、采石、取土的，依照有关法律、行政法规的规定办理后，任何单位和个人不得阻挠或者非法收取费用。

第二十九条 地方各级人民政府对公路建设依法使用土地和搬迁居民，应当给予支持和协助。

第三十条 公路建设项目的设计和施工，应当符合依法保护环境、保护文物古迹和防止水土流失的要求。

公路规划中贯彻国防要求的公路建设项目，应当严格按照规划进行建设，以保证国防交通的需要。

第三十一条 因建设公路影响铁路、水利、电力、邮电设施和其他设施正常使用时，公路建设单位应当事先征得有关部门的同意；因公路建设对有关设施造成损坏的，公路建设单位应当按照不低于该设施原有的技术标准予以修复，或者给予相应的经济补偿。

第三十二条 改建公路时，施工单位应当在施工路段两端设置明显的施工标志、安全标志。需要车辆绕行的，应当在绕行路口设置标志；不能绕行的，必须修建临时道路，保证车辆和行人通行。

第三十三条 公路建设项目和公路修复项目竣工后，应当按照国家有关规定进行验收；未经验收或者验收不合格的，不得交付使用。

建成的公路，应当按照国务院交通主管部门的规定设置明显的标志、标线。

第三十四条 县级以上地方人民政府应当确定公路两侧边沟（截水沟、坡脚护坡道，下同）外缘起不少于一米的公路用地。

第四章 公路养护

第三十五条 公路管理机构应当按照国务院交通主管部门规定的技术规范和操作规程对公路进行养护，保证公路经常处于良好的技术状态。

第三十六条 国家采用依法征税的办法筹集公路养护资金，具体实施办法和步骤由国务院规定。

依法征税筹集的公路养护资金，必须专项用于公路的养护和改建。

第三十七条 县、乡级人民政府对公路养护需要的挖砂、采石、取土以及取水，应当给予支持和协助。

第三十八条 县、乡级人民政府应当在农村义务工的范围内，按照国家有关规定组织公路两侧的农村居民履行为公路建设和养护提供劳务的义务。

第三十九条 为保障公路养护人员的人身安全，公路养护人员进行养护作业时，应当穿着统一的安全标志服；利用车辆进行养护作业时，应当在公路作业车辆上设置明显的作业标志。

公路养护车辆进行作业时，在不影响过往车辆通行的前提下，其行驶路线和方向不受公路标志、标线限制；过往车辆对公路养护车辆和人员应当注意避让。

公路养护工程施工影响车辆、行人通行时，施工单位应当依照本法第三十二条的规定办理。

第四十条 因严重自然灾害致使国道、省道交通中断，公路管理机构应当及时修复；公路管理机构难以及时修复时，县级以上地方人民政府应当及时组织当地机关、团体、企业事业单位、城乡居民进行抢修，并可以请求当地驻军支援，尽快恢复交通。

第四十一条 公路用地范围内的山坡、荒地，由公路管理机构负责水土保持。

第四十二条 公路绿化工作，由公路管理机构按照公路工程技术标准组织实施。

公路用地上的树木，不得任意砍伐；需要更新砍伐的，应当经县级以上地方人民政府交通主管部门同意后，依照《中华人民共和国森林法》的规定办理审批手续，并完成更新补种任务。

第五章 路政管理

第四十三条 各级地方人民政府应当采取措施，加强对公路的保护。

县级以上地方人民政府交通主管部门应当认真履行职责，依法做好公路保护工作，并努力采用科学的管理方法和先进的技术手段，提高公路管理水平，逐步完善公路服务设施，保障公路的完好、安全和畅通。

第四十四条 任何单位和个人不得擅自占用、挖掘公路。

因修建铁路、机场、电站、通信设施、水利工程和进行其他建设工程需要占用、挖掘公路或者使公路改线的，建设单位应当事先征得有关交通主管部门的同意；影响交通安全的，还须征得有关公安机关的同意。占用、挖掘公路或者使公路改线的，建设单位应当按照不低于该段公路原有的技术标准予以修复、改建或者给予相应的经济补偿。

第四十五条 跨越、穿越公路修建桥梁、渡槽或者架设、埋设管线等设施的，以及在公路用地范围内架设、埋设管线、电缆等设施的，应当事先经有关交通主管部门同意，影响交通安全的，还须征得有关公安机关的同意；所修建、架设或者埋设的设施应当符合公路工程技术标准的要求。对公路造成损坏的，应当按照损坏程度给予补偿。

第四十六条 任何单位和个人不得在公路上及公路用地范围内摆摊设点、堆放物品、倾倒垃圾、设置障碍、挖沟引水、利用公路边沟排放污物或者进行其他损坏、污染公路和影响公路畅通的活动。

第四十七条 在大中型公路桥梁和渡口周围二百米、公路隧道上方和洞口外一百米范围内，以及在公路两侧一定距离内，不得挖砂、采石、取土、倾倒废弃物，不得进行爆破作业及其他危及公路、公路桥梁、公路隧道、公路渡口安全的活动。

在前款范围内因抢险、防汛需要修筑堤坝、压缩或者拓宽河床的，应当事先报经省、自治区、直辖市人民政府交通主管部门会同水行政主管部门批准，并采取有效的保护有关的公路、公路桥梁、公路隧道、公路渡口安全的措施。

第四十八条 铁轮车、履带车和其他可能损害公路路面的机具，不得在公路上行驶。

农业机械因当地田间作业需要在公路上短距离行驶或者军用车辆执行任务需要在公路上行驶的，可以不受前款限制，但是应当采取安全保护措施。对公路造成损坏的，应当按照损坏程度给予补偿。

第四十九条 在公路上行驶的车辆的轴载质量应当符合公路工程技术标准要求。

第五十条 超过公路、公路桥梁、公路隧道或者汽车渡船的限载、限高、限宽、限长标准的车辆，不得在有限定标准的公路、公路桥梁上或者公路隧道内行驶，不得使用汽车渡船。超过公路或者公路桥梁限载标准确需行驶的，必须经县级以上地方人民政府交通主管部门批准，并按要求采取有效的防护措施；运载不可解体的超限物品的，应当按照指定的时间、路线、时速行驶，并悬挂明显标志。

运输单位不能按照前款规定采取防护措施的，由交通主管部门帮助其采取防护措施，所需费用由运输单位承担。

第五十一条 机动车制造厂和其他单位不得将公路作为检验机动车制动性能的试车场地。

第五十二条 任何单位和个人不得损坏、擅自移动、涂改公路附属设施。

前款公路附属设施，是指为保护、养护公路和保障公路安全畅通所设置的公路防护、排水、养护、管理、服务、交通安全、渡运、监控、通信、收费等设施、设备以及专用建筑物、构筑物等。

第五十三条 造成公路损坏的，责任者应当及时报告公路管理机构，并接受公路管理机构的现场调查。

第五十四条 任何单位和个人未经县级以上地方人民政府交通主管部门批准，不得在公路用地范围内设置公路标志以外的其他标志。

第五十五条 在公路上增设平面交叉道口，必须按照国家有关规定经过批准，并按照国家规定的技术标准建设。

第五十六条 除公路防护、养护需要的以外，禁止在公路两侧的建筑控制区内修建建筑物和地面构筑物；需要在建筑控制区内埋设管线、电缆等设施的，应当事先经县级以上地方人民政府交通主管部门批准。

前款规定的建筑控制区的范围，由县级以上地方人民政府按照保障公路运行安全和节约用地的原则，依照国务院的规定划定。

建筑控制区范围经县级以上地方人民政府依照前款规定划定后，由县级以上地方人民政府交通主管部门设置标桩、界桩。任何单位和个人不得损坏、擅自挪动该标桩、界桩。

第五十七条 除本法第四十七条第二款的规定外，本章规定由交通主管部门行使的路政管理职责，可以依照本法第八条第四款的规定，由公路管理机构行使。

第六章 收费公路

第五十八条 国家允许依法设立收费公路，同时对收费公路的数量进行控制。

除本法第五十九条规定可以收取车辆通行费的公路外，禁止任何公路收取车辆通行费。

第五十九条 符合国务院交通主管部门规定的技术等级和规模的下列公路，可以依法收取车辆通行费：

（一）由县级以上地方人民政府交通主管部门利用贷款或者向企业、个人集资建成的公路；

（二）由国内外经济组织依法受让前项收费公路收费权的公路；

（三）由国内外经济组织依法投资建成的公路。

第六十条 县级以上地方人民政府交通主管部门利用贷款或者集资建成的收费公路的收费期限，按照收费偿还贷款、集资款的原则，由省、自治区、直辖市人民政府依照国务院交通主管部门的规定确定。

有偿转让公路收费权的公路，收费权转让后，由受让方收费经营。收费权的转让期限由出让、受让双方约定，最长不得超过国务院规定的年限。

国内外经济组织投资建设公路，必须按照国家有关规定办理审批手续；公路建成后，由投资者收费经营。收费经营期限按照收回投资并有合理回报的原则，由有关交通主管部门与投资者约定并按照国家有关规定办理审批手续，但最长不得超过国务院规定的年限。

第六十一条 本法第五十九条第一款第一项规定的公路中的国道收费权的转让，应当在转让协议签订之日起三十个工作日内报国务院交通主管部门备案；国道以外的其他公路收费权的转让，应当在转让协议签订之日起三十个工作日内报省、自治区、直辖市人民政府备案。

前款规定的公路收费权出让的最低成交价，以国有资产评估机构评估的价值为依据确定。

第六十二条 受让公路收费权和投资建设公路的国内外经济组织应当依法成立开发、经营公路的企业（以下简称公路经营企业）。

第六十三条 收费公路车辆通行费的收费标准，由公路收费单位提出方案，报省、自治区、直辖市人民政府交通主管部门会同同级物价行政主管部门审查批准。

第六十四条 收费公路设置车辆通行费的收费站，应当报经省、自治区、直辖市人民政府审查批准。跨省、自治区、直辖市的收费公路设置车辆通行费的收费站，由有关省、自治区、直辖市人民政府协商确定；协商不成的，由国务院交通主管部门决定。同一收费公路由不同的交通主管部门组织建设或者由不同的公路经营企业经营的，应当按照“统一收费、按比例分成”的原则，统筹规划，合理设置收费站。

两个收费站之间的距离，不得小于国务院交通主管部门规定的标准。

第六十五条 有偿转让公路收费权的公路，转让收费权合同约定的期限届满，收费权由出让方收回。

由国内外经济组织依照本法规定投资建成并经营的收费公路，约定的经营期限届满，该公路由国家无偿收回，由有关交通主管部门管理。

第六十六条 依照本法第五十九条规定受让收费权或者由国内外经济组织投资建成经营的公路的养护工作，由各该公路经营企业负责。各该公路经营企业在经营期间应当按照国务院交通主管部门规定的技术规范和操作规程做好对公路的养护工作。在受让收费权的期限届满，或者经营期限届满时，公路应当处于良好的技术状态。

前款规定的公路的绿化和公路用地范围内的水土保持工作，由各该公路经营企业负责。

第一款规定的公路的路政管理，适用本法第五章的规定。该公路路政管理的职责由县级以上地方人民政府交通主管部门或者公路管理机构的派出机构、人员行使。

第六十七条 在收费公路上从事本法第四十四条第二款、第四十五条、第四十八条、第五十条所列活动的，除依照各该条的规定办理外，给公路经营企业造成损失的，应当给予相应的补偿。

第六十八条 收费公路的具体管理办法，由国务院依照本法制定。

第七章 监督检查

第六十九条 交通主管部门、公路管理机构依法对有关公路的法律、法规执行情况进行监督检查。

第七十条 交通主管部门、公路管理机构负有管理和保护公路的责任，有权检查、制止各种侵占、损坏公路、公路用地、公路附属设施及其他违反本法规定的行为。

第七十一条 公路监督检查人员依法在公路、建筑控制区、车辆停放场所、车辆所属单位等进行监督检查时，任何单位和个人不得阻挠。

公路经营者、使用者和其他有关单位、个人，应当接受公路监督检查人员依法实施的监督检查，并为其提供方便。

公路监督检查人员执行公务，应当佩戴标志，持证上岗。

第七十二条 交通主管部门、公路管理机构应当加强对所属公路监督检查人员的管理和教育，要求公路监督检查人员熟悉国家有关法律和规定，公正廉洁，热情服务，秉公执法，对公路监督检查人员的执法行为应当加强监督检查，对其违法行为应当及时纠正，依法处理。

第七十三条 用于公路监督检查的专用车辆，应当设置统一的标志和示警灯。

第八章 法律责任

第七十四条 违反法律或者国务院有关规定，擅自在公路上设卡、收费的，由交通主管部门责令停止违法行为，没收违法所得，可以处违法所得三倍以下的罚款，没有违法所得的，可以处二万元以下的罚款；对负有直接责任的主管人员和其他直接责任人员，依法给予行政处分。

第七十五条 违反本法第二十五条规定，未经有关交通主管部门批准擅自施工的，交通主管部门可以责令停止施工，并可以处五万元以下的罚款。

第七十六条 有下列违法行为之一的，由交通主管部门责令停止违法行为，可以处三万元以下的罚款：

（一）违反本法第四十四条第一款规定，擅自占用、挖掘公路的；

（二）违反本法第四十五条规定，未经同意或者未按照公路工程技术标准的要求修建桥梁、渡槽或者架设、埋设管线、电缆等设施的；

（三）违反本法第四十七条规定，从事危及公路安全的作业的；

（四）违反本法第四十八条规定，铁轮车、履带车和其他可能损害路面的机具擅自在公路上行驶的；

（五）违反本法第五十条规定，车辆超限使用汽车渡船或者在公路上擅自超限行驶的；

（六）违反本法第五十二条、第五十六条规定，损坏、移动、涂改公路附属设施或者损坏、挪动建筑控制区的标桩、界桩，可能危及公路安全的。

第七十七条 违反本法第四十六条的规定，造成公路路面损坏、污染或者影响公路畅通的，或者违反本法第五十一条规定，将公路作为试车场地的，由交通主管部门责令停止违法行为，可以处五千元以下的罚款。

第七十八条 违反本法第五十三条规定，造成公路损坏，未报告的，由交通主管部门处一千元以下的罚款。

第七十九条 违反本法第五十四条规定，在公路用地范围内设置公路标志以外的其他标志的，由交通主管部门责令限期拆除，可以处二万元以下的罚款；逾期不拆除的，由交通主管部门拆除，有关费用由设置者负担。

第八十条 违反本法第五十五条规定，未经批准在公路上增设平面交叉道口的，由交通主管部门责令恢复原状，处五万元以下的罚款。

第八十一条 违反本法第五十六条规定，在公路建筑控制区内修建建筑物、地面构筑物或者擅自埋设管线、电缆等设施的，由交通主管部门责令限期拆除，并可以处五万元以下的罚款。逾期不拆除的，由交通主管部门拆除，有关费用由建筑者、构筑者承担。

第八十二条 除本法第七十四条、第七十五条的规定外，本章规定由交通主管部门行使的行政处罚权和行政措施，可以依照本法第八条第四款的规定由公路管理机构行使。

第八十三条 阻碍公路建设或者公路抢修，致使公路建设或者抢修不能正常进行，尚未造成严重损失的，依照《中华人民共和国治安管理处罚法》的规定处罚。

损毁公路或者擅自移动公路标志，可能影响交通安全，尚不够刑事处罚的，适用《中华人民共和国道路交通安全法》第九十九条的处罚规定。

拒绝、阻碍公路监督检查人员依法执行职务未使用暴力、威胁方法的，依照《中华人民共和国治安管理处罚法》的规定处罚。

第八十四条 违反本法有关规定，构成犯罪的，依法追究刑事责任。

第八十五条 违反本法有关规定，对公路造成损害的，应当依法承担民事责任。

对公路造成较大损害的车辆，必须立即停车，保护现场，报告公路管理机构，接受公路管理机构的调查、处理后方得驶离。

第八十六条 交通主管部门、公路管理机构的工作人员玩忽职守、徇私舞弊、滥用职权，构成犯罪的，依法追究刑事责任；尚不构成犯罪的，依法给予行政处分。

第九章 附 则

第八十七条 本法自 1998 年 1 月 1 日起施行。

中华人民共和国道路运输条例

（2004 年 4 月 30 日中华人民共和国国务院令第 406 号公布 根据 2012 年 11 月 9 日《国务院关于修改和废止部分行政法规的决定》第一次修订 根据 2016 年 2 月 6 日《国务院关于修改部分行政法规的决定》第二次修订 根据 2019 年 3 月 2 日《国务院关于修改部分行政法规的决定》第三次修订 根据 2022 年 3 月 29 日《国务院关于修改和废止部分行政法规的决定》第四次修订）

第一章 总 则

第一条 为了维护道路运输市场秩序，保障道路运输安全，保护道路运输有关各方当事人的合法权益，促进道路运输业的健康发展，制定本条例。

第二条 从事道路运输经营以及道路运输相关业务的，应当遵守本条例。

前款所称道路运输经营包括道路旅客运输经营（以下简称客运经营）和道路货物运输经营（以下简称货运经营）；道路运输相关业务包括站（场）经营、机动车维修经营、机动车驾驶员培训。

第三条 从事道路运输经营以及道路运输相关业务，应当依法经营，诚实信用，公平竞争。

第四条 道路运输管理，应当公平、公正、公开和便民。

第五条 国家鼓励发展乡村道路运输，并采取必要的措施提高乡镇和行政村的通班车率，满足广大农民的生活和生产需要。

第六条 国家鼓励道路运输企业实行规模化、集约化经营。任何单位和个人不得封锁或者垄断道路运输市场。

第七条 国务院交通运输主管部门主管全国道路运输管理工作。

县级以上地方人民政府交通运输主管部门负责本行政区域的道路运输管理工作。

第二章 道路运输经营

第一节 客 运

第八条 申请从事客运经营的，应当具备下列条件：

（一）有与其经营业务相适应并经检测合格的车辆；

（二）有符合本条例第九条规定条件的驾驶人员；

（三）有健全的安全生产管理制度。

申请从事班线客运经营的，还应当有明确的线路和站点方案。

第九条 从事客运经营的驾驶人员，应当符合下列条件：

（一）取得相应的机动车驾驶证；

（二）年龄不超过60周岁；

（三）3年内无重大以上交通责任事故记录；

（四）经设区的市级人民政府交通运输主管部门对有关客运法

律法规、机动车维修和旅客急救基本知识考试合格。

第十条 申请从事客运经营的，应当依法向市场监督管理部门办理有关登记手续后，按照下列规定提出申请并提交符合本条例第八条规定条件的相关材料：

（一）从事县级行政区域内和毗邻县行政区域间客运经营的，向所在地县级人民政府交通运输主管部门提出申请；

（二）从事省际、市际、县际（除毗邻县行政区域间外）客运经营的，向所在地设区的市级人民政府交通运输主管部门提出申请；

（三）在直辖市申请从事客运经营的，向所在地直辖市人民政府确定的交通运输主管部门提出申请。

依照前款规定收到申请的交通运输主管部门，应当自受理申请之日起20日内审查完毕，作出许可或者不予许可的决定。予以许可的，向申请人颁发道路运输经营许可证，并向申请人投入运输的车辆配发车辆营运证；不予许可的，应当书面通知申请人并说明理由。

对从事省际和市际客运经营的申请，收到申请的交通运输主管部门依照本条第二款规定颁发道路运输经营许可证前，应当与运输线路目的地的相应交通运输主管部门协商，协商不成的，应当按程序报省、自治区、直辖市人民政府交通运输主管部门协商决定。对从事设区的市内毗邻县客运经营的申请，有关交通运输主管部门应当进行协商，协商不成的，报所在地市级人民政府交通运输主管部门决定。

第十一条 取得道路运输经营许可证的客运经营者，需要增加客运班线的，应当依照本条例第十条的规定办理有关手续。

第十二条 县级以上地方人民政府交通运输主管部门在审查客运申请时，应当考虑客运市场的供求状况、普遍服务和方便群众等因素。

同一线路有3个以上申请人时，可以通过招标的形式作出许可决定。

第十三条 县级以上地方人民政府交通运输主管部门应当定期公布客运市场供求状况。

第十四条 客运班线的经营期限为4年到8年。经营期限届满需要延续客运班线经营许可的，应当重新提出申请。

第十五条 客运经营者需要终止客运经营的，应当在终止前30日内告知原许可机关。

第十六条 客运经营者应当为旅客提供良好的乘车环境，保持车辆清洁、卫生，并采取必要的措施防止在运输过程中发生侵害旅客人身、财产安全的违法行为。

第十七条 旅客应当持有效客票乘车，遵守乘车秩序，讲究文明卫生，不得携带国家规定的危险物品及其他禁止携带的物品乘车。

第十八条 班线客运经营者取得道路运输经营许可证后，应当向公众连续提供运输服务，不得擅自暂停、终止或者转让班线运输。

第十九条 从事包车客运的，应当按照约定的起始地、目的地和线路运输。

从事旅游客运的，应当在旅游区域按照旅游线路运输。

第二十条 客运经营者不得强迫旅客乘车，不得甩客、敲诈旅客；不得擅自更换运输车辆。

第二节 货 运

第二十一条 申请从事货运经营的，应当具备下列条件：

（一）有与其经营业务相适应并经检测合格的车辆；

（二）有符合本条例第二十二条规定条件的驾驶人员；

（三）有健全的安全生产管理制度。

第二十二条 从事货运经营的驾驶人员，应当符合下列条件：

（一）取得相应的机动车驾驶证；

（二）年龄不超过60周岁；

（三）经设区的市级人民政府交通运输主管部门对有关货运法律法规、机动车维修和货物装载保管基本知识考试合格（使用总质量4500千克及以下普通货运车辆的驾驶人员除外）。

第二十三条 申请从事危险货物运输经营的，还应当具备下列条件：

（一）有5辆以上经检测合格的危险货物运输专用车辆、设备；

（二）有经所在地设区的市级人民政府交通运输主管部门考试合格，取得上岗资格证的驾驶人员、装卸管理人员、押运人员；

（三）危险货物运输专用车辆配有必要的通讯工具；

（四）有健全的安全生产管理制度。

第二十四条 申请从事货运经营的，应当依法向市场监督管理部门办理有关登记手续后，按照下列规定提出申请并分别提交符合本条例第二十一条、第二十三条规定条件的相关材料：

（一）从事危险货物运输经营以外的货运经营的，向县级人民政府交通运输主管部门提出申请；

（二）从事危险货物运输经营的，向设区的市级人民政府交通运输主管部门提出申请。

依照前款规定收到申请的交通运输主管部门，应当自受理申请之日起20日内审查完毕，作出许可或者不予许可的决定。予以许可的，向申请人颁发道路运输经营许可证，并向申请人投入运输的车辆配发车辆营运证；不予许可的，应当书面通知申请人并说明理由。

使用总质量4500千克及以下普通货运车辆从事普通货运经营的，无需按照本条规定申请取得道路运输经营许可证及车辆营运证。

第二十五条 货运经营者不得运输法律、行政法规禁止运输的货物。

法律、行政法规规定必须办理有关手续后方可运输的货物，货运经营者应当查验有关手续。

第二十六条 国家鼓励货运经营者实行封闭式运输，保证环境卫生和货物运输安全。

货运经营者应当采取必要措施，防止货物脱落、扬撒等。

运输危险货物应当采取必要措施，防止危险货物燃烧、爆炸、辐射、泄漏等。

第二十七条 运输危险货物应当配备必要的押运人员，保证危险货物处于押运人员的监管之下，并悬挂明显的危险货物运输标志。

托运危险货物的，应当向货运经营者说明危险货物的品名、性质、应急处置方法等情况，并严格按照国家有关规定包装，设置明显标志。

第三节 客运和货运的共同规定

第二十八条 客运经营者、货运经营者应当加强对从业人员的安全教育、职业道德教育，确保道路运输安全。

道路运输从业人员应当遵守道路运输操作规程，不得违章作业。驾驶人员连续驾驶时间不得超过4个小时。

第二十九条 生产（改装）客运车辆、货运车辆的企业应当按照国家规定标定车辆的核定人数或者载重量，严禁多标或者少标车辆的核定人数或者载重量。

客运经营者、货运经营者应当使用符合国家规定标准的车辆从事道路运输经营。

第三十条 客运经营者、货运经营者应当加强对车辆的维护和检测，确保车辆符合国家规定的技术标准；不得使用报废的、擅自改装的和其他不符合国家规定的车辆从事道路运输经营。

第三十一条 客运经营者、货运经营者应当制定有关交通事故、自然灾害以及其他突发事件的道路运输应急预案。应急预案应当包括报告程序、应急指挥、应急车辆和设备的储备以及处置措施等内容。

第三十二条 发生交通事故、自然灾害以及其他突发事件，客运经营者和货运经营者应当服从县级以上人民政府或者有关部门的统一调度、指挥。

第三十三条 道路运输车辆应当随车携带车辆营运证，不得转让、出租。

第三十四条 道路运输车辆运输旅客的，不得超过核定的人数，不得违反规定载货；运输货物的，不得运输旅客，运输的货物应当符合核定的载重量，严禁超载；载物的长、宽、高不得违反装载要求。

违反前款规定的，由公安机关交通管理部门依照《中华人民共和国道路交通安全法》的有关规定进行处罚。

第三十五条 客运经营者、危险货物运输经营者应当分别为旅客或者危险货物投保承运人责任险。

第三章　道路运输相关业务

第三十六条 从事道路运输站（场）经营的，应当具备下列条件：

（一）有经验收合格的运输站（场）；

（二）有相应的专业人员和管理人员；

（三）有相应的设备、设施；

（四）有健全的业务操作规程和安全管理制度。

第三十七条 从事机动车维修经营的，应当具备下列条件：

（一）有相应的机动车维修场地；

（二）有必要的设备、设施和技术人员；

（三）有健全的机动车维修管理制度；

（四）有必要的环境保护措施。

国务院交通运输主管部门根据前款规定的条件，制定机动车维修经营业务标准。

第三十八条 从事机动车驾驶员培训的，应当具备下列条件：

（一）取得企业法人资格；

（二）有健全的培训机构和管理制度；

（三）有与培训业务相适应的教学人员、管理人员；

（四）有必要的教学车辆和其他教学设施、设备、场地。

第三十九条 申请从事道路旅客运输站（场）经营业务的，应当在依法向市场监督管理部门办理有关登记手续后，向所在地县级人民政府交通运输主管部门提出申请，并附送符合本条例第三十六条规定条件的相关材料。县级人民政府交通运输主管部门应当自受理申请之日起 15 日内审查完毕，作出许可或者不予许可的决定，并书面通知申请人。

从事道路货物运输站（场）经营、机动车维修经营和机动车驾驶员培训业务的，应当在依法向市场监督管理部门办理有关登记手续后，向所在地县级人民政府交通运输主管部门进行备案，并分别附送符合本条例第三十六条、第三十七条、第三十八条规定条件的相关材料。

第四十条 道路运输站（场）经营者应当对出站的车辆进行安全检查，禁止无证经营的车辆进站从事经营活动，防止超载车辆或者未经安全检查的车辆出站。

道路运输站（场）经营者应当公平对待使用站（场）的客运经营者和货运经营者，无正当理由不得拒绝道路运输车辆进站从事经营活动。

道路运输站（场）经营者应当向旅客和货主提供安全、便捷、优质的服务；保持站（场）卫生、清洁；不得随意改变站（场）用途和服务功能。

第四十一条 道路旅客运输站（场）经营者应当为客运经营者合理安排班次，公布其运输线路、起止经停站点、运输班次、始发时间、票价，调度车辆进站、发车，疏导旅客，维持上下车秩序。

道路旅客运输站（场）经营者应当设置旅客购票、候车、行李寄存和托运等服务设施，按照车辆核定载客限额售票，并采取措施防止携带危险品的人员进站乘车。

第四十二条 道路货物运输站（场）经营者应当按照国务院交通运输主管部门规定的业务操作规程装卸、储存、保管货物。

第四十三条 机动车维修经营者应当按照国家有关技术规范对机动车进行维修，保证维修质量，不得使用假冒伪劣配件维修机动车。

机动车维修经营者应当公布机动车维修工时定额和收费标准，合理收取费用，维修服务完成后应当提供维修费用明细单。

第四十四条 机动车维修经营者对机动车进行二级维护、总成修理或者整车修理的，应当进行维修质量检验。检验合格的，维修质量检验人员应当签发机动车维修合格证。

机动车维修实行质量保证期制度。质量保证期内因维修质量原因造成机动车无法正常使用的，机动车维修经营者应当无偿返修。

机动车维修质量保证期制度的具体办法，由国务院交通运输主管部门制定。

第四十五条 机动车维修经营者不得承修已报废的机动车，不得擅自改装机动车。

第四十六条 机动车驾驶员培训机构应当按照国务院交通运输主管部门规定的教学大纲进行培训，确保培训质量。培训结业的，应当向参加培训的人员颁发培训结业证书。

第四章 国际道路运输

第四十七条 国务院交通运输主管部门应当及时向社会公布中

国政府与有关国家政府签署的双边或者多边道路运输协定确定的国际道路运输线路。

第四十八条 从事国际道路运输经营的，应当具备下列条件：

（一）依照本条例第十条、第二十四条规定取得道路运输经营许可证的企业法人；

（二）在国内从事道路运输经营满 3 年，且未发生重大以上道路交通责任事故。

第四十九条 申请从事国际道路旅客运输经营的，应当向省、自治区、直辖市人民政府交通运输主管部门提出申请并提交符合本条例第四十八条规定条件的相关材料。省、自治区、直辖市人民政府交通运输主管部门应当自受理申请之日起 20 日内审查完毕，作出批准或者不予批准的决定。予以批准的，应当向国务院交通运输主管部门备案；不予批准的，应当向当事人说明理由。

从事国际道路货物运输经营的，应当向省、自治区、直辖市人民政府交通运输主管部门进行备案，并附送符合本条例第四十八条规定条件的相关材料。

国际道路运输经营者应当持有关文件依法向有关部门办理相关手续。

第五十条 中国国际道路运输经营者应当在其投入运输车辆的显著位置，标明中国国籍识别标志。

外国国际道路运输经营者的车辆在中国境内运输，应当标明本国国籍识别标志，并按照规定的运输线路行驶；不得擅自改变运输线路，不得从事起止地都在中国境内的道路运输经营。

第五十一条 在口岸设立的国际道路运输管理机构应当加强对出入口岸的国际道路运输的监督管理。

第五十二条 外国国际道路运输经营者依法在中国境内设立的常驻代表机构不得从事经营活动。

第五章 执 法 监 督

第五十三条 县级以上地方人民政府交通运输、公安、市场监督管理等部门应当建立信息共享和协同监管机制，按照职责分工加强对道路运输及相关业务的监督管理。

第五十四条 县级以上人民政府交通运输主管部门应当加强执法队伍建设，提高其工作人员的法制、业务素质。

县级以上人民政府交通运输主管部门的工作人员应当接受法制和道路运输管理业务培训、考核，考核不合格的，不得上岗执行职务。

第五十五条 上级交通运输主管部门应当对下级交通运输主管部门的执法活动进行监督。

县级以上人民政府交通运输主管部门应当建立健全内部监督制度，对其工作人员执法情况进行监督检查。

第五十六条 县级以上人民政府交通运输主管部门及其工作人员执行职务时，应当自觉接受社会和公民的监督。

第五十七条 县级以上人民政府交通运输主管部门应当建立道路运输举报制度，公开举报电话号码、通信地址或者电子邮件信箱。

任何单位和个人都有权对县级以上人民政府交通运输主管部门的工作人员滥用职权、徇私舞弊的行为进行举报。县级以上人民政府交通运输主管部门及其他有关部门收到举报后，应当依法及时查处。

第五十八条 县级以上人民政府交通运输主管部门的工作人员应当严格按照职责权限和程序进行监督检查，不得乱设卡、乱收费、乱罚款。

县级以上人民政府交通运输主管部门的工作人员应当重点在道路运输及相关业务经营场所、客货集散地进行监督检查。

县级以上人民政府交通运输主管部门的工作人员在公路路口进行监督检查时，不得随意拦截正常行驶的道路运输车辆。

第五十九条 县级以上人民政府交通运输主管部门的工作人员实施监督检查时，应当有2名以上人员参加，并向当事人出示执法证件。

第六十条 县级以上人民政府交通运输主管部门的工作人员实施监督检查时，可以向有关单位和个人了解情况，查阅、复制有关资料。但是，应当保守被调查单位和个人的商业秘密。

被监督检查的单位和个人应当接受依法实施的监督检查，如实提供有关资料或者情况。

第六十一条 县级以上人民政府交通运输主管部门的工作人员在实施道路运输监督检查过程中，发现车辆超载行为的，应当立即予以制止，并采取相应措施安排旅客改乘或者强制卸货。

第六十二条 县级以上人民政府交通运输主管部门的工作人员在实施道路运输监督检查过程中，对没有车辆营运证又无法当场提供其他有效证明的车辆予以暂扣的，应当妥善保管，不得使用，不得收取或者变相收取保管费用。

第六章 法律责任

第六十三条 违反本条例的规定，未取得道路运输经营许可，擅自从事道路运输经营的，由县级以上地方人民政府交通运输主管部门责令停止经营；有违法所得的，没收违法所得，处违法所得2倍以上10倍以下的罚款；没有违法所得或者违法所得不足2万元的，处3万元以上10万元以下的罚款；构成犯罪的，依法追究刑事责任。

第六十四条 不符合本条例第九条、第二十二条规定条件的人员驾驶道路运输经营车辆的，由县级以上地方人民政府交通运输主管部门责令改正，处200元以上2000元以下的罚款；构成犯罪的，依法追究刑事责任。

第六十五条 违反本条例的规定，未经许可擅自从事道路旅客运输站（场）经营的，由县级以上地方人民政府交通运输主管部门责令停止经营；有违法所得的，没收违法所得，处违法所得2倍以上10倍以下的罚款；没有违法所得或者违法所得不足1万元的，处2万元以上5万元以下的罚款；构成犯罪的，依法追究刑事责任。

从事机动车维修经营业务不符合国务院交通运输主管部门制定的机动车维修经营业务标准的，由县级以上地方人民政府交通运输主管部门责令改正；情节严重的，由县级以上地方人民政府交通运输主管部门责令停业整顿。

从事道路货物运输站（场）经营、机动车维修经营和机动车驾驶员培训业务，未按规定进行备案的，由县级以上地方人民政府交通运输主管部门责令改正；拒不改正的，处5000元以上2万元以下的罚款。备案时提供虚假材料情节严重的，其直接负责的主管人员和其他直接责任人员5年内不得从事原备案的业务。

第六十六条 违反本条例的规定，客运经营者、货运经营者、道路运输相关业务经营者非法转让、出租道路运输许可证件的，由县级以上地方人民政府交通运输主管部门责令停止违法行为，收缴有关证件，处2000元以上1万元以下的罚款；有违法所得的，没收违法所得。

第六十七条 违反本条例的规定，客运经营者、危险货物运输经营者未按规定投保承运人责任险的，由县级以上地方人民政府交通运输主管部门责令限期投保；拒不投保的，由原许可机关吊销道路运输经营许可证。

第六十八条 违反本条例的规定，客运经营者、货运经营者不按照规定携带车辆营运证的，由县级以上地方人民政府交通运输主管部门责令改正，处警告或者20元以上200元以下的罚款。

第六十九条 违反本条例的规定，客运经营者、货运经营者有下列情形之一的，由县级以上地方人民政府交通运输主管部门责令改正，处1000元以上3000元以下的罚款；情节严重的，由原许可机关吊销道路运输经营许可证：

（一）不按批准的客运站点停靠或者不按规定的线路、公布的班次行驶的；

（二）强行招揽旅客、货物的；

（三）在旅客运输途中擅自变更运输车辆或者将旅客移交他人运输的；

（四）未报告原许可机关，擅自终止客运经营的；

（五）没有采取必要措施防止货物脱落、扬撒等的。

第七十条 违反本条例的规定，客运经营者、货运经营者不按规定维护和检测运输车辆的，由县级以上地方人民政府交通运输主管部门责令改正，处1000元以上5000元以下的罚款。

违反本条例的规定，客运经营者、货运经营者擅自改装已取得车辆营运证的车辆的，由县级以上地方人民政府交通运输主管部门责令改正，处5000元以上2万元以下的罚款。

第七十一条 违反本条例的规定，道路运输站（场）经营者允许无证经营的车辆进站从事经营活动以及超载车辆、未经安全检查的车辆出站或者无正当理由拒绝道路运输车辆进站从事经营活动的，由县级以上地方人民政府交通运输主管部门责令改正，处1万元以上3万元以下的罚款。

违反本条例的规定，道路运输站（场）经营者擅自改变道路运输站（场）的用途和服务功能，或者不公布运输线路、起止经停站点、运输班次、始发时间、票价的，由县级以上地方人民政府交通运输主管部门责令改正；拒不改正的，处3000元的罚款；有违法所得的，没收违法所得。

第七十二条 违反本条例的规定，机动车维修经营者使用假冒伪劣配件维修机动车，承修已报废的机动车或者擅自改装机动车的，由县级以上地方人民政府交通运输主管部门责令改正；有违法所得的，没收违法所得，处违法所得2倍以上10倍以下的罚款；

没有违法所得或者违法所得不足1万元的，处2万元以上5万元以下的罚款，没收假冒伪劣配件及报废车辆；情节严重的，由县级以上地方人民政府交通运输主管部门责令停业整顿；构成犯罪的，依法追究刑事责任。

第七十三条 违反本条例的规定，机动车维修经营者签发虚假的机动车维修合格证，由县级以上地方人民政府交通运输主管部门责令改正；有违法所得的，没收违法所得，处违法所得2倍以上10倍以下的罚款；没有违法所得或者违法所得不足3000元的，处5000元以上2万元以下的罚款；情节严重的，由县级以上地方人民政府交通运输主管部门责令停业整顿；构成犯罪的，依法追究刑事责任。

第七十四条 违反本条例的规定，机动车驾驶员培训机构不严格按照规定进行培训或者在培训结业证书发放时弄虚作假的，由县级以上地方人民政府交通运输主管部门责令改正；拒不改正的，责令停业整顿。

第七十五条 违反本条例的规定，外国国际道路运输经营者未按照规定的线路运输，擅自从事中国境内道路运输或者未标明国籍识别标志的，由省、自治区、直辖市人民政府交通运输主管部门责令停止运输；有违法所得的，没收违法所得，处违法所得2倍以上10倍以下的罚款；没有违法所得或者违法所得不足1万元的，处3万元以上6万元以下的罚款。

从事国际道路货物运输经营，未按规定进行备案的，由省、自治区、直辖市人民政府交通运输主管部门责令改正；拒不改正的，处5000元以上2万元以下的罚款。

第七十六条 县级以上人民政府交通运输主管部门应当将道路运输及其相关业务经营者和从业人员的违法行为记入信用记录，并依照有关法律、行政法规的规定予以公示。

第七十七条 违反本条例的规定，县级以上人民政府交通运输主管部门的工作人员有下列情形之一的，依法给予行政处分；构成犯罪的，依法追究刑事责任：

（一）不依照本条例规定的条件、程序和期限实施行政许可的；

（二）参与或者变相参与道路运输经营以及道路运输相关业务的；

（三）发现违法行为不及时查处的；

（四）违反规定拦截、检查正常行驶的道路运输车辆的；

（五）违法扣留运输车辆、车辆营运证的；

（六）索取、收受他人财物，或者谋取其他利益的；

（七）其他违法行为。

第七章　附　　则

第七十八条　内地与香港特别行政区、澳门特别行政区之间的道路运输，参照本条例的有关规定执行。

第七十九条　外商可以依照有关法律、行政法规和国家有关规定，在中华人民共和国境内采用中外合资、中外合作、独资形式投资有关的道路运输经营以及道路运输相关业务。

第八十条　从事非经营性危险货物运输的，应当遵守本条例有关规定。

第八十一条　县级以上地方人民政府交通运输主管部门依照本条例发放经营许可证件和车辆营运证，可以收取工本费。工本费的具体收费标准由省、自治区、直辖市人民政府财政部门、价格主管部门会同同级交通运输主管部门核定。

第八十二条　出租车客运和城市公共汽车客运的管理办法由国务院另行规定。

第八十三条　本条例自 2004 年 7 月 1 日起施行。

公路安全保护条例

（2011 年 2 月 16 日国务院第 144 次常务会议通过 2011 年 3 月 7 日中华人民共和国国务院令第 593 号公布 自 2011 年 7 月 1 日起施行）

第一章　总　则

第一条　为了加强公路保护，保障公路完好、安全和畅通，根据《中华人民共和国公路法》，制定本条例。

第二条　各级人民政府应当加强对公路保护工作的领导，依法履行公路保护职责。

第三条　国务院交通运输主管部门主管全国公路保护工作。

县级以上地方人民政府交通运输主管部门主管本行政区域的公路保护工作；但是，县级以上地方人民政府交通运输主管部门对国道、省道的保护职责，由省、自治区、直辖市人民政府确定。

公路管理机构依照本条例的规定具体负责公路保护的监督管理工作。

第四条　县级以上各级人民政府发展改革、工业和信息化、公安、工商、质检等部门按照职责分工，依法开展公路保护的相关工作。

第五条　县级以上各级人民政府应当将政府及其有关部门从事公路管理、养护所需经费以及公路管理机构行使公路行政管理职能所需经费纳入本级人民政府财政预算。但是，专用公路的公路保护经费除外。

第六条　县级以上各级人民政府交通运输主管部门应当综合考虑国家有关车辆技术标准、公路使用状况等因素，逐步提高公路建设、管理和养护水平，努力满足国民经济和社会发展以及人民群众生产、生活需要。

第七条 县级以上各级人民政府交通运输主管部门应当依照《中华人民共和国突发事件应对法》的规定，制定地震、泥石流、雨雪冰冻灾害等损毁公路的突发事件（以下简称公路突发事件）应急预案，报本级人民政府批准后实施。

公路管理机构、公路经营企业应当根据交通运输主管部门制定的公路突发事件应急预案，组建应急队伍，并定期组织应急演练。

第八条 国家建立健全公路突发事件应急物资储备保障制度，完善应急物资储备、调配体系，确保发生公路突发事件时能够满足应急处置工作的需要。

第九条 任何单位和个人不得破坏、损坏、非法占用或者非法利用公路、公路用地和公路附属设施。

第二章 公路线路

第十条 公路管理机构应当建立健全公路管理档案，对公路、公路用地和公路附属设施调查核实、登记造册。

第十一条 县级以上地方人民政府应当根据保障公路运行安全和节约用地的原则以及公路发展的需要，组织交通运输、国土资源等部门划定公路建筑控制区的范围。

公路建筑控制区的范围，从公路用地外缘起向外的距离标准为：

（一）国道不少于20米；

（二）省道不少于15米；

（三）县道不少于10米；

（四）乡道不少于5米。

属于高速公路的，公路建筑控制区的范围从公路用地外缘起向外的距离标准不少于30米。

公路弯道内侧、互通立交以及平面交叉道口的建筑控制区范围根据安全视距等要求确定。

第十二条 新建、改建公路的建筑控制区的范围，应当自公路初步设计批准之日起30日内，由公路沿线县级以上地方人民政府依照本条例划定并公告。

公路建筑控制区与铁路线路安全保护区、航道保护范围、河道管理范围或者水工程管理和保护范围重叠的，经公路管理机构和铁路管理机构、航道管理机构、水行政主管部门或者流域管理机构协商后划定。

第十三条 在公路建筑控制区内，除公路保护需要外，禁止修建建筑物和地面构筑物；公路建筑控制区划定前已经合法修建的不得扩建，因公路建设或者保障公路运行安全等原因需要拆除的应当依法给予补偿。

在公路建筑控制区外修建的建筑物、地面构筑物以及其他设施不得遮挡公路标志，不得妨碍安全视距。

第十四条 新建村镇、开发区、学校和货物集散地、大型商业网点、农贸市场等公共场所，与公路建筑控制区边界外缘的距离应当符合下列标准，并尽可能在公路一侧建设：

（一）国道、省道不少于50米；

（二）县道、乡道不少于20米。

第十五条 新建、改建公路与既有城市道路、铁路、通信等线路交叉或者新建、改建城市道路、铁路、通信等线路与既有公路交叉的，建设费用由新建、改建单位承担；城市道路、铁路、通信等线路的管理部门、单位或者公路管理机构要求提高既有建设标准而增加的费用，由提出要求的部门或者单位承担。

需要改变既有公路与城市道路、铁路、通信等线路交叉方式的，按照公平合理的原则分担建设费用。

第十六条 禁止将公路作为检验车辆制动性能的试车场地。

禁止在公路、公路用地范围内摆摊设点、堆放物品、倾倒垃圾、设置障碍、挖沟引水、打场晒粮、种植作物、放养牲畜、采石、取土、采空作业、焚烧物品、利用公路边沟排放污物或者进行其他损坏、污染公路和影响公路畅通的行为。

第十七条 禁止在下列范围内从事采矿、采石、取土、爆破作业等危及公路、公路桥梁、公路隧道、公路渡口安全的活动：

（一）国道、省道、县道的公路用地外缘起向外 100 米，乡道的公路用地外缘起向外 50 米；

（二）公路渡口和中型以上公路桥梁周围 200 米；

（三）公路隧道上方和洞口外 100 米。

在前款规定的范围内，因抢险、防汛需要修筑堤坝、压缩或者拓宽河床的，应当经省、自治区、直辖市人民政府交通运输主管部门会同水行政主管部门或者流域管理机构批准，并采取安全防护措施方可进行。

第十八条 除按照国家有关规定设立的为车辆补充燃料的场所、设施外，禁止在下列范围内设立生产、储存、销售易燃、易爆、剧毒、放射性等危险物品的场所、设施：

（一）公路用地外缘起向外 100 米；

（二）公路渡口和中型以上公路桥梁周围 200 米；

（三）公路隧道上方和洞口外 100 米。

第十九条 禁止擅自在中型以上公路桥梁跨越的河道上下游各 1000 米范围内抽取地下水、架设浮桥以及修建其他危及公路桥梁安全的设施。

在前款规定的范围内，确需进行抽取地下水、架设浮桥等活动的，应当经水行政主管部门、流域管理机构等有关单位会同公路管理机构批准，并采取安全防护措施方可进行。

第二十条 禁止在公路桥梁跨越的河道上下游的下列范围内采砂：

（一）特大型公路桥梁跨越的河道上游 500 米，下游 3000 米；

（二）大型公路桥梁跨越的河道上游 500 米，下游 2000 米；

（三）中小型公路桥梁跨越的河道上游500米，下游1000米。

第二十一条 在公路桥梁跨越的河道上下游各500米范围内依法进行疏浚作业的，应当符合公路桥梁安全要求，经公路管理机构确认安全方可作业。

第二十二条 禁止利用公路桥梁进行牵拉、吊装等危及公路桥梁安全的施工作业。

禁止利用公路桥梁（含桥下空间）、公路隧道、涵洞堆放物品，搭建设施以及铺设高压电线和输送易燃、易爆或者其他有毒有害气体、液体的管道。

第二十三条 公路桥梁跨越航道的，建设单位应当按照国家有关规定设置桥梁航标、桥柱标、桥梁水尺标，并按照国家标准、行业标准设置桥区水上航标和桥墩防撞装置。桥区水上航标由航标管理机构负责维护。

通过公路桥梁的船舶应当符合公路桥梁通航净空要求，严格遵守航行规则，不得在公路桥梁下停泊或者系缆。

第二十四条 重要的公路桥梁和公路隧道按照《中华人民共和国人民武装警察法》和国务院、中央军委的有关规定由中国人民武装警察部队守护。

第二十五条 禁止损坏、擅自移动、涂改、遮挡公路附属设施或者利用公路附属设施架设管道、悬挂物品。

第二十六条 禁止破坏公路、公路用地范围内的绿化物。需要更新采伐护路林的，应当向公路管理机构提出申请，经批准方可更新采伐，并及时补种；不能及时补种的，应当交纳补种所需费用，由公路管理机构代为补种。

第二十七条 进行下列涉路施工活动，建设单位应当向公路管理机构提出申请：

（一）因修建铁路、机场、供电、水利、通信等建设工程需要占用、挖掘公路、公路用地或者使公路改线；

（二）跨越、穿越公路修建桥梁、渡槽或者架设、埋设管道、电缆等设施；

（三）在公路用地范围内架设、埋设管道、电缆等设施；

（四）利用公路桥梁、公路隧道、涵洞铺设电缆等设施；

（五）利用跨越公路的设施悬挂非公路标志；

（六）在公路上增设或者改造平面交叉道口；

（七）在公路建筑控制区内埋设管道、电缆等设施。

第二十八条 申请进行涉路施工活动的建设单位应当向公路管理机构提交下列材料：

（一）符合有关技术标准、规范要求的设计和施工方案；

（二）保障公路、公路附属设施质量和安全的技术评价报告；

（三）处置施工险情和意外事故的应急方案。

公路管理机构应当自受理申请之日起20日内作出许可或者不予许可的决定；影响交通安全的，应当征得公安机关交通管理部门的同意；涉及经营性公路的，应当征求公路经营企业的意见；不予许可的，公路管理机构应当书面通知申请人并说明理由。

第二十九条 建设单位应当按照许可的设计和施工方案进行施工作业，并落实保障公路、公路附属设施质量和安全的防护措施。

涉路施工完毕，公路管理机构应当对公路、公路附属设施是否达到规定的技术标准以及施工是否符合保障公路、公路附属设施质量和安全的要求进行验收；影响交通安全的，还应当经公安机关交通管理部门验收。

涉路工程设施的所有人、管理人应当加强维护和管理，确保工程设施不影响公路的完好、安全和畅通。

第三章　公路通行

第三十条 车辆的外廓尺寸、轴荷和总质量应当符合国家有关车辆外廓尺寸、轴荷、质量限值等机动车安全技术标准，不符合标准的不得生产、销售。

第三十一条 公安机关交通管理部门办理车辆登记，应当当场查验，对不符合机动车国家安全技术标准的车辆不予登记。

第三十二条 运输不可解体物品需要改装车辆的，应当由具有相应资质的车辆生产企业按照规定的车型和技术参数进行改装。

第三十三条 超过公路、公路桥梁、公路隧道限载、限高、限宽、限长标准的车辆，不得在公路、公路桥梁或者公路隧道行驶；超过汽车渡船限载、限高、限宽、限长标准的车辆，不得使用汽车渡船。

公路、公路桥梁、公路隧道限载、限高、限宽、限长标准调整的，公路管理机构、公路经营企业应当及时变更限载、限高、限宽、限长标志；需要绕行的，还应当标明绕行路线。

第三十四条 县级人民政府交通运输主管部门或者乡级人民政府可以根据保护乡道、村道的需要，在乡道、村道的出入口设置必要的限高、限宽设施，但是不得影响消防和卫生急救等应急通行需要，不得向通行车辆收费。

第三十五条 车辆载运不可解体物品，车货总体的外廓尺寸或者总质量超过公路、公路桥梁、公路隧道的限载、限高、限宽、限长标准，确需在公路、公路桥梁、公路隧道行驶的，从事运输的单位和个人应当向公路管理机构申请公路超限运输许可。

第三十六条 申请公路超限运输许可按照下列规定办理：

（一）跨省、自治区、直辖市进行超限运输的，向公路沿线各省、自治区、直辖市公路管理机构提出申请，由起运地省、自治区、直辖市公路管理机构统一受理，并协调公路沿线各省、自治区、直辖市公路管理机构对超限运输申请进行审批，必要时可以由国务院交通运输主管部门统一协调处理；

（二）在省、自治区范围内跨设区的市进行超限运输，或者在直辖市范围内跨区、县进行超限运输的，向省、自治区、直辖市公路管理机构提出申请，由省、自治区、直辖市公路管理机构受理并审批；

（三）在设区的市范围内跨区、县进行超限运输的，向设区的市公路管理机构提出申请，由设区的市公路管理机构受理并审批；

（四）在区、县范围内进行超限运输的，向区、县公路管理机构提出申请，由区、县公路管理机构受理并审批。

公路超限运输影响交通安全的，公路管理机构在审批超限运输申请时，应当征求公安机关交通管理部门意见。

第三十七条 公路管理机构审批超限运输申请，应当根据实际情况勘测通行路线，需要采取加固、改造措施的，可以与申请人签订有关协议，制定相应的加固、改造方案。

公路管理机构应当根据其制定的加固、改造方案，对通行的公路桥梁、涵洞等设施进行加固、改造；必要时应当对超限运输车辆进行监管。

第三十八条 公路管理机构批准超限运输申请的，应当为超限运输车辆配发国务院交通运输主管部门规定式样的超限运输车辆通行证。

经批准进行超限运输的车辆，应当随车携带超限运输车辆通行证，按照指定的时间、路线和速度行驶，并悬挂明显标志。

禁止租借、转让超限运输车辆通行证。禁止使用伪造、变造的超限运输车辆通行证。

第三十九条 经省、自治区、直辖市人民政府批准，有关交通运输主管部门可以设立固定超限检测站点，配备必要的设备和人员。

固定超限检测站点应当规范执法，并公布监督电话。公路管理机构应当加强对固定超限检测站点的管理。

第四十条 公路管理机构在监督检查中发现车辆超过公路、公路桥梁、公路隧道或者汽车渡船的限载、限高、限宽、限长标准的，应当就近引导至固定超限检测站点进行处理。

车辆应当按照超限检测指示标志或者公路管理机构监督检查人员的指挥接受超限检测，不得故意堵塞固定超限检测站点通行车道、强行通过固定超限检测站点或者以其他方式扰乱超限检测秩序，不得采取短途驳载等方式逃避超限检测。

禁止通过引路绕行等方式为不符合国家有关载运标准的车辆逃避超限检测提供便利。

第四十一条 煤炭、水泥等货物集散地以及货运站等场所的经营人、管理人应当采取有效措施，防止不符合国家有关载运标准的车辆出场（站）。

道路运输管理机构应当加强对煤炭、水泥等货物集散地以及货运站等场所的监督检查，制止不符合国家有关载运标准的车辆出场（站）。

任何单位和个人不得指使、强令车辆驾驶人超限运输货物，不得阻碍道路运输管理机构依法进行监督检查。

第四十二条 载运易燃、易爆、剧毒、放射性等危险物品的车辆，应当符合国家有关安全管理规定，并避免通过特大型公路桥梁或者特长公路隧道；确需通过特大型公路桥梁或者特长公路隧道的，负责审批易燃、易爆、剧毒、放射性等危险物品运输许可的机关应当提前将行驶时间、路线通知特大型公路桥梁或者特长公路隧道的管理单位，并对在特大型公路桥梁或者特长公路隧道行驶的车辆进行现场监管。

第四十三条 车辆应当规范装载，装载物不得触地拖行。车辆装载物易掉落、遗洒或者飘散的，应当采取厢式密闭等有效防护措施方可在公路上行驶。

公路上行驶车辆的装载物掉落、遗洒或者飘散的，车辆驾驶人、押运人员应当及时采取措施处理；无法处理的，应当在掉落、遗洒或者飘散物来车方向适当距离外设置警示标志，并迅速报告公路管理机构或者公安机关交通管理部门。其他人员发现公路上有影响交通安全的障碍物的，也应当及时报告公路管理机构或者公安机关交通管理部门。公安机关交通管理部门应当责令改正车辆装载物掉落、遗洒、飘散等违法行为；公路管理机构、公路经营企业应当及时清除掉落、遗洒、飘散在公路上的障碍物。

车辆装载物掉落、遗洒、飘散后，车辆驾驶人、押运人员未及时采取措施处理，造成他人人身、财产损害的，道路运输企业、车辆驾驶人应当依法承担赔偿责任。

第四章　公路养护

第四十四条　公路管理机构、公路经营企业应当加强公路养护，保证公路经常处于良好技术状态。

前款所称良好技术状态，是指公路自身的物理状态符合有关技术标准的要求，包括路面平整，路肩、边坡平顺，有关设施完好。

第四十五条　公路养护应当按照国务院交通运输主管部门规定的技术规范和操作规程实施作业。

第四十六条　从事公路养护作业的单位应当具备下列资质条件：

（一）有一定数量的符合要求的技术人员；

（二）有与公路养护作业相适应的技术设备；

（三）有与公路养护作业相适应的作业经历；

（四）国务院交通运输主管部门规定的其他条件。

公路养护作业单位资质管理办法由国务院交通运输主管部门另行制定。

第四十七条　公路管理机构、公路经营企业应当按照国务院交通运输主管部门的规定对公路进行巡查，并制作巡查记录；发现公路坍塌、坑槽、隆起等损毁的，应当及时设置警示标志，并采取措施修复。

公安机关交通管理部门发现公路坍塌、坑槽、隆起等损毁，危及交通安全的，应当及时采取措施，疏导交通，并通知公路管理机构或者公路经营企业。

其他人员发现公路坍塌、坑槽、隆起等损毁的，应当及时向公路管理机构、公安机关交通管理部门报告。

第四十八条 公路管理机构、公路经营企业应当定期对公路、公路桥梁、公路隧道进行检测和评定，保证其技术状态符合有关技术标准；对经检测发现不符合车辆通行安全要求的，应当进行维修，及时向社会公告，并通知公安机关交通管理部门。

第四十九条 公路管理机构、公路经营企业应当定期检查公路隧道的排水、通风、照明、监控、报警、消防、救助等设施，保持设施处于完好状态。

第五十条 公路管理机构应当统筹安排公路养护作业计划，避免集中进行公路养护作业造成交通堵塞。

在省、自治区、直辖市交界区域进行公路养护作业，可能造成交通堵塞的，有关公路管理机构、公安机关交通管理部门应当事先书面通报相邻的省、自治区、直辖市公路管理机构、公安机关交通管理部门，共同制定疏导预案，确定分流路线。

第五十一条 公路养护作业需要封闭公路的，或者占用半幅公路进行作业，作业路段长度在 2 公里以上，并且作业期限超过 30 日的，除紧急情况外，公路养护作业单位应当在作业开始之日前 5 日向社会公告，明确绕行路线，并在绕行处设置标志；不能绕行的，应当修建临时道路。

第五十二条 公路养护作业人员作业时，应当穿着统一的安全标志服。公路养护车辆、机械设备作业时，应当设置明显的作业标志，开启危险报警闪光灯。

第五十三条 发生公路突发事件影响通行的，公路管理机构、公路经营企业应当及时修复公路、恢复通行。设区的市级以上人民政府交通运输主管部门应当根据修复公路、恢复通行的需要，及时调集抢修力量，统筹安排有关作业计划，下达路网调度指令，配合有关部门组织绕行、分流。

设区的市级以上公路管理机构应当按照国务院交通运输主管部门的规定收集、汇总公路损毁、公路交通流量等信息，开展公路突发事件的监测、预报和预警工作，并利用多种方式及时向社会发布有关公路运行信息。

第五十四条 中国人民武装警察交通部队按照国家有关规定承担公路、公路桥梁、公路隧道等设施的抢修任务。

第五十五条 公路永久性停止使用的，应当按照国务院交通运输主管部门规定的程序核准后作报废处理，并向社会公告。

公路报废后的土地使用管理依照有关土地管理的法律、行政法规执行。

第五章 法律责任

第五十六条 违反本条例的规定，有下列情形之一的，由公路管理机构责令限期拆除，可以处5万元以下的罚款。逾期不拆除的，由公路管理机构拆除，有关费用由违法行为人承担：

（一）在公路建筑控制区内修建、扩建建筑物、地面构筑物或者未经许可埋设管道、电缆等设施的；

（二）在公路建筑控制区外修建的建筑物、地面构筑物以及其他设施遮挡公路标志或者妨碍安全视距的。

第五十七条 违反本条例第十八条、第十九条、第二十三条规定的，由安全生产监督管理部门、水行政主管部门、流域管理机构、海事管理机构等有关单位依法处理。

第五十八条 违反本条例第二十条规定的，由水行政主管部门或者流域管理机构责令改正，可以处3万元以下的罚款。

第五十九条 违反本条例第二十二条规定的，由公路管理机构责令改正，处2万元以上10万元以下的罚款。

第六十条 违反本条例的规定，有下列行为之一的，由公路管理机构责令改正，可以处3万元以下的罚款：

（一）损坏、擅自移动、涂改、遮挡公路附属设施或者利用公路附属设施架设管道、悬挂物品，可能危及公路安全的；

（二）涉路工程设施影响公路完好、安全和畅通的。

第六十一条 违反本条例的规定，未经批准更新采伐护路林的，由公路管理机构责令补种，没收违法所得，并处采伐林木价值3倍以上5倍以下的罚款。

第六十二条 违反本条例的规定，未经许可进行本条例第二十七条第一项至第五项规定的涉路施工活动的，由公路管理机构责令改正，可以处3万元以下的罚款；未经许可进行本条例第二十七条第六项规定的涉路施工活动的，由公路管理机构责令改正，处5万元以下的罚款。

第六十三条 违反本条例的规定，非法生产、销售外廓尺寸、轴荷、总质量不符合国家有关车辆外廓尺寸、轴荷、质量限值等机动车安全技术标准的车辆的，依照《中华人民共和国道路交通安全法》的有关规定处罚。

具有国家规定资质的车辆生产企业未按照规定车型和技术参数改装车辆的，由原发证机关责令改正，处4万元以上20万元以下的罚款；拒不改正的，吊销其资质证书。

第六十四条 违反本条例的规定，在公路上行驶的车辆，车货总体的外廓尺寸、轴荷或者总质量超过公路、公路桥梁、公路隧道、汽车渡船限定标准的，由公路管理机构责令改正，可以处3万元以下的罚款。

第六十五条 违反本条例的规定，经批准进行超限运输的车辆，未按照指定时间、路线和速度行驶的，由公路管理机构或者公安机关交通管理部门责令改正；拒不改正的，公路管理机构或者公安机关交通管理部门可以扣留车辆。

未随车携带超限运输车辆通行证的，由公路管理机构扣留车辆，责令车辆驾驶人提供超限运输车辆通行证或者相应的证明。

租借、转让超限运输车辆通行证的，由公路管理机构没收超限运输车辆通行证，处1000元以上5000元以下的罚款。使用伪造、变造的超限运输车辆通行证的，由公路管理机构没收伪造、变造的超限运输车辆通行证，处3万元以下的罚款。

第六十六条 对1年内违法超限运输超过3次的货运车辆，由道路运输管理机构吊销其车辆营运证；对1年内违法超限运输超过3次的货运车辆驾驶人，由道路运输管理机构责令其停止从事营业性运输；道路运输企业1年内违法超限运输的货运车辆超过本单位货运车辆总数10%的，由道路运输管理机构责令道路运输企业停业整顿；情节严重的，吊销其道路运输经营许可证，并向社会公告。

第六十七条 违反本条例的规定，有下列行为之一的，由公路管理机构强制拖离或者扣留车辆，处3万元以下的罚款：

（一）采取故意堵塞固定超限检测站点通行车道、强行通过固定超限检测站点等方式扰乱超限检测秩序的；

（二）采取短途驳载等方式逃避超限检测的。

第六十八条 违反本条例的规定，指使、强令车辆驾驶人超限运输货物的，由道路运输管理机构责令改正，处3万元以下的罚款。

第六十九条 车辆装载物触地拖行、掉落、遗洒或者飘散，造成公路路面损坏、污染的，由公路管理机构责令改正，处5000元以下的罚款。

第七十条 违反本条例的规定，公路养护作业单位未按照国务院交通运输主管部门规定的技术规范和操作规程进行公路养护作业的，由公路管理机构责令改正，处1万元以上5万元以下的罚款；拒不改正的，吊销其资质证书。

第七十一条 造成公路、公路附属设施损坏的单位和个人应当立即报告公路管理机构，接受公路管理机构的现场调查处理；危及交通安全的，还应当设置警示标志或者采取其他安全防护措施，并迅速报告公安机关交通管理部门。

发生交通事故造成公路、公路附属设施损坏的，公安机关交通管理部门在处理交通事故时应当及时通知有关公路管理机构到场调查处理。

第七十二条 造成公路、公路附属设施损坏，拒不接受公路管理机构现场调查处理的，公路管理机构可以扣留车辆、工具。

公路管理机构扣留车辆、工具的，应当当场出具凭证，并告知当事人在规定期限内到公路管理机构接受处理。逾期不接受处理，并且经公告 3 个月仍不来接受处理的，对扣留的车辆、工具，由公路管理机构依法处理。

公路管理机构对被扣留的车辆、工具应当妥善保管，不得使用。

第七十三条 违反本条例的规定，公路管理机构工作人员有下列行为之一的，依法给予处分：

（一）违法实施行政许可的；

（二）违反规定拦截、检查正常行驶的车辆的；

（三）未及时采取措施处理公路坍塌、坑槽、隆起等损毁的；

（四）违法扣留车辆、工具或者使用依法扣留的车辆、工具的；

（五）有其他玩忽职守、徇私舞弊、滥用职权行为的。

公路管理机构有前款所列行为之一的，对负有直接责任的主管人员和其他直接责任人员依法给予处分。

第七十四条 违反本条例的规定，构成违反治安管理行为的，由公安机关依法给予治安管理处罚；构成犯罪的，依法追究刑事责任。

第六章 附 则

第七十五条 村道的管理和养护工作，由乡级人民政府参照本条例的规定执行。

专用公路的保护不适用本条例。

第七十六条 军事运输使用公路按照国务院、中央军事委员会的有关规定执行。

第七十七条 本条例自2011年7月1日起施行。1987年10月13日国务院发布的《中华人民共和国公路管理条例》同时废止。

收费公路管理条例

（2004年8月18日国务院第61次常务会议通过
2004年9月13日中华人民共和国国务院令第417号公布
自2004年11月1日起施行）

第一章 总 则

第一条 为了加强对收费公路的管理，规范公路收费行为，维护收费公路的经营管理者和使用者的合法权益，促进公路事业的发展，根据《中华人民共和国公路法》（以下简称公路法），制定本条例。

第二条 本条例所称收费公路，是指符合公路法和本条例规定，经批准依法收取车辆通行费的公路（含桥梁和隧道）。

第三条 各级人民政府应当采取积极措施，支持、促进公路事业的发展。公路发展应当坚持非收费公路为主，适当发展收费公路。

第四条 全部由政府投资或者社会组织、个人捐资建设的公路，不得收取车辆通行费。

第五条 任何单位或者个人不得违反公路法和本条例的规定，在公路上设站（卡）收取车辆通行费。

第六条 对在公路上非法设立收费站（卡）收取车辆通行费

的，任何单位和个人都有权拒绝交纳。

任何单位或者个人对在公路上非法设立收费站（卡）、非法收取或者使用车辆通行费、非法转让收费公路权益或者非法延长收费期限等行为，都有权向交通、价格、财政等部门举报。收到举报的部门应当按照职责分工依法及时查处；无权查处的，应当及时移送有权查处的部门。受理的部门必须自收到举报或者移送材料之日起10日内进行查处。

第七条 收费公路的经营管理者，经依法批准有权向通行收费公路的车辆收取车辆通行费。

军队车辆、武警部队车辆，公安机关在辖区内收费公路上处理交通事故、执行正常巡逻任务和处置突发事件的统一标志的制式警车，以及经国务院交通主管部门或者省、自治区、直辖市人民政府批准执行抢险救灾任务的车辆，免交车辆通行费。

进行跨区作业的联合收割机、运输联合收割机（包括插秧机）的车辆，免交车辆通行费。联合收割机不得在高速公路上通行。

第八条 任何单位或者个人不得以任何形式非法干预收费公路的经营管理，挤占、挪用收费公路经营管理者依法收取的车辆通行费。

第二章 收费公路建设和收费站的设置

第九条 建设收费公路，应当符合国家和省、自治区、直辖市公路发展规划，符合本条例规定的收费公路的技术等级和规模。

第十条 县级以上地方人民政府交通主管部门利用贷款或者向企业、个人有偿集资建设的公路（以下简称政府还贷公路），国内外经济组织投资建设或者依照公路法的规定受让政府还贷公路收费权的公路（以下简称经营性公路），经依法批准后，方可收取车辆通行费。

第十一条 建设和管理政府还贷公路，应当按照政事分开的原则，依法设立专门的不以营利为目的的法人组织。

省、自治区、直辖市人民政府交通主管部门对本行政区域内的政府还贷公路，可以实行统一管理、统一贷款、统一还款。

经营性公路建设项目应当向社会公布，采用招标投标方式选择投资者。

经营性公路由依法成立的公路企业法人建设、经营和管理。

第十二条 收费公路收费站的设置，由省、自治区、直辖市人民政府按照下列规定审查批准：

（一）高速公路以及其他封闭式的收费公路，除两端出入口外，不得在主线上设置收费站。但是，省、自治区、直辖市之间确需设置收费站的除外。

（二）非封闭式的收费公路的同一主线上，相邻收费站的间距不得少于 50 公里。

第十三条 高速公路以及其他封闭式的收费公路，应当实行计算机联网收费，减少收费站点，提高通行效率。联网收费的具体办法由国务院交通主管部门会同国务院有关部门制定。

第十四条 收费公路的收费期限，由省、自治区、直辖市人民政府按照下列标准审查批准：

（一）政府还贷公路的收费期限，按照用收费偿还贷款、偿还有偿集资款的原则确定，最长不得超过 15 年。国家确定的中西部省、自治区、直辖市的政府还贷公路收费期限，最长不得超过 20 年。

（二）经营性公路的收费期限，按照收回投资并有合理回报的原则确定，最长不得超过 25 年。国家确定的中西部省、自治区、直辖市的经营性公路收费期限，最长不得超过 30 年。

第十五条 车辆通行费的收费标准，应当依照价格法律、行政法规的规定进行听证，并按照下列程序审查批准：

（一）政府还贷公路的收费标准，由省、自治区、直辖市人民政府交通主管部门会同同级价格主管部门、财政部门审核后，报本级人民政府审查批准。

（二）经营性公路的收费标准，由省、自治区、直辖市人民政府交通主管部门会同同级价格主管部门审核后，报本级人民政府审查批准。

第十六条 车辆通行费的收费标准，应当根据公路的技术等级、投资总额、当地物价指数、偿还贷款或者有偿集资款的期限和收回投资的期限以及交通量等因素计算确定。对在国家规定的绿色通道上运输鲜活农产品的车辆，可以适当降低车辆通行费的收费标准或者免交车辆通行费。

修建与收费公路经营管理无关的设施、超标准修建的收费公路经营管理设施和服务设施，其费用不得作为确定收费标准的因素。

车辆通行费的收费标准需要调整的，应当依照本条例第十五条规定的程序办理。

第十七条 依照本条例规定的程序审查批准的收费公路收费站、收费期限、车辆通行费收费标准或者收费标准的调整方案，审批机关应当自审查批准之日起10日内将有关文件向国务院交通主管部门和国务院价格主管部门备案；其中属于政府还贷公路的，还应当自审查批准之日起10日内向国务院财政部门备案。

第十八条 建设收费公路，应当符合下列技术等级和规模：

（一）高速公路连续里程30公里以上。但是，城市市区至本地机场的高速公路除外。

（二）一级公路连续里程50公里以上。

（三）二车道的独立桥梁、隧道，长度800米以上；四车道的独立桥梁、隧道，长度500米以上。

技术等级为二级以下（含二级）的公路不得收费。但是，在国家确定的中西部省、自治区、直辖市建设的二级公路，其连续里程60公里以上的，经依法批准，可以收取车辆通行费。

第三章　收费公路权益的转让

第十九条　依照本条例的规定转让收费公路权益的，应当向社会公布，采用招标投标的方式，公平、公正、公开地选择经营管理者，并依法订立转让协议。

第二十条　收费公路的权益，包括收费权、广告经营权、服务设施经营权。

转让收费公路权益的，应当依法保护投资者的合法利益。

第二十一条　转让政府还贷公路权益中的收费权，可以申请延长收费期限，但延长的期限不得超过5年。

转让经营性公路权益中的收费权，不得延长收费期限。

第二十二条　有下列情形之一的，收费公路权益中的收费权不得转让：

（一）长度小于1000米的二车道独立桥梁和隧道；

（二）二级公路；

（三）收费时间已超过批准收费期限2/3。

第二十三条　转让政府还贷公路权益的收入，必须缴入国库，除用于偿还贷款和有偿集资款外，必须用于公路建设。

第二十四条　收费公路权益转让的具体办法，由国务院交通主管部门会同国务院发展改革部门和财政部门制定。

第四章　收费公路的经营管理

第二十五条　收费公路建成后，应当按照国家有关规定进行验收；验收合格的，方可收取车辆通行费。

收费公路不得边建设边收费。

第二十六条　收费公路经营管理者应当按照国家规定的标准和规范，对收费公路及沿线设施进行日常检查、维护，保证收费公路处于良好的技术状态，为通行车辆及人员提供优质服务。

收费公路的养护应当严格按照工期施工、竣工，不得拖延工期，不得影响车辆安全通行。

第二十七条 收费公路经营管理者应当在收费站的显著位置，设置载有收费站名称、审批机关、收费单位、收费标准、收费起止年限和监督电话等内容的公告牌，接受社会监督。

第二十八条 收费公路经营管理者应当按照国家规定的标准，结合公路交通状况、沿线设施等情况，设置交通标志、标线。

交通标志、标线必须清晰、准确、易于识别。重要的通行信息应当重复提示。

第二十九条 收费道口的设置，应当符合车辆行驶安全的要求；收费道口的数量，应当符合车辆快速通过的需要，不得造成车辆堵塞。

第三十条 收费站工作人员的配备，应当与收费道口的数量、车流量相适应，不得随意增加人员。

收费公路经营管理者应当加强对收费站工作人员的业务培训和职业道德教育，收费人员应当做到文明礼貌，规范服务。

第三十一条 遇有公路损坏、施工或者发生交通事故等影响车辆正常安全行驶的情形时，收费公路经营管理者应当在现场设置安全防护设施，并在收费公路出入口进行限速、警示提示，或者利用收费公路沿线可变信息板等设施予以公告；造成交通堵塞时，应当及时报告有关部门并协助疏导交通。

遇有公路严重损毁、恶劣气象条件或者重大交通事故等严重影响车辆安全通行的情形时，公安机关应当根据情况，依法采取限速通行、关闭公路等交通管制措施。收费公路经营管理者应当积极配合公安机关，及时将有关交通管制的信息向通行车辆进行提示。

第三十二条 收费公路经营管理者收取车辆通行费，必须向收费公路使用者开具收费票据。政府还贷公路的收费票据，由省、自治区、直辖市人民政府财政部门统一印（监）制。经营性公路的收费票据，由省、自治区、直辖市人民政府税务部门统一印（监）制。

第三十三条 收费公路经营管理者对依法应当交纳而拒交、逃交、少交车辆通行费的车辆，有权拒绝其通行，并要求其补交应交纳的车辆通行费。

任何人不得为拒交、逃交、少交车辆通行费而故意堵塞收费道口、强行冲卡、殴打收费公路管理人员、破坏收费设施或者从事其他扰乱收费公路经营管理秩序的活动。

发生前款规定的扰乱收费公路经营管理秩序行为时，收费公路经营管理者应当及时报告公安机关，由公安机关依法予以处理。

第三十四条 在收费公路上行驶的车辆不得超载。

发现车辆超载时，收费公路经营管理者应当及时报告公安机关，由公安机关依法予以处理。

第三十五条 收费公路经营管理者不得有下列行为：

（一）擅自提高车辆通行费收费标准；

（二）在车辆通行费收费标准之外加收或者代收任何其他费用；

（三）强行收取或者以其他不正当手段按车辆收取某一期间的车辆通行费；

（四）不开具收费票据，开具未经省、自治区、直辖市人民政府财政、税务部门统一印（监）制的收费票据或者开具已经过期失效的收费票据。

有前款所列行为之一的，通行车辆有权拒绝交纳车辆通行费。

第三十六条 政府还贷公路的管理者收取的车辆通行费收入，应当全部存入财政专户，严格实行收支两条线管理。

政府还贷公路的车辆通行费，除必要的管理、养护费用从财政部门批准的车辆通行费预算中列支外，必须全部用于偿还贷款和有偿集资款，不得挪作他用。

第三十七条 收费公路的收费期限届满，必须终止收费。

政府还贷公路在批准的收费期限届满前已经还清贷款、还清有偿集资款的，必须终止收费。

依照本条前两款的规定，收费公路终止收费的，有关省、自治区、直辖市人民政府应当向社会公告，明确规定终止收费的日期，接受社会监督。

第三十八条 收费公路终止收费前6个月，省、自治区、直辖市人民政府交通主管部门应当对收费公路进行鉴定和验收。经鉴定和验收，公路符合取得收费公路权益时核定的技术等级和标准的，收费公路经营管理者方可按照国家有关规定向交通主管部门办理公路移交手续；不符合取得收费公路权益时核定的技术等级和标准的，收费公路经营管理者应当在交通主管部门确定的期限内进行养护，达到要求后，方可按照规定办理公路移交手续。

第三十九条 收费公路终止收费后，收费公路经营管理者应当自终止收费之日起15日内拆除收费设施。

第四十条 任何单位或者个人不得通过封堵非收费公路或者在非收费公路上设卡收费等方式，强迫车辆通行收费公路。

第四十一条 收费公路经营管理者应当按照国务院交通主管部门和省、自治区、直辖市人民政府交通主管部门的要求，及时提供统计资料和有关情况。

第四十二条 收费公路的养护、绿化和公路用地范围内的水土保持及路政管理，依照公路法的有关规定执行。

第四十三条 国务院交通主管部门和省、自治区、直辖市人民政府交通主管部门应当对收费公路实施监督检查，督促收费公路经营管理者依法履行公路养护、绿化和公路用地范围内的水土保持义务。

第四十四条 审计机关应当依法加强收费公路的审计监督，对违法行为依法进行查处。

第四十五条 行政执法机关依法对收费公路实施监督检查时，不得向收费公路经营管理者收取任何费用。

第四十六条 省、自治区、直辖市人民政府应当将本行政区域内收费公路及收费站名称、收费单位、收费标准、收费期限等信息向社会公布，接受社会监督。

第五章 法律责任

第四十七条 违反本条例的规定，擅自批准收费公路建设、收费站、收费期限、车辆通行费收费标准或者收费公路权益转让的，由省、自治区、直辖市人民政府责令改正；对负有责任的主管人员和其他直接责任人员依法给予记大过直至开除的行政处分；构成犯罪的，依法追究刑事责任。

第四十八条 违反本条例的规定，地方人民政府或者有关部门及其工作人员非法干预收费公路经营管理，或者挤占、挪用收费公路经营管理者收取的车辆通行费的，由上级人民政府或者有关部门责令停止非法干预，退回挤占、挪用的车辆通行费；对负有责任的主管人员和其他直接责任人员依法给予记大过直至开除的行政处分；构成犯罪的，依法追究刑事责任。

第四十九条 违反本条例的规定，擅自在公路上设立收费站（卡）收取车辆通行费或者应当终止收费而不终止的，由国务院交通主管部门或者省、自治区、直辖市人民政府交通主管部门依据职权，责令改正，强制拆除收费设施；有违法所得的，没收违法所得，并处违法所得2倍以上5倍以下的罚款；没有违法所得的，处1万元以上5万元以下的罚款；负有责任的主管人员和其他直接责任人员属于国家工作人员的，依法给予记大过直至开除的行政处分。

第五十条 违反本条例的规定，有下列情形之一的，由国务院交通主管部门或者省、自治区、直辖市人民政府交通主管部门依据职权，责令改正，并根据情节轻重，处5万元以上20万元以下的罚款：

（一）收费站的设置不符合标准或者擅自变更收费站位置的；

（二）未按照国家规定的标准和规范对收费公路及沿线设施进行日常检查、维护的；

（三）未按照国家有关规定合理设置交通标志、标线的；

（四）道口设置不符合车辆行驶安全要求或者道口数量不符合车辆快速通过需要的；

（五）遇有公路损坏、施工或者发生交通事故等影响车辆正常安全行驶的情形，未按照规定设置安全防护设施或者未进行提示、公告，或者遇有交通堵塞不及时疏导交通的；

（六）应当公布有关限速通行或者关闭收费公路的信息而未及时公布的。

第五十一条 违反本条例的规定，收费公路经营管理者收费时不开具票据，开具未经省、自治区、直辖市人民政府财政、税务部门统一印（监）制的票据，或者开具已经过期失效的票据的，由财政部门或者税务部门责令改正，并根据情节轻重，处10万元以上50万元以下的罚款；负有责任的主管人员和其他直接责任人员属于国家工作人员的，依法给予记大过直至开除的行政处分；构成犯罪的，依法追究刑事责任。

第五十二条 违反本条例的规定，政府还贷公路的管理者未将车辆通行费足额存入财政专户或者未将转让政府还贷公路权益的收入全额缴入国库的，由财政部门予以追缴、补齐；对负有责任的主管人员和其他直接责任人员，依法给予记过直至开除的行政处分。

违反本条例的规定，财政部门未将政府还贷公路的车辆通行费或者转让政府还贷公路权益的收入用于偿还贷款、偿还有偿集资款，或者将车辆通行费、转让政府还贷公路权益的收入挪作他用的，由本级人民政府责令偿还贷款、偿还有偿集资款，或者责令退还挪用的车辆通行费和转让政府还贷公路权益的收入；对负有责任的主管人员和其他直接责任人员，依法给予记过直至开除的行政处分；构成犯罪的，依法追究刑事责任。

第五十三条 违反本条例的规定，收费公路终止收费后，收费公路经营管理者不及时拆除收费设施的，由省、自治区、直辖市人民政府交通主管部门责令限期拆除；逾期不拆除的，强制拆除，拆除费用由原收费公路经营管理者承担。

第五十四条 违反本条例的规定，收费公路经营管理者未按照国务院交通主管部门规定的技术规范和操作规程进行收费公路养护的，由省、自治区、直辖市人民政府交通主管部门责令改正；拒不改正的，责令停止收费。责令停止收费后30日内仍未履行公路养护义务的，由省、自治区、直辖市人民政府交通主管部门指定其他单位进行养护，养护费用由原收费公路经营管理者承担。拒不承担的，由省、自治区、直辖市人民政府交通主管部门申请人民法院强制执行。

第五十五条 违反本条例的规定，收费公路经营管理者未履行公路绿化和水土保持义务的，由省、自治区、直辖市人民政府交通主管部门责令改正，并可以对原收费公路经营管理者处履行绿化、水土保持义务所需费用1倍至2倍的罚款。

第五十六条 国务院价格主管部门或者县级以上地方人民政府价格主管部门对违反本条例的价格违法行为，应当依据价格管理的法律、法规和规章的规定予以处罚。

第五十七条 违反本条例的规定，为拒交、逃交、少交车辆通行费而故意堵塞收费道口、强行冲卡、殴打收费公路管理人员、破坏收费设施或者从事其他扰乱收费公路经营管理秩序活动，构成违反治安管理行为的，由公安机关依法予以处罚；构成犯罪的，依法追究刑事责任；给收费公路经营管理者造成损失或者造成人身损害的，依法承担民事赔偿责任。

第五十八条 违反本条例的规定，假冒军队车辆、武警部队车辆、公安机关统一标志的制式警车和抢险救灾车辆逃交车辆通行费的，由有关机关依法予以处理。

第六章 附 则

第五十九条 本条例施行前在建的和已投入运行的收费公路，由国务院交通主管部门会同国务院发展改革部门和财政部门依照本条例规定的原则进行规范。具体办法由国务院交通主管部门制定。

第六十条 本条例自2004年11月1日起施行。

城市道路管理条例

（1996年6月4日中华人民共和国国务院令第198号发布 根据2011年1月8日《国务院关于废止和修改部分行政法规的决定》第一次修订 根据2017年3月1日《国务院关于修改和废止部分行政法规的决定》第二次修订 根据2019年3月24日《国务院关于修改部分行政法规的决定》第三次修订）

第一章 总 则

第一条 为了加强城市道路管理，保障城市道路完好，充分发挥城市道路功能，促进城市经济和社会发展，制定本条例。

第二条 本条例所称城市道路，是指城市供车辆、行人通行的，具备一定技术条件的道路、桥梁及其附属设施。

第三条 本条例适用于城市道路规划、建设、养护、维修和路政管理。

第四条 城市道路管理实行统一规划、配套建设、协调发展和建设、养护、管理并重的原则。

第五条 国家鼓励和支持城市道路科学技术研究，推广先进技术，提高城市道路管理的科学技术水平。

第六条 国务院建设行政主管部门主管全国城市道路管理工作。

省、自治区人民政府城市建设行政主管部门主管本行政区域内的城市道路管理工作。

县级以上城市人民政府市政工程行政主管部门主管本行政区域内的城市道路管理工作。

第二章 规划和建设

第七条 县级以上城市人民政府应当组织市政工程、城市规划、公安交通等部门，根据城市总体规划编制城市道路发展规划。

市政工程行政主管部门应当根据城市道路发展规划，制定城市道路年度建设计划，经城市人民政府批准后实施。

第八条 城市道路建设资金可以按照国家有关规定，采取政府投资、集资、国内外贷款、国有土地有偿使用收入、发行债券等多种渠道筹集。

第九条 城市道路的建设应当符合城市道路技术规范。

第十条 政府投资建设城市道路的，应当根据城市道路发展规划和年度建设计划，由市政工程行政主管部门组织建设。

单位投资建设城市道路的，应当符合城市道路发展规划。

城市住宅小区、开发区内的道路建设，应当分别纳入住宅小区、开发区的开发建设计划配套建设。

第十一条 国家鼓励国内外企业和其他组织以及个人按照城市道路发展规划，投资建设城市道路。

第十二条 城市供水、排水、燃气、热力、供电、通信、消防等依附于城市道路的各种管线、杆线等设施的建设计划，应当与城市道路发展规划和年度建设计划相协调，坚持先地下、后地上的施工原则，与城市道路同步建设。

第十三条 新建的城市道路与铁路干线相交的，应当根据需要在城市规划中预留立体交通设施的建设位置。

城市道路与铁路相交的道口建设应当符合国家有关技术规范，并根据需要逐步建设立体交通设施。建设立体交通设施所需投资，按照国家规定由有关部门协商确定。

第十四条 建设跨越江河的桥梁和隧道，应当符合国家规定的防洪、通航标准和其他有关技术规范。

第十五条 县级以上城市人民政府应当有计划地按照城市道路技术规范改建、拓宽城市道路和公路的结合部，公路行政主管部门可以按照国家有关规定在资金上给予补助。

第十六条 承担城市道路设计、施工的单位，应当具有相应的资质等级，并按照资质等级承担相应的城市道路的设计、施工任务。

第十七条 城市道路的设计、施工，应当严格执行国家和地方规定的城市道路设计、施工的技术规范。

城市道路施工，实行工程质量监督制度。

城市道路工程竣工，经验收合格后，方可交付使用；未经验收或者验收不合格的，不得交付使用。

第十八条 城市道路实行工程质量保修制度。城市道路的保修期为1年，自交付使用之日起计算。保修期内出现工程质量问题，由有关责任单位负责保修。

第十九条 市政工程行政主管部门对利用贷款或者集资建设的大型桥梁、隧道等，可以在一定期限内向过往车辆（军用车辆除外）收取通行费，用于偿还贷款或者集资款，不得挪作他用。

收取通行费的范围和期限，由省、自治区、直辖市人民政府规定。

第三章 养护和维修

第二十条 市政工程行政主管部门对其组织建设和管理的城市

道路，按照城市道路的等级、数量及养护和维修的定额，逐年核定养护、维修经费，统一安排养护、维修资金。

第二十一条 承担城市道路养护、维修的单位，应当严格执行城市道路养护、维修的技术规范，定期对城市道路进行养护、维修，确保养护、维修工程的质量。

市政工程行政主管部门负责对养护、维修工程的质量进行监督检查，保障城市道路完好。

第二十二条 市政工程行政主管部门组织建设和管理的道路，由其委托的城市道路养护、维修单位负责养护、维修。单位投资建设和管理的道路，由投资建设的单位或者其委托的单位负责养护、维修。城市住宅小区、开发区内的道路，由建设单位或者其委托的单位负责养护、维修。

第二十三条 设在城市道路上的各类管线的检查井、箱盖或者城市道路附属设施，应当符合城市道路养护规范。因缺损影响交通和安全时，有关产权单位应当及时补缺或者修复。

第二十四条 城市道路的养护、维修工程应当按照规定的期限修复竣工，并在养护、维修工程施工现场设置明显标志和安全防围设施，保障行人和交通车辆安全。

第二十五条 城市道路养护、维修的专用车辆应当使用统一标志；执行任务时，在保证交通安全畅通的情况下，不受行驶路线和行驶方向的限制。

第四章 路政管理

第二十六条 市政工程行政主管部门执行路政管理的人员执行公务，应当按照有关规定佩戴标志，持证上岗。

第二十七条 城市道路范围内禁止下列行为：

（一）擅自占用或者挖掘城市道路；

（二）履带车、铁轮车或者超重、超高、超长车辆擅自在城市道路上行驶；

（三）机动车在桥梁或者非指定的城市道路上试刹车；

（四）擅自在城市道路上建设建筑物、构筑物；

（五）在桥梁上架设压力在4公斤/平方厘米（0.4兆帕）以上的煤气管道、10千伏以上的高压电力线和其他易燃易爆管线；

（六）擅自在桥梁或者路灯设施上设置广告牌或者其他挂浮物；

（七）其他损害、侵占城市道路的行为。

第二十八条 履带车、铁轮车或者超重、超高、超长车辆需要在城市道路上行驶的，事先须征得市政工程行政主管部门同意，并按照公安交通管理部门指定的时间、路线行驶。

军用车辆执行任务需要在城市道路上行驶的，可以不受前款限制，但是应当按照规定采取安全保护措施。

第二十九条 依附于城市道路建设各种管线、杆线等设施的，应当经市政工程行政主管部门批准，方可建设。

第三十条 未经市政工程行政主管部门和公安交通管理部门批准，任何单位或者个人不得占用或者挖掘城市道路。

第三十一条 因特殊情况需要临时占用城市道路的，须经市政工程行政主管部门和公安交通管理部门批准，方可按照规定占用。

经批准临时占用城市道路的，不得损坏城市道路；占用期满后，应当及时清理占用现场，恢复城市道路原状；损坏城市道路的，应当修复或者给予赔偿。

第三十二条 城市人民政府应当严格控制占用城市道路作为集贸市场。

第三十三条 因工程建设需要挖掘城市道路的，应当提交城市规划部门批准签发的文件和有关设计文件，经市政工程行政主管部门和公安交通管理部门批准，方可按照规定挖掘。

新建、扩建、改建的城市道路交付使用后5年内、大修的城市道路竣工后3年内不得挖掘；因特殊情况需要挖掘的，须经县级以上城市人民政府批准。

第三十四条 埋设在城市道路下的管线发生故障需要紧急抢修的，可以先行破路抢修，并同时通知市政工程行政主管部门和公安交通管理部门，在24小时内按照规定补办批准手续。

第三十五条 经批准挖掘城市道路的，应当在施工现场设置明显标志和安全防围设施；竣工后，应当及时清理现场，通知市政工程行政主管部门检查验收。

第三十六条 经批准占用或者挖掘城市道路的，应当按照批准的位置、面积、期限占用或者挖掘。需要移动位置、扩大面积、延长时间的，应当提前办理变更审批手续。

第三十七条 占用或者挖掘由市政工程行政主管部门管理的城市道路的，应当向市政工程行政主管部门交纳城市道路占用费或者城市道路挖掘修复费。

城市道路占用费的收费标准，由省、自治区人民政府的建设行政主管部门、直辖市人民政府的市政工程行政主管部门拟订，报同级财政、物价主管部门核定；城市道路挖掘修复费的收费标准，由省、自治区人民政府的建设行政主管部门、直辖市人民政府的市政工程行政主管部门制定，报同级财政、物价主管部门备案。

第三十八条 根据城市建设或者其他特殊需要，市政工程行政主管部门可以对临时占用城市道路的单位或者个人决定缩小占用面积、缩短占用时间或者停止占用，并根据具体情况退还部分城市道路占用费。

第五章 罚 则

第三十九条 违反本条例的规定，有下列行为之一的，由市政工程行政主管部门责令停止设计、施工，限期改正，可以并处3万元以下的罚款；已经取得设计、施工资格证书，情节严重的，提请原发证机关吊销设计、施工资格证书：

（一）未取得设计、施工资格或者未按照资质等级承担城市道路的设计、施工任务的；

（二）未按照城市道路设计、施工技术规范设计、施工的；

（三）未按照设计图纸施工或者擅自修改图纸的。

第四十条 违反本条例第十七条规定，擅自使用未经验收或者验收不合格的城市道路的，由市政工程行政主管部门责令限期改正，给予警告，可以并处工程造价2%以下的罚款。

第四十一条 承担城市道路养护、维修的单位违反本条例的规定，未定期对城市道路进行养护、维修或者未按照规定的期限修复竣工，并拒绝接受市政工程行政主管部门监督、检查的，由市政工程行政主管部门责令限期改正，给予警告；对负有直接责任的主管人员和其他直接责任人员，依法给予行政处分。

第四十二条 违反本条例第二十七条规定，或者有下列行为之一的，由市政工程行政主管部门或者其他有关部门责令限期改正，可以处以2万元以下的罚款；造成损失的，应当依法承担赔偿责任：

（一）未对设在城市道路上的各种管线的检查井、箱盖或者城市道路附属设施的缺损及时补缺或者修复的；

（二）未在城市道路施工现场设置明显标志和安全防围设施的；

（三）占用城市道路期满或者挖掘城市道路后，不及时清理现场的；

（四）依附于城市道路建设各种管线、杆线等设施，不按照规定办理批准手续的；

（五）紧急抢修埋设在城市道路下的管线，不按照规定补办批准手续的；

（六）未按照批准的位置、面积、期限占用或者挖掘城市道路，或者需要移动位置、扩大面积、延长时间，未提前办理变更审批手续的。

第四十三条 违反本条例，构成犯罪的，由司法机关依法追究刑事责任；尚不构成犯罪，应当给予治安管理处罚的，依照治安管理处罚法的规定给予处罚。

第四十四条 市政工程行政主管部门人员玩忽职守、滥用职权、徇私舞弊，构成犯罪的，依法追究刑事责任；尚不构成犯罪的，依法给予行政处分。

第六章 附 则

第四十五条 本条例自1996年10月1日起施行。

国务院办公厅关于印发国家城市轨道交通运营突发事件应急预案的通知

（2015年4月30日 国办函〔2015〕32号）

各省、自治区、直辖市人民政府，国务院各部委、各直属机构：

经国务院同意，现将修订后的《国家城市轨道交通运营突发事件应急预案》印发给你们，请认真组织实施。2005年5月24日经国务院批准、由国务院办公厅印发的《国家处置城市地铁事故灾难应急预案》同时废止。

国家城市轨道交通运营突发事件应急预案

1 总 则

1.1 编制目的

建立健全城市轨道交通运营突发事件（以下简称运营突发事件）处置工作机制，科学有序高效应对运营突发事件，最大程度减少人员伤亡和财产损失，维护社会正常秩序。

1.2 编制依据

依据《中华人民共和国突发事件应对法》、《中华人民共和国安全生产法》、《生产安全事故报告和调查处理条例》、《国家突发公共事件总体应急预案》及相关法律法规等，制定本预案。

1.3 适用范围

本预案适用于城市轨道交通运营过程中发生的因列车撞击、脱轨，设施设备故障、损毁，以及大客流等情况，造成人员伤亡、行车中断、财产损失的突发事件应对工作。

因地震、洪涝、气象灾害等自然灾害和恐怖袭击、刑事案件等社会安全事件以及其他因素影响或可能影响城市轨道交通正常运营时，依据国家相关预案执行，同时参照本预案组织做好监测预警、信息报告、应急响应、后期处置等相关应对工作。

1.4 工作原则

运营突发事件应对工作坚持统一领导、属地负责，条块结合、协调联动，快速反应、科学处置的原则。运营突发事件发生后，城市轨道交通所在地城市及以上地方各级人民政府和有关部门、城市轨道交通运营单位（以下简称运营单位）应立即按照职责分工和相关预案开展处置工作。

1.5 事件分级

按照事件严重性和受影响程度，运营突发事件分为特别重大、重大、较大和一般四级。事件分级标准见附则。

2 组织指挥体系

2.1 国家层面组织指挥机构

交通运输部负责运营突发事件应对工作的指导协调和监督管理。根据运营突发事件的发展态势和影响，交通运输部或事发地省级人民政府可报请国务院批准，或根据国务院领导同志指示，成立国务院工作组，负责指导、协调、支持有关地方人民政府开展运营突发事件应对工作。必要时，由国务院或国务院授权交通运输部成立国家城市轨道交通应急指挥部，统一领导、组织和指挥运营突发事件应急处置工作。

2.2 地方层面组织指挥机构

城市轨道交通所在地城市及以上地方各级人民政府负责本行政区域内运营突发事件应对工作，要明确相应组织指挥机构。地方有关部门按照职责分工，密切配合，共同做好运营突发事件的应对工作。

对跨城市运营的城市轨道交通线路，有关城市人民政府应建立跨区域运营突发事件应急合作机制。

2.3 现场指挥机构

负责运营突发事件处置的人民政府根据需要成立现场指挥部，负责现场组织指挥工作。参与现场处置的有关单位和人员应服从现场指挥部的统一指挥。

2.4 运营单位

运营单位是运营突发事件应对工作的责任主体，要建立健全应急指挥机制，针对可能发生的运营突发事件完善应急预案体系，建立与相关单位的信息共享和应急联动机制。

2.5　专家组

各级组织指挥机构及运营单位根据需要设立运营突发事件处置专家组，由线路、轨道、结构工程、车辆、供电、通信、信号、环境与设备监控、运输组织等方面的专家组成，对运营突发事件处置工作提供技术支持。

3　监测预警和信息报告

3.1　监测和风险分析

运营单位应当建立健全城市轨道交通运营监测体系，根据运营突发事件的特点和规律，加大对线路、轨道、结构工程、车辆、供电、通信、信号、消防、特种设备、应急照明等设施设备和环境状态以及客流情况等的监测力度，定期排查安全隐患，开展风险评估，健全风险防控措施。当城市轨道交通正常运营可能受到影响时，要及时将有关情况报告当地城市轨道交通运营主管部门。

城市轨道交通所在地城市及以上地方各级人民政府城市轨道交通运营主管部门，应加强对本行政区域内城市轨道交通安全运营情况的日常监测，会同公安、国土资源、住房城乡建设、水利、安全监管、地震、气象、铁路、武警等部门（单位）和运营单位建立健全定期会商和信息共享机制，加强对突发大客流和洪涝、气象灾害、地质灾害、地震等信息的收集，对各类风险信息进行分析研判，并及时将可能导致运营突发事件的信息告知运营单位。有关部门应及时将可能影响城市轨道交通正常运营的信息通报同级城市轨道交通运营主管部门。

3.2　预警

3.2.1　预警信息发布

运营单位要及时对可能导致运营突发事件的风险信息进行分析研判，预估可能造成影响的范围和程度。城市轨道交通系统内设施设备及环境状态异常可能导致运营突发事件时，要及时向相关岗位专业人员发出预警；因突发大客流、自然灾害等原因可能影响城市轨道交通正常运营时，要及时报请当地城市轨道交通运营主管部门，通过电视、广播、报纸、互联网、手机短信、楼宇或移动电子屏幕、当面告知等渠道向公众发布预警信息。

3.2.2 预警行动

研判可能发生运营突发事件时，运营单位视情采取以下措施：

(1) 防范措施

对于城市轨道交通系统内设施设备及环境状态预警，要组织专业人员迅速对相关设施设备状态进行检查确认，排除故障，并做好故障排除前的各项防范工作。

对于突发大客流预警，要及时调整运营组织方案，加强客流情况监测，在重点车站增派人员加强值守，做好客流疏导，视情采取限流、封站等控制措施，必要时申请启动地面公共交通接驳疏运。城市轨道交通运营主管部门要及时协调组织运力疏导客流。

对于自然灾害预警，要加强对地面线路、设备间、车站出入口等重点区域的检查巡视，加强对重点设施设备的巡检紧固和对重点区段设施设备的值守监测，做好相关设施设备停用和相关线路列车限速、停运准备。

(2) 应急准备

责令应急救援队伍和人员进入待命状态，动员后备人员做好参加应急救援和处置工作准备，并调集运营突发事件应急所需物资、装备和设备，做好应急保障工作。

(3) 舆论引导

预警信息发布后，及时公布咨询电话，加强相关舆情监测，主动回应社会公众关注的问题，及时澄清谣言传言，做好舆论引导工作。

3.2.3 预警解除

运营单位研判可能引发运营突发事件的危险已经消除时，宣布解除预警，适时终止相关措施。

3.3　信息报告

运营突发事件发生后，运营单位应当立即向当地城市轨道交通运营主管部门和相关部门报告，同时通告可能受到影响的单位和乘客。

事发地城市轨道交通运营主管部门接到运营突发事件信息报告或者监测到相关信息后，应当立即进行核实，对运营突发事件的性质和类别作出初步认定，按照国家规定的时限、程序和要求向上级城市轨道交通运营主管部门和同级人民政府报告，并通报同级其他相关部门和单位。运营突发事件已经或者可能涉及相邻行政区域的，事发地城市轨道交通运营主管部门应当及时通报相邻区域城市轨道交通运营主管部门。事发地城市及以上地方各级人民政府、城市轨道交通运营主管部门应当按照有关规定逐级上报，必要时可越级上报。对初判为重大以上的运营突发事件，省级人民政府和交通运输部要立即向国务院报告。

4　应急响应

4.1　响应分级

根据运营突发事件的严重程度和发展态势，将应急响应设定为Ⅰ级、Ⅱ级、Ⅲ级、Ⅳ级四个等级。初判发生特别重大、重大运营突发事件时，分别启动Ⅰ级、Ⅱ级应急响应，由事发地省级人民政府负责应对工作；初判发生较大、一般运营突发事件时，分别启动Ⅲ级、Ⅳ级应急响应，由事发地城市人民政府负责应对工作。对跨城市运营的城市轨道交通线路，有关城市人民政府在建立跨区域运营突发事件应急合作机制时应明确各级应急响应的责任主体。

对需要国家层面协调处置的运营突发事件，由有关省级人民政府向国务院或由有关省级城市轨道交通运营主管部门向交通运输部提出请求。

运营突发事件发生在易造成重大影响的地区或重要时段时，可适当提高响应级别。应急响应启动后，可视事件造成损失情况及其发展趋势调整响应级别，避免响应不足或响应过度。

4.2 响应措施

运营突发事件发生后，运营单位必须立即实施先期处置，全力控制事件发展态势。各有关地方、部门和单位根据工作需要，组织采取以下措施。

4.2.1 人员搜救

调派专业力量和装备，在运营突发事件现场开展以抢救人员生命为主的应急救援工作。现场救援队伍之间要加强衔接和配合，做好自身安全防护。

4.2.2 现场疏散

按照预先制订的紧急疏导疏散方案，有组织、有秩序地迅速引导现场人员撤离事发地点，疏散受影响城市轨道交通沿线站点乘客至城市轨道交通车站出口；对城市轨道交通线路实施分区封控、警戒，阻止乘客及无关人员进入。

4.2.3 乘客转运

根据疏散乘客数量和发生运营突发事件的城市轨道交通线路运行方向，及时调整城市公共交通路网客运组织，利用城市轨道交通其余正常运营线路，调配地面公共交通车辆运输，加大发车密度，做好乘客的转运工作。

4.2.4 交通疏导

设置交通封控区，对事发地点周边交通秩序进行维护疏导，防止发生大范围交通瘫痪；开通绿色通道，为应急车辆提供通行保障。

4.2.5 医学救援

迅速组织当地医疗资源和力量，对伤病员进行诊断治疗，根据需要及时、安全地将重症伤病员转运到有条件的医疗机构加强救治。视情增派医疗卫生专家和卫生应急队伍、调配急需医药物资，支持事发地的医学救援工作。提出保护公众健康的措施建议，做好伤病员的心理援助。

4.2.6 抢修抢险

组织相关专业技术力量，开展设施设备等抢修作业，及时排除故障；组织土建线路抢险队伍，开展土建设施、轨道线路等抢险作业；组织车辆抢险队伍，开展列车抢险作业；组织机电设备抢险队伍，开展供电、通信、信号等抢险作业。

4.2.7 维护社会稳定

根据事件影响范围、程度，划定警戒区，做好事发现场及周边环境的保护和警戒，维护治安秩序；严厉打击借机传播谣言制造社会恐慌等违法犯罪行为；做好各类矛盾纠纷化解和法律服务工作，防止出现群体性事件，维护社会稳定。

4.2.8 信息发布和舆论引导

通过政府授权发布、发新闻稿、接受记者采访、举行新闻发布会、组织专家解读等方式，借助电视、广播、报纸、互联网等多种途径，运用微博、微信、手机应用程序（APP）客户端等新媒体平台，主动、及时、准确、客观向社会持续动态发布运营突发事件和应对工作信息，回应社会关切，澄清不实信息，正确引导社会舆论。信息发布内容包括事件时间、地点、原因、性质、伤亡情况、应对措施、救援进展、公众需要配合采取的措施、事件区域交通管制情况和临时交通措施等。

4.2.9 运营恢复

在运营突发事件现场处理完毕、次生灾害后果基本消除后，及时组织评估；当确认具备运营条件后，运营单位应尽快恢复正常运营。

4.3 国家层面应对工作

4.3.1 部门工作组应对

初判发生重大以上运营突发事件时，交通运输部立即派出工作组赴现场指导督促当地开展应急处置、原因调查、运营恢复等工作，并根据需要协调有关方面提供队伍、物资、技术等支持。

4.3.2 国务院工作组应对

当需要国务院协调处置时，成立国务院工作组。主要开展以下工作：

（1）传达国务院领导同志指示批示精神，督促地方政府和有关部门贯彻落实；

（2）了解事件基本情况、造成的损失和影响、应急处置进展及当地需求等；

（3）赶赴现场指导地方开展应急处置工作；

（4）根据地方请求，协调有关方面派出应急队伍、调运应急物资和装备、安排专家和技术人员等，为应急处置提供支援和技术支持；

（5）指导开展事件原因调查工作；

（6）及时向国务院报告相关情况。

4.3.3 国家城市轨道交通应急指挥部应对

根据事件应对工作需要和国务院决策部署，成立国家城市轨道交通应急指挥部，统一领导、组织和指挥运营突发事件应急处置工作。主要开展以下工作：

（1）组织有关部门和单位、专家组进行会商，研究分析事态，部署应急处置工作；

（2）根据需要赴事发现场，或派出前方工作组赴事发现场，协调开展应对工作；

（3）研究决定地方人民政府和有关部门提出的请求事项，重要事项报国务院决策；

（4）统一组织信息发布和舆论引导工作；

（5）对事件处置工作进行总结并报告国务院。

5 后期处置

5.1 善后处置

城市轨道交通所在地城市人民政府要及时组织制订补助、补偿、抚慰、抚恤、安置和环境恢复等善后工作方案并组织实施。组织保险机构及时开展相关理赔工作，尽快消除运营突发事件的影响。

5.2　事件调查

运营突发事件发生后，按照《生产安全事故报告和调查处理条例》等有关规定成立调查组，查明事件原因、性质、人员伤亡、影响范围、经济损失等情况，提出防范、整改措施和处理建议。

5.3　处置评估

运营突发事件响应终止后，履行统一领导职责的人民政府要及时组织对事件处置过程进行评估，总结经验教训，分析查找问题，提出改进措施，形成应急处置评估报告。

6　保障措施

6.1　通信保障

城市轨道交通所在地城市及以上地方人民政府、通信主管部门要建立健全运营突发事件应急通信保障体系，形成可靠的通信保障能力，确保应急期间通信联络和信息传递需要。

6.2　队伍保障

运营单位要建立健全运营突发事件专业应急救援队伍，加强人员设备维护和应急抢修能力培训，定期开展应急演练，提高应急救援能力。公安消防、武警部队等要做好应急力量支援保障。根据需要动员和组织志愿者等社会力量参与运营突发事件防范和处置工作。

6.3　装备物资保障

城市轨道交通所在地城市及以上地方人民政府和有关部门、运营单位要加强应急装备物资储备，鼓励支持社会化储备。城市轨道交通运营主管部门、运营单位要加强对城市轨道交通应急装备物资储备信息的动态管理。

6.4 技术保障

支持运营突发事件应急处置先进技术、装备的研发。建立城市轨道交通应急管理技术平台，实现信息综合集成、分析处理、风险评估的智能化和数字化。

6.5 交通运输保障

交通运输部门要健全道路紧急运输保障体系，保障应急响应所需人员、物资、装备、器材等的运输，保障人员疏散。公安部门要加强应急交通管理，保障应急救援车辆优先通行，做好人员疏散路线的交通疏导。

6.6 资金保障

运营突发事件应急处置所需经费首先由事件责任单位承担。城市轨道交通所在地城市及以上地方人民政府要对运营突发事件处置工作提供资金保障。

7 附　　则

7.1 术语解释

城市轨道交通是指采用专用轨道导向运行的城市公共客运交通系统，包括地铁系统、轻轨系统、单轨系统、有轨电车、磁浮系统、自动导向轨道交通系统、市域快速轨道系统等。

7.2 事件分级标准

（1）特别重大运营突发事件：造成30人以上死亡，或者100人以上重伤，或者直接经济损失1亿元以上的。

（2）重大运营突发事件：造成10人以上30人以下死亡，或者50人以上100人以下重伤，或者直接经济损失5000万元以上1亿元以下，或者连续中断行车24小时以上的。

（3）较大运营突发事件：造成3人以上10人以下死亡，或者10人以上50人以下重伤，或者直接经济损失1000万元以上5000万元以下，或者连续中断行车6小时以上24小时以下的。

（4）一般运营突发事件：造成 3 人以下死亡，或者 10 人以下重伤，或者直接经济损失 50 万元以上 1000 万元以下，或者连续中断行车 2 小时以上 6 小时以下的。

上述分级标准有关数量的表述中，“以上”含本数，“以下”不含本数。

7.3　预案管理

预案实施后，交通运输部要会同有关部门组织预案宣传、培训和演练，并根据实际情况，适时组织评估和修订。城市轨道交通所在地城市及以上地方人民政府要结合当地实际制定或修订本级运营突发事件应急预案。

7.4　预案解释

本预案由交通运输部负责解释。

7.5　预案实施时间

本预案自印发之日起实施。

附件：有关部门和单位职责

附件

有关部门和单位职责

城市轨道交通运营突发事件（以下简称运营突发事件）应急组织指挥机构成员单位主要包括城市轨道交通运营主管部门、公安、安全监管、住房城乡建设、卫生计生、质检、新闻宣传、通信、武警等部门和单位。各有关部门和单位具体职责如下：

城市轨道交通运营主管部门负责指导、协调、组织运营突发事件监测、预警及应对工作，负责运营突发事件应急工作的监督管理；牵头组织完善城市轨道交通应急救援保障体系，协调建立健全应急处置联动机制；指导运营单位制订城市轨道交通应急疏散保障方案；指定或协调应急救援运输保障单位，组织事故现场人员和物资的运送；参与事件原因分析、调查与处理工作。

公安部门负责维护现场治安秩序和交通秩序；参与抢险救援，协助疏散乘客；监督指导重要目标、重点部位治安保卫工作；依法查处有关违法犯罪活动；负责组织消防力量扑灭事故现场火灾；参与相关事件原因分析、调查与处理工作。

安全监管部门负责组织指挥专业抢险队伍对运营突发事件中涉及的危险化学品泄漏事故进行处置；负责组织安全生产专家组对涉及危险化学品的运营突发事件提出相应处置意见；牵头负责事件原因分析、调查与处理工作。

住房城乡建设部门负责组织协调建设工程抢险队伍，配合运营单位专业抢险队伍开展工程抢险救援；对事后城市轨道交通工程质量检测工作进行监督；参与相关事件原因分析、调查与处理工作。

卫生计生部门负责组织协调医疗卫生资源，开展伤病员现场救治、转运和医院收治工作，统计医疗机构接诊救治伤病员情况；根据需要做好卫生防病工作，视情提出保护公众健康的措施建议，做好伤病员的心理援助。

质检部门负责牵头特种设备事故调查处理，参与相关事件原因分析、调查与处理工作。

新闻宣传部门负责组织、协调运营突发事件的宣传报道、事件处置情况的新闻发布、舆情收集和舆论引导工作，组织新闻媒体和网站宣传运营突发事件相关知识，加强对互联网信息的管理。各处置部门负责发布职责范围内的工作信息，处置工作牵头部门统筹发布抢险处置综合信息。

通信部门负责组织协调基础电信运营单位做好运营突发事件的应急通信保障工作；参与相关事件原因分析、调查与处理工作。

武警部队负责协同有关方面保卫重要目标，制止违法行为，搜查、抓捕犯罪分子，开展人员搜救、维护社会治安和疏散转移群众等工作。

其他有关部门应组织协调供电、水务、燃气等单位做好运营突发事件的应急供电保障，开展供水管道和燃气管道等地下管网抢修；视情参与相关事件原因分析、调查与处理工作等。

各地区可根据实际情况对成员单位组成及职责作适当调整。必要时可在指挥机构中设置工作组，协同做好应急处置工作。

交通运输行政执法程序规定

（2019 年 4 月 12 日交通运输部令 2019 年第 9 号发布 根据 2021 年 6 月 30 日《交通运输部关于修改〈交通运输行政执法程序规定〉的决定》修订）

第一章 总 则

第一条 为规范交通运输行政执法行为，促进严格规范公正文明执法，保护公民、法人和其他组织的合法权益，根据《中华人民共和国行政处罚法》《中华人民共和国行政强制法》等法律、行政法规，制定本规定。

第二条 交通运输行政执法部门（以下简称执法部门）及其执法人员实施交通运输行政执法行为，适用本规定。

前款所称交通运输行政执法，包括公路、水路执法部门及其执法人员依法实施的行政检查、行政强制、行政处罚等执法行为。

第三条 执法部门应当全面推行行政执法公示制度、执法全过程记录制度、重大执法决定法制审核制度，加强执法信息化建设，推进执法信息共享，提高执法效率和规范化水平。

第四条 实施交通运输行政执法应当遵循以下原则：

（一）事实认定清楚，证据确凿；
（二）适用法律、法规、规章正确；
（三）严格执行法定程序；
（四）正确行使自由裁量权；
（五）依法公平公正履行职责；
（六）依法维护当事人合法权益；
（七）处罚与教育相结合。

第五条 执法部门应当建立健全执法监督制度。上级交通运输执法部门应当定期组织开展行政执法评议、考核，加强对行政执法的监督检查，规范行政执法。

执法部门应当主动接受社会监督。公民、法人或者其他组织对执法部门实施行政执法的行为，有权申诉或者检举；执法部门应当认真审查，发现有错误的，应当主动改正。

第二章 一般规定

第一节 管 辖

第六条 行政处罚由违法行为发生地的执法部门管辖。行政检查由执法部门在法定职权范围内实施。法律、行政法规、部门规章另有规定的，从其规定。

第七条 对当事人的同一违法行为，两个以上执法部门都有管辖权的，由最先立案的执法部门管辖。

第八条 两个以上执法部门因管辖权发生争议的，应当协商解决，协商不成的，报请共同的上一级部门指定管辖；也可以直接由共同的上一级部门指定管辖。

第九条 执法部门发现所查处的案件不属于本部门管辖的，应当移送有管辖权的其他部门。执法部门发现违法行为涉嫌犯罪的，应当及时依照《行政执法机关移送涉嫌犯罪案件的规定》将案件移送司法机关。

第十条 下级执法部门认为其管辖的案件属重大、疑难案件，或者由于特殊原因难以办理的，可以报请上一级部门指定管辖。

第十一条 跨行政区域的案件，相关执法部门应当相互配合。相关行政区域执法部门共同的上一级部门应当做好协调工作。

第二节 回 避

第十二条 执法人员有下列情形之一的，应当自行申请回避，当事人及其代理人有权用口头或者书面方式申请其回避：

（一）是本案当事人或者当事人、代理人近亲属的；

（二）本人或者其近亲属与本案有利害关系的；

（三）与本案当事人或者代理人有其他利害关系，可能影响案件公正处理的。

第十三条 申请回避，应当说明理由。执法部门应当对回避申请及时作出决定并通知申请人。

执法人员的回避，由其所属的执法部门负责人决定。

第十四条 执法部门作出回避决定前，执法人员不得停止对案件的调查；作出回避决定后，应当回避的执法人员不得再参与该案件的调查、决定、实施等工作。

第十五条 检测、检验及技术鉴定人员、翻译人员需要回避的，适用本节规定。

检测、检验及技术鉴定人员、翻译人员的回避，由指派或者聘请上述人员的执法部门负责人决定。

第十六条 被决定回避的执法人员、鉴定人员和翻译人员，在回避决定作出前进行的与执法有关的活动是否有效，由作出回避决定的执法部门根据其活动是否对执法公正性造成影响的实际情况决定。

第三节 期间与送达

第十七条 期间以时、日、月、年计算，期间开始当日或者当时不计算在内。期间届满的最后一日为节假日的，以节假日后的第一日为期间届满的日期。

第十八条 执法部门应当按照下列规定送达执法文书：

（一）直接送交受送达人，由受送达人记明收到日期，签名或者盖章，受送达人的签收日期为送达日期。受送达人是公民的，本人不在交其同住的成年家属签收；受送达人是法人或者其他组织的，应当由法人的法定代表人、该组织的主要负责人或者办公室、收发室、值班室等负责收件的人签收或者盖章；当事人指定代收人的，交代收人签收。受送达人的同住成年家属，法人或者其他组织的负责收件的人或者代收人在《送达回证》上签收的日期为送达日期；

（二）受送达人或者他的同住成年家属拒绝接收的，可以邀请受送达人住所地的居民委员会、村民委员会的工作人员或者受送达人所在单位的工作人员作见证人，说明情况，在《送达回证》上记明拒收事由和日期，由执法人员、见证人签名或者盖章，将执法文书留在受送达人的住所；也可以把执法文书留在受送达人的住所，并采取拍照、录像等方式记录送达过程，即视为送达；

（三）经受送达人同意，可以采用传真、电子邮件、移动通信等能够确认其即时收悉的特定系统作为送达媒介电子送达执法文书。受送达人同意采用电子方式送达的，应当在送达地址确认书中予以确认。采取电子送达方式送达的，以执法部门对应系统显示发送成功的日期为送达日期，但受送达人证明到达其确认的特定系统的日期与执法部门对应系统显示发送成功的日期不一致的，以受送达人证明到达其特定系统的日期为准；

（四）直接送达有困难的，可以邮寄送达或者委托其他执法部门代为送达。委托送达的，受委托的执法部门按照直接送达或者留置送达方式送达执法文书，并及时将《送达回证》交回委托的执法部门。邮寄送达的，以回执上注明的收件日期为送达日期。执法文书在期满前交邮的，不算过期；

（五）受送达人下落不明或者用上述方式无法送达的，采取公告方式送达，说明公告送达的原因，并在案卷中记明原因和经过。公告送达可以在执法部门的公告栏和受送达人住所地张贴公告，也可以在报纸、信息网络等媒体上刊登公告，发出公告日期以最后张贴或者刊登的日期为准，经过六十日，即视为送达。在受送达人住所地张贴公告的，应当采取拍照、录像等方式记录张贴过程。

第三章　行政检查

第十九条　执法部门在路面、水面、生产经营等场所实施现场检查，对行政相对人实施书面调查，通过技术系统、设备实施电子监控，应当符合法定职权，依照法律、法规、规章规定实施。

第二十条　执法部门应当建立随机抽取被检查对象、随机选派检查人员的抽查机制，健全随机抽查对象和执法检查人员名录库，合理确定抽查比例和抽查频次。随机抽查情况及查处结果除涉及国家秘密、商业秘密、个人隐私的，应当及时向社会公布。

海事执法部门根据履行国际公约要求的有关规定开展行政检查的，从其规定。

第二十一条　执法部门应当按照有关装备标准配备交通工具、通讯工具、交通管理器材、个人防护装备、办公设备等装备，加大科技装备的资金投入。

第二十二条　实施行政检查时，执法人员应当依据相关规定着制式服装，根据需要穿着多功能反光腰带、反光背心、救生衣，携带执法记录仪、对讲机、摄像机、照相机，配备发光指挥棒、反光锥筒、停车示意牌、警戒带等执法装备。

第二十三条　实施行政检查，执法人员不得少于两人，应当出示交通运输行政执法证件，表明执法身份，并说明检查事由。

第二十四条　实施行政检查，不得超越检查范围和权限，不得检查与执法活动无关的物品，避免对被检查的场所、设施和物品造成损坏。

第二十五条 实施路（水）面巡查时，应当保持执法车（船）清洁完好、标志清晰醒目、车（船）技术状况良好，遵守相关法律法规，安全驾驶。

第二十六条 实施路面巡查，应当遵守下列规定：

（一）根据道路条件和交通状况，选择不妨碍通行的地点进行，在来车方向设置分流或者避让标志，避免引发交通堵塞；

（二）依照有关规定，在距离检查现场安全距离范围摆放发光或者反光的示警灯、减速提示标牌、反光锥筒等警示标志；

（三）驾驶执法车辆巡查时，发现涉嫌违法车辆，待其行驶至视线良好、路面开阔地段时，发出停车检查信号，实施检查；

（四）对拒绝接受检查、恶意闯关冲卡逃逸、暴力抗法的涉嫌违法车辆，及时固定、保存、记录现场证据或线索，或者记下车号依法交由相关部门予以处理。

第二十七条 实施水面巡航，应当遵守下列规定：

（一）一般在船舶停泊或者作业期间实施行政检查；

（二）除在航船舶涉嫌有明显违法行为且如果不对其立即制止可能造成严重后果的情况外，不得随意截停在航船舶登临检查；

（三）不得危及船舶、人员和货物的安全，避免对环境造成污染。除法律法规规定情形外，不得操纵或者调试船上仪器设备。

第二十八条 检查生产经营场所，应当遵守下列规定：

（一）有被检查人或者见证人在场；

（二）对涉及被检查人的商业秘密、个人隐私，应当为其保密；

（三）不得影响被检查人的正常生产经营活动；

（四）遵守被检查人有关安全生产的制度规定。

第二十九条 实施行政检查，应当制作检查记录，如实记录检查情况。对于行政检查过程中涉及到的证据材料，应当依法及时采集和保存。

第四章 调查取证

第一节 一般规定

第三十条 执法部门办理执法案件的证据包括：

（一）书证；

（二）物证；

（三）视听资料；

（四）电子数据；

（五）证人证言；

（六）当事人的陈述；

（七）鉴定意见；

（八）勘验笔录、现场笔录。

第三十一条 证据应当具有合法性、真实性、关联性。

第三十二条 证据必须查证属实，方可作为认定案件事实的根据。

第二节 证据收集

第三十三条 执法人员应当合法、及时、客观、全面地收集证据材料，依法履行保密义务，不得收集与案件无关的材料，不得将证据用于法定职责以外的其他用途。

第三十四条 执法部门可以通过下列方式收集证据：

（一）询问当事人、利害关系人、其他有关单位或者个人，听取当事人或者有关人员的陈述、申辩；

（二）向有关单位和个人调取证据；

（三）通过技术系统、设备收集、固定证据；

（四）委托有资质的机构对与违法行为有关的问题进行鉴定；

（五）对案件相关的现场或者涉及的物品进行勘验、检查；

（六）依法收集证据的其他方式。

第三十五条 收集、调取书证应当遵守下列规定：

（一）收集书证原件。收集原件确有困难的，可以收集与原件核对无误的复制件、影印件或者节录本；

（二）收集书证复制件、影印件或者节录本的，标明“经核对与原件一致”，注明出具日期、证据来源，并由被调查对象或者证据提供人签名或者盖章；

（三）收集图纸、专业技术资料等书证的，应当附说明材料，明确证明对象；

（四）收集评估报告的，应当附有评估机构和评估人员的有效证件或者资质证明的复印件；

（五）取得书证原件的节录本的，应当保持文件内容的完整性，注明出处和节录地点、日期，并有节录人的签名；

（六）公安、税务、市场监督管理等有关部门出具的证明材料作为证据的，证明材料上应当加盖出具部门的印章并注明日期；

（七）被调查对象或者证据提供者拒绝在证据复制件、各式笔录及其他需要其确认的证据材料上签名或者盖章的，可以邀请有关基层组织、被调查对象所在单位、公证机构、法律服务机构或者公安机关代表到场见证，说明情况，在相关证据材料上记明拒绝确认事由和日期，由执法人员、见证人签名或者盖章。

第三十六条 收集、调取物证应当遵守下列规定：

（一）收集原物。收集原物确有困难的，可以收集与原物核对无误的复制件或者证明该物证的照片、录像等其他证据；

（二）原物为数量较多的种类物的，收集其中的一部分，也可以采用拍照、取样、摘要汇编等方式收集。拍照取证的，应当对物证的现场方位、全貌以及重点部位特征等进行拍照或者录像；抽样取证的，应当通知当事人到场，当事人拒不到场或者暂时难以确定当事人的，可以由在场的无利害关系人见证；

（三）收集物证，应当载明获取该物证的时间、原物存放地点、发现地点、发现过程以及该物证的主要特征，并对现场尽可能以照片、视频等方式予以同步记录；

（四）物证不能入卷的，应当采取妥善保管措施，并拍摄该物证的照片或者录像存入案卷。

第三十七条 收集视听资料应当遵守下列规定：

（一）收集有关资料的原始载体，并由证据提供人在原始载体或者说明文件上签名或者盖章确认；

（二）收集原始载体确有困难的，可以收集复制件。收集复制件的，应当由证据提供人出具由其签名或者盖章的说明文件，注明复制件与原始载体内容一致；

（三）原件、复制件均应当注明制作方法、制作时间、制作地点、制作人和证明对象等；

（四）复制视听资料的形式包括采用存储磁盘、存储光盘进行复制保存、对屏幕显示内容进行打印固定、对所载内容进行书面摘录与描述等。条件允许时，应当优先以书面形式对视听资料内容进行固定，由证据提供人注明“经核对与原件一致”，并签名或者盖章确认；

（五）视听资料的存储介质无法入卷的，可以转录入存储光盘存入案卷，并标明光盘序号、证据原始制作方法、制作时间、制作地点、制作人，及转录的制作人、制作时间、制作地点等。证据存储介质需要退还证据提供人的，应当要求证据提供人对转录的复制件进行确认。

第三十八条 收集电子数据应当遵守下列规定：

（一）收集电子数据的原始存储介质。收集电子数据原始存储介质确有困难的，可以收集电子数据复制件，但应当附有不能或者难以提取原始存储介质的原因、复制过程以及原始存储介质存放地点或者电子数据网络地址的说明，并由复制件制作人和原始存储介质持有人签名或者盖章，或者以公证等其他有效形式证明电子数据与原始存储介质的一致性和完整性；

（二）收集电子数据应当记载取证的参与人员、技术方法、步骤和过程，记录收集对象的事项名称、内容、规格、类别以及时间、地点等，或者将收集电子数据的过程拍照或者录像；

（三）收集的电子数据应当使用光盘或者其他数字存储介质备份；

（四）收集通过技术手段恢复或者破解的与案件有关的光盘或者其他数字存储介质，电子设备中被删除、隐藏或者加密的电子数据，应当附有恢复或者破解对象、过程、方法和结果的专业说明；

（五）依照法律、行政法规规定利用电子技术监控设备收集、固定违法事实的，应当经过法制和技术审核，确保电子技术监控设备符合标准、设置合理、标志明显，设置地点应当向社会公布。电子技术监控设备记录违法事实应当真实、清晰、完整、准确。执法部门应当审核记录内容是否符合要求；未经审核或者经审核不符合要求的，不得作为行政处罚的证据。执法部门应当及时告知当事人违法事实，并采取信息化手段或者其他措施，为当事人查询、陈述和申辩提供便利。不得限制或者变相限制当事人享有的陈述权、申辩权。

第三十九条 收集当事人陈述、证人证言应当遵守下列规定：

（一）询问当事人、证人，制作《询问笔录》或者由当事人、证人自行书写材料证明案件事实；

（二）询问应当个别进行，询问时可以全程录音、录像，并保持录音、录像资料的完整性；

（三）《询问笔录》应当客观、如实地记录询问过程和询问内容，对询问人提出的问题被询问人不回答或者拒绝回答的，应当注明；

（四）《询问笔录》应当交被询问人核对，对阅读有困难的，应当向其宣读。记录有误或者遗漏的，应当允许被询问人更正或者补充，并要求其在修改处签名或者盖章；

（五）被询问人确认执法人员制作的笔录无误的，应当在《询问笔录》上逐页签名或者盖章。被询问人确认自行书写的笔录无误的，应当在结尾处签名或者盖章。拒绝签名或者盖章的，执法人员应当在《询问笔录》中注明。

第四十条 对与案件事实有关的物品或者场所实施勘验的，应当遵守下列规定：

（一）制作《勘验笔录》；

（二）实施勘验，应当有当事人或者第三人在场。如当事人不在场且没有第三人的，执法人员应当在《勘验笔录》中注明；

（三）勘验应当限于与案件事实相关的物品和场所；

（四）根据实际情况进行音像记录。

第四十一条 执法人员抽样取证时，应当制作《抽样取证凭证》，对样品加贴封条，开具物品清单，由执法人员和当事人在封条和相关记录上签名或者盖章。

法律、法规、规章或者国家有关规定对抽样机构或者方式有规定的，执法部门应当委托相关机构或者按规定方式抽取样品。

第四十二条 为查明案情，需要对案件中专门事项进行鉴定的，执法部门应当委托具有法定鉴定资格的鉴定机构进行鉴定。没有法定鉴定机构的，可以委托其他具备鉴定条件的机构进行鉴定。

第三节 证据先行登记保存

第四十三条 在证据可能灭失或者以后难以取得的情况下，经执法部门负责人批准，可以对与涉嫌违法行为有关的证据采取先行登记保存措施。

第四十四条 先行登记保存有关证据，应当当场清点，制作《证据登记保存清单》，由当事人和执法人员签名或者盖章，当场交当事人一份。

先行登记保存期间，当事人或者有关人员不得销毁或者转移证据。

第四十五条 对先行登记保存的证据，执法部门应当于先行登记保存之日起七日内采取以下措施：

（一）及时采取记录、复制、拍照、录像等证据保全措施，不再需要采取登记保存措施的，及时解除登记保存措施，并作出《解除证据登记保存决定书》；

（二）需要鉴定的，及时送交有关部门鉴定；

（三）违法事实成立，应当依法予以没收的，作出行政处罚决定，没收违法物品；

执法部门逾期未作出处理决定的，先行登记保存措施自动解除。

第四节 证据审查与认定

第四十六条 执法部门应当对收集到的证据逐一审查，进行全面、客观和公正地分析判断，审查证据的合法性、真实性、关联性，判断证据有无证明力以及证明力的大小。

第四十七条 审查证据的合法性，应当审查下列事项：

（一）调查取证的执法人员是否具有相应的执法资格；

（二）证据的取得方式是否符合法律、法规和规章的规定；

（三）证据是否符合法定形式；

（四）是否有影响证据效力的其他违法情形。

第四十八条 审查证据的真实性，应当审查下列事项：

（一）证据形成的原因；

（二）发现证据时的客观环境；

（三）证据是否为原件、原物，复制件、复制品与原件、原物是否相符；

（四）提供证据的人或者证人与当事人是否具有利害关系；

（五）影响证据真实性的其他因素。

单个证据的部分内容不真实的，不真实部分不得采信。

第四十九条 审查证据的关联性，应当审查下列事项：

（一）证据的证明对象是否与案件事实有内在联系，以及关联程度；

（二）证据证明的事实对案件主要情节和案件性质的影响程度；

（三）证据之间是否互相印证，形成证据链。

第五十条 当事人对违法事实无异议，视听资料、电子数据足以认定案件事实的，视听资料、电子数据可以替代询问笔录、现场笔录，必要时，对视听资料、电子数据的关键内容和相应时间段等作文字说明。

第五十一条 下列证据材料不能作为定案依据：

（一）以非法手段取得的证据；

（二）被进行技术处理而无法辨明真伪的证据材料；

（三）不能正确表达意志的证人提供的证言；

（四）不具备合法性和真实性的其他证据材料。

第五章 行政强制措施

第五十二条 为制止违法行为、防止证据损毁、避免危害发生、控制危险扩大等情形，执法部门履行行政执法职能，可以依照法律、法规的规定，实施行政强制措施。

违法行为情节显著轻微或者没有明显社会危害的，可以不采取行政强制措施。

第五十三条 行政强制措施由执法部门在法定职权范围内实施。行政强制措施权不得委托。

第五十四条 执法部门实施行政强制措施应当遵守下列规定：

（一）实施前向执法部门负责人报告并经批准；

（二）由不少于两名执法人员实施，并出示行政执法证件；

（三）通知当事人到场；

（四）当场告知当事人采取行政强制措施的理由、依据以及当事人依法享有的权利、救济途径；

（五）听取当事人的陈述和申辩；

（六）制作《现场笔录》，由当事人和执法人员签名或者盖章，当事人拒绝的，在笔录中予以注明；当事人不到场的，邀请见证人到场，由见证人和执法人员在现场笔录上签名或者盖章；

（七）制作并当场交付《行政强制措施决定书》；

（八）法律、法规规定的其他程序。

对查封、扣押的现场执法活动和执法办案场所，应当进行全程音像记录。

第五十五条 发生紧急情况，需要当场实施行政强制措施的，执法人员应当在二十四小时内向执法部门负责人报告，补办批准手续。执法部门负责人认为不应当采取行政强制措施的，应当立即解除。

第五十六条 实施查封、扣押的期限不得超过三十日；情况复杂需延长查封、扣押期限的，应当经执法部门负责人批准，可以延长，但是延长期限不得超过三十日。法律、行政法规另有规定的除外。

需要延长查封、扣押期限的，执法人员应当制作《延长行政强制措施期限通知书》，将延长查封、扣押的决定及时书面通知当事人，并说明理由。

对物品需要进行检测、检验或者技术鉴定的，应当明确检测、检验或者技术鉴定的期间，并书面告知当事人。查封、扣押的期间不包括检测、检验或者技术鉴定的期间。检测、检验或者技术鉴定的费用由执法部门承担。

第五十七条 执法部门采取查封、扣押措施后，应当及时查清事实，在本规定第五十六条规定的期限内作出处理决定。对违法事实清楚，依法应当没收的非法财物予以没收；法律、行政法规规定应当销毁的，依法销毁；应当解除查封、扣押的，作出解除的决定。

第五十八条 对查封、扣押的财物，执法部门应当妥善保管，不得使用或者损毁；造成损失的，应当承担赔偿责任。

第五十九条 有下列情形之一的，应当及时作出解除查封、扣押决定，制作《解除行政强制措施决定书》，并及时送达当事人，退还扣押财物：

（一）当事人没有违法行为；

（二）查封、扣押的场所、设施、财物与违法行为无关；

（三）对违法行为已经作出处理决定，不再需要查封、扣押；

（四）查封、扣押期限已经届满；

（五）其他不再需要采取查封、扣押措施的情形。

第六章 行政处罚

第一节 简易程序

第六十条 违法事实确凿并有法定依据，对公民处二百元以下、对法人或者其他组织处三千元以下罚款或者警告的行政处罚的，可以适用简易程序，当场作出行政处罚决定。法律另有规定的，从其规定。

第六十一条 执法人员适用简易程序当场作出行政处罚的，应当按照下列步骤实施：

（一）向当事人出示交通运输行政执法证件并查明对方身份；

（二）调查并收集必要的证据；

（三）口头告知当事人违法事实、处罚理由和依据；

（四）口头告知当事人享有的权利与义务；

（五）听取当事人的陈述和申辩并进行复核；当事人提出的事

实、理由或者证据成立的，应当采纳；

（六）填写预定格式、编有号码的《当场行政处罚决定书》并当场交付当事人，《当场行政处罚决定书》应当载明当事人的违法行为，行政处罚的种类和依据、罚款数额、时间、地点，申请行政复议、提起行政诉讼的途径和期限以及执法部门名称，并由执法人员签名或者盖章；

（七）当事人在《当场行政处罚决定书》上签名或盖章，当事人拒绝签收的，应当在行政处罚决定书上注明；

（八）作出当场处罚决定之日起五日内，将《当场行政处罚决定书》副本提交所属执法部门备案。

第二节　普 通 程 序

第六十二条　除依法可以当场作出的行政处罚外，执法部门实施行政检查或者通过举报、其他机关移送、上级机关交办等途径，发现公民、法人或者其他组织有依法应当给予行政处罚的交通运输违法行为的，应当及时决定是否立案。

第六十三条　立案应当填写《立案登记表》，同时附上与案件相关的材料，由执法部门负责人批准。

第六十四条　执法部门应当按照本规定第四章的规定全面、客观、公正地调查，收集相关证据。

第六十五条　委托其他单位协助调查、取证的，应当制作并出具协助调查函。

第六十六条　执法部门作出行政处罚决定的，应当责令当事人改正或者限期改正违法行为；构成违法行为、但依法不予行政处罚的，执法部门应当制作《责令改正违法行为通知书》，责令当事人改正或者限期改正违法行为。

第六十七条　执法人员在初步调查结束后，认为案件事实清楚，主要证据齐全的，应当制作案件调查报告，提出处理意见，报办案机构审核。

第六十八条 案件调查报告经办案机构负责人审查后，执法人员应当将案件调查报告、案卷报执法部门负责人审查批准。

第六十九条 执法部门负责人批准案件调查报告后，拟对当事人予以行政处罚的，执法人员应当制作《违法行为通知书》，告知当事人拟作出行政处罚的事实、理由、依据、处罚内容，并告知当事人依法享有陈述权、申辩权或者要求举行听证的权利。

第七十条 当事人要求陈述、申辩的，应当如实记录当事人的陈述、申辩意见。符合听证条件，当事人要求组织听证的，应当按照本章第三节的规定组织听证。

执法部门应当充分听取当事人的意见，对当事人提出的事实、理由、证据认真进行复核；当事人提出的事实、理由或者证据成立的，应当予以采纳。不得因当事人陈述、申辩而加重处罚。

第七十一条 有下列情形之一，在执法部门负责人作出行政处罚的决定之前，应当由从事行政处罚决定法制审核的人员进行法制审核：

（一）涉及重大公共利益的；

（二）直接关系当事人或者第三人重大权益，经过听证程序的；

（三）案件情况疑难复杂、涉及多个法律关系的；

（四）法律、法规规定应当进行法制审核的其他情形。

初次从事行政处罚决定法制审核的人员，应当通过国家统一法律职业资格考试取得法律职业资格。

第七十二条 从事行政处罚决定法制审核的人员主要从下列方面进行合法性审核，并提出书面审核意见：

（一）行政执法主体是否合法，行政执法人员是否具备执法资格；

（二）行政执法程序是否合法；

（三）案件事实是否清楚，证据是否合法充分；

（四）适用法律、法规、规章是否准确，裁量基准运用是否适当；

（五）执法是否超越执法部门的法定权限；

（六）行政执法文书是否完备、规范；

（七）违法行为是否涉嫌犯罪、需要移送司法机关。

第七十三条 执法部门负责人经审查，根据不同情况分别作出如下决定：

（一）确有应受行政处罚的违法行为的，根据情节轻重及具体情况，作出行政处罚决定；

（二）违法行为轻微，依法可以不予行政处罚的，不予行政处罚；

（三）违法事实不能成立的，不予行政处罚；

（四）违法行为涉嫌犯罪的，移送司法机关。

第七十四条 有下列情形之一的，依法不予行政处罚：

（一）违法行为轻微并及时改正，没有造成危害后果的，不予行政处罚；

（二）除法律、行政法规另有规定的情形外，当事人有证据足以证明没有主观过错的，不予行政处罚；

（三）精神病人、智力残疾人在不能辨认或者不能控制自己行为时有违法行为的，不予行政处罚，但应当责令其监护人严加看管和治疗；

（四）不满十四周岁的未成年人有违法行为的，不予行政处罚，但应责令监护人加以管教；

（五）其他依法不予行政处罚的情形。

初次违法且危害后果轻微并及时改正的，可以不予行政处罚。

违法行为在二年内未被处罚的，不再给予行政处罚；涉及公民生命健康安全、金融安全且有危害后果的，上述期限延长至五年。法律另有规定的除外。

对当事人的违法行为依法不予行政处罚的，执法部门应当对当事人进行教育。

第七十五条 作出行政处罚决定应当适用违法行为发生时的法律、法规、规章的规定。但是，作出行政处罚决定时，法律、法规、规章已被修改或者废止，且新的规定处罚较轻或者不认为是违法的，适用新的规定。

第七十六条 行政处罚案件有下列情形之一的，应当提交执法部门重大案件集体讨论会议决定：

（一）拟作出降低资质等级、吊销许可证件、责令停产停业、责令关闭、限制从业、较大数额罚款、没收较大数额违法所得、没收较大价值非法财物的；

（二）认定事实和证据争议较大的，适用的法律、法规和规章有较大异议的，违法行为较恶劣或者危害较大的，或者复杂、疑难案件的执法管辖区域不明确或有争议的；

（三）对情节复杂或者重大违法行为给予较重的行政处罚的其他情形。

第七十七条 执法部门作出行政处罚决定，应当制作《行政处罚决定书》。行政处罚决定书的内容包括：

（一）当事人的姓名或者名称、地址等基本情况；

（二）违反法律、法规或者规章的事实和证据；

（三）行政处罚的种类和依据；

（四）行政处罚的履行方式和期限；

（五）不服行政处罚决定，申请行政复议或者提起行政诉讼的途径和期限；

（六）作出行政处罚决定的执法部门名称和作出决定的日期。

行政处罚决定书应当盖有作出行政处罚决定的执法部门的印章。

第七十八条 执法部门应当自行政处罚案件立案之日起九十日

内作出行政处罚决定。案情复杂、期限届满不能终结的案件，可以经执法部门负责人批准延长三十日。

第七十九条 执法部门应当依法公开行政处罚决定信息，但法律、行政法规另有规定的除外。

公开的行政处罚决定被依法变更、撤销、确认违法或者确认无效的，执法部门应当在三日内撤回行政处罚决定信息并公开说明理由。

第三节 听证程序

第八十条 执法部门在作出下列行政处罚决定前，应当在送达《违法行为通知书》时告知当事人有要求举行听证的权利：

（一）责令停产停业、责令关闭、限制从业；

（二）降低资质等级、吊销许可证件；

（三）较大数额罚款；

（四）没收较大数额违法所得、没收较大价值非法财物；

（五）其他较重的行政处罚；

（六）法律、法规、规章规定的其他情形。

前款第（三）、（四）项规定的较大数额，地方执法部门按照省级人大常委会或者人民政府规定或者其授权部门规定的标准执行。海事执法部门按照对自然人处1万元以上、对法人或者其他组织10万元以上的标准执行。

第八十一条 执法部门不得因当事人要求听证而加重处罚。

第八十二条 当事人要求听证的，应当自收到《违法行为通知书》之日起五日内以书面或者口头形式提出。当事人以口头形式提出的，执法部门应当将情况记入笔录，并由当事人在笔录上签名或者盖章。

第八十三条 执法部门应当在举行听证的七日前向当事人及有关人员送达《听证通知书》，将听证的时间、地点通知当事人和其他听证参加人。

第八十四条 听证设听证主持人一名，负责组织听证；记录员一名，具体承担听证准备和制作听证笔录工作。

听证主持人由执法部门负责人指定；记录员由听证主持人指定。

本案调查人员不得担任听证主持人或者记录员。

第八十五条 听证主持人在听证活动中履行下列职责：

（一）决定举行听证的时间、地点；

（二）决定听证是否公开举行；

（三）要求听证参加人到场参加听证、提供或者补充证据；

（四）就案件的事实、理由、证据、程序、处罚依据和行政处罚建议等相关内容组织质证和辩论；

（五）决定听证的延期、中止或者终止，宣布结束听证；

（六）维持听证秩序。对违反听证会场纪律的，应当警告制止；对不听制止，干扰听证正常进行的旁听人员，责令其退场；

（七）其他有关职责。

第八十六条 听证参加人包括：

（一）当事人及其代理人；

（二）本案执法人员；

（三）证人、检测、检验及技术鉴定人；

（四）翻译人员；

（五）其他有关人员。

第八十七条 要求举行听证的公民、法人或者其他组织是听证当事人。当事人在听证活动中享有下列权利：

（一）申请回避；

（二）参加听证，或者委托一至二人代理参加听证；

（三）进行陈述、申辩和质证；

（四）核对、补正听证笔录；

（五）依法享有的其他权利。

第八十八条 与听证案件处理结果有利害关系的其他公民、法人或者其他组织，作为第三人申请参加听证的，应当允许。为查明案情，必要时，听证主持人也可以通知其参加听证。

第八十九条 委托他人代为参加听证的，应当向执法部门提交由委托人签名或者盖章的授权委托书以及委托代理人的身份证明文件。

授权委托书应当载明委托事项及权限。委托代理人代为放弃行使陈述权、申辩权和质证权的，必须有委托人的明确授权。

第九十条 听证主持人有权决定与听证案件有关的证人、检测、检验及技术鉴定人等听证参加人到场参加听证。

第九十一条 听证应当公开举行，涉及国家秘密、商业秘密或者个人隐私依法予以保密的除外。

公开举行听证的，应当公告当事人姓名或者名称、案由以及举行听证的时间、地点等。

第九十二条 听证按下列程序进行：

（一）宣布案由和听证纪律；

（二）核对当事人或其代理人、执法人员、证人及其他有关人员是否到场，并核实听证参加人的身份；

（三）宣布听证员、记录员和翻译人员名单，告知当事人有申请主持人回避、申辩和质证的权利；对不公开听证的，宣布不公开听证的理由；

（四）宣布听证开始；

（五）执法人员陈述当事人违法的事实、证据，拟作出行政处罚的建议和法律依据；执法人员提出证据时，应当向听证会出示。证人证言、检测、检验及技术鉴定意见和其他作为证据的文书，应当当场宣读；

（六）当事人或其代理人对案件的事实、证据、适用法律、行政处罚意见等进行陈述、申辩和质证，并可以提供新的证据；第三人可以陈述事实，提供证据；

（七）听证主持人可以就案件的有关问题向当事人或其代理人、执法人员、证人询问；

（八）经听证主持人允许，当事人、执法人员就案件的有关问题可以向到场的证人发问。当事人有权申请通知新的证人到会作证，调取新的证据。当事人提出申请的，听证主持人应当当场作出是否同意的决定；申请重新检测、检验及技术鉴定的，按照有关规定办理；

（九）当事人、第三人和执法人员可以围绕案件所涉及的事实、证据、程序、适用法律、处罚种类和幅度等问题进行辩论；

（十）辩论结束后，听证主持人应当听取当事人或其代理人、第三人和执法人员的最后陈述意见；

（十一）中止听证的，听证主持人应当宣布再次听证的有关事宜；

（十二）听证主持人宣布听证结束，听证笔录交当事人或其代理人核对。当事人或其代理人认为听证笔录有错误的，有权要求补充或改正。当事人或其代理人核对无误后签名或者盖章；当事人或其代理人拒绝的，在听证笔录上写明情况。

第九十三条 有下列情形之一的，听证主持人可以决定延期举行听证：

（一）当事人因不可抗拒的事由无法到场的；

（二）当事人临时申请回避的；

（三）其他应当延期的情形。

延期听证，应当在听证笔录中写明情况，由听证主持人签名。

第九十四条 听证过程中，有下列情形之一的，应当中止听证：

（一）需要通知新的证人到会、调取新的证据或者证据需要重新检测、检验及技术鉴定的；

（二）当事人提出新的事实、理由和证据，需要由本案调查人员调查核实的；

（三）当事人死亡或者终止，尚未确定权利、义务承受人的；

（四）当事人因不可抗拒的事由，不能继续参加听证的；

（五）因回避致使听证不能继续进行的；

（六）其他应当中止听证的情形。

中止听证，应当在听证笔录中写明情况，由听证主持人签名。

第九十五条 延期、中止听证的情形消失后，听证主持人应当及时恢复听证，并将听证的时间、地点通知听证参加人。

第九十六条 听证过程中，有下列情形之一的，应当终止听证：

（一）当事人撤回听证申请的；

（二）当事人或其代理人无正当理由不参加听证或者未经听证主持人允许，中途退出听证的；

（三）当事人死亡或者终止，没有权利、义务承受人的；

（四）听证过程中，当事人或其代理人扰乱听证秩序，不听劝阻，致使听证无法正常进行的；

（五）其他应当终止听证的情形。

听证终止，应当在听证笔录中写明情况，由听证主持人签名。

第九十七条 记录员应当将举行听证的全部活动记入《听证笔录》，经听证参加人审核无误或者补正后，由听证参加人当场签名或者盖章。当事人或其代理人、证人拒绝签名或盖章的，由听证主持人在《听证笔录》中注明情况。

《听证笔录》经听证主持人审阅后，由听证主持人和记录员签名。

第九十八条 听证结束后，执法部门应当根据听证笔录，依照本规定第七十三条的规定，作出决定。

第七章　执　　行

第一节　罚款的执行

第九十九条　执法部门对当事人作出罚款处罚的，当事人应当自收到处罚决定书之日起十五日内，到指定的银行缴纳罚款；具备条件的，也可以通过电子支付系统缴纳罚款。具有下列情形之一的，执法人员可以当场收缴罚款：

（一）依法当场作出行政处罚决定，处一百元以下的罚款或者不当场收缴事后难以执行的；

（二）在边远、水上、交通不便地区，当事人到指定的银行或者通过电子支付系统缴纳罚款确有困难，经当事人提出的。

当场收缴罚款的，应当向当事人出具国务院财政部门或者省、自治区、直辖市人民政府财政部门统一制发的专用票据。

第一百条　执法人员当场收缴的罚款，应当自收缴罚款之日起二日内，交至其所属执法部门。在水上当场收缴的罚款，应当自抵岸之日起二日内交至其所属执法部门。执法部门应当在二日内将罚款缴付指定的银行。

第一百零一条　当事人确有经济困难，经当事人申请和作出处罚决定的执法部门批准，可以暂缓或者分期缴纳罚款。执法人员应当制作并向当事人送达《分期（延期）缴纳罚款通知书》。

第一百零二条　罚款必须全部上缴国库，不得以任何形式截留、私分或者变相私分。

第一百零三条　当事人未在规定期限内缴纳罚款的，作出行政处罚决定的执法部门可以依法加处罚款。加处罚款的标准应当告知当事人。

加处罚款的数额不得超出原罚款的数额。

第一百零四条　执法部门实施加处罚款超过三十日，经催告当事人仍不履行的，作出行政处罚决定的执法部门应当依法向所在地有管辖权的人民法院申请强制执行。但是，当事人在法定期限内不申请行政复议或者提起行政诉讼，经催告仍不履行行政处罚决定、加处罚款决定的，在实施行政执法过程中已经采取扣押措施的执法部门，可以将扣押的财物依法拍卖抵缴罚款。

第一百零五条 依法拍卖财物，由执法部门委托拍卖机构依照《中华人民共和国拍卖法》的规定办理。

拍卖所得的款项应当上缴国库或者划入财政专户。任何单位或者个人不得以任何形式截留、私分或者变相私分。

第二节 行政强制执行

第一百零六条 执法部门依法作出行政决定后，当事人在执法部门决定的期限内不履行义务的，执法部门可以依法强制执行。

第一百零七条 法律规定具有行政强制执行权的执法部门依法作出强制执行决定前，应当制作《催告书》，事先以书面形式催告当事人履行义务。

第一百零八条 当事人收到催告书后有权进行陈述和申辩。执法部门应当充分听取并记录、复核。当事人提出的事实、理由或者证据成立的，执法部门应当采纳。

第一百零九条 经催告，当事人逾期仍不履行行政决定，且无正当理由的，执法部门可以依法作出强制执行决定，制作《行政强制执行决定书》，并送达当事人。

第一百一十条 有下列情形之一的，执法部门应当中止执行，制作《中止行政强制执行通知书》：

（一）当事人履行行政决定确有困难或者暂无履行能力的；

（二）第三人对执行标的主张权利，确有理由的；

（三）执行可能造成难以弥补的损失，且中止执行不损害公共利益的；

（四）执法部门认为需要中止执行的其他情形。

中止执行的情形消失后，执法部门应当恢复执行，制作《恢复行政强制执行通知书》。对没有明显社会危害，当事人确无能力履行，中止执行满三年未恢复执行的，执法部门不再执行。

第一百一十一条 有下列情形之一的，执法部门应当终结执行，制作《终结行政强制执行通知书》，并送达当事人：

（一）公民死亡，无遗产可供执行，又无义务承受人的；

（二）法人或者其他组织终止，无财产可供执行，又无义务承受人的；

（三）执行标的灭失的；

（四）据以执行的行政决定被撤销的；

（五）执法部门认为需要终结执行的其他情形。

第一百一十二条 在执行中或者执行完毕后，据以执行的行政决定被撤销、变更，或者执行错误的，应当恢复原状或者退还财物；不能恢复原状或者退还财物的，依法给予赔偿。

第一百一十三条 实施行政强制执行过程中，执法部门可以在不损害公共利益和他人合法权益的情况下，与当事人达成执行协议。执行协议可以约定分阶段履行；当事人采取补救措施的，可以减免加处的罚款或者滞纳金。

执行协议应当履行。当事人不履行执行协议的，执法部门应当恢复强制执行。

第一百一十四条 对违法的建筑物、构筑物、设施等需要强制拆除的，应当由执法部门发布《执行公告》，限期当事人自行拆除。当事人在法定期限内不申请行政复议或者提起行政诉讼，又不拆除的，执法部门可以依法强制拆除。

第一百一十五条 执法部门依法作出要求当事人履行排除妨碍、恢复原状等义务的行政决定，当事人逾期不履行，经催告仍不履行，其后果已经或者即将危害交通安全、造成环境污染或者破坏自然资源的，执法部门可以代履行，或者委托没有利害关系的第三人代履行。

第一百一十六条 代履行应当遵守下列规定：

（一）代履行前送达《代履行决定书》；

（二）代履行三日前催告当事人履行；当事人履行的，停止代履行；

（三）委托无利害关系的第三人代履行时，作出决定的执法部门应当派员到场监督；

（四）代履行完毕，执法部门到场监督的工作人员、代履行人、当事人或者见证人应当在执行文书上签名或者盖章。

代履行的费用按照成本合理确定，由当事人承担。但是，法律另有规定的除外。

第一百一十七条 需要立即清理道路、航道等的遗洒物、障碍物、污染物，当事人不能清除的，执法部门可以决定立即实施代履行；当事人不在场的，执法部门应当在事后立即通知当事人，并依法作出处理。

第三节 申请人民法院强制执行

第一百一十八条 当事人在法定期限内不申请行政复议或者提起行政诉讼，又不履行行政决定的，没有行政强制执行权的执法部门可以自期限届满之日起三个月内，依法向有管辖权的人民法院申请强制执行。

执法部门批准延期、分期缴纳罚款的，申请人民法院强制执行的期限，自暂缓或者分期缴纳罚款期限结束之日起计算。

强制执行的费用由被执行人承担。

第一百一十九条 申请人民法院强制执行前，执法部门应当制作《催告书》，催告当事人履行义务。催告书送达十日后当事人仍未履行义务的，执法部门可以向人民法院申请强制执行。

第一百二十条 执法部门向人民法院申请强制执行，应当提供下列材料：

（一）强制执行申请书；

（二）行政决定书及作出决定的事实、理由和依据；

（三）当事人的意见及执法部门催告情况；

（四）申请强制执行标的情况；

（五）法律、行政法规规定的其他材料。

强制执行申请书应当由作出处理决定的执法部门负责人签名，加盖执法部门印章，并注明日期。

第一百二十一条 执法部门对人民法院不予受理强制执行申请、不予强制执行的裁定有异议的，可以在十五日内向上一级人民法院申请复议。

第八章 案件终结

第一百二十二条 有下列情形之一的，执法人员应当制作《结案报告》，经执法部门负责人批准，予以结案：

（一）决定撤销立案的；

（二）作出不予行政处罚决定的；

（三）作出行政处罚等行政处理决定，且已执行完毕的；

（四）案件移送有管辖权的行政机关或者司法机关的；

（五）作出行政处理决定后，因执行标的灭失、被执行人死亡等客观原因导致无法执行或者无需执行的；

（六）其他应予结案的情形。

申请人民法院强制执行，人民法院受理的，按照结案处理。人民法院强制执行完毕后，执法部门应当及时将相关案卷材料归档。

第一百二十三条 经过调查，有下列情形之一的，经执法部门负责人批准，终止调查：

（一）没有违法事实的；

（二）违法行为已过追究时效的；

（三）其他需要终止调查的情形。

终止调查时，当事人的财物已被采取行政强制措施的，应当立即解除。

第九章　涉案财物的管理

第一百二十四条　对于依法查封、扣押、抽样取证的财物以及由执法部门负责保管的先行证据登记保存的财物，执法部门应当妥善保管，不得使用、挪用、调换或者损毁。造成损失的，应当承担赔偿责任。

涉案财物的保管费用由作出决定的执法部门承担。

第一百二十五条　执法部门可以建立专门的涉案财物保管场所、账户，并指定内设机构或专门人员负责对办案机构的涉案财物集中统一管理。

第一百二十六条　执法部门应当建立台账，对涉案财物逐一编号登记，载明案由、来源、保管状态、场所和去向。

第一百二十七条　执法人员应当在依法提取涉案财物后的二十四小时内将财物移交涉案财物管理人员，并办理移交手续。对查封、扣押、先行证据登记保存的涉案财物，应当在采取措施后的二十四小时内，将执法文书复印件及涉案财物的情况送交涉案财物管理人员予以登记。

在异地或者偏远、交通不便地区提取涉案财物的，执法人员应当在返回单位后的二十四小时内移交。

对情况紧急，需要在提取涉案财物后的二十四小时内进行鉴定的，经办案机构负责人批准，可以在完成鉴定后的二十四小时内移交。

第一百二十八条　容易腐烂变质及其他不易保管的物品，经执法部门负责人批准，在拍照或者录像后依法变卖或者拍卖，变卖或者拍卖的价款暂予保存，待结案后按有关规定处理。

易燃、易爆、毒害性、放射性等危险物品应当存放在符合危险物品存放条件的专门场所。

第一百二十九条 当事人下落不明或者无法确定涉案物品所有人的，执法部门按照本规定第十八条第五项规定的公告送达方式告知领取。公告期满仍无人领取的，经执法部门负责人批准，将涉案物品上缴国库或者依法拍卖后将所得款项上缴国库。

第十章 附 则

第一百三十条 本规定所称以上、以下、以内，包括本数或者本级。

第一百三十一条 执法部门应当使用交通运输部统一制定的执法文书式样。交通运输部没有制定式样，执法工作中需要的其他执法文书，或者对已有执法文书式样需要调整细化的，省级交通运输主管部门可以制定式样。

直属海事执法部门的执法文书式样，由交通运输部海事局统一制定。

第一百三十二条 本规定自2019年6月1日起施行。交通部于1996年9月25日发布的《交通行政处罚程序规定》（交通部令1996年第7号）和交通运输部于2008年12月30日发布的《关于印发交通行政执法风纪等5个规范的通知》（交体法发〔2008〕562号）中的《交通行政执法风纪》《交通行政执法用语规范》《交通行政执法检查行为规范》《交通行政处罚行为规范》《交通行政执法文书制作规范》同时废止。

附件：交通运输行政执法文书式样（略）[①]

① 请参见本书附录部分。

放射性物品运输安全管理条例

（2009年9月7日国务院第80次常务会议通过　2009年9月14日中华人民共和国国务院令第562号公布　自2010年1月1日起施行）

第一章　总　　则

第一条　为了加强对放射性物品运输的安全管理，保障人体健康，保护环境，促进核能、核技术的开发与和平利用，根据《中华人民共和国放射性污染防治法》，制定本条例。

第二条　放射性物品的运输和放射性物品运输容器的设计、制造等活动，适用本条例。

本条例所称放射性物品，是指含有放射性核素，并且其活度和比活度均高于国家规定的豁免值的物品。

第三条　根据放射性物品的特性及其对人体健康和环境的潜在危害程度，将放射性物品分为一类、二类和三类。

一类放射性物品，是指Ⅰ类放射源、高水平放射性废物、乏燃料等释放到环境后对人体健康和环境产生重大辐射影响的放射性物品。

二类放射性物品，是指Ⅱ类和Ⅲ类放射源、中等水平放射性废物等释放到环境后对人体健康和环境产生一般辐射影响的放射性物品。

三类放射性物品，是指Ⅳ类和Ⅴ类放射源、低水平放射性废物、放射性药品等释放到环境后对人体健康和环境产生较小辐射影响的放射性物品。

放射性物品的具体分类和名录，由国务院核安全监管部门会同国务院公安、卫生、海关、交通运输、铁路、民航、核工业行业主管部门制定。

第四条 国务院核安全监管部门对放射性物品运输的核与辐射安全实施监督管理。

国务院公安、交通运输、铁路、民航等有关主管部门依照本条例规定和各自的职责，负责放射性物品运输安全的有关监督管理工作。

县级以上地方人民政府环境保护主管部门和公安、交通运输等有关主管部门，依照本条例规定和各自的职责，负责本行政区域放射性物品运输安全的有关监督管理工作。

第五条 运输放射性物品，应当使用专用的放射性物品运输包装容器（以下简称运输容器）。

放射性物品的运输和放射性物品运输容器的设计、制造，应当符合国家放射性物品运输安全标准。

国家放射性物品运输安全标准，由国务院核安全监管部门制定，由国务院核安全监管部门和国务院标准化主管部门联合发布。国务院核安全监管部门制定国家放射性物品运输安全标准，应当征求国务院公安、卫生、交通运输、铁路、民航、核工业行业主管部门的意见。

第六条 放射性物品运输容器的设计、制造单位应当建立健全责任制度，加强质量管理，并对所从事的放射性物品运输容器的设计、制造活动负责。

放射性物品的托运人（以下简称托运人）应当制定核与辐射事故应急方案，在放射性物品运输中采取有效的辐射防护和安全保卫措施，并对放射性物品运输中的核与辐射安全负责。

第七条 任何单位和个人对违反本条例规定的行为，有权向国务院核安全监管部门或者其他依法履行放射性物品运输安全监督管理职责的部门举报。

接到举报的部门应当依法调查处理，并为举报人保密。

第二章 放射性物品运输容器的设计

第八条 放射性物品运输容器设计单位应当建立健全和有效实施质量保证体系，按照国家放射性物品运输安全标准进行设计，并通过试验验证或者分析论证等方式，对设计的放射性物品运输容器的安全性能进行评价。

第九条 放射性物品运输容器设计单位应当建立健全档案制度，按照质量保证体系的要求，如实记录放射性物品运输容器的设计和安全性能评价过程。

进行一类放射性物品运输容器设计，应当编制设计安全评价报告书；进行二类放射性物品运输容器设计，应当编制设计安全评价报告表。

第十条 一类放射性物品运输容器的设计，应当在首次用于制造前报国务院核安全监管部门审查批准。

申请批准一类放射性物品运输容器的设计，设计单位应当向国务院核安全监管部门提出书面申请，并提交下列材料：

（一）设计总图及其设计说明书；

（二）设计安全评价报告书；

（三）质量保证大纲。

第十一条 国务院核安全监管部门应当自受理申请之日起45个工作日内完成审查，对符合国家放射性物品运输安全标准的，颁发一类放射性物品运输容器设计批准书，并公告批准文号；对不符合国家放射性物品运输安全标准的，书面通知申请单位并说明理由。

第十二条 设计单位修改已批准的一类放射性物品运输容器设计中有关安全内容的，应当按照原申请程序向国务院核安全监管部门重新申请领取一类放射性物品运输容器设计批准书。

第十三条 二类放射性物品运输容器的设计，设计单位应当在首次用于制造前，将设计总图及其设计说明书、设计安全评价报告表报国务院核安全监管部门备案。

第十四条 三类放射性物品运输容器的设计，设计单位应当编制设计符合国家放射性物品运输安全标准的证明文件并存档备查。

第三章 放射性物品运输容器的制造与使用

第十五条 放射性物品运输容器制造单位，应当按照设计要求和国家放射性物品运输安全标准，对制造的放射性物品运输容器进行质量检验，编制质量检验报告。

未经质量检验或者经检验不合格的放射性物品运输容器，不得交付使用。

第十六条 从事一类放射性物品运输容器制造活动的单位，应当具备下列条件：

（一）有与所从事的制造活动相适应的专业技术人员；

（二）有与所从事的制造活动相适应的生产条件和检测手段；

（三）有健全的管理制度和完善的质量保证体系。

第十七条 从事一类放射性物品运输容器制造活动的单位，应当申请领取一类放射性物品运输容器制造许可证（以下简称制造许可证）。

申请领取制造许可证的单位，应当向国务院核安全监管部门提出书面申请，并提交其符合本条例第十六条规定条件的证明材料和申请制造的运输容器型号。

禁止无制造许可证或者超出制造许可证规定的范围从事一类放射性物品运输容器的制造活动。

第十八条 国务院核安全监管部门应当自受理申请之日起45个工作日内完成审查，对符合条件的，颁发制造许可证，并予以公告；对不符合条件的，书面通知申请单位并说明理由。

第十九条 制造许可证应当载明下列内容：

（一）制造单位名称、住所和法定代表人；

（二）许可制造的运输容器的型号；

（三）有效期限；

（四）发证机关、发证日期和证书编号。

第二十条 一类放射性物品运输容器制造单位变更单位名称、住所或者法定代表人的，应当自工商变更登记之日起 20 日内，向国务院核安全监管部门办理制造许可证变更手续。

一类放射性物品运输容器制造单位变更制造的运输容器型号的，应当按照原申请程序向国务院核安全监管部门重新申请领取制造许可证。

第二十一条 制造许可证有效期为 5 年。

制造许可证有效期届满，需要延续的，一类放射性物品运输容器制造单位应当于制造许可证有效期届满 6 个月前，向国务院核安全监管部门提出延续申请。

国务院核安全监管部门应当在制造许可证有效期届满前作出是否准予延续的决定。

第二十二条 从事二类放射性物品运输容器制造活动的单位，应当在首次制造活动开始 30 日前，将其具备与所从事的制造活动相适应的专业技术人员、生产条件、检测手段，以及具有健全的管理制度和完善的质量保证体系的证明材料，报国务院核安全监管部门备案。

第二十三条 一类、二类放射性物品运输容器制造单位，应当按照国务院核安全监管部门制定的编码规则，对其制造的一类、二类放射性物品运输容器统一编码，并于每年 1 月 31 日前将上一年度的运输容器编码清单报国务院核安全监管部门备案。

第二十四条 从事三类放射性物品运输容器制造活动的单位，应当于每年 1 月 31 日前将上一年度制造的运输容器的型号和数量报国务院核安全监管部门备案。

第二十五条 放射性物品运输容器使用单位应当对其使用的放射性物品运输容器定期进行保养和维护，并建立保养和维护档案；放射性物品运输容器达到设计使用年限，或者发现放射性物品运输容器存在安全隐患的，应当停止使用，进行处理。

一类放射性物品运输容器使用单位还应当对其使用的一类放射性物品运输容器每两年进行一次安全性能评价，并将评价结果报国务院核安全监管部门备案。

第二十六条 使用境外单位制造的一类放射性物品运输容器的，应当在首次使用前报国务院核安全监管部门审查批准。

申请使用境外单位制造的一类放射性物品运输容器的单位，应当向国务院核安全监管部门提出书面申请，并提交下列材料：

（一）设计单位所在国核安全监管部门颁发的设计批准文件的复印件；

（二）设计安全评价报告书；

（三）制造单位相关业绩的证明材料；

（四）质量合格证明；

（五）符合中华人民共和国法律、行政法规规定，以及国家放射性物品运输安全标准或者经国务院核安全监管部门认可的标准的说明材料。

国务院核安全监管部门应当自受理申请之日起 45 个工作日内完成审查，对符合国家放射性物品运输安全标准的，颁发使用批准书；对不符合国家放射性物品运输安全标准的，书面通知申请单位并说明理由。

第二十七条 使用境外单位制造的二类放射性物品运输容器的，应当在首次使用前将运输容器质量合格证明和符合中华人民共和国法律、行政法规规定，以及国家放射性物品运输安全标准或者经国务院核安全监管部门认可的标准的说明材料，报国务院核安全监管部门备案。

第二十八条 国务院核安全监管部门办理使用境外单位制造的一类、二类放射性物品运输容器审查批准和备案手续，应当同时为运输容器确定编码。

第四章 放射性物品的运输

第二十九条 托运放射性物品的，托运人应当持有生产、销售、使用或者处置放射性物品的有效证明，使用与所托运的放射性物品类别相适应的运输容器进行包装，配备必要的辐射监测设备、防护用品和防盗、防破坏设备，并编制运输说明书、核与辐射事故应急响应指南、装卸作业方法、安全防护指南。

运输说明书应当包括放射性物品的品名、数量、物理化学形态、危害风险等内容。

第三十条 托运一类放射性物品的，托运人应当委托有资质的辐射监测机构对其表面污染和辐射水平实施监测，辐射监测机构应当出具辐射监测报告。

托运二类、三类放射性物品的，托运人应当对其表面污染和辐射水平实施监测，并编制辐射监测报告。

监测结果不符合国家放射性物品运输安全标准的，不得托运。

第三十一条 承运放射性物品应当取得国家规定的运输资质。承运人的资质管理，依照有关法律、行政法规和国务院交通运输、铁路、民航、邮政主管部门的规定执行。

第三十二条 托运人和承运人应当对直接从事放射性物品运输的工作人员进行运输安全和应急响应知识的培训，并进行考核；考核不合格的，不得从事相关工作。

托运人和承运人应当按照国家放射性物品运输安全标准和国家有关规定，在放射性物品运输容器和运输工具上设置警示标志。

国家利用卫星定位系统对一类、二类放射性物品运输工具的运输过程实行在线监控。具体办法由国务院核安全监管部门会同国务院有关部门制定。

第三十三条 托运人和承运人应当按照国家职业病防治的有关规定，对直接从事放射性物品运输的工作人员进行个人剂量监测，建立个人剂量档案和职业健康监护档案。

第三十四条 托运人应当向承运人提交运输说明书、辐射监测报告、核与辐射事故应急响应指南、装卸作业方法、安全防护指南，承运人应当查验、收存。托运人提交文件不齐全的，承运人不得承运。

第三十五条 托运一类放射性物品的，托运人应当编制放射性物品运输的核与辐射安全分析报告书，报国务院核安全监管部门审查批准。

放射性物品运输的核与辐射安全分析报告书应当包括放射性物品的品名、数量、运输容器型号、运输方式、辐射防护措施、应急措施等内容。

国务院核安全监管部门应当自受理申请之日起 45 个工作日内完成审查，对符合国家放射性物品运输安全标准的，颁发核与辐射安全分析报告批准书；对不符合国家放射性物品运输安全标准的，书面通知申请单位并说明理由。

第三十六条 放射性物品运输的核与辐射安全分析报告批准书应当载明下列主要内容：

（一）托运人的名称、地址、法定代表人；

（二）运输放射性物品的品名、数量；

（三）运输放射性物品的运输容器型号和运输方式；

（四）批准日期和有效期限。

第三十七条 一类放射性物品启运前，托运人应当将放射性物品运输的核与辐射安全分析报告批准书、辐射监测报告，报启运地的省、自治区、直辖市人民政府环境保护主管部门备案。

收到备案材料的环境保护主管部门应当及时将有关情况通报放

射性物品运输的途经地和抵达地的省、自治区、直辖市人民政府环境保护主管部门。

第三十八条 通过道路运输放射性物品的，应当经公安机关批准，按照指定的时间、路线、速度行驶，并悬挂警示标志，配备押运人员，使放射性物品处于押运人员的监管之下。

通过道路运输核反应堆乏燃料的，托运人应当报国务院公安部门批准。通过道路运输其他放射性物品的，托运人应当报启运地县级以上人民政府公安机关批准。具体办法由国务院公安部门商国务院核安全监管部门制定。

第三十九条 通过水路运输放射性物品的，按照水路危险货物运输的法律、行政法规和规章的有关规定执行。

通过铁路、航空运输放射性物品的，按照国务院铁路、民航主管部门的有关规定执行。

禁止邮寄一类、二类放射性物品。邮寄三类放射性物品的，按照国务院邮政管理部门的有关规定执行。

第四十条 生产、销售、使用或者处置放射性物品的单位，可以依照《中华人民共和国道路运输条例》的规定，向设区的市级人民政府道路运输管理机构申请非营业性道路危险货物运输资质，运输本单位的放射性物品，并承担本条例规定的托运人和承运人的义务。

申请放射性物品非营业性道路危险货物运输资质的单位，应当具备下列条件：

（一）持有生产、销售、使用或者处置放射性物品的有效证明；

（二）有符合本条例规定要求的放射性物品运输容器；

（三）有具备辐射防护与安全防护知识的专业技术人员和经考试合格的驾驶人员；

（四）有符合放射性物品运输安全防护要求，并经检测合格的运输工具、设施和设备；

（五）配备必要的防护用品和依法经定期检定合格的监测仪器；

（六）有运输安全和辐射防护管理规章制度以及核与辐射事故应急措施。

放射性物品非营业性道路危险货物运输资质的具体条件，由国务院交通运输主管部门会同国务院核安全监管部门制定。

第四十一条 一类放射性物品从境外运抵中华人民共和国境内，或者途经中华人民共和国境内运输的，托运人应当编制放射性物品运输的核与辐射安全分析报告书，报国务院核安全监管部门审查批准。审查批准程序依照本条例第三十五条第三款的规定执行。

二类、三类放射性物品从境外运抵中华人民共和国境内，或者途经中华人民共和国境内运输的，托运人应当编制放射性物品运输的辐射监测报告，报国务院核安全监管部门备案。

托运人、承运人或者其代理人向海关办理有关手续，应当提交国务院核安全监管部门颁发的放射性物品运输的核与辐射安全分析报告批准书或者放射性物品运输的辐射监测报告备案证明。

第四十二条 县级以上人民政府组织编制的突发环境事件应急预案，应当包括放射性物品运输中可能发生的核与辐射事故应急响应的内容。

第四十三条 放射性物品运输中发生核与辐射事故的，承运人、托运人应当按照核与辐射事故应急响应指南的要求，做好事故应急工作，并立即报告事故发生地的县级以上人民政府环境保护主管部门。接到报告的环境保护主管部门应当立即派人赶赴现场，进行现场调查，采取有效措施控制事故影响，并及时向本级人民政府报告，通报同级公安、卫生、交通运输等有关主管部门。

接到报告的县级以上人民政府及其有关主管部门应当按照应急预案做好应急工作，并按照国家突发事件分级报告的规定及时上报核与辐射事故信息。

核反应堆乏燃料运输的核事故应急准备与响应，还应当遵守国家核应急的有关规定。

第五章 监督检查

第四十四条 国务院核安全监管部门和其他依法履行放射性物品运输安全监督管理职责的部门，应当依据各自职责对放射性物品运输安全实施监督检查。

国务院核安全监管部门应当将其已批准或者备案的一类、二类、三类放射性物品运输容器的设计、制造情况和放射性物品运输情况通报设计、制造单位所在地和运输途经地的省、自治区、直辖市人民政府环境保护主管部门。省、自治区、直辖市人民政府环境保护主管部门应当加强对本行政区域放射性物品运输安全的监督检查和监督性监测。

被检查单位应当予以配合，如实反映情况，提供必要的资料，不得拒绝和阻碍。

第四十五条 国务院核安全监管部门和省、自治区、直辖市人民政府环境保护主管部门以及其他依法履行放射性物品运输安全监督管理职责的部门进行监督检查，监督检查人员不得少于2人，并应当出示有效的行政执法证件。

国务院核安全监管部门和省、自治区、直辖市人民政府环境保护主管部门以及其他依法履行放射性物品运输安全监督管理职责的部门的工作人员，对监督检查中知悉的商业秘密负有保密义务。

第四十六条 监督检查中发现经批准的一类放射性物品运输容器设计确有重大设计安全缺陷的，由国务院核安全监管部门责令停止该型号运输容器的制造或者使用，撤销一类放射性物品运输容器设计批准书。

第四十七条 监督检查中发现放射性物品运输活动有不符合国家放射性物品运输安全标准情形的，或者一类放射性物品运输容器制造单位有不符合制造许可证规定条件情形的，应当责令限期整改；发现放射性物品运输活动可能对人体健康和环境造成核与辐射危害的，应当责令停止运输。

第四十八条 国务院核安全监管部门和省、自治区、直辖市人民政府环境保护主管部门以及其他依法履行放射性物品运输安全监督管理职责的部门，对放射性物品运输活动实施监测，不得收取监测费用。

国务院核安全监管部门和省、自治区、直辖市人民政府环境保护主管部门以及其他依法履行放射性物品运输安全监督管理职责的部门，应当加强对监督管理人员辐射防护与安全防护知识的培训。

第六章 法 律 责 任

第四十九条 国务院核安全监管部门和省、自治区、直辖市人民政府环境保护主管部门或者其他依法履行放射性物品运输安全监督管理职责的部门有下列行为之一的，对直接负责的主管人员和其他直接责任人员依法给予处分；直接负责的主管人员和其他直接责任人员构成犯罪的，依法追究刑事责任：

（一）未依照本条例规定作出行政许可或者办理批准文件的；

（二）发现违反本条例规定的行为不予查处，或者接到举报不依法处理的；

（三）未依法履行放射性物品运输核与辐射事故应急职责的；

（四）对放射性物品运输活动实施监测收取监测费用的；

（五）其他不依法履行监督管理职责的行为。

第五十条 放射性物品运输容器设计、制造单位有下列行为之一的，由国务院核安全监管部门责令停止违法行为，处50万元以上100万元以下的罚款；有违法所得的，没收违法所得：

（一）将未取得设计批准书的一类放射性物品运输容器设计用于制造的；

（二）修改已批准的一类放射性物品运输容器设计中有关安全内容，未重新取得设计批准书即用于制造的。

第五十一条 放射性物品运输容器设计、制造单位有下列行为之一的，由国务院核安全监管部门责令停止违法行为，处5万元以上10万元以下的罚款；有违法所得的，没收违法所得：

（一）将不符合国家放射性物品运输安全标准的二类、三类放射性物品运输容器设计用于制造的；

（二）将未备案的二类放射性物品运输容器设计用于制造的。

第五十二条 放射性物品运输容器设计单位有下列行为之一的，由国务院核安全监管部门责令限期改正；逾期不改正的，处1万元以上5万元以下的罚款：

（一）未对二类、三类放射性物品运输容器的设计进行安全性能评价的；

（二）未如实记录二类、三类放射性物品运输容器设计和安全性能评价过程的；

（三）未编制三类放射性物品运输容器设计符合国家放射性物品运输安全标准的证明文件并存档备查的。

第五十三条 放射性物品运输容器制造单位有下列行为之一的，由国务院核安全监管部门责令停止违法行为，处50万元以上100万元以下的罚款；有违法所得的，没收违法所得：

（一）未取得制造许可证从事一类放射性物品运输容器制造活动的；

（二）制造许可证有效期届满，未按照规定办理延续手续，继续从事一类放射性物品运输容器制造活动的；

（三）超出制造许可证规定的范围从事一类放射性物品运输容器制造活动的；

（四）变更制造的一类放射性物品运输容器型号，未按照规定重新领取制造许可证的；

（五）将未经质量检验或者经检验不合格的一类放射性物品运输容器交付使用的。

有前款第（三）项、第（四）项和第（五）项行为之一，情节严重的，吊销制造许可证。

第五十四条 一类放射性物品运输容器制造单位变更单位名称、住所或者法定代表人，未依法办理制造许可证变更手续的，由国务院核安全监管部门责令限期改正；逾期不改正的，处2万元的罚款。

第五十五条 放射性物品运输容器制造单位有下列行为之一的，由国务院核安全监管部门责令停止违法行为，处5万元以上10万元以下的罚款；有违法所得的，没收违法所得：

（一）在二类放射性物品运输容器首次制造活动开始前，未按照规定将有关证明材料报国务院核安全监管部门备案的；

（二）将未经质量检验或者经检验不合格的二类、三类放射性物品运输容器交付使用的。

第五十六条 放射性物品运输容器制造单位有下列行为之一的，由国务院核安全监管部门责令限期改正；逾期不改正的，处1万元以上5万元以下的罚款：

（一）未按照规定对制造的一类、二类放射性物品运输容器统一编码的；

（二）未按照规定将制造的一类、二类放射性物品运输容器编码清单报国务院核安全监管部门备案的；

（三）未按照规定将制造的三类放射性物品运输容器的型号和数量报国务院核安全监管部门备案的。

第五十七条 放射性物品运输容器使用单位未按照规定对使用的一类放射性物品运输容器进行安全性能评价，或者未将评价结果报国务院核安全监管部门备案的，由国务院核安全监管部门责令限期改正；逾期不改正的，处1万元以上5万元以下的罚款。

第五十八条 未按照规定取得使用批准书使用境外单位制造的一类放射性物品运输容器的，由国务院核安全监管部门责令停止违法行为，处50万元以上100万元以下的罚款。

未按照规定办理备案手续使用境外单位制造的二类放射性物品运输容器的，由国务院核安全监管部门责令停止违法行为，处5万元以上10万元以下的罚款。

第五十九条 托运人未按照规定编制放射性物品运输说明书、核与辐射事故应急响应指南、装卸作业方法、安全防护指南的，由国务院核安全监管部门责令限期改正；逾期不改正的，处1万元以上5万元以下的罚款。

托运人未按照规定将放射性物品运输的核与辐射安全分析报告批准书、辐射监测报告备案的，由启运地的省、自治区、直辖市人民政府环境保护主管部门责令限期改正；逾期不改正的，处1万元以上5万元以下的罚款。

第六十条 托运人或者承运人在放射性物品运输活动中，有违反有关法律、行政法规关于危险货物运输管理规定行为的，由交通运输、铁路、民航等有关主管部门依法予以处罚。

违反有关法律、行政法规规定邮寄放射性物品的，由公安机关和邮政管理部门依法予以处罚。在邮寄进境物品中发现放射性物品的，由海关依照有关法律、行政法规的规定处理。

第六十一条 托运人未取得放射性物品运输的核与辐射安全分析报告批准书托运一类放射性物品的，由国务院核安全监管部门责令停止违法行为，处50万元以上100万元以下的罚款。

第六十二条 通过道路运输放射性物品，有下列行为之一的，由公安机关责令限期改正，处2万元以上10万元以下的罚款；构成犯罪的，依法追究刑事责任：

（一）未经公安机关批准通过道路运输放射性物品的；

（二）运输车辆未按照指定的时间、路线、速度行驶或者未悬挂警示标志的；

（三）未配备押运人员或者放射性物品脱离押运人员监管的。

第六十三条 托运人有下列行为之一的，由启运地的省、自治区、直辖市人民政府环境保护主管部门责令停止违法行为，处5万元以上20万元以下的罚款：

（一）未按照规定对托运的放射性物品表面污染和辐射水平实施监测的；

（二）将经监测不符合国家放射性物品运输安全标准的放射性物品交付托运的；

（三）出具虚假辐射监测报告的。

第六十四条 未取得放射性物品运输的核与辐射安全分析报告批准书或者放射性物品运输的辐射监测报告备案证明，将境外的放射性物品运抵中华人民共和国境内，或者途经中华人民共和国境内运输的，由海关责令托运人退运该放射性物品，并依照海关法律、行政法规给予处罚；构成犯罪的，依法追究刑事责任。托运人不明的，由承运人承担退运该放射性物品的责任，或者承担该放射性物品的处置费用。

第六十五条 违反本条例规定，在放射性物品运输中造成核与辐射事故的，由县级以上地方人民政府环境保护主管部门处以罚款，罚款数额按照核与辐射事故造成的直接损失的20%计算；构成犯罪的，依法追究刑事责任。

托运人、承运人未按照核与辐射事故应急响应指南的要求，做好事故应急工作并报告事故的，由县级以上地方人民政府环境保护主管部门处5万元以上20万元以下的罚款。

因核与辐射事故造成他人损害的，依法承担民事责任。

第六十六条 拒绝、阻碍国务院核安全监管部门或者其他依法履行放射性物品运输安全监督管理职责的部门进行监督检查，或者在接受监督检查时弄虚作假的，由监督检查部门责令改正，处1万元以上2万元以下的罚款；构成违反治安管理行为的，由公安机关依法给予治安管理处罚；构成犯罪的，依法追究刑事责任。

第七章 附 则

第六十七条 军用放射性物品运输安全的监督管理，依照《中华人民共和国放射性污染防治法》第六十条的规定执行。

第六十八条 本条例自2010年1月1日起施行。

道路危险货物运输管理规定

（2013年1月23日交通运输部令2013年第2号公布 根据2016年4月11日《交通运输部关于修改〈道路危险货物运输管理规定〉的决定》第一次修订 根据2019年11月28日《交通运输部关于修改〈道路危险货物运输管理规定〉的决定》第二次修订）

第一章 总 则

第一条 为规范道路危险货物运输市场秩序，保障人民生命财产安全，保护环境，维护道路危险货物运输各方当事人的合法权益，根据《中华人民共和国道路运输条例》和《危险化学品安全管理条例》等有关法律、行政法规，制定本规定。

第二条 从事道路危险货物运输活动，应当遵守本规定。军事危险货物运输除外。

法律、行政法规对民用爆炸物品、烟花爆竹、放射性物品等特定种类危险货物的道路运输另有规定的，从其规定。

第三条 本规定所称危险货物，是指具有爆炸、易燃、毒害、感染、腐蚀等危险特性，在生产、经营、运输、储存、使用和处置中，容易造成人身伤亡、财产损毁或者环境污染而需要特别防护的物质和物品。危险货物以列入国家标准《危险货物品名表》

（GB12268）的为准，未列入《危险货物品名表》的，以有关法律、行政法规的规定或者国务院有关部门公布的结果为准。

本规定所称道路危险货物运输，是指使用载货汽车通过道路运输危险货物的作业全过程。

本规定所称道路危险货物运输车辆，是指满足特定技术条件和要求，从事道路危险货物运输的载货汽车（以下简称专用车辆）。

第四条 危险货物的分类、分项、品名和品名编号应当按照国家标准《危险货物分类和品名编号》（GB6944）、《危险货物品名表》（GB12268）执行。危险货物的危险程度依据国家标准《危险货物运输包装通用技术条件》（GB12463），分为Ⅰ、Ⅱ、Ⅲ等级。

第五条 从事道路危险货物运输应当保障安全，依法运输，诚实信用。

第六条 国家鼓励技术力量雄厚、设备和运输条件好的大型专业危险化学品生产企业从事道路危险货物运输，鼓励道路危险货物运输企业实行集约化、专业化经营，鼓励使用厢式、罐式和集装箱等专用车辆运输危险货物。

第七条 交通运输部主管全国道路危险货物运输管理工作。

县级以上地方人民政府交通运输主管部门负责组织领导本行政区域的道路危险货物运输管理工作。

县级以上道路运输管理机构负责具体实施道路危险货物运输管理工作。

第二章 道路危险货物运输许可

第八条 申请从事道路危险货物运输经营，应当具备下列条件：

（一）有符合下列要求的专用车辆及设备：

1. 自有专用车辆（挂车除外）5 辆以上；运输剧毒化学品、爆炸品的，自有专用车辆（挂车除外）10 辆以上。

2. 专用车辆的技术要求应当符合《道路运输车辆技术管理规定》有关规定。

3. 配备有效的通讯工具。

4. 专用车辆应当安装具有行驶记录功能的卫星定位装置。

5. 运输剧毒化学品、爆炸品、易制爆危险化学品的，应当配备罐式、厢式专用车辆或者压力容器等专用容器。

6. 罐式专用车辆的罐体应当经质量检验部门检验合格，且罐体载货后总质量与专用车辆核定载质量相匹配。运输爆炸品、强腐蚀性危险货物的罐式专用车辆的罐体容积不得超过 20 立方米，运输剧毒化学品的罐式专用车辆的罐体容积不得超过 10 立方米，但符合国家有关标准的罐式集装箱除外。

7. 运输剧毒化学品、爆炸品、强腐蚀性危险货物的非罐式专用车辆，核定载质量不得超过 10 吨，但符合国家有关标准的集装箱运输专用车辆除外。

8. 配备与运输的危险货物性质相适应的安全防护、环境保护和消防设施设备。

（二）有符合下列要求的停车场地：

1. 自有或者租借期限为 3 年以上，且与经营范围、规模相适应的停车场地，停车场地应当位于企业注册地市级行政区域内。

2. 运输剧毒化学品、爆炸品专用车辆以及罐式专用车辆，数量为 20 辆（含）以下的，停车场地面积不低于车辆正投影面积的 1.5 倍，数量为 20 辆以上的，超过部分，每辆车的停车场地面积不低于车辆正投影面积；运输其他危险货物的，专用车辆数量为 10 辆（含）以下的，停车场地面积不低于车辆正投影面积的 1.5 倍；数量为 10 辆以上的，超过部分，每辆车的停车场地面积不低于车辆正投影面积。

3. 停车场地应当封闭并设立明显标志，不得妨碍居民生活和威胁公共安全。

（三）有符合下列要求的从业人员和安全管理人员：

1. 专用车辆的驾驶人员取得相应机动车驾驶证，年龄不超过60周岁。

2. 从事道路危险货物运输的驾驶人员、装卸管理人员、押运人员应当经所在地设区的市级人民政府交通运输主管部门考试合格，并取得相应的从业资格证；从事剧毒化学品、爆炸品道路运输的驾驶人员、装卸管理人员、押运人员，应当经考试合格，取得注明为“剧毒化学品运输”或者“爆炸品运输”类别的从业资格证。

3. 企业应当配备专职安全管理人员。

（四）有健全的安全生产管理制度：

1. 企业主要负责人、安全管理部门负责人、专职安全管理人员安全生产责任制度。

2. 从业人员安全生产责任制度。

3. 安全生产监督检查制度。

4. 安全生产教育培训制度。

5. 从业人员、专用车辆、设备及停车场地安全管理制度。

6. 应急救援预案制度。

7. 安全生产作业规程。

8. 安全生产考核与奖惩制度。

9. 安全事故报告、统计与处理制度。

第九条 符合下列条件的企事业单位，可以使用自备专用车辆从事为本单位服务的非经营性道路危险货物运输：

（一）属于下列企事业单位之一：

1. 省级以上安全生产监督管理部门批准设立的生产、使用、储存危险化学品的企业。

2. 有特殊需求的科研、军工等企事业单位。

（二）具备第八条规定的条件，但自有专用车辆（挂车除外）的数量可以少于5辆。

第十条 申请从事道路危险货物运输经营的企业，应当依法向工商行政管理机关办理有关登记手续后，向所在地设区的市级道路运输管理机构提出申请，并提交以下材料：

（一）《道路危险货物运输经营申请表》，包括申请人基本信息、申请运输的危险货物范围（类别、项别或品名，如果为剧毒化学品应当标注“剧毒”）等内容。

（二）拟担任企业法定代表人的投资人或者负责人的身份证明及其复印件，经办人身份证明及其复印件和书面委托书。

（三）企业章程文本。

（四）证明专用车辆、设备情况的材料，包括：

1. 未购置专用车辆、设备的，应当提交拟投入专用车辆、设备承诺书。承诺书内容应当包括车辆数量、类型、技术等级、总质量、核定载质量、车轴数以及车辆外廓尺寸；通讯工具和卫星定位装置配备情况；罐式专用车辆的罐体容积；罐式专用车辆罐体载货后的总质量与车辆核定载质量相匹配情况；运输剧毒化学品、爆炸品、易制爆危险化学品的专用车辆核定载质量等有关情况。承诺期限不得超过1年。

2. 已购置专用车辆、设备的，应当提供车辆行驶证、车辆技术等级评定结论；通讯工具和卫星定位装置配备；罐式专用车辆的罐体检测合格证或者检测报告及复印件等有关材料。

（五）拟聘用专职安全管理人员、驾驶人员、装卸管理人员、押运人员的，应当提交拟聘用承诺书，承诺期限不得超过1年；已聘用的应当提交从业资格证及其复印件以及驾驶证及其复印件。

（六）停车场地的土地使用证、租借合同、场地平面图等材料。

（七）相关安全防护、环境保护、消防设施设备的配备情况清单。

（八）有关安全生产管理制度文本。

第十一条 申请从事非经营性道路危险货物运输的单位，向所在地设区的市级道路运输管理机构提出申请时，除提交第十条第（四）项至第（八）项规定的材料外，还应当提交以下材料：

（一）《道路危险货物运输申请表》，包括申请人基本信息、申请运输的物品范围（类别、项别或品名，如果为剧毒化学品应当标注“剧毒”）等内容。

（二）下列形式之一的单位基本情况证明：

1. 省级以上安全生产监督管理部门颁发的危险化学品生产、使用等证明。

2. 能证明科研、军工等企事业单位性质或者业务范围的有关材料。

（三）特殊运输需求的说明材料。

（四）经办人的身份证明及其复印件以及书面委托书。

第十二条 设区的市级道路运输管理机构应当按照《中华人民共和国道路运输条例》和《交通行政许可实施程序规定》，以及本规定所明确的程序和时限实施道路危险货物运输行政许可，并进行实地核查。

决定准予许可的，应当向被许可人出具《道路危险货物运输行政许可决定书》，注明许可事项，具体内容应当包括运输危险货物的范围（类别、项别或品名，如果为剧毒化学品应当标注“剧毒”），专用车辆数量、要求以及运输性质，并在10日内向道路危险货物运输经营申请人发放《道路运输经营许可证》，向非经营性道路危险货物运输申请人发放《道路危险货物运输许可证》。

市级道路运输管理机构应当将准予许可的企业或单位的许可事项等，及时以书面形式告知县级道路运输管理机构。

决定不予许可的，应当向申请人出具《不予交通行政许可决定书》。

第十三条 被许可人已获得其他道路运输经营许可的，设区的市级道路运输管理机构应当为其换发《道路运输经营许可证》，并在经营范围中加注新许可的事项。如果原《道路运输经营许可证》是由省级道路运输管理机构发放的，由原许可机关按照上述要求予以换发。

第十四条 被许可人应当按照承诺期限落实拟投入的专用车辆、设备。

原许可机关应当对被许可人落实的专用车辆、设备予以核实，对符合许可条件的专用车辆配发《道路运输证》，并在《道路运输证》经营范围栏内注明允许运输的危险货物类别、项别或者品名，如果为剧毒化学品应标注“剧毒”；对从事非经营性道路危险货物运输的车辆，还应当加盖“非经营性危险货物运输专用章”。

被许可人未在承诺期限内落实专用车辆、设备的，原许可机关应当撤销许可决定，并收回已核发的许可证明文件。

第十五条 被许可人应当按照承诺期限落实拟聘用的专职安全管理人员、驾驶人员、装卸管理人员和押运人员。

被许可人未在承诺期限内按照承诺聘用专职安全管理人员、驾驶人员、装卸管理人员和押运人员的，原许可机关应当撤销许可决定，并收回已核发的许可证明文件。

第十六条 道路运输管理机构不得许可一次性、临时性的道路危险货物运输。

第十七条 道路危险货物运输企业设立子公司从事道路危险货物运输的，应当向子公司注册地设区的市级道路运输管理机构申请运输许可。设立分公司的，应当向分公司注册地设区的市级道路运输管理机构备案。

第十八条 道路危险货物运输企业或者单位需要变更许可事项的，应当向原许可机关提出申请，按照本章有关许可的规定办理。

道路危险货物运输企业或者单位变更法定代表人、名称、地址等工商登记事项的，应当在30日内向原许可机关备案。

第十九条 道路危险货物运输企业或者单位终止危险货物运输

业务的，应当在终止之日的30日前告知原许可机关，并在停业后10日内将《道路运输经营许可证》或者《道路危险货物运输许可证》以及《道路运输证》交回原许可机关。

第三章　专用车辆、设备管理

第二十条　道路危险货物运输企业或者单位应当按照《道路运输车辆技术管理规定》中有关车辆管理的规定，维护、检测、使用和管理专用车辆，确保专用车辆技术状况良好。

第二十一条　设区的市级道路运输管理机构应当定期对专用车辆进行审验，每年审验一次。审验按照《道路运输车辆技术管理规定》进行，并增加以下审验项目：

（一）专用车辆投保危险货物承运人责任险情况；

（二）必需的应急处理器材、安全防护设施设备和专用车辆标志的配备情况；

（三）具有行驶记录功能的卫星定位装置的配备情况。

第二十二条　禁止使用报废的、擅自改装的、检测不合格的、车辆技术等级达不到一级的和其他不符合国家规定的车辆从事道路危险货物运输。

除铰接列车、具有特殊装置的大型物件运输专用车辆外，严禁使用货车列车从事危险货物运输；倾卸式车辆只能运输散装硫磺、萘饼、粗蒽、煤焦沥青等危险货物。

禁止使用移动罐体（罐式集装箱除外）从事危险货物运输。

第二十三条　用于装卸危险货物的机械及工具的技术状况应当符合行业标准《汽车运输危险货物规则》（JT617）规定的技术要求。

第二十四条　罐式专用车辆的常压罐体应当符合国家标准《道路运输液体危险货物罐式车辆第1部分：金属常压罐体技术要求》（GB18564.1）、《道路运输液体危险货物罐式车辆第2部分：非金属常压罐体技术要求》（GB18564.2）等有关技术要求。

使用压力容器运输危险货物的，应当符合国家特种设备安全监督管理部门制订并公布的《移动式压力容器安全技术监察规程》（TSG R0005）等有关技术要求。

压力容器和罐式专用车辆应当在质量检验部门出具的压力容器或者罐体检验合格的有效期内承运危险货物。

第二十五条 道路危险货物运输企业或者单位对重复使用的危险货物包装物、容器，在重复使用前应当进行检查；发现存在安全隐患的，应当维修或者更换。

道路危险货物运输企业或者单位应当对检查情况作出记录，记录的保存期限不得少于 2 年。

第二十六条 道路危险货物运输企业或者单位应当到具有污染物处理能力的机构对常压罐体进行清洗（置换）作业，将废气、污水等污染物集中收集，消除污染，不得随意排放，污染环境。

第四章 道路危险货物运输

第二十七条 道路危险货物运输企业或者单位应当严格按照道路运输管理机构决定的许可事项从事道路危险货物运输活动，不得转让、出租道路危险货物运输许可证件。

严禁非经营性道路危险货物运输单位从事道路危险货物运输经营活动。

第二十八条 危险货物托运人应当委托具有道路危险货物运输资质的企业承运。

危险货物托运人应当对托运的危险货物种类、数量和承运人等相关信息予以记录，记录的保存期限不得少于 1 年。

第二十九条 危险货物托运人应当严格按照国家有关规定妥善包装并在外包装设置标志，并向承运人说明危险货物的品名、数量、危害、应急措施等情况。需要添加抑制剂或者稳定剂的，托运人应当按照规定添加，并告知承运人相关注意事项。

危险货物托运人托运危险化学品的，还应当提交与托运的危险化学品完全一致的安全技术说明书和安全标签。

第三十条 不得使用罐式专用车辆或者运输有毒、感染性、腐蚀性危险货物的专用车辆运输普通货物。

其他专用车辆可以从事食品、生活用品、药品、医疗器具以外的普通货物运输，但应当由运输企业对专用车辆进行消除危害处理，确保不对普通货物造成污染、损害。

不得将危险货物与普通货物混装运输。

第三十一条 专用车辆应当按照国家标准《道路运输危险货物车辆标志》（GB13392）的要求悬挂标志。

第三十二条 运输剧毒化学品、爆炸品的企业或者单位，应当配备专用停车区域，并设立明显的警示标牌。

第三十三条 专用车辆应当配备符合有关国家标准以及与所载运的危险货物相适应的应急处理器材和安全防护设备。

第三十四条 道路危险货物运输企业或者单位不得运输法律、行政法规禁止运输的货物。

法律、行政法规规定的限运、凭证运输货物，道路危险货物运输企业或者单位应当按照有关规定办理相关运输手续。

法律、行政法规规定托运人必须办理有关手续后方可运输的危险货物，道路危险货物运输企业应当查验有关手续齐全有效后方可承运。

第三十五条 道路危险货物运输企业或者单位应当采取必要措施，防止危险货物脱落、扬散、丢失以及燃烧、爆炸、泄漏等。

第三十六条 驾驶人员应当随车携带《道路运输证》。驾驶人员或者押运人员应当按照《汽车运输危险货物规则》（JT617）的要求，随车携带《道路运输危险货物安全卡》。

第三十七条 在道路危险货物运输过程中，除驾驶人员外，还应当在专用车辆上配备押运人员，确保危险货物处于押运人员监管之下。

第三十八条 道路危险货物运输途中，驾驶人员不得随意停车。

因住宿或者发生影响正常运输的情况需要较长时间停车的，驾驶人员、押运人员应当设置警戒带，并采取相应的安全防范措施。

运输剧毒化学品或者易制爆危险化学品需要较长时间停车的，驾驶人员或者押运人员应当向当地公安机关报告。

第三十九条 危险货物的装卸作业应当遵守安全作业标准、规程和制度，并在装卸管理人员的现场指挥或者监控下进行。

危险货物运输托运人和承运人应当按照合同约定指派装卸管理人员；若合同未予约定，则由负责装卸作业的一方指派装卸管理人员。

第四十条 驾驶人员、装卸管理人员和押运人员上岗时应当随身携带从业资格证。

第四十一条 严禁专用车辆违反国家有关规定超载、超限运输。

道路危险货物运输企业或者单位使用罐式专用车辆运输货物时，罐体载货后的总质量应当和专用车辆核定载质量相匹配；使用牵引车运输货物时，挂车载货后的总质量应当与牵引车的准牵引总质量相匹配。

第四十二条 道路危险货物运输企业或者单位应当要求驾驶人员和押运人员在运输危险货物时，严格遵守有关部门关于危险货物运输线路、时间、速度方面的有关规定，并遵守有关部门关于剧毒、爆炸危险品道路运输车辆在重大节假日通行高速公路的相关规定。

第四十三条 道路危险货物运输企业或者单位应当通过卫星定位监控平台或者监控终端及时纠正和处理超速行驶、疲劳驾驶、不按规定线路行驶等违法违规驾驶行为。

监控数据应当至少保存 3 个月，违法驾驶信息及处理情况应当至少保存3年。

第四十四条 道路危险货物运输从业人员必须熟悉有关安全生产的法规、技术标准和安全生产规章制度、安全操作规程，了解所装运危险货物的性质、危害特性、包装物或者容器的使用要求和发生意外事故时的处置措施，并严格执行《汽车运输危险货物规则》(JT617)、《汽车运输、装卸危险货物作业规程》(JT618) 等标准，不得违章作业。

第四十五条 道路危险货物运输企业或者单位应当通过岗前培训、例会、定期学习等方式，对从业人员进行经常性安全生产、职业道德、业务知识和操作规程的教育培训。

第四十六条 道路危险货物运输企业或者单位应当加强安全生产管理，制定突发事件应急预案，配备应急救援人员和必要的应急救援器材、设备，并定期组织应急救援演练，严格落实各项安全制度。

第四十七条 道路危险货物运输企业或者单位应当委托具备资质条件的机构，对本企业或单位的安全管理情况每3年至少进行一次安全评估，出具安全评估报告。

第四十八条 在危险货物运输过程中发生燃烧、爆炸、污染、中毒或者被盗、丢失、流散、泄漏等事故，驾驶人员、押运人员应当立即根据应急预案和《道路运输危险货物安全卡》的要求采取应急处置措施，并向事故发生地公安部门、交通运输主管部门和本运输企业或者单位报告。运输企业或者单位接到事故报告后，应当按照本单位危险货物应急预案组织救援，并向事故发生地安全生产监督管理部门和环境保护、卫生主管部门报告。

道路危险货物运输管理机构应当公布事故报告电话。

第四十九条 在危险货物装卸过程中，应当根据危险货物的性质，轻装轻卸，堆码整齐，防止混杂、撒漏、破损，不得与普通货物混合堆放。

第五十条 道路危险货物运输企业或者单位应当为其承运的危险货物投保承运人责任险。

第五十一条 道路危险货物运输企业异地经营（运输线路起讫点均不在企业注册地市域内）累计 3 个月以上的，应当向经营地设区的市级道路运输管理机构备案并接受其监管。

第五章 监督检查

第五十二条 道路危险货物运输监督检查按照《道路货物运输及站场管理规定》执行。

道路运输管理机构工作人员应当定期或者不定期对道路危险货物运输企业或者单位进行现场检查。

第五十三条 道路运输管理机构工作人员对在异地取得从业资格的人员监督检查时，可以向原发证机关申请提供相应的从业资格档案资料，原发证机关应当予以配合。

第五十四条 道路运输管理机构在实施监督检查过程中，经本部门主要负责人批准，可以对没有随车携带《道路运输证》又无法当场提供其他有效证明文件的危险货物运输专用车辆予以扣押。

第五十五条 任何单位和个人对违反本规定的行为，有权向道路危险货物运输管理机构举报。

道路危险货物运输管理机构应当公布举报电话，并在接到举报后及时依法处理；对不属于本部门职责的，应当及时移送有关部门处理。

第六章 法律责任

第五十六条 违反本规定，有下列情形之一的，由县级以上道路运输管理机构责令停止运输经营，有违法所得的，没收违法所得，处违法所得 2 倍以上 10 倍以下的罚款；没有违法所得或者违法所得不足 2 万元的，处 3 万元以上 10 万元以下的罚款；构成犯罪的，依法追究刑事责任：

（一）未取得道路危险货物运输许可，擅自从事道路危险货物运输的；

（二）使用失效、伪造、变造、被注销等无效道路危险货物运输许可证件从事道路危险货物运输的；

（三）超越许可事项，从事道路危险货物运输的；

（四）非经营性道路危险货物运输单位从事道路危险货物运输经营的。

第五十七条 违反本规定，道路危险货物运输企业或者单位非法转让、出租道路危险货物运输许可证件的，由县级以上道路运输管理机构责令停止违法行为，收缴有关证件，处 2000 元以上 1 万元以下的罚款；有违法所得的，没收违法所得。

第五十八条 违反本规定，道路危险货物运输企业或者单位有下列行为之一，由县级以上道路运输管理机构责令限期投保；拒不投保的，由原许可机关吊销《道路运输经营许可证》或者《道路危险货物运输许可证》，或者吊销相应的经营范围：

（一）未投保危险货物承运人责任险的；

（二）投保的危险货物承运人责任险已过期，未继续投保的。

第五十九条 违反本规定，道路危险货物运输企业或者单位不按照规定随车携带《道路运输证》的，由县级以上道路运输管理机构责令改正，处警告或者 20 元以上 200 元以下的罚款。

第六十条 违反本规定，道路危险货物运输企业或者单位以及托运人有下列情形之一的，由县级以上道路运输管理机构责令改正，并处 5 万元以上 10 万元以下的罚款，拒不改正的，责令停产停业整顿；构成犯罪的，依法追究刑事责任：

（一）驾驶人员、装卸管理人员、押运人员未取得从业资格上岗作业的；

（二）托运人不向承运人说明所托运的危险化学品的种类、数量、危险特性以及发生危险情况的应急处置措施，或者未按照国家有关规定对所托运的危险化学品妥善包装并在外包装上设置相应标志的；

（三）未根据危险化学品的危险特性采取相应的安全防护措施，或者未配备必要的防护用品和应急救援器材的；

（四）运输危险化学品需要添加抑制剂或者稳定剂，托运人未添加或者未将有关情况告知承运人的。

第六十一条 违反本规定，道路危险货物运输企业或者单位未配备专职安全管理人员的，由县级以上道路运输管理机构责令改正，可以处1万元以下的罚款；拒不改正的，对危险化学品运输企业或单位处1万元以上5万元以下的罚款，对运输危险化学品以外其他危险货物的企业或单位处1万元以上2万元以下的罚款。

第六十二条 违反本规定，道路危险化学品运输托运人有下列行为之一的，由县级以上道路运输管理机构责令改正，处10万元以上20万元以下的罚款，有违法所得的，没收违法所得；拒不改正的，责令停产停业整顿；构成犯罪的，依法追究刑事责任：

（一）委托未依法取得危险货物道路运输许可的企业承运危险化学品的；

（二）在托运的普通货物中夹带危险化学品，或者将危险化学品谎报或者匿报为普通货物托运的。

第六十三条 违反本规定，道路危险货物运输企业擅自改装已取得《道路运输证》的专用车辆及罐式专用车辆罐体的，由县级以上道路运输管理机构责令改正，并处5000元以上2万元以下的罚款。

第七章 附 则

第六十四条 本规定对道路危险货物运输经营未作规定的，按照《道路货物运输及站场管理规定》执行；对非经营性道路危险货物运输未作规定的，参照《道路货物运输及站场管理规定》执行。

第六十五条 道路危险货物运输许可证件和《道路运输证》工本费的具体收费标准由省、自治区、直辖市人民政府财政、价格主管部门会同同级交通运输主管部门核定。

第六十六条 交通运输部可以根据相关行业协会的申请，经组织专家论证后，统一公布可以按照普通货物实施道路运输管理的危险货物。

第六十七条 本规定自2013年7月1日起施行。交通部2005年发布的《道路危险货物运输管理规定》（交通部令2005年第9号）及交通运输部2010年发布的《关于修改〈道路危险货物运输管理规定〉的决定》（交通运输部令2010年第5号）同时废止。

超限运输车辆行驶公路管理规定

（2016年8月19日交通运输部发布　根据2021年8月11日交通运输部《关于修改〈超限运输车辆行驶公路管理规定〉的决定》修正）

第一章　总　　则

第一条 为加强超限运输车辆行驶公路管理，保障公路设施和人民生命财产安全，根据《公路法》《公路安全保护条例》等法律、行政法规，制定本规定。

第二条 超限运输车辆通过公路进行货物运输，应当遵守本规定。

第三条 本规定所称超限运输车辆，是指有下列情形之一的货物运输车辆：

（一）车货总高度从地面算起超过4米；

（二）车货总宽度超过2.55米；

（三）车货总长度超过18.1米；

（四）二轴货车，其车货总质量超过18000千克；

（五）三轴货车，其车货总质量超过25000千克；三轴汽车列车，其车货总质量超过27000千克；

（六）四轴货车，其车货总质量超过31000千克；四轴汽车列车，其车货总质量超过36000千克；

（七）五轴汽车列车，其车货总质量超过43000千克；

（八）六轴及六轴以上汽车列车，其车货总质量超过49000千克，其中牵引车驱动轴为单轴的，其车货总质量超过46000千克。

前款规定的限定标准的认定，还应当遵守下列要求：

（一）二轴组按照二个轴计算，三轴组按照三个轴计算；

（二）除驱动轴外，二轴组、三轴组以及半挂车和全挂车的车轴每侧轮胎按照双轮胎计算，若每轴每侧轮胎为单轮胎，限定标准减少3000千克，但安装符合国家有关标准的加宽轮胎的除外；

（三）车辆最大允许总质量不应超过各车轴最大允许轴荷之和；

（四）拖拉机、农用车、低速货车，以行驶证核定的总质量为限定标准；

（五）符合《汽车、挂车及汽车列车外廓尺寸、轴荷及质量限值》（GB1589）规定的冷藏车、汽车列车、安装空气悬架的车辆，以及专用作业车，不认定为超限运输车辆。

第四条 交通运输部负责全国超限运输车辆行驶公路的管理工作。

县级以上地方人民政府交通运输主管部门负责本行政区域内超限运输车辆行驶公路的管理工作。

公路管理机构具体承担超限运输车辆行驶公路的监督管理。

县级以上人民政府相关主管部门按照职责分工，依法负责或者参与、配合超限运输车辆行驶公路的监督管理。交通运输主管部门应当在本级人民政府统一领导下，与相关主管部门建立治理超限运输联动工作机制。

第五条 各级交通运输主管部门应当组织公路管理机构、道路运输管理机构建立相关管理信息系统，推行车辆超限管理信息系统、道路运政管理信息系统联网，实现数据交换与共享。

第二章 大件运输许可管理

第六条 载运不可解体物品的超限运输（以下称大件运输）车辆，应当依法办理有关许可手续，采取有效措施后，按照指定的时间、路线、速度行驶公路。未经许可，不得擅自行驶公路。

第七条 大件运输的托运人应当委托具有大型物件运输经营资质的道路运输经营者承运，并在运单上如实填写托运货物的名称、规格、重量等相关信息。

第八条 大件运输车辆行驶公路前，承运人应当按下列规定向公路管理机构申请公路超限运输许可：

（一）跨省、自治区、直辖市进行运输的，向起运地省级公路管理机构递交申请书，申请机关需要列明超限运输途经公路沿线各省级公路管理机构，由起运地省级公路管理机构统一受理并组织协调沿线各省级公路管理机构联合审批，必要时可由交通运输部统一组织协调处理；

（二）在省、自治区范围内跨设区的市进行运输，或者在直辖市范围内跨区、县进行运输的，向该省级公路管理机构提出申请，由其受理并审批；

（三）在设区的市范围内跨区、县进行运输的，向该市级公路管理机构提出申请，由其受理并审批；

（四）在区、县范围内进行运输的，向该县级公路管理机构提出申请，由其受理并审批。

第九条 各级交通运输主管部门、公路管理机构应当利用信息化手段，建立公路超限运输许可管理平台，实行网上办理许可手续，并及时公开相关信息。

第十条 申请公路超限运输许可的，承运人应当提交下列材料：

（一）公路超限运输申请表，主要内容包括货物的名称、外廓尺寸和质量，车辆的厂牌型号、整备质量、轴数、轴距和轮胎数，载货时车货总体的外廓尺寸、总质量、各车轴轴荷，拟运输的起讫点、通行路线和行驶时间；

（二）承运人的道路运输经营许可证，经办人的身份证件和授权委托书；

（三）车辆行驶证或者临时行驶车号牌。

车货总高度从地面算起超过 4.5 米，或者总宽度超过 3.75 米，或者总长度超过 28 米，或者总质量超过 100000 千克，以及其他可能严重影响公路完好、安全、畅通情形的，还应当提交记录载货时车货总体外廓尺寸信息的轮廓图和护送方案。

护送方案应当包含护送车辆配置方案、护送人员配备方案、护送路线情况说明、护送操作细则、异常情况处理等相关内容。

第十一条 承运人提出的公路超限运输许可申请有下列情形之一的，公路管理机构不予受理：

（一）货物属于可分载物品的；

（二）承运人所持有的道路运输经营许可证记载的经营资质不包括大件运输的；

（三）承运人被依法限制申请公路超限运输许可未满限制期限的；

（四）法律、行政法规规定的其他情形。

载运单个不可解体物品的大件运输车辆，在不改变原超限情形的前提下，加装多个品种相同的不可解体物品的，视为载运不可解体物品。

第十二条 公路管理机构受理公路超限运输许可申请后，应当对承运人提交的申请材料进行审查。属于第十条第二款规定情形的，公路管理机构应当对车货总体外廓尺寸、总质量、轴荷等数据和护送方案进行核查，并征求同级公安机关交通管理部门意见。

属于统一受理、集中办理跨省、自治区、直辖市进行运输的，由起运地省级公路管理机构负责审查。

第十三条 公路管理机构审批公路超限运输申请，应当根据实际情况组织人员勘测通行路线。需要采取加固、改造措施的，承运人应当按照规定要求采取有效的加固、改造措施。公路管理机构应当对承运人提出的加固、改造措施方案进行审查，并组织验收。

承运人不具备加固、改造措施的条件和能力的，可以通过签订协议的方式，委托公路管理机构制定相应的加固、改造方案，由公路管理机构进行加固、改造，或者由公路管理机构通过市场化方式选择具有相应资质的单位进行加固、改造。

采取加固、改造措施所需的费用由承运人承担。相关收费标准应当公开、透明。

第十四条 采取加固、改造措施应当满足公路设施安全需要，并遵循下列原则：

（一）优先采取临时措施，便于实施、拆除和可回收利用；

（二）采取永久性或者半永久性措施的，可以考虑与公路设施的技术改造同步实施；

（三）对公路设施采取加固、改造措施仍无法满足大件运输车辆通行的，可以考虑采取修建临时便桥或者便道的改造措施；

（四）有多条路线可供选择的，优先选取桥梁技术状况评定等级高和采取加固、改造措施所需费用低的路线通行；

（五）同一时期，不同的超限运输申请，涉及对同一公路设施采取加固、改造措施的，由各承运人按照公平、自愿的原则分担有关费用。

第十五条 公路管理机构应当在下列期限内作出行政许可

决定：

（一）车货总高度从地面算起未超过4.2米、总宽度未超过3米、总长度未超过20米且车货总质量、轴荷未超过本规定第三条、第十七条规定标准的，自受理申请之日起2个工作日内作出，属于统一受理、集中办理跨省、自治区、直辖市大件运输的，办理的时间最长不得超过5个工作日；

（二）车货总高度从地面算起未超过4.5米、总宽度未超过3.75米、总长度未超过28米且总质量未超过100000千克的，属于本辖区内大件运输的，自受理申请之日起5个工作日内作出，属于统一受理、集中办理跨省、自治区、直辖市大件运输的，办理的时间最长不得超过10个工作日；

（三）车货总高度从地面算起超过4.5米，或者总宽度超过3.75米，或者总长度超过28米，或者总质量超过100000千克的，属于本辖区内大件运输的，自受理申请之日起15个工作日内作出，属于统一受理、集中办理跨省、自治区、直辖市大件运输的，办理的时间最长不得超过20个工作日。

采取加固、改造措施所需时间不计算在前款规定的期限内。

第十六条 受理跨省、自治区、直辖市公路超限运输申请后，起运地省级公路管理机构应当在2个工作日内向途经公路沿线各省级公路管理机构转送其受理的申请资料。

属于第十五条第一款第二项规定的情形的，途经公路沿线各省级公路管理机构应当在收到转送的申请材料起5个工作日内作出行政许可决定；属于第十五条第一款第三项规定的情形的，应当在收到转送的申请材料起15个工作日内作出行政许可决定，并向起运地省级公路管理机构反馈。需要采取加固、改造措施的，由相关省级公路管理机构按照本规定第十三条执行；上下游省、自治区、直辖市范围内路线或者行驶时间调整的，应当及时告知承运人和起运地省级公路管理机构，由起运地省级公路管理机构组织协调处理。

第十七条 有下列情形之一的，公路管理机构应当依法作出不予行政许可的决定：

（一）采用普通平板车运输，车辆单轴的平均轴荷超过 10000 千克或者最大轴荷超过 13000 千克的；

（二）采用多轴多轮液压平板车运输，车辆每轴线（一线两轴 8 轮胎）的平均轴荷超过 18000 千克或者最大轴荷超过 20000 千克的；

（三）承运人不履行加固、改造义务的；

（四）法律、行政法规规定的其他情形。

第十八条 公路管理机构批准公路超限运输申请的，根据大件运输的具体情况，指定行驶公路的时间、路线和速度，并颁发《超限运输车辆通行证》。其中，批准跨省、自治区、直辖市运输的，由起运地省级公路管理机构颁发。

《超限运输车辆通行证》的式样由交通运输部统一制定，各省级公路管理机构负责印制和管理。申请人可到许可窗口领取或者通过网上自助方式打印。

第十九条 同一大件运输车辆短期内多次通行固定路线，装载方式、装载物品相同，且不需要采取加固、改造措施的，承运人可以根据运输计划向公路管理机构申请办理行驶期限不超过 6 个月的《超限运输车辆通行证》。运输计划发生变化的，需按原许可机关的有关规定办理变更手续。

第二十条 经批准进行大件运输的车辆，行驶公路时应当遵守下列规定：

（一）采取有效措施固定货物，按照有关要求在车辆上悬挂明显标志，保证运输安全；

（二）按照指定的时间、路线和速度行驶；

（三）车货总质量超限的车辆通行公路桥梁，应当匀速居中行驶，避免在桥上制动、变速或者停驶；

（四）需要在公路上临时停车的，除遵守有关道路交通安全规定外，还应当在车辆周边设置警告标志，并采取相应的安全防范措施；需要较长时间停车或者遇有恶劣天气的，应当驶离公路，就近选择安全区域停靠；

（五）通行采取加固、改造措施的公路设施，承运人应当提前通知该公路设施的养护管理单位，由其加强现场管理和指导；

（六）因自然灾害或者其他不可预见因素而出现公路通行状况异常致使大件运输车辆无法继续行驶的，承运人应当服从现场管理并及时告知作出行政许可决定的公路管理机构，由其协调当地公路管理机构采取相关措施后继续行驶。

第二十一条 大件运输车辆应当随车携带有效的《超限运输车辆通行证》，主动接受公路管理机构的监督检查。

大件运输车辆及装载物品的有关情况应当与《超限运输车辆通行证》记载的内容一致。

任何单位和个人不得租借、转让《超限运输车辆通行证》，不得使用伪造、变造的《超限运输车辆通行证》。

第二十二条 对于本规定第十条第二款规定的大件运输车辆，承运人应当按照护送方案组织护送。

承运人无法采取护送措施的，可以委托作出行政许可决定的公路管理机构协调公路沿线的公路管理机构进行护送，并承担所需费用。护送收费标准由省级交通运输主管部门会同同级财政、价格主管部门按规定制定，并予以公示。

第二十三条 行驶过程中，护送车辆应当与大件运输车辆形成整体车队，并保持实时、畅通的通讯联系。

第二十四条 经批准的大件运输车辆途经实行计重收费的收费公路时，对其按照基本费率标准收取车辆通行费，但车辆及装载物品的有关情况与《超限运输车辆通行证》记载的内容不一致的除外。

第二十五条 公路管理机构应当加强与辖区内重大装备制造、

运输企业的联系，了解其制造、运输计划，加强服务，为重大装备运输提供便利条件。

大件运输需求量大的地区，可以统筹考虑建设成本、运输需求等因素，适当提高通行路段的技术条件。

第二十六条 公路管理机构、公路经营企业应当按照有关规定，定期对公路、公路桥梁、公路隧道等设施进行检测和评定，并为社会公众查询其技术状况信息提供便利。

公路收费站应当按照有关要求设置超宽车道。

第三章 违法超限运输管理

第二十七条 载运可分载物品的超限运输（以下称违法超限运输）车辆，禁止行驶公路。

在公路上行驶的车辆，其车货总体的外廓尺寸或者总质量未超过本规定第三条规定的限定标准，但超过相关公路、公路桥梁、公路隧道限载、限高、限宽、限长标准的，不得在该公路、公路桥梁或者公路隧道行驶。

第二十八条 煤炭、钢材、水泥、砂石、商品车等货物集散地以及货运站等场所的经营人、管理人（以下统称货运源头单位），应当在货物装运场（站）安装合格的检测设备，对出场（站）货运车辆进行检测，确保出场（站）货运车辆合法装载。

第二十九条 货运源头单位、道路运输企业应当加强对货运车辆驾驶人的教育和管理，督促其合法运输。

道路运输企业是防止违法超限运输的责任主体，应当按照有关规定加强对车辆装载及运行全过程监控，防止驾驶人违法超限运输。

任何单位和个人不得指使、强令货运车辆驾驶人违法超限运输。

第三十条 货运车辆驾驶人不得驾驶违法超限运输车辆。

第三十一条 道路运输管理机构应当加强对政府公布的重点货运源头单位的监督检查。通过巡查、技术监控等方式督促其落实监督车辆合法装载的责任，制止违法超限运输车辆出场（站）。

第三十二条 公路管理机构、道路运输管理机构应当建立执法联动工作机制，将违法超限运输行为纳入道路运输企业质量信誉考核和驾驶人诚信考核，实行违法超限运输“黑名单”管理制度，依法追究违法超限运输的货运车辆、车辆驾驶人、道路运输企业、货运源头单位的责任。

第三十三条 公路管理机构应当对货运车辆进行超限检测。超限检测可以采取固定站点检测、流动检测、技术监控等方式。

第三十四条 采取固定站点检测的，应当在经省级人民政府批准设置的公路超限检测站进行。

第三十五条 公路管理机构可以利用移动检测设备，开展流动检测。经流动检测认定的违法超限运输车辆，应当就近引导至公路超限检测站进行处理。

流动检测点远离公路超限检测站的，应当就近引导至县级以上地方交通运输主管部门指定并公布的执法站所、停车场、卸载场等具有停放车辆及卸载条件的地点或者场所进行处理。

第三十六条 经检测认定违法超限运输的，公路管理机构应当责令当事人自行采取卸载等措施，消除违法状态；当事人自行消除违法状态确有困难的，可以委托第三人或者公路管理机构协助消除违法状态。

属于载运不可解体物品，在接受调查处理完毕后，需要继续行驶公路的，应当依法申请公路超限运输许可。

第三十七条 公路管理机构对车辆进行超限检测，不得收取检测费用。对依法扣留或者停放接受调查处理的超限运输车辆，不得收取停车保管费用。由公路管理机构协助卸载、分装或者保管卸载货物的，超过保管期限经通知当事人仍不领取的，可以按照有关规定予以处理。

第三十八条 公路管理机构应当使用经国家有关部门检定合格

的检测设备对车辆进行超限检测；未定期检定或者检定不合格的，其检测数据不得作为执法依据。

第三十九条 收费高速公路入口应当按照规定设置检测设备，对货运车辆进行检测，不得放行违法超限运输车辆驶入高速公路。其他收费公路实行计重收费的，利用检测设备发现违法超限运输车辆时，有权拒绝其通行。收费公路经营管理者应当将违法超限运输车辆及时报告公路管理机构或者公安机关交通管理部门依法处理。

公路管理机构有权查阅和调取公路收费站车辆称重数据、照片、视频监控等有关资料。

第四十条 公路管理机构应当根据保护公路的需要，在货物运输主通道、重要桥梁入口处等普通公路以及开放式高速公路的重要路段和节点，设置车辆检测等技术监控设备，依法查处违法超限运输行为。

第四十一条 新建、改建公路时，应当按照规划，将超限检测站点、车辆检测等技术监控设备作为公路附属设施一并列入工程预算，与公路主体工程同步设计、同步建设、同步验收运行。

第四章 法律责任

第四十二条 违反本规定，依照《公路法》《公路安全保护条例》《道路运输条例》和本规定予以处理。

第四十三条 车辆违法超限运输的，由公路管理机构根据违法行为的性质、情节和危害程度，按下列规定给予处罚：

（一）车货总高度从地面算起未超过 4.2 米、总宽度未超过 3 米且总长度未超过 20 米的，可以处 200 元以下罚款；车货总高度从地面算起未超过 4.5 米、总宽度未超过 3.75 米且总长度未超过 28 米的，处 200 元以上 1000 元以下罚款；车货总高度从地面算起超过 4.5 米、总宽度超过 3.75 米或者总长度超过 28 米的，处 1000 元以上 3000 元以下的罚款；

（二）车货总质量超过本规定第三条第一款第四项至第八项规定的限定标准，但未超过1000千克的，予以警告；超过1000千克的，每超1000千克罚款500元，最高不得超过30000元。

有前款所列多项违法行为的，相应违法行为的罚款数额应当累计，但累计罚款数额最高不得超过30000元。

第四十四条 公路管理机构在违法超限运输案件处理完毕后7个工作日内，应当将与案件相关的下列信息通过车辆超限管理信息系统抄告车籍所在地道路运输管理机构：

（一）车辆的号牌号码、车型、车辆所属企业、道路运输证号信息；

（二）驾驶人的姓名、驾驶人从业资格证编号、驾驶人所属企业信息；

（三）货运源头单位、货物装载单信息；

（四）行政处罚决定书信息；

（五）与案件相关的其他资料信息。

第四十五条 公路管理机构在监督检查中发现违法超限运输车辆不符合《汽车、挂车及汽车列车外廓尺寸、轴荷及质量限值》（GB1589），或者与行驶证记载的登记内容不符的，应当予以记录，定期抄告车籍所在地的公安机关交通管理部门等单位。

第四十六条 对1年内违法超限运输超过3次的货运车辆和驾驶人，以及违法超限运输的货运车辆超过本单位货运车辆总数10%的道路运输企业，由道路运输管理机构依照《公路安全保护条例》第六十六条予以处理。

前款规定的违法超限运输记录累计计算周期，从初次领取《道路运输证》、道路运输从业人员从业资格证、道路运输经营许可证之日算起，可跨自然年度。

第四十七条 大件运输车辆有下列情形之一的，视为违法超限运输：

（一）未经许可擅自行驶公路的；

（二）车辆及装载物品的有关情况与《超限运输车辆通行证》记载的内容不一致的；

（三）未按许可的时间、路线、速度行驶公路的；

（四）未按许可的护送方案采取护送措施的。

第四十八条 承运人隐瞒有关情况或者提供虚假材料申请公路超限运输许可的，除依法给予处理外，并在 1 年内不准申请公路超限运输许可。

第四十九条 违反本规定，指使、强令车辆驾驶人超限运输货物的，由道路运输管理机构责令改正，处 30000 元以下罚款。

第五十条 违法行为地或者车籍所在地公路管理机构可以依照相关法律行政法规的规定利用技术监控设备记录资料，对违法超限运输车辆依法给予处罚，并提供适当方式，供社会公众查询违法超限运输记录。

第五十一条 公路管理机构、道路运输管理机构工作人员有玩忽职守、徇私舞弊、滥用职权的，依法给予行政处分；涉嫌犯罪的，移送司法机关依法查处。

第五十二条 对违法超限运输车辆行驶公路现象严重，造成公路桥梁垮塌等重大安全事故，或者公路受损严重、通行能力明显下降的，交通运输部、省级交通运输主管部门可以按照职责权限，在 1 年内停止审批该地区申报的地方性公路工程建设项目。

第五十三条 相关单位和个人拒绝、阻碍公路管理机构、道路运输管理机构工作人员依法执行职务，构成违反治安管理行为的，由公安机关依法给予治安管理处罚；构成犯罪的，依法追究刑事责任。

第五章 附 则

第五十四条 因军事和国防科研需要，载运保密物品的大件运输车辆确需行驶公路的，参照本规定执行；国家另有规定的，从其规定。

第五十五条 本规定自2016年9月21日起施行。原交通部发布的《超限运输车辆行驶公路管理规定》（交通部令2000年第2号）同时废止。

高速公路交通应急管理程序规定

（2008年12月3日 公通字〔2008〕54号）

第一章 总 则

第一条 为加强高速公路交通应急管理，切实保障高速公路交通安全畅通和人民生命财产安全，有效处置交通拥堵，根据《中华人民共和国道路交通安全法》及其实施条例、《中华人民共和国突发事件应对法》的有关规定，制定本规定。

第二条 因道路交通事故、危险化学品泄漏、恶劣天气、自然灾害以及其他突然发生影响安全畅通的事件，造成高速公路交通中断和车辆滞留，各级公安机关按照本规定进行应急处置。

第三条 高速公路交通应急管理工作应当坚持以人为本、统一领导、分工负责、协调联动、快速反应、依法实施的原则，将应急救援和交通疏导工作作为首要任务，确保人民群众生命财产安全和交通安全畅通。

第四条 各级公安机关要完善高速公路交通应急管理领导机构，建立统一指挥、分级负责、部门联动、协调有序、反应灵敏、运转高效的高速公路交通应急管理机制。

第五条 各级公安机关应当建立高速公路分级应急响应机制。公安部指导各级公安机关开展高速公路交通应急管理工作，省级公安机关指导或指挥本省（自治区、直辖市）公安机关开展高速公路交通应急管理工作，地市级以下公安机关根据职责负责辖区内高速公路交通应急管理工作。

第六条 各级公安机关应当结合实际，在本级人民政府统一领导下，会同环境保护、交通运输、卫生、安全监管、气象等部门和高速公路经营管理、医疗急救、抢险救援等单位，联合建立高速公路交通应急管理预警机制和协作机制。

第七条 省级公安机关应当建立完善相邻省（自治区、直辖市）高速公路交通应急管理协调工作机制，配合相邻省（自治区、直辖市）做好跨省际高速公路交通应急管理工作。

第八条 各级公安机关交通管理部门根据管理体制和管理职责，具体负责本辖区内高速公路交通应急管理工作。

第二章 应急准备

第九条 根据道路交通中断造成车辆滞留的影响范围和严重程度，高速公路应急响应从高到低分为一级、二级、三级和四级应急响应级别。各级公安机关应当完善高速公路交通管理应急预案体系，根据职权制定相应级别的应急预案，在应急预案中分别对交通事故、危险化学品泄漏、恶劣天气、自然灾害等不同突发情况做出具体规定。

第十条 各级公安机关应当根据高速公路交通应急管理实际需要，为高速公路公安交通管理部门配备应急处置的有关装备和设施，完善通讯、交通、救援、信息发布等装备器材及民警个人防护装备。

第十一条 公安部制定一级响应应急预案，每两年组织一次演练和培训。省级公安机关制定二级和三级响应应急预案，每年组织一次演练和培训。地市级公安机关制定四级响应应急预案，每半年组织一次演练和培训。

第十二条 跨省（自治区、直辖市）实施交通应急管理的应急预案应由省级公安机关制定，通报相关省级公安机关，并报公安部备案。

跨地市实施交通应急管理的应急预案应由地市级公安机关制定，通报相关地市级公安机关，并报省级公安机关备案。

第三章 应急响应

第十三条 道路交通中断24小时以上，造成车辆滞留严重影响相邻三个以上省（自治区、直辖市）高速公路通行的为一级响应；道路交通中断24小时以上，造成车辆滞留涉及相邻两个以上省（自治区、直辖市）高速公路通行的为二级响应；道路交通中断24小时以上，造成车辆滞留影响省（自治区、直辖市）内相邻三个以上地市辖区高速公路通行的为三级响应；道路交通中断12小时以上，造成车辆滞留影响两个以上地市辖区内高速公路通行的为四级响应。

第十四条 各级公安机关接到应急事件报警后，应当详细了解事件情况，对事件的处置时间和可能造成的影响及时作出研判。在确认高速公路交通应急管理响应级别后，应当立即启动相应级别的应急预案并明确向下一级公安机关宣布进入应急状态。各级公安机关在宣布或者接上级公安机关命令进入应急状态后，应当立即部署本级相关部门或相关下级公安机关执行。

第十五条 一级响应时，公安部启动一级响应应急预案，宣布进入一级应急状态，成立高速公路交通应急管理指挥部，指导、协调所涉及地区公安机关开展交通应急管理工作，必要时派员赴现场指导工作，相关省级公安机关成立相应领导机构，指导或指挥省（自治区、直辖市）内各级公安机关开展各项交通应急管理工作。

第十六条 二级响应时，由发生地省级公安机关联合被影响地省级公安机关启动二级响应应急预案，宣布进入二级应急状态，以发生地省级公安机关为主成立高速公路交通应急管理指挥部，协调被影响地省级公安机关开展交通应急管理工作。必要时由公安部协调开展工作。

第十七条 三级响应时，省级公安机关启动三级响应应急预案，宣布进入三级应急状态，成立高速公路交通应急管理指挥部，指挥本省（自治区、直辖市）内各级公安机关开展交通应急管理工作。

第十八条 四级响应时，由发生地地市级公安机关联合被影响地公安机关启动四级响应应急预案，宣布进入四级应急状态，以发生地地市级公安机关为主成立高速公路交通应急管理指挥部，指挥本地公安机关，协调被影响地公安机关开展交通应急管理工作。

第十九条 发生地和被影响地难以区分时，上级公安机关可以指令下级公安机关牵头成立临时领导机构，指挥、协调高速公路交通应急管理工作。

第二十条 各级公安机关要根据事态的发展和现场处置情况及时调整响应级别。响应级别需要提高的，应当在初步确定后 30 分钟内，宣布提高响应级别或报请上级公安机关提高响应级别，启动相应级别的应急预案。

第四章 应 急 处 置

第二十一条 一级响应，需要采取封闭高速公路交通管理措施的，由公安部作出决定；二级以下响应，需要采取封闭高速公路交通管理措施的，应当由省级公安机关作出决定，封闭高速公路 24 小时以上的应报公安部备案；情况特别紧急，如不采取封闭高速公路交通管理措施，可能造成群死群伤重特大交通事故等情形的，可先行封闭高速公路，再按规定逐级上报批准或备案。

第二十二条 高速公路实施交通应急管理时，非紧急情况不得关闭省际入口，一级、二级响应时，本省（自治区、直辖市）范围内不能疏导交通，确需关闭高速公路省际入口的，按以下要求进行：

（一）采取关闭高速公路省际入口措施，应当事先征求相邻省级公安机关意见；

（二）一级响应时，需要关闭高速公路省际入口的，应当报公安部批准后实施；

（三）二级响应时，关闭高速公路省际入口可能在24小时以上的，由省级公安机关批准后实施，同时应当向公安部上报道路基本情况、处置措施、关闭高速公路省际入口后采取的应对措施以及征求相邻省级公安机关意见情况；24小时以内的，由省级公安机关批准后实施；

（四）具体实施关闭高速公路省际入口措施的公安机关，应当每小时向相邻省（自治区、直辖市）协助实施交通管理的公安机关通报一次处置突发事件工作进展情况；

（五）应急处置完毕，应当立即解除高速公路省际入口关闭措施，并通知相邻省级公安机关协助疏导交通，关闭高速公路省际入口24小时以上的，还应当同时上报公安部。

第二十三条 高速公路实施交通应急管理一级、二级响应时，实施远端分流，需组织车辆绕道相邻省（自治区、直辖市）公路通行的，按以下要求进行：

（一）跨省（自治区、直辖市）组织实施车辆绕道通行的，应当报省级公安机关同意，并与相邻省级公安机关就通行线路、通行组织等有关情况协商一致后报公安部批准；

（二）组织车辆绕道通行应当采取现场指挥、引导通行等措施确保安全；

（三）按照有关规定发布车辆绕道通行和路况等信息。

第五章 现场处置措施

第二十四条 重特大交通事故交通应急管理现场处置措施：

（一）启动高速公路交通应急管理协作机制，立即联系医疗急救机构，组织抢救受伤人员，上报事故现场基本情况，保护事故现场，维护现场秩序；

（二）划定警戒区，并在警戒区外按照“远疏近密”的要求，从距来车方向五百米以外开始设置警告标志。白天要指定交通警察负责警戒并指挥过往车辆减速、变更车道。夜间或者雨、雪、雾等天气情况造成能见度低于五百米时，需从距来车方向一千米以外开始设置警告标志，并停放警车，打开警灯或电子显示屏示警；

（三）控制交通肇事人，疏散无关人员，视情采取临时性交通管制措施及其他控制措施，防止引发次生交通事故；

（四）在医疗急救机构人员到达现场之前，组织抢救受伤人员，对因抢救伤员需要移动车辆、物品的，应当先标明原始位置；

（五）确保应急车道畅通，引导医疗、施救等车辆、人员顺利出入事故现场，做好辅助性工作；救护车辆不足时，启用警车或征用过往车辆协助运送伤员到医疗急救机构。

第二十五条 危险化学品运输车辆交通事故交通应急管理现场处置措施：

（一）启动高速公路交通应急管理协作机制，及时向驾驶人、押运人员及其他有关人员了解运载的物品种类及可能导致的后果，迅速上报危险化学品种类、危害程度、是否泄漏、死伤人员及周边河流、村庄受害等情况；

（二）划定警戒区域，设置警戒线，清理、疏散无关车辆、人员，安排事故未受伤人员至现场上风口地带；在医疗急救机构人员到达现场之前，组织抢救受伤人员。控制、保护肇事者和当事人，防止逃逸和其他意外的发生；

（三）确保应急车道畅通，引导医疗、救援等车辆、人员顺利出入事故现场，做好辅助性工作；救护车辆不足时，启用警车或征用过往车辆协助运送伤员到医疗急救机构；

（四）严禁在事故现场吸烟、拨打手机或使用明火等可能引起燃烧、爆炸等严重后果的行为。经环境保护、安全监管等部门及公安消防机构监测可能发生重大险情的，要立即将现场警力和人员撤至安全区域；

（五）解救因车辆撞击、侧翻、失火、落水、坠落而被困的人员，排除可能存在的隐患和险情，防止发生次生交通事故。

第二十六条 恶劣天气交通应急管理现场处置措施：

（一）迅速上报路况信息，包括雾、雨、雪、冰等恶劣天气的区域范围及变化趋势、能见度、车流量等情况；

（二）根据路况和上级要求，采取分段通行、间断放行、绕道通行、引导通行等措施；

（三）加强巡逻，及时发现和处置交通事故现场，严防发生次生交通事故；

（四）采取封闭高速公路交通管理措施时，要通过设置绕行提示标志、电子显示屏或可变情报板、交通广播等方式发布提示信息，按照交通应急管理预案进行分流。

第二十七条 自然灾害交通应急管理现场处置措施：

（一）接到报警后，民警迅速赶往现场，了解现场具体情况；

（二）因自然灾害导致路面堵塞，及时采取封闭道路措施，对受影响路段入口实施交通管制；

（三）通过设置绕行提示标志、电子显示屏或可变情报板、交通广播等方式发布提示信息，按照交通分流预案进行分流；

（四）封闭道路分流后须立即采取带离的方式清理道路上的滞留车辆；

（五）根据现场情况调度施救力量，及时清理现场，确保尽早恢复交通。

第二十八条 公安机关接报应急情况后，应当采取以下措施：

（一）了解道路交通中断和车辆滞留的影响范围和严重程度，根据高速公路交通应急管理响应级别，启动相应的应急预案，启动高速公路交通应急管理协作机制；

（二）按照本规定要求及时上报有关信息；

（三）会同相关职能部门，组织实施交通管理措施，及时采取分段通行、间断放行、绕道通行、引导通行等措施疏导滞留车辆；

（四）依法及时发布交通预警、分流和诱导等交通管理信息。

第二十九条 公安机关接到危险化学品泄露交通事故报警后，应当立即报告当地人民政府，通知有关部门到现场协助处理。

第三十条 各级公安机关应当在高速公路交通管理应急预案中详细规定交通警察现场处置操作规程。

第三十一条 交通警察在实施交通应急管理现场处置操作规程时，应当严格执行安全防护规定，注意自身安全。

第六章 信息报告与发布

第三十二条 需采取的应急措施超出公安机关职权范围的，事发地公安机关应当向当地人民政府报告，请求协调解决，同时向上级公安机关报告。

第三十三条 高速公路实施交通应急管理可能影响相邻省（自治区、直辖市）道路交通的，在及时处置的同时，要立即向相邻省（自治区、直辖市）的同级公安机关通报。

第三十四条 受邻省高速公路实施交通应急管理影响，造成本省（自治区、直辖市）道路交通中断和车辆滞留的，应当立即向邻省同级公安机关通报，同时向上级公安机关和当地人民政府报告。

第三十五条 信息上报的内容应当包括事件发生时间、地点、原因、目前道路交通状况、事件造成损失及危害、判定的响应级别、已经采取的措施、工作建议以及预计恢复交通的时间等情况，完整填写《高速公路交通应急管理信息上报表》。

第三十六条 信息上报可通过电话、传真、公安信息网传输等方式，紧急情况下，应当立即通过电话上报，遇有暂时无法查清的情况，待查清后续报。

第三十七条 高速公路实施交通应急管理需启动一级响应的，应当在初步确定启动一级响应1小时内将基本信息逐级上报至公安部；需启动二级响应的，应当在初步确定启动二级响应30分钟内将基本信息逐级上报至省级公安机关；需启动三级和四级响应的，应当及时将基本信息逐级上报至省级公安机关。公安部指令要求查报的，可由当地公安机关在规定时间内直接报告。

第三十八条 各级公安机关应当按照有关规定在第一时间向社会发布高速公路交通应急管理简要信息，随后发布初步核实情况、政府应对措施和公众防范措施等，并根据事件处置情况做好后续发布工作。对外发布的有关信息应当及时、准确、客观、全面。

第三十九条 本省（自治区、直辖市）或相邻省（自治区、直辖市）高速公路实施交通应急管理，需采取交通管制措施影响本省（自治区、直辖市）道路交通，应当采取现场接受采访、举行新闻发布会等形式通过本省（自治区、直辖市）电视、广播、报纸、网络等媒体及时公布信息。同时，协调高速公路经营管理单位在高速公路沿线电子显示屏滚动播放交通管制措施。

第四十条 应急处置完毕，应当迅速取消交通应急管理等措施，尽快恢复交通，待道路交通畅通后撤离现场，并及时向社会发布取消交通应急管理措施和恢复交通的信息。

第七章 评估总结

第四十一条 各级公安机关要对制定的应急预案定期组织评估，并根据演练和启动预案的情况，适时调整应急预案内容。公安部每两年组织对一级响应应急预案进行一次评估，省级公安机关每年组织对二级和三级响应应急预案进行一次评估，地市级公安机关每半年对四级响应应急预案进行一次评估。

第四十二条 应急处置结束后，应急处置工作所涉及的公安机关应当对应急响应工作进行总结，并对应急预案进行修订完善。

第八章　附　　则

第四十三条　违反本规定中关于关闭高速公路省际入口、组织车辆绕行分流和信息报告、发布等要求，影响应急事件处置的，给予有关人员相应纪律处分；造成严重后果的，依法追究有关人员法律责任。

第四十四条　本规定中所称“以上”、“以下”、“以内”、“以外”包含本数。

第四十五条　高速公路以外的其他道路交通应急管理参照本规定执行。

第四十六条　本规定自印发之日起实施。

附件：（略）

网络平台道路货物运输经营服务指南

（2019年9月24日　交办运函〔2019〕1391号）

网络平台道路货物运输经营者（以下简称网络货运经营者）应当遵守《中华人民共和国安全生产法》《中华人民共和国道路交通安全法》《中华人民共和国网络安全法》《中华人民共和国电子商务法》《中华人民共和国道路运输条例》《中华人民共和国电信条例》，以及《道路货物运输及站场管理规定》《危险货物道路运输管理规定》《网络平台道路货物运输经营管理暂行办法》等有关法律、行政法规和相关规定，严格操作规程，完善平台功能，加强安全管理，提高服务品质。

一、网络平台服务功能

（一）线上服务能力要求。

网络货运经营者线上服务能力应包括以下条件：

1. 取得增值电信业务许可证（公司名称与网络货运经营申请人名称一致）。

2. 符合国家关于信息系统安全等级保护的要求（单位名称与网络货运经营申请人名称一致，建议取得三级及以上信息系统安全等级保护备案证明及相关材料）。

3. 网络平台接入省级网络货运信息监测系统。

4. 具备本章“（二）功能要求”的功能。

省级交通运输主管部门应对县级交通运输主管部门提交的网络货运申请者相关信息进行线上服务能力认定，认定合格的，开具线上服务能力认定结果（详见附件）或在省级交通运输主管部门官网公示。

（二）功能要求。

1. 信息发布。

网络货运经营者依托网络平台为托运人、实际承运人提供真实、有效的货源及运力信息，并对货源及车源信息进行管理，包括但不限于信息发布、筛选、修改、推送、撤回等功能。

2. 线上交易。

网络货运经营者应通过网络平台在线组织运力，进行货源、运力资源的有效整合，实现信息精准配置，生成电子运单，完成线上交易。

3. 全程监控。

网络平台应自行或者使用第三方平台对运输地点、轨迹、状态进行动态监控，具备对装货、卸货、结算等进行有效管控的功能和物流信息全流程跟踪、记录、存储、分析能力；应记录含有时间和地理位置信息的实时行驶轨迹数据；宜实时展示实际承运驾驶员、车辆运输轨迹，并实现实际承运人相关资格证件到期预警提示、违规行为报警等功能。

4. 金融支付。

网络平台应具备核销对账、交易明细查询、生成资金流水单等功能，宜具备在线支付功能。

5. 咨询投诉。

网络平台应具备咨询、举报投诉、结果反馈等功能。

6. 在线评价。

网络平台应具备对托运、实际承运人进行信用打分及评级的功能。

7. 查询统计。

网络平台应具备信息查询功能，包括运单、资金流水、运输轨迹、信用记录、投诉处理等信息分类分户查询以及数据统计分析的功能。

8. 数据调取。

网络平台应具备交通运输、税务等相关部门依法调取数据的条件。

二、服务流程及要求

（一）信息审核。

1. 托运人信息。

网络货运经营者应在平台上登记并核对托运人信息：托运人为法人的，信息包括托运单位及法人代表名称、统一社会信用代码、联系人、联系方式、通信地址等基本信息，留存营业执照扫描件；托运人为自然人的，信息包括托运人姓名、有效证件号码、联系方式，留存有效证件扫描件。

2. 实际承运人信息。

网络货运经营者应要求实际承运人在网络平台注册登记并核对以下信息：实际承运人名称、道路运输经营许可证号、统一社会信用代码（或身份证号）等基本信息；驾驶员姓名、身份证号、联系方式、道路运输从业资格证号、机动车驾驶证号；车辆牌照号、车牌颜色、车辆道路运输证号、车辆行驶证档案编号、车辆总质量、核定载质量、外廓尺寸（4.5 吨及以下普通道路货物运输车辆从事普通道路货物运输经营的，无需登记道路运输经营许可证号、道路运输证号、驾驶员从业资格证号）。

网络货运经营者应留存以下有效证件扫描件：实际承运人营业执照、身份证等扫描件；驾驶员身份证、机动车驾驶证、道路运输从业资格证；车辆行驶证、道路运输证（挂车、4.5吨及以下普通道路货物运输车辆从事普通道路货物运输经营的，无需上传道路运输经营许可证、道路运输证、驾驶员从业资格证）。

网络货运经营者应对实际承运人资质信息进行审核，通过审核后方能委托其承担运输业务。

（二）签订合同。

网络货运经营者应按照《中华人民共和国合同法》的要求，分别与托运人和实际承运人签订运输合同，主要内容应包括但不限于：

1. 当事人信息：包括托运人、收货人、网络货运经营者、实际承运人的名称、联系方式；

2. 服务内容：包括货物信息、运输方式、起讫地、运输价格、时效要求等；

3. 当事人权利义务关系；

4. 运费结算方式；

合同保存时间自签订之日起不少于3年。

（三）运输过程监控。

网络货运经营者应在生成运单号码后，实时采集实际承运车辆运输轨迹的动态信息，并在货物起运和确认送达时，经驾驶员授权同意后，实时采集和上传驾驶员地理位置信息，实现交易、运输、结算等各环节全过程透明化动态管理。网络货运经营者使用12吨及以上的重型普通载货汽车和半挂牵引车承担运输任务时，应督促实际承运人保持车载卫星定位装置在线。

网络货运经营者应确保线上提供服务的车辆和驾驶员与线下实际提供服务的车辆和驾驶员一致。

网络货运经营者不得虚构运输交易相互委托运输服务。

（四）交付验收。

1. 交接装货。

网络货运经营者应当在许可的经营范围内从事经营活动，不得违规承运危险货物。

网络货运经营者从事零担货物运输的，应当按照《零担货物道路运输服务规范》的相关要求，对托运人身份进行查验登记，督促实际承运人对货物进行安全检查或者开封验视。

网络货运经营者接到实际承运人有关发现违禁物品、可疑物品或瞒报危险物品报告的，应向公安机关或有关部门及时报告。

2. 交付卸货。

收货人确认收货后，实际承运人应及时将交付信息上传至货运经营者网络平台。

货物交付时存在异议的，网络货运经营者应及时处理。

（五）运费结算。

1. 结算流程。

网络货运经营者应按照合同约定及时向实际承运人支付运费。

2. 支付方式。

网络货运经营者宜与银行等金融机构、第三方支付平台合作，通过电子支付实现交易留痕。

（六）信息上传。

网络货运经营者应按照《部网络货运信息交互系统接入指南》的要求，在收货人确认收货后，实时将运单数据上传至省级网络货运信息监测系统。

网络货运经营者应在结算完成后，实时将资金流水单信息上传至省级网络货运信息监测系统。

（七）保险理赔。

鼓励网络货运经营者采用投保网络平台道路货物运输承运人责

任险等措施，保障托运人合法权益。

(八) 投诉处理。

1. 网络货运经营者应建立便捷有效的投诉举报机制，公开投诉举报方式等信息，包括服务电话、投诉方式、处理流程等。鼓励网络货运经营者建立投诉举报在线解决机制。

2. 网络货运经营者应在接到投诉举报后 24 小时内给予有效响应，及时处理并将结果告知投诉方。

3. 网络货运经营者应加强对举报、投诉处理相关信息的汇总分析，在网络平台公示投诉处理满意率。及时查找管理不足和漏洞，制定改进措施，不断提高服务质量。

(九) 信用评价。

网络货运经营者应建立对实际承运人公平公正的信用评价体系，围绕运输效率、运输安全、服务质量、客户满意度等方面进行综合考核评价，评价结果在网络平台上公示。根据信用评价结果建立实际承运人退出机制。

三、安全及风险管控要求

(一) 安全生产管理。

1. 安全生产管理制度。

网络货运经营者应建立健全适合网络货运经营特点的安全生产责任制度、安全生产业务操作规程、驾驶员和车辆资质登记查验制度、托运人身份查验登记制度等，设立相应的安全生产管理部门或者配备专职安全管理人员。

2. 应急管理。

网络货运经营者应制定安全生产事故应急救援预案。发生事故或不可抗力事件时，第一时间启动应急预案，组织实际承运人进行应急处置，并积极配合相关部门开展应急救援。

网络货运经营者应跟踪了解行业动态和各方诉求，及时化解和疏导矛盾，并向有关部门报告。

3. 安全人员考核。

网络货运经营者的主要负责人和安全生产管理人员应当由县级以上交通运输主管部门对其安全生产知识和管理能力考核合格。

（二）信息安全管理。

1. 建立信息安全管理制度。

网络货运经营者应按照《中华人民共和国网络安全法》等有关法律法规的要求，采取有效措施防病毒、防攻击、防泄密，落实网络安全管理责任。

2. 加强信息使用管理。

网络货运经营者应按照合法、正当、必要的原则，采集与网络货运经营相关的数据信息，采集的信息未经被采集者同意，不得用于网络货运以外的其他用途，不得转让给第三方。

（三）司机权益保护。

网络货运经营者不得利用市场垄断地位排除、限制竞争，随意压低运价，损害货车司机权益；应按照合同约定及时支付运费，不得拖欠运费；不得提供虚假信息、扰乱市场秩序；应合理安排运输计划、保障货车司机合理休息，避免疲劳驾驶。

附件

线上服务能力认定结果

____________________（企业名称）于____年____月____日，经________________（县级交通运输主管部门名称）向__________（省级交通运输主管部门名称）提出网络货运经营线上服务能力认定申请。经联调测试，申请单位已按照《部网络货运经营信息交互系统接入指南》的要求，完成网络平台接入省级网络货运信息监测系统。经核查，申请单位已取得《增值电信业务许可证》、____级信息系统安全等级保护备案证明。网络平台具备信息发布、线上交易、全程监控、金融支付、咨询投诉、在线评价、查询统计、数据调取等功能，符合《网络平台道路货物运输经营管理暂行办法》《网络平台道路货物运输经营服务指南》及相关规定，具备线上服务能力。

道路普通货物运输车辆网上年度审验工作规范

（2022年3月22日　交办运〔2022〕18号）

第一条　为规范道路普通货物运输车辆（以下简称普通货运车辆）网上年度审验（以下简称网上年审）业务办理工作，根据《道路运输车辆技术管理规定》《道路货物运输及站场管理规定》《道路运输车辆动态监督管理办法》及相关规定，制定本规范。

第二条　本规范适用于普通货运车辆（不含总质量4.5吨及以下从事道路普通货运经营的普通货运车辆）网上年审工作。

第三条　网上年审应坚持依法依规、便民利民、程序公开、服务高效的原则。网上年审与原有车籍所在地窗口年审效力等同。鼓励道路货物运输经营者通过网上办理普通货运车辆年审。

第四条　网上年审不改变普通货运车辆审验机关、审验内容与责任主体。

开展道路运输车辆检验检测业务的机构对所出具的道路运输车辆检验检测报告、车辆技术等级评定结论负责，审验机关对审验结果负责。

第五条　车籍所在地交通运输主管部门为车辆网上年审的审验机关，审验内容如下：

（一）对于总质量4.5吨（不含）以上、12吨（不含）以下普通货运车辆，审验内容为车辆技术等级评定情况、车辆结构及尺寸变动情况、车辆违章记录情况。

（二）对于总质量12吨及以上普通货运车辆、半挂牵引车，审验内容为车辆技术等级评定情况、车辆结构及尺寸变动情况、按规定使用符合标准的具有行驶记录功能的卫星定位装置并接入全国道路货运车辆公共监管与服务平台情况、车辆违章记录情况。

（三）对于挂车，审验内容为行驶证是否在检验有效期内。

第六条 道路货物运输经营者可通过全国互联网道路运输便民政务服务系统办理普通货运车辆网上年审业务。

道路货物运输经营者在非车籍所在地窗口办理网上年审业务的，窗口办事人员应协助办理。

第七条 道路货物运输经营者按照本规范第五条要求提交相应车辆年审材料，相关材料由全国互联网道路运输便民政务服务系统共享给车籍所在地道路运政管理信息系统。

总质量12吨及以上普通货运车辆、半挂牵引车按规定使用符合标准的具有行驶记录功能的卫星定位装置并接入全国道路货运车辆公共监管与服务平台情况，车辆技术等级评定情况等能够自动归集的信息，无需重复提交。

道路货物运输经营者对所提交材料的真实性、有效性与合法性负责。

第八条 鼓励开展道路运输车辆检验检测业务的机构协助道路货物运输经营者办理网上年审。

第九条 审验机关收到网上年审材料起3个工作日内，通过本省道路运政管理信息系统对车辆年审材料完成审验。

车辆结构及尺寸变动情况、车辆技术等级评定情况以车籍所在地省级道路运输车辆检验检测信息系统共享给道路运政管理信息系统的车辆技术等级评定结论为依据。

总质量12吨及以上普通货运车辆、半挂牵引车使用符合标准的具有行驶记录功能的卫星定位装置并接入全国道路货运车辆公共监管与服务平台

监管与服务平台情况，以全国道路货运车辆公共监管与服务平台共享给全国互联网道路运输便民政务服务系统的数据信息为依据。

车辆违章记录情况以车籍所在地道路运政管理信息系统和交通综合执法系统的记录为依据。

第十条 对于道路运输经营者逾期办理网上年审业务的，审验机关本着便利道路货物运输经营者的原则遵照有关规定执行。

第十一条 审验机关通过全国互联网道路运输便民政务服务系统告知道路货物运输经营者年审结果，也可通过短信推送方式告知。

审验符合要求的，道路货物运输经营者可通过全国互联网道路运输便民政务服务系统下载《普通货运车辆网上年审凭证》（参考样式见附件 1）并留存。电子印章（参考样式见附件 1）标注在《普通货运车辆网上年审凭证》上，由审验机关加盖。

审验不符合要求的，审验机关应将不符合审验要求的具体事项告知道路货物运输经营者。道路货物运输经营者可通过全国互联网道路运输便民政务服务系统补充提交车辆年审材料。

第十二条 鼓励具备条件的省份优化审验程序，通过信息化手段实现车辆年审材料的自动判断和审验结果的自动告知。

第十三条 交通运输主管部门可通过扫描《普通货运车辆网上年审凭证》中的二维码对车辆年审情况进行核查，道路货物运输经营者或者驾驶员出示《普通货运车辆网上年审凭证》予以配合。

交通运输主管部门可通过全国互联网道路运输便民政务服务系统查验车辆年审结果。

第十四条 车籍所在地省份已开通网上年审服务系统的也可通过本省系统办理。

第十五条 本规范由交通运输部运输服务司负责解释。

第十六条 本规范自 2022 年 5 月 1 日起施行。

附件：1. 普通货运车辆网上年审凭证（略）

2. 普通货运车辆网上年审流程（略）

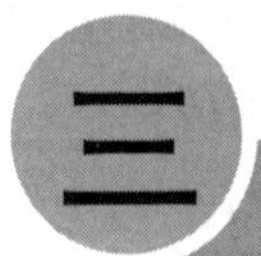

机动车与驾驶人管理

中华人民共和国车船税法

（2011年2月25日第十一届全国人民代表大会常务委员会第十九次会议通过　根据2019年4月23日第十三届全国人民代表大会常务委员会第十次会议《关于修改〈中华人民共和国建筑法〉等八部法律的决定》修正）

第一条　在中华人民共和国境内属于本法所附《车船税税目税额表》规定的车辆、船舶（以下简称车船）的所有人或者管理人，为车船税的纳税人，应当依照本法缴纳车船税。

第二条　车船的适用税额依照本法所附《车船税税目税额表》执行。

车辆的具体适用税额由省、自治区、直辖市人民政府依照本法所附《车船税税目税额表》规定的税额幅度和国务院的规定确定。

船舶的具体适用税额由国务院在本法所附《车船税税目税额表》规定的税额幅度内确定。

第三条　下列车船免征车船税：

（一）捕捞、养殖渔船；

（二）军队、武装警察部队专用的车船；

（三）警用车船；

（四）悬挂应急救援专用号牌的国家综合性消防救援车辆和国家综合性消防救援专用船舶；

（五）依照法律规定应当予以免税的外国驻华使领馆、国际组织驻华代表机构及其有关人员的车船。

第四条 对节约能源、使用新能源的车船可以减征或者免征车船税；对受严重自然灾害影响纳税困难以及有其他特殊原因确需减税、免税的，可以减征或者免征车船税。具体办法由国务院规定，并报全国人民代表大会常务委员会备案。

第五条 省、自治区、直辖市人民政府根据当地实际情况，可以对公共交通车船，农村居民拥有并主要在农村地区使用的摩托车、三轮汽车和低速载货汽车定期减征或者免征车船税。

第六条 从事机动车第三者责任强制保险业务的保险机构为机动车车船税的扣缴义务人，应当在收取保险费时依法代收车船税，并出具代收税款凭证。

第七条 车船税的纳税地点为车船的登记地或者车船税扣缴义务人所在地。依法不需要办理登记的车船，车船税的纳税地点为车船的所有人或者管理人所在地。

第八条 车船税纳税义务发生时间为取得车船所有权或者管理权的当月。

第九条 车船税按年申报缴纳。具体申报纳税期限由省、自治区、直辖市人民政府规定。

第十条 公安、交通运输、农业、渔业等车船登记管理部门、船舶检验机构和车船税扣缴义务人的行业主管部门应当在提供车船有关信息等方面，协助税务机关加强车船税的征收管理。

车辆所有人或者管理人在申请办理车辆相关登记、定期检验手续时，应当向公安机关交通管理部门提交依法纳税或者免税证明。公安机关交通管理部门核查后办理相关手续。

第十一条 车船税的征收管理，依照本法和《中华人民共和国税收征收管理法》的规定执行。

第十二条 国务院根据本法制定实施条例。

第十三条 本法自2012年1月1日起施行。2006年12月29日国务院公布的《中华人民共和国车船税暂行条例》同时废止。

附：

车船税税目税额表

税目		计税单位	年基准税额	备注
乘用车〔按发动机汽缸容量（排气量）分档〕	1.0升（含）以下的	每辆	60元至360元	核定载客人数9人（含）以下
	1.0升以上至1.6升（含）的		300元至540元	
	1.6升以上至2.0升（含）的		360元至660元	
	2.0升以上至2.5升（含）的		660元至1200元	
	2.5升以上至3.0升（含）的		1200元至2400元	
	3.0升以上至4.0升（含）的		2400元至3600元	
	4.0升以上的		3600元至5400元	
商用车	客车	每辆	480元至1440元	核定载客人数9人以上，包括电车
	货车	整备质量每吨	16元至120元	包括半挂牵引车、三轮汽车和低速载货汽车等
挂车		整备质量每吨	按照货车税额的50%计算	
其他车辆	专用作业车	整备质量每吨	16元至120元	不包括拖拉机
	轮式专用机械车		16元至120元	
摩托车		每辆	36元至180元	
船舶	机动船舶	净吨位每吨	3元至6元	拖船、非机动驳船分别按照机动船舶税额的50%计算
	游艇	艇身长度每米	600元至2000元	

中华人民共和国车船税法实施条例

（2011 年 12 月 5 日中华人民共和国国务院令第 611 号公布　根据 2019 年 3 月 2 日《国务院关于修改部分行政法规的决定》修订）

第一条　根据《中华人民共和国车船税法》（以下简称车船税法）的规定，制定本条例。

第二条　车船税法第一条所称车辆、船舶，是指：

（一）依法应当在车船登记管理部门登记的机动车辆和船舶；

（二）依法不需要在车船登记管理部门登记的在单位内部场所行驶或者作业的机动车辆和船舶。

第三条　省、自治区、直辖市人民政府根据车船税法所附《车船税税目税额表》确定车辆具体适用税额，应当遵循以下原则：

（一）乘用车依排气量从小到大递增税额；

（二）客车按照核定载客人数 20 人以下和 20 人（含）以上两档划分，递增税额。

省、自治区、直辖市人民政府确定的车辆具体适用税额，应当报国务院备案。

第四条　机动船舶具体适用税额为：

（一）净吨位不超过 200 吨的，每吨 3 元；

（二）净吨位超过 200 吨但不超过 2000 吨的，每吨 4 元；

（三）净吨位超过 2000 吨但不超过 10000 吨的，每吨 5 元；

（四）净吨位超过 10000 吨的，每吨 6 元。

拖船按照发动机功率每 1 千瓦折合净吨位 0.67 吨计算征收车船税。

第五条 游艇具体适用税额为：

（一）艇身长度不超过 10 米的，每米 600 元；

（二）艇身长度超过 10 米但不超过 18 米的，每米 900 元；

（三）艇身长度超过 18 米但不超过 30 米的，每米 1300 元；

（四）艇身长度超过 30 米的，每米 2000 元；

（五）辅助动力帆艇，每米 600 元。

第六条 车船税法和本条例所涉及的排气量、整备质量、核定载客人数、净吨位、千瓦、艇身长度，以车船登记管理部门核发的车船登记证书或者行驶证所载数据为准。

依法不需要办理登记的车船和依法应当登记而未办理登记或者不能提供车船登记证书、行驶证的车船，以车船出厂合格证明或者进口凭证标注的技术参数、数据为准；不能提供车船出厂合格证明或者进口凭证的，由主管税务机关参照国家相关标准核定，没有国家相关标准的参照同类车船核定。

第七条 车船税法第三条第一项所称的捕捞、养殖渔船，是指在渔业船舶登记管理部门登记为捕捞船或者养殖船的船舶。

第八条 车船税法第三条第二项所称的军队、武装警察部队专用的车船，是指按照规定在军队、武装警察部队车船登记管理部门登记，并领取军队、武警牌照的车船。

第九条 车船税法第三条第三项所称的警用车船，是指公安机关、国家安全机关、监狱、劳动教养管理机关和人民法院、人民检察院领取警用牌照的车辆和执行警务的专用船舶。

第十条 节约能源、使用新能源的车船可以免征或者减半征收车船税。免征或者减半征收车船税的车船的范围，由国务院财政、税务主管部门商国务院有关部门制订，报国务院批准。

对受地震、洪涝等严重自然灾害影响纳税困难以及其他特殊原因确需减免税的车船，可以在一定期限内减征或者免征车船税。具体减免期限和数额由省、自治区、直辖市人民政府确定，报国务院备案。

第十一条 车船税由税务机关负责征收。

第十二条 机动车车船税扣缴义务人在代收车船税时，应当在机动车交通事故责任强制保险的保险单以及保费发票上注明已收税款的信息，作为代收税款凭证。

第十三条 已完税或者依法减免税的车辆，纳税人应当向扣缴义务人提供登记地的主管税务机关出具的完税凭证或者减免税证明。

第十四条 纳税人没有按照规定期限缴纳车船税的，扣缴义务人在代收代缴税款时，可以一并代收代缴欠缴税款的滞纳金。

第十五条 扣缴义务人已代收代缴车船税的，纳税人不再向车辆登记地的主管税务机关申报缴纳车船税。

没有扣缴义务人的，纳税人应当向主管税务机关自行申报缴纳车船税。

第十六条 纳税人缴纳车船税时，应当提供反映排气量、整备质量、核定载客人数、净吨位、千瓦、艇身长度等与纳税相关信息的相应凭证以及税务机关根据实际需要要求提供的其他资料。

纳税人以前年度已经提供前款所列资料信息的，可以不再提供。

第十七条 车辆车船税的纳税人按照纳税地点所在的省、自治区、直辖市人民政府确定的具体适用税额缴纳车船税。

第十八条 扣缴义务人应当及时解缴代收代缴的税款和滞纳金，并向主管税务机关申报。扣缴义务人向税务机关解缴税款和滞纳金时，应当同时报送明细的税款和滞纳金扣缴报告。扣缴义务人解缴税款和滞纳金的具体期限，由省、自治区、直辖市税务机关依照法律、行政法规的规定确定。

第十九条 购置的新车船，购置当年的应纳税额自纳税义务发生的当月起按月计算。应纳税额为年应纳税额除以 12 再乘以应纳税月份数。

在一个纳税年度内，已完税的车船被盗抢、报废、灭失的，纳税人可以凭有关管理机关出具的证明和完税凭证，向纳税所在地的主管税务机关申请退还自被盗抢、报废、灭失月份起至该纳税年度终了期间的税款。

已办理退税的被盗抢车船失而复得的，纳税人应当从公安机关出具相关证明的当月起计算缴纳车船税。

第二十条 已缴纳车船税的车船在同一纳税年度内办理转让过户的，不另纳税，也不退税。

第二十一条 车船税法第八条所称取得车船所有权或者管理权的当月，应当以购买车船的发票或者其他证明文件所载日期的当月为准。

第二十二条 税务机关可以在车船登记管理部门、车船检验机构的办公场所集中办理车船税征收事宜。

公安机关交通管理部门在办理车辆相关登记和定期检验手续时，经核查，对没有提供依法纳税或者免税证明的，不予办理相关手续。

第二十三条 车船税按年申报，分月计算，一次性缴纳。纳税年度为公历 1 月 1 日至 12 月 31 日。

第二十四条 临时入境的外国车船和香港特别行政区、澳门特别行政区、台湾地区的车船，不征收车船税。

第二十五条 按照规定缴纳船舶吨税的机动船舶，自车船税法实施之日起 5 年内免征车船税。

依法不需要在车船登记管理部门登记的机场、港口、铁路站场内部行驶或者作业的车船，自车船税法实施之日起 5 年内免征车船税。

第二十六条 车船税法所附《车船税税目税额表》中车辆、船舶的含义如下：

乘用车，是指在设计和技术特性上主要用于载运乘客及随身行李，核定载客人数包括驾驶员在内不超过9人的汽车。

商用车，是指除乘用车外，在设计和技术特性上用于载运乘客、货物的汽车，划分为客车和货车。

半挂牵引车，是指装备有特殊装置用于牵引半挂车的商用车。

三轮汽车，是指最高设计车速不超过每小时50公里，具有三个车轮的货车。

低速载货汽车，是指以柴油机为动力，最高设计车速不超过每小时70公里，具有四个车轮的货车。

挂车，是指就其设计和技术特性需由汽车或者拖拉机牵引，才能正常使用的一种无动力的道路车辆。

专用作业车，是指在其设计和技术特性上用于特殊工作的车辆。

轮式专用机械车，是指有特殊结构和专门功能，装有橡胶车轮可以自行行驶，最高设计车速大于每小时20公里的轮式工程机械车。

摩托车，是指无论采用何种驱动方式，最高设计车速大于每小时50公里，或者使用内燃机，其排量大于50毫升的两轮或者三轮车辆。

船舶，是指各类机动、非机动船舶以及其他水上移动装置，但是船舶上装备的救生艇筏和长度小于5米的艇筏除外。其中，机动船舶是指用机器推进的船舶；拖船是指专门用于拖（推）动运输船舶的专业作业船舶；非机动驳船，是指在船舶登记管理部门登记为驳船的非机动船舶；游艇是指具备内置机械推进动力装置，长度在90米以下，主要用于游览观光、休闲娱乐、水上体育运动等活动，并应当具有船舶检验证书和适航证书的船舶。

第二十七条 本条例自2012年1月1日起施行。

缺陷汽车产品召回管理条例

（2012 年 10 月 22 日中华人民共和国国务院令第 626 号公布　根据 2019 年 3 月 2 日《国务院关于修改部分行政法规的决定》修订）

第一条　为了规范缺陷汽车产品召回，加强监督管理，保障人身、财产安全，制定本条例。

第二条　在中国境内生产、销售的汽车和汽车挂车（以下统称汽车产品）的召回及其监督管理，适用本条例。

第三条　本条例所称缺陷，是指由于设计、制造、标识等原因导致的在同一批次、型号或者类别的汽车产品中普遍存在的不符合保障人身、财产安全的国家标准、行业标准的情形或者其他危及人身、财产安全的不合理的危险。

本条例所称召回，是指汽车产品生产者对其已售出的汽车产品采取措施消除缺陷的活动。

第四条　国务院产品质量监督部门负责全国缺陷汽车产品召回的监督管理工作。

国务院有关部门在各自职责范围内负责缺陷汽车产品召回的相关监督管理工作。

第五条　国务院产品质量监督部门根据工作需要，可以委托省、自治区、直辖市人民政府产品质量监督部门负责缺陷汽车产品召回监督管理的部分工作。

国务院产品质量监督部门缺陷产品召回技术机构按照国务院产品质量监督部门的规定，承担缺陷汽车产品召回的具体技术工作。

第六条　任何单位和个人有权向产品质量监督部门投诉汽车产

品可能存在的缺陷，国务院产品质量监督部门应当以便于公众知晓的方式向社会公布受理投诉的电话、电子邮箱和通信地址。

国务院产品质量监督部门应当建立缺陷汽车产品召回信息管理系统，收集汇总、分析处理有关缺陷汽车产品信息。

产品质量监督部门、汽车产品主管部门、商务主管部门、海关、公安机关交通管理部门、交通运输主管部门等有关部门应当建立汽车产品的生产、销售、进口、登记检验、维修、消费者投诉、召回等信息的共享机制。

第七条 产品质量监督部门和有关部门、机构及其工作人员对履行本条例规定职责所知悉的商业秘密和个人信息，不得泄露。

第八条 对缺陷汽车产品，生产者应当依照本条例全部召回；生产者未实施召回的，国务院产品质量监督部门应当依照本条例责令其召回。

本条例所称生产者，是指在中国境内依法设立的生产汽车产品并以其名义颁发产品合格证的企业。

从中国境外进口汽车产品到境内销售的企业，视为前款所称的生产者。

第九条 生产者应当建立并保存汽车产品设计、制造、标识、检验等方面的信息记录以及汽车产品初次销售的车主信息记录，保存期不得少于10年。

第十条 生产者应当将下列信息报国务院产品质量监督部门备案：

（一）生产者基本信息；

（二）汽车产品技术参数和汽车产品初次销售的车主信息；

（三）因汽车产品存在危及人身、财产安全的故障而发生修理、更换、退货的信息；

（四）汽车产品在中国境外实施召回的信息；

（五）国务院产品质量监督部门要求备案的其他信息。

第十一条 销售、租赁、维修汽车产品的经营者（以下统称经营者）应当按照国务院产品质量监督部门的规定建立并保存汽车产品相关信息记录，保存期不得少于5年。

经营者获知汽车产品存在缺陷的，应当立即停止销售、租赁、使用缺陷汽车产品，并协助生产者实施召回。

经营者应当向国务院产品质量监督部门报告和向生产者通报所获知的汽车产品可能存在缺陷的相关信息。

第十二条 生产者获知汽车产品可能存在缺陷的，应当立即组织调查分析，并如实向国务院产品质量监督部门报告调查分析结果。

生产者确认汽车产品存在缺陷的，应当立即停止生产、销售、进口缺陷汽车产品，并实施召回。

第十三条 国务院产品质量监督部门获知汽车产品可能存在缺陷的，应当立即通知生产者开展调查分析；生产者未按照通知开展调查分析的，国务院产品质量监督部门应当开展缺陷调查。

国务院产品质量监督部门认为汽车产品可能存在会造成严重后果的缺陷的，可以直接开展缺陷调查。

第十四条 国务院产品质量监督部门开展缺陷调查，可以进入生产者、经营者的生产经营场所进行现场调查，查阅、复制相关资料和记录，向相关单位和个人了解汽车产品可能存在缺陷的情况。

生产者应当配合缺陷调查，提供调查需要的有关资料、产品和专用设备。经营者应当配合缺陷调查，提供调查需要的有关资料。

国务院产品质量监督部门不得将生产者、经营者提供的资料、产品和专用设备用于缺陷调查所需的技术检测和鉴定以外的用途。

第十五条 国务院产品质量监督部门调查认为汽车产品存在缺陷的，应当通知生产者实施召回。

生产者认为其汽车产品不存在缺陷的，可以自收到通知之日起15个工作日内向国务院产品质量监督部门提出异议，并提供证明材料。国务院产品质量监督部门应当组织与生产者无利害关系的专家对证明材料进行论证，必要时对汽车产品进行技术检测或者鉴定。

生产者既不按照通知实施召回又不在本条第二款规定期限内提出异议的，或者经国务院产品质量监督部门依照本条第二款规定组织论证、技术检测、鉴定确认汽车产品存在缺陷的，国务院产品质量监督部门应当责令生产者实施召回；生产者应当立即停止生产、销售、进口缺陷汽车产品，并实施召回。

第十六条 生产者实施召回，应当按照国务院产品质量监督部门的规定制定召回计划，并报国务院产品质量监督部门备案。修改已备案的召回计划应当重新备案。

生产者应当按照召回计划实施召回。

第十七条 生产者应当将报国务院产品质量监督部门备案的召回计划同时通报销售者，销售者应当停止销售缺陷汽车产品。

第十八条 生产者实施召回，应当以便于公众知晓的方式发布信息，告知车主汽车产品存在的缺陷、避免损害发生的应急处置方法和生产者消除缺陷的措施等事项。

国务院产品质量监督部门应当及时向社会公布已经确认的缺陷汽车产品信息以及生产者实施召回的相关信息。

车主应当配合生产者实施召回。

第十九条 对实施召回的缺陷汽车产品，生产者应当及时采取修正或者补充标识、修理、更换、退货等措施消除缺陷。

生产者应当承担消除缺陷的费用和必要的运送缺陷汽车产品的费用。

第二十条 生产者应当按照国务院产品质量监督部门的规定提交召回阶段性报告和召回总结报告。

第二十一条 国务院产品质量监督部门应当对召回实施情况进行监督，并组织与生产者无利害关系的专家对生产者消除缺陷的效果进行评估。

第二十二条 生产者违反本条例规定，有下列情形之一的，由产品质量监督部门责令改正；拒不改正的，处5万元以上20万元以下的罚款：

（一）未按照规定保存有关汽车产品、车主的信息记录；

（二）未按照规定备案有关信息、召回计划；

（三）未按照规定提交有关召回报告。

第二十三条 违反本条例规定，有下列情形之一的，由产品质量监督部门责令改正；拒不改正的，处50万元以上100万元以下的罚款；有违法所得的，并处没收违法所得；情节严重的，由许可机关吊销有关许可：

（一）生产者、经营者不配合产品质量监督部门缺陷调查；

（二）生产者未按照已备案的召回计划实施召回；

（三）生产者未将召回计划通报销售者。

第二十四条 生产者违反本条例规定，有下列情形之一的，由产品质量监督部门责令改正，处缺陷汽车产品货值金额1%以上10%以下的罚款；有违法所得的，并处没收违法所得；情节严重的，由许可机关吊销有关许可：

（一）未停止生产、销售或者进口缺陷汽车产品；

（二）隐瞒缺陷情况；

（三）经责令召回拒不召回。

第二十五条 违反本条例规定，从事缺陷汽车产品召回监督管理工作的人员有下列行为之一的，依法给予处分：

（一）将生产者、经营者提供的资料、产品和专用设备用于缺陷调查所需的技术检测和鉴定以外的用途；

（二）泄露当事人商业秘密或者个人信息；

（三）其他玩忽职守、徇私舞弊、滥用职权行为。

第二十六条 违反本条例规定，构成犯罪的，依法追究刑事责任。

第二十七条 汽车产品出厂时未随车装备的轮胎存在缺陷的，由轮胎的生产者负责召回。具体办法由国务院产品质量监督部门参照本条例制定。

第二十八条 生产者依照本条例召回缺陷汽车产品，不免除其依法应当承担的责任。

汽车产品存在本条例规定的缺陷以外的质量问题的，车主有权依照产品质量法、消费者权益保护法等法律、行政法规和国家有关规定以及合同约定，要求生产者、销售者承担修理、更换、退货、赔偿损失等相应的法律责任。

第二十九条 本条例自2013年1月1日起施行。

缺陷汽车产品召回管理条例实施办法

（2015年11月27日国家质量监督检验检疫总局令第176号公布　根据2020年10月23日《国家市场监督管理总局关于修改部分规章的决定》修订）

第一章　总　　则

第一条 根据《缺陷汽车产品召回管理条例》，制定本办法。

第二条 在中国境内生产、销售的汽车和汽车挂车（以下统称汽车产品）的召回及其监督管理，适用本办法。

第三条 汽车产品生产者（以下简称生产者）是缺陷汽车产品的召回主体。汽车产品存在缺陷的，生产者应当依照本办法实施召回。

第四条 国家市场监督管理总局（以下简称市场监管总局）负责全国缺陷汽车产品召回的监督管理工作。

第五条 市场监管总局根据工作需要，可以委托省级市场监督管理部门在本行政区域内负责缺陷汽车产品召回监督管理的部分工作。

市场监管总局缺陷产品召回技术机构（以下简称召回技术机构）按照市场监管总局的规定承担缺陷汽车产品召回信息管理、缺陷调查、召回管理中的具体技术工作。

第二章 信息管理

第六条 任何单位和个人有权向市场监督管理部门投诉汽车产品可能存在的缺陷等有关问题。

第七条 市场监管总局负责组织建立缺陷汽车产品召回信息管理系统，收集汇总、分析处理有关缺陷汽车产品信息，备案生产者信息，发布缺陷汽车产品信息和召回相关信息。

市场监管总局负责与国务院有关部门共同建立汽车产品的生产、销售、进口、登记检验、维修、事故、消费者投诉、召回等信息的共享机制。

第八条 市场监督管理部门发现本行政区域内缺陷汽车产品信息的，应当将信息逐级上报。

第九条 生产者应当建立健全汽车产品可追溯信息管理制度，确保能够及时确定缺陷汽车产品的召回范围并通知车主。

第十条 生产者应当保存以下汽车产品设计、制造、标识、检验等方面的信息：

（一）汽车产品设计、制造、标识、检验的相关文件和质量控制信息；

（二）涉及安全的汽车产品零部件生产者及零部件的设计、制造、检验信息；

（三）汽车产品生产批次及技术变更信息；

（四）其他相关信息。

生产者还应当保存车主名称、有效证件号码、通信地址、联系电话、购买日期、车辆识别代码等汽车产品初次销售的车主信息。

第十一条 生产者应当向市场监管总局备案以下信息：

（一）生产者基本信息；

（二）汽车产品技术参数和汽车产品初次销售的车主信息；

（三）因汽车产品存在危及人身、财产安全的故障而发生修理、更换、退货的信息；

（四）汽车产品在中国境外实施召回的信息；

（五）技术服务通报、公告等信息；

（六）其他需要备案的信息。

生产者依法备案的信息发生变化的，应当在20个工作日内进行更新。

第十二条 销售、租赁、维修汽车产品的经营者（以下统称经营者）应当建立并保存其经营的汽车产品型号、规格、车辆识别代码、数量、流向、购买者信息、租赁、维修等信息。

第十三条 经营者、汽车产品零部件生产者应当向市场监管总局报告所获知的汽车产品可能存在缺陷的相关信息，并通报生产者。

第三章 缺陷调查

第十四条 生产者获知汽车产品可能存在缺陷的，应当立即组织调查分析，并将调查分析结果报告市场监管总局。

生产者经调查分析确认汽车产品存在缺陷的，应当立即停止生产、销售、进口缺陷汽车产品，并实施召回；生产者经调查分析认为汽车产品不存在缺陷的，应当在报送的调查分析结果中说明分析过程、方法、风险评估意见以及分析结论等。

第十五条 市场监管总局负责组织对缺陷汽车产品召回信息管理系统收集的信息、有关单位和个人的投诉信息以及通过其他方式获取的缺陷汽车产品相关信息进行分析，发现汽车产品可能存在缺陷的，应当立即通知生产者开展相关调查分析。

生产者应当按照市场监管总局通知要求，立即开展调查分析，并如实向市场监管总局报告调查分析结果。

第十六条 召回技术机构负责组织对生产者报送的调查分析结果进行评估，并将评估结果报告市场监管总局。

第十七条 存在下列情形之一的，市场监管总局应当组织开展缺陷调查：

（一）生产者未按照通知要求开展调查分析的；

（二）经评估生产者的调查分析结果不能证明汽车产品不存在缺陷的；

（三）汽车产品可能存在造成严重后果的缺陷的；

（四）经实验检测，同一批次、型号或者类别的汽车产品可能存在不符合保障人身、财产安全的国家标准、行业标准情形的；

（五）其他需要组织开展缺陷调查的情形。

第十八条 市场监管总局、受委托的省级市场监督管理部门开展缺陷调查，可以行使以下职权：

（一）进入生产者、经营者、零部件生产者的生产经营场所进行现场调查；

（二）查阅、复制相关资料和记录，收集相关证据；

（三）向有关单位和个人了解汽车产品可能存在缺陷的情况；

（四）其他依法可以采取的措施。

第十九条 与汽车产品缺陷有关的零部件生产者应当配合缺陷调查，提供调查需要的有关资料。

第二十条 市场监管总局、受委托的省级市场监督管理部门开展缺陷调查，应当对缺陷调查获得的相关信息、资料、实物、实验检测结果和相关证据等进行分析，形成缺陷调查报告。

省级市场监督管理部门应当及时将缺陷调查报告报送市场监管总局。

第二十一条 市场监管总局可以组织对汽车产品进行风险评估，必要时向社会发布风险预警信息。

第二十二条 市场监管总局根据缺陷调查报告认为汽车产品存在缺陷的，应当向生产者发出缺陷汽车产品召回通知书，通知生产者实施召回。

生产者认为其汽车产品不存在缺陷的，可以自收到缺陷汽车产品召回通知书之日起 15 个工作日内向市场监管总局提出书面异议，并提交相关证明材料。

生产者在 15 个工作日内提出异议的，市场监管总局应当组织与生产者无利害关系的专家对生产者提交的证明材料进行论证；必要时市场监管总局可以组织对汽车产品进行技术检测或者鉴定；生产者申请听证的或者市场监管总局根据工作需要认为有必要组织听证的，可以组织听证。

第二十三条 生产者既不按照缺陷汽车产品召回通知书要求实施召回，又不在 15 个工作日内向市场监管总局提出异议的，或者经组织论证、技术检测、鉴定，确认汽车产品存在缺陷的，市场监管总局应当责令生产者召回缺陷汽车产品。

第四章 召回实施与管理

第二十四条 生产者实施召回，应当按照市场监管总局的规定制定召回计划，并自确认汽车产品存在缺陷之日起 5 个工作日内或者被责令召回之日起 5 个工作日内向市场监管总局备案；同时以有效方式通报经营者。

生产者制定召回计划，应当内容全面，客观准确，并对其内容的真实性、准确性及召回措施的有效性负责。

生产者应当按照已备案的召回计划实施召回；生产者修改已备案的召回计划，应当重新向市场监管总局备案，并提交说明材料。

第二十五条 经营者获知汽车产品存在缺陷的，应当立即停止销售、租赁、使用缺陷汽车产品，并协助生产者实施召回。

第二十六条 生产者应当自召回计划备案之日起5个工作日内，通过报刊、网站、广播、电视等便于公众知晓的方式发布缺陷汽车产品信息和实施召回的相关信息，30个工作日内以挂号信等有效方式，告知车主汽车产品存在的缺陷、避免损害发生的应急处置方法和生产者消除缺陷的措施等事项。

生产者应当通过热线电话、网络平台等方式接受公众咨询。

第二十七条 车主应当积极配合生产者实施召回，消除缺陷。

第二十八条 市场监管总局应当向社会公布已经确认的缺陷汽车产品信息、生产者召回计划以及生产者实施召回的其他相关信息。

第二十九条 生产者应当保存已实施召回的汽车产品召回记录，保存期不得少于10年。

第三十条 生产者应当自召回实施之日起每3个月向市场监管总局提交一次召回阶段性报告。市场监管总局有特殊要求的，生产者应当按要求提交。

生产者应当在完成召回计划后15个工作日内，向市场监管总局提交召回总结报告。

第三十一条 生产者被责令召回的，应当立即停止生产、销售、进口缺陷汽车产品，并按照本办法的规定实施召回。

第三十二条 生产者完成召回计划后，仍有未召回的缺陷汽车产品的，应当继续实施召回。

第三十三条 对未消除缺陷的汽车产品，生产者和经营者不得销售或者交付使用。

第三十四条 市场监管总局对生产者召回实施情况进行监督或者委托省级市场监督管理部门进行监督，组织与生产者无利害关系的专家对消除缺陷的效果进行评估。

受委托对召回实施情况进行监督的省级市场监督管理部门，应当及时将有关情况报告市场监管总局。

市场监管总局通过召回实施情况监督和评估发现生产者的召回范围不准确、召回措施无法有效消除缺陷或者未能取得预期效果的，应当要求生产者再次实施召回或者采取其他相应补救措施。

第五章 法律责任

第三十五条 生产者违反本办法规定，有下列行为之一的，责令限期改正；逾期未改正的，处以1万元以上3万元以下罚款：

（一）未按规定更新备案信息的；

（二）未按规定提交调查分析结果的；

（三）未按规定保存汽车产品召回记录的；

（四）未按规定发布缺陷汽车产品信息和召回信息的。

第三十六条 零部件生产者违反本办法规定不配合缺陷调查的，责令限期改正；逾期未改正的，处以1万元以上3万元以下罚款。

第三十七条 违反本办法规定，构成《缺陷汽车产品召回管理条例》等有关法律法规规定的违法行为的，依法予以处理。

第三十八条 违反本办法规定，构成犯罪的，依法追究刑事责任。

第三十九条 本办法规定的行政处罚由违法行为发生地具有管辖权的市场监督管理部门在职责范围内依法实施；法律、行政法规另有规定的，依照法律、行政法规的规定执行。

第六章 附 则

第四十条 本办法所称汽车产品是指中华人民共和国国家标准《汽车和挂车类型的术语和定义》规定的汽车和挂车。

本办法所称生产者是指在中国境内依法设立的生产汽车产品并以其名义颁发产品合格证的企业。

从中国境外进口汽车产品到境内销售的企业视为前款所称的生产者。

第四十一条 汽车产品出厂时未随车装备的轮胎的召回及其监督管理由市场监管总局另行规定。

第四十二条 本办法由市场监管总局负责解释。

第四十三条 本办法自2016年1月1日起施行。

报废机动车回收管理办法

（2019年4月22日中华人民共和国国务院令第715号公布 自2019年6月1日起施行）

第一条 为了规范报废机动车回收活动，保护环境，促进循环经济发展，保障道路交通安全，制定本办法。

第二条 本办法所称报废机动车，是指根据《中华人民共和国道路交通安全法》的规定应当报废的机动车。

不属于《中华人民共和国道路交通安全法》规定的应当报废的机动车，机动车所有人自愿作报废处理的，依照本办法的规定执行。

第三条 国家鼓励特定领域的老旧机动车提前报废更新，具体办法由国务院有关部门另行制定。

第四条 国务院负责报废机动车回收管理的部门主管全国报废机动车回收（含拆解，下同）监督管理工作，国务院公安、生态环境、工业和信息化、交通运输、市场监督管理等部门在各自的职责范围内负责报废机动车回收有关的监督管理工作。

县级以上地方人民政府负责报废机动车回收管理的部门对本行政区域内报废机动车回收活动实施监督管理。县级以上地方人民政府公安、生态环境、工业和信息化、交通运输、市场监督管理等部门在各自的职责范围内对本行政区域内报废机动车回收活动实施有关的监督管理。

第五条 国家对报废机动车回收企业实行资质认定制度。未经资质认定，任何单位或者个人不得从事报废机动车回收活动。

国家鼓励机动车生产企业从事报废机动车回收活动。机动车生产企业按照国家有关规定承担生产者责任。

第六条 取得报废机动车回收资质认定，应当具备下列条件：

（一）具有企业法人资格；

（二）具有符合环境保护等有关法律、法规和强制性标准要求的存储、拆解场地，拆解设备、设施以及拆解操作规范；

（三）具有与报废机动车拆解活动相适应的专业技术人员。

第七条 拟从事报废机动车回收活动的，应当向省、自治区、直辖市人民政府负责报废机动车回收管理的部门提出申请。省、自治区、直辖市人民政府负责报废机动车回收管理的部门应当依法进行审查，对符合条件的，颁发资质认定书；对不符合条件的，不予资质认定并书面说明理由。

省、自治区、直辖市人民政府负责报废机动车回收管理的部门应当充分利用计算机网络等先进技术手段，推行网上申请、网上受理等方式，为申请人提供便利条件。申请人可以在网上提出申请。

省、自治区、直辖市人民政府负责报废机动车回收管理的部门应当将本行政区域内取得资质认定的报废机动车回收企业名单及时向社会公布。

第八条 任何单位或者个人不得要求机动车所有人将报废机动车交售给指定的报废机动车回收企业。

第九条 报废机动车回收企业对回收的报废机动车，应当向机动车所有人出具《报废机动车回收证明》，收回机动车登记证书、号牌、行驶证，并按照国家有关规定及时向公安机关交通管理部门办理注销登记，将注销证明转交机动车所有人。

《报废机动车回收证明》样式由国务院负责报废机动车回收管理的部门规定。任何单位或者个人不得买卖或者伪造、变造《报废机动车回收证明》。

第十条 报废机动车回收企业对回收的报废机动车，应当逐车登记机动车的型号、号牌号码、发动机号码、车辆识别代号等信息；发现回收的报废机动车疑似赃物或者用于盗窃、抢劫等犯罪活动的犯罪工具的，应当及时向公安机关报告。

报废机动车回收企业不得拆解、改装、拼装、倒卖疑似赃物或者犯罪工具的机动车或者其发动机、方向机、变速器、前后桥、车架（以下统称“五大总成”）和其他零部件。

第十一条 回收的报废机动车必须按照有关规定予以拆解；其中，回收的报废大型客车、货车等营运车辆和校车，应当在公安机关的监督下解体。

第十二条 拆解的报废机动车“五大总成”具备再制造条件的，可以按照国家有关规定出售给具有再制造能力的企业经过再制造予以循环利用；不具备再制造条件的，应当作为废金属，交售给钢铁企业作为冶炼原料。

拆解的报废机动车“五大总成”以外的零部件符合保障人身和财产安全等强制性国家标准，能够继续使用的，可以出售，但应当标明“报废机动车回用件”。

第十三条 国务院负责报废机动车回收管理的部门应当建立报废机动车回收信息系统。报废机动车回收企业应当如实记录本企业回收的报废机动车“五大总成”等主要部件的数量、型号、流向等信息，并上传至报废机动车回收信息系统。

负责报废机动车回收管理的部门、公安机关应当通过政务信息系统实现信息共享。

第十四条 拆解报废机动车，应当遵守环境保护法律、法规和强制性标准，采取有效措施保护环境，不得造成环境污染。

第十五条 禁止任何单位或者个人利用报废机动车“五大总成”和其他零部件拼装机动车，禁止拼装的机动车交易。

除机动车所有人将报废机动车依法交售给报废机动车回收企业外，禁止报废机动车整车交易。

第十六条 县级以上地方人民政府负责报废机动车回收管理的部门应当加强对报废机动车回收企业的监督检查，建立和完善以随机抽查为重点的日常监督检查制度，公布抽查事项目录，明确抽查的依据、频次、方式、内容和程序，随机抽取被检查企业，随机选派检查人员。抽查情况和查处结果应当及时向社会公布。

在监督检查中发现报废机动车回收企业不具备本办法规定的资质认定条件的，应当责令限期改正；拒不改正或者逾期未改正的，由原发证部门吊销资质认定书。

第十七条 县级以上地方人民政府负责报废机动车回收管理的部门应当向社会公布本部门的联系方式，方便公众举报违法行为。

县级以上地方人民政府负责报废机动车回收管理的部门接到举报的，应当及时依法调查处理，并为举报人保密；对实名举报的，负责报废机动车回收管理的部门应当将处理结果告知举报人。

第十八条 负责报废机动车回收管理的部门在监督管理工作中发现不属于本部门处理权限的违法行为的，应当及时移交有权处理的部门；有权处理的部门应当及时依法调查处理，并将处理结果告知负责报废机动车回收管理的部门。

第十九条 未取得资质认定，擅自从事报废机动车回收活动的，由负责报废机动车回收管理的部门没收非法回收的报废机动车、报废机动车“五大总成”和其他零部件，没收违法所得；违法所得在5万元以上的，并处违法所得2倍以上5倍以下的罚款；违法所得不足5万元或者没有违法所得的，并处5万元以上10万元以下的罚款。对负责报废机动车回收管理的部门没收非法回收的报废机动车、报废机动车“五大总成”和其他零部件，必要时有关主管部门应当予以配合。

第二十条 有下列情形之一的，由公安机关依法给予治安管理处罚：

（一）买卖或者伪造、变造《报废机动车回收证明》；

（二）报废机动车回收企业明知或者应当知道回收的机动车为赃物或者用于盗窃、抢劫等犯罪活动的犯罪工具，未向公安机关报告，擅自拆解、改装、拼装、倒卖该机动车。

报废机动车回收企业有前款规定情形，情节严重的，由原发证部门吊销资质认定书。

第二十一条 报废机动车回收企业有下列情形之一的，由负责报废机动车回收管理的部门责令改正，没收报废机动车“五大总成”和其他零部件，没收违法所得；违法所得在5万元以上的，并处违法所得2倍以上5倍以下的罚款；违法所得不足5万元或者没有违法所得的，并处5万元以上10万元以下的罚款；情节严重的，责令停业整顿直至由原发证部门吊销资质认定书：

（一）出售不具备再制造条件的报废机动车“五大总成”；

（二）出售不能继续使用的报废机动车“五大总成”以外的零部件；

（三）出售的报废机动车“五大总成”以外的零部件未标明“报废机动车回用件”。

第二十二条 报废机动车回收企业对回收的报废机动车，未按照国家有关规定及时向公安机关交通管理部门办理注销登记并将注销证明转交机动车所有人的，由负责报废机动车回收管理的部门责令改正，可以处1万元以上5万元以下的罚款。

利用报废机动车“五大总成”和其他零部件拼装机动车或者出售报废机动车整车、拼装的机动车的，依照《中华人民共和国道路交通安全法》的规定予以处罚。

第二十三条 报废机动车回收企业未如实记录本企业回收的报

废机动车“五大总成”等主要部件的数量、型号、流向等信息并上传至报废机动车回收信息系统的，由负责报废机动车回收管理的部门责令改正，并处1万元以上5万元以下的罚款；情节严重的，责令停业整顿。

第二十四条 报废机动车回收企业违反环境保护法律、法规和强制性标准，污染环境的，由生态环境主管部门责令限期改正，并依法予以处罚；拒不改正或者逾期未改正的，由原发证部门吊销资质认定书。

第二十五条 负责报废机动车回收管理的部门和其他有关部门的工作人员在监督管理工作中滥用职权、玩忽职守、徇私舞弊的，依法给予处分。

第二十六条 违反本办法规定，构成犯罪的，依法追究刑事责任。

第二十七条 报废新能源机动车回收的特殊事项，另行制定管理规定。

军队报废机动车的回收管理，依照国家和军队有关规定执行。

第二十八条 本办法自2019年6月1日起施行。2001年6月16日国务院公布的《报废汽车回收管理办法》同时废止。

机动车强制报废标准规定

（2012年12月27日商务部、国家发展和改革委员会、公安部、环境保护部令第12号公布　自2013年5月1日起施行）

第一条 为保障道路交通安全、鼓励技术进步、加快建设资源节约型、环境友好型社会，根据《中华人民共和国道路交通安全法》及其实施条例、《中华人民共和国大气污染防治法》、《中华人民共和国噪声污染防治法》，制定本规定。

第二条 根据机动车使用和安全技术、排放检验状况，国家对达到报废标准的机动车实施强制报废。

第三条 商务、公安、环境保护、发展改革等部门依据各自职责，负责报废机动车回收拆解监督管理、机动车强制报废标准执行有关工作。

第四条 已注册机动车有下列情形之一的应当强制报废，其所有人应当将机动车交售给报废机动车回收拆解企业，由报废机动车回收拆解企业按规定进行登记、拆解、销毁等处理，并将报废机动车登记证书、号牌、行驶证交公安机关交通管理部门注销：

（一）达到本规定第五条规定使用年限的；

（二）经修理和调整仍不符合机动车安全技术国家标准对在用车有关要求的；

（三）经修理和调整或者采用控制技术后，向大气排放污染物或者噪声仍不符合国家标准对在用车有关要求的；

（四）在检验有效期届满后连续 3 个机动车检验周期内未取得机动车检验合格标志的。

第五条 各类机动车使用年限分别如下：

（一）小、微型出租客运汽车使用 8 年，中型出租客运汽车使用 10 年，大型出租客运汽车使用 12 年；

（二）租赁载客汽车使用 15 年；

（三）小型教练载客汽车使用 10 年，中型教练载客汽车使用 12 年，大型教练载客汽车使用 15 年；

（四）公交客运汽车使用 13 年；

（五）其他小、微型营运载客汽车使用 10 年，大、中型营运载客汽车使用 15 年；

（六）专用校车使用 15 年；

（七）大、中型非营运载客汽车（大型轿车除外）使用20年；

（八）三轮汽车、装用单缸发动机的低速货车使用9年，装用多缸发动机的低速货车以及微型载货汽车使用12年，危险品运输载货汽车使用10年，其他载货汽车（包括半挂牵引车和全挂牵引车）使用15年；

（九）有载货功能的专项作业车使用15年，无载货功能的专项作业车使用30年；

（十）全挂车、危险品运输半挂车使用10年，集装箱半挂车20年，其他半挂车使用15年；

（十一）正三轮摩托车使用12年，其他摩托车使用13年。

对小、微型出租客运汽车（纯电动汽车除外）和摩托车，省、自治区、直辖市人民政府有关部门可结合本地实际情况，制定严于上述使用年限的规定，但小、微型出租客运汽车不得低于6年，正三轮摩托车不得低于10年，其他摩托车不得低于11年。

小、微型非营运载客汽车、大型非营运轿车、轮式专用机械车无使用年限限制。

机动车使用年限起始日期按照注册登记日期计算，但自出厂之日起超过2年未办理注册登记手续的，按照出厂日期计算。

第六条 变更使用性质或者转移登记的机动车应当按照下列有关要求确定使用年限和报废：

（一）营运载客汽车与非营运载客汽车相互转换的，按照营运载客汽车的规定报废，但小、微型非营运载客汽车和大型非营运轿车转为营运载客汽车的，应按照本规定附件1所列公式核算累计使用年限，且不得超过15年；

（二）不同类型的营运载客汽车相互转换，按照使用年限较严的规定报废；

（三）小、微型出租客运汽车和摩托车需要转出登记所属地省、自治区、直辖市范围的，按照使用年限较严的规定报废；

（四）危险品运输载货汽车、半挂车与其他载货汽车、半挂车相互转换的，按照危险品运输载货车、半挂车的规定报废。

距本规定要求使用年限1年以内（含1年）的机动车，不得变更使用性质、转移所有权或者转出登记地所属地市级行政区域。

第七条 国家对达到一定行驶里程的机动车引导报废。

达到下列行驶里程的机动车，其所有人可以将机动车交售给报废机动车回收拆解企业，由报废机动车回收拆解企业按规定进行登记、拆解、销毁等处理，并将报废的机动车登记证书、号牌、行驶证交公安机关交通管理部门注销：

（一）小、微型出租客运汽车行驶60万千米，中型出租客运汽车行驶50万千米，大型出租客运汽车行驶60万千米；

（二）租赁载客汽车行驶60万千米；

（三）小型和中型教练载客汽车行驶50万千米，大型教练载客汽车行驶60万千米；

（四）公交客运汽车行驶40万千米；

（五）其他小、微型营运载客汽车行驶60万千米，中型营运载客汽车行驶50万千米，大型营运载客汽车行驶80万千米；

（六）专用校车行驶40万千米；

（七）小、微型非营运载客汽车和大型非营运轿车行驶60万千米，中型非营运载客汽车行驶50万千米，大型非营运载客汽车行驶60万千米；

（八）微型载货汽车行驶50万千米，中、轻型载货汽车行驶60万千米，重型载货汽车（包括半挂牵引车和全挂牵引车）行驶70万千米，危险品运输载货汽车行驶40万千米，装用多缸发动机的低速货车行驶30万千米；

（九）专项作业车、轮式专用机械车行驶50万千米；

（十）正三轮摩托车行驶10万千米，其他摩托车行驶12万千米。

第八条 本规定所称机动车是指上道路行驶的汽车、挂车、摩托车和轮式专用机械车；非营运载客汽车是指个人或者单位不以获取利润为目的的自用载客汽车；危险品运输载货汽车是指专门用于运输剧毒化学品、爆炸品、放射性物品、腐蚀性物品等危险品的车辆；变更使用性质是指使用性质由营运转为非营运或者由非营运转为营运，小、微型出租、租赁、教练等不同类型的营运载客汽车之间的相互转换，以及危险品运输载货汽车转为其他载货汽车。本规定所称检验周期是指《中华人民共和国道路交通安全法实施条例》规定的机动车安全技术检验周期。

第九条 省、自治区、直辖市人民政府有关部门依据本规定第五条制定的小、微型出租客运汽车或者摩托车使用年限标准，应当及时向社会公布，并报国务院商务、公安、环境保护等部门备案。

第十条 上道路行驶拖拉机的报废标准规定另行制定。

第十一条 本规定自2013年5月1日起施行。2013年5月1日前已达到本规定所列报废标准的，应当在2014年4月30日前予以报废。《关于发布〈汽车报废标准〉的通知》（国经贸经〔1997〕456号）、《关于调整轻型载货汽车报废标准的通知》（国经贸经〔1998〕407号）、《关于调整汽车报废标准若干规定的通知》（国经贸资源〔2000〕1202号）、《关于印发〈农用运输车报废标准〉的通知》（国经贸资源〔2001〕234号）、《摩托车报废标准暂行规定》（国家经贸委、发展计划委、公安部、环保总局令〔2002〕第33号）同时废止。

附件 1

非营运小微型载客汽车和大型轿车变更使用性质后累计使用年限计算公式

$$\text{累计使用年限}=\text{原状态已使用年}+\left(1-\frac{\text{原状态已使用年}}{\text{原状态使用年限}}\right)\times\text{状态改变后年限}$$

备注：公式中原状态已使用年中不足一年的按一年计算，例如，已使用 2.5 年按照 3 年计算；原状态使用年限数值取定值为 17；累计使用年限计算结果向下圆整为整数，且不超过 15 年。

附件 2

机动车使用年限及行驶里程参考值汇总表

车辆类型与用途					使用年限（年）	行驶里程参考值（万千米）
汽车	载客	营运	出租客车	小、微型	8	60
				中型	10	50
				大型	12	60
			租赁		15	60
			教练	小型	10	50
				中型	12	50
				大型	15	60
			公交客运		13	40
			其他	小、微型	10	60
				中型	15	50
				大型	15	80
		专用校车			15	40
		非营运	小、微型客车、大型轿车*		无	60
			中型客车		20	50
			大型客车		20	60

续表

<table>
<tr><td rowspan="8">汽车</td><td rowspan="6">载货</td><td colspan="2">微型</td><td>12</td><td>50</td></tr>
<tr><td colspan="2">中、轻型</td><td>15</td><td>60</td></tr>
<tr><td colspan="2">重型</td><td>15</td><td>70</td></tr>
<tr><td colspan="2">危险品运输</td><td>10</td><td>40</td></tr>
<tr><td colspan="2">三轮汽车、装用单缸发动机的低速货车</td><td>9</td><td>无</td></tr>
<tr><td colspan="2">装用多缸发动机的低速货车</td><td>12</td><td>30</td></tr>
<tr><td rowspan="2">专项作业</td><td colspan="2">有载货功能</td><td>15</td><td>50</td></tr>
<tr><td colspan="2">无载货功能</td><td>30</td><td>50</td></tr>
<tr><td colspan="2" rowspan="4">挂车</td><td rowspan="3">半挂车</td><td>集装箱</td><td>20</td><td>无</td></tr>
<tr><td>危险品运输</td><td>10</td><td>无</td></tr>
<tr><td>其他</td><td>15</td><td>无</td></tr>
<tr><td colspan="2">全挂车</td><td>10</td><td>无</td></tr>
<tr><td colspan="2" rowspan="2">摩托车</td><td colspan="2">正三轮</td><td>12</td><td>10</td></tr>
<tr><td colspan="2">其他</td><td>13</td><td>12</td></tr>
<tr><td colspan="4">轮式专用机械车</td><td>无</td><td>50</td></tr>
</table>

注：1. 表中机动车主要依据《机动车类型 术语和定义》（GA802-2008）进行分类；标注＊车辆为乘用车。

2. 对小、微型出租客运汽车（纯电动汽车除外）和摩托车，省、自治区、直辖市人民政府有关部门可结合本地实际情况，制定严于表中使用年限的规定，但小、微型出租客运汽车不得低于6年，正三轮摩托车不得低于10年，其他摩托车不得低于11年。

机动车驾驶证申领和使用规定

（2021年12月17日中华人民共和国公安部令第162号公布　自2022年4月1日起施行）

目　录

第一章 总 则

第一条 为了规范机动车驾驶证申领和使用，保障道路交通安全，保护公民、法人和其他组织的合法权益，根据《中华人民共和国道路交通安全法》及其实施条例、《中华人民共和国行政许可法》，制定本规定。

第二条 本规定由公安机关交通管理部门负责实施。

省级公安机关交通管理部门负责本省（自治区、直辖市）机动车驾驶证业务工作的指导、检查和监督。直辖市公安机关交通管理部门车辆管理所、设区的市或者相当于同级的公安机关交通管理部门车辆管理所负责办理本行政区域内机动车驾驶证业务。

县级公安机关交通管理部门车辆管理所可以办理本行政区域内除大型客车、重型牵引挂车、城市公交车、中型客车、大型货车场地驾驶技能、道路驾驶技能考试以外的其他机动车驾驶证业务。具体业务范围和办理条件由省级公安机关交通管理部门确定。

第三条 车辆管理所办理机动车驾驶证业务，应当遵循依法、公开、公正、便民的原则。

车辆管理所办理机动车驾驶证业务，应当依法受理申请人的申请，审查申请人提交的材料。对符合条件的，按照规定的标准、程序和期限办理机动车驾驶证。对申请材料不齐全或者不符合法定形式的，应当一次书面或者电子告知申请人需要补正的全部内容。对不符合条件的，应当书面或者电子告知理由。

车辆管理所应当将法律、行政法规和本规定的有关办理机动车驾驶证的事项、条件、依据、程序、期限以及收费标准、需要提交的全部材料的目录和申请表示范文本等在办公场所公示。

省级、设区的市或者相当于同级的公安机关交通管理部门应当在互联网上发布信息，便于群众查阅办理机动车驾驶证的有关规定，查询驾驶证使用状态、交通违法及记分等情况，下载、使用有关表格。

第四条 车辆管理所办理机动车驾驶证业务时，应当按照减环节、减材料、减时限的要求，积极推行一次办结、限时办结等制度，为申请人提供规范、便利、高效的服务。

公安机关交通管理部门应当积极推进与有关部门信息互联互通，对实现信息共享、网上核查的，申请人免予提交相关证明凭证。

公安机关交通管理部门应当按照就近办理、便捷办理的原则，推进在驾驶人考场、政务服务大厅等地设置服务站点，方便申请人办理机动车驾驶证业务，并在办公场所和互联网公示辖区内的业务办理网点、地址、联系电话、办公时间和业务范围。

第五条 车辆管理所应当使用全国统一的计算机管理系统办理机动车驾驶证业务、核发机动车驾驶证。

计算机管理系统的数据库标准和软件全国统一，能够完整、准确地记录和存储机动车驾驶证业务办理、驾驶人考试等全过程和经办人员信息，并能够实时将有关信息传送到全国公安交通管理信息系统。

第六条 车辆管理所应当使用互联网交通安全综合服务管理平

台受理申请人网上提交的申请，验证申请人身份，按规定办理机动车驾驶证业务。

互联网交通安全综合服务管理平台信息管理系统数据库标准和软件全国统一。

第七条 申请办理机动车驾驶证业务的，应当如实向车辆管理所提交规定的材料，如实申告规定的事项，并对其申请材料实质内容的真实性负责。

第八条 公安机关交通管理部门应当建立机动车驾驶证业务监督制度，加强对驾驶人考试、驾驶证核发和使用的监督管理。

第九条 车辆管理所办理机动车驾驶证业务时可以依据相关法律法规认可、使用电子签名、电子印章、电子证照。

第二章 机动车驾驶证申请

第一节 机动车驾驶证

第十条 驾驶机动车，应当依法取得机动车驾驶证。

第十一条 机动车驾驶人准予驾驶的车型顺序依次分为：大型客车、重型牵引挂车、城市公交车、中型客车、大型货车、小型汽车、小型自动挡汽车、低速载货汽车、三轮汽车、残疾人专用小型自动挡载客汽车、轻型牵引挂车、普通三轮摩托车、普通二轮摩托车、轻便摩托车、轮式专用机械车、无轨电车和有轨电车（附件1）。

第十二条 机动车驾驶证记载和签注以下内容：

（一）机动车驾驶人信息：姓名、性别、出生日期、国籍、住址、身份证明号码（机动车驾驶证号码）、照片；

（二）车辆管理所签注内容：初次领证日期、准驾车型代号、有效期限、核发机关印章、档案编号、准予驾驶机动车听力辅助条件。

第十三条 机动车驾驶证有效期分为六年、十年和长期。

第二节 申　　请

第十四条 申请机动车驾驶证的人，应当符合下列规定：

（一）年龄条件：

1. 申请小型汽车、小型自动挡汽车、残疾人专用小型自动挡载客汽车、轻便摩托车准驾车型的，在18周岁以上；

2. 申请低速载货汽车、三轮汽车、普通三轮摩托车、普通二轮摩托车或者轮式专用机械车准驾车型的，在18周岁以上，60周岁以下；

3. 申请城市公交车、中型客车、大型货车、轻型牵引挂车、无轨电车或者有轨电车准驾车型的，在20周岁以上，60周岁以下；

4. 申请大型客车、重型牵引挂车准驾车型的，在22周岁以上，60周岁以下；

5. 接受全日制驾驶职业教育的学生，申请大型客车、重型牵引挂车准驾车型的，在19周岁以上，60周岁以下。

（二）身体条件：

1. 身高：申请大型客车、重型牵引挂车、城市公交车、大型货车、无轨电车准驾车型的，身高为155厘米以上。申请中型客车准驾车型的，身高为150厘米以上；

2. 视力：申请大型客车、重型牵引挂车、城市公交车、中型客车、大型货车、无轨电车或者有轨电车准驾车型的，两眼裸视力或者矫正视力达到对数视力表5.0以上。申请其他准驾车型的，两眼裸视力或者矫正视力达到对数视力表4.9以上。单眼视力障碍，优眼裸视力或者矫正视力达到对数视力表5.0以上，且水平视野达到150度的，可以申请小型汽车、小型自动挡汽车、低速载货汽车、三轮汽车、残疾人专用小型自动挡载客汽车准驾车型的机动车驾驶证；

3. 辨色力：无红绿色盲；

4. 听力：两耳分别距音叉50厘米能辨别声源方向。有听力障碍但佩戴助听设备能够达到以上条件的，可以申请小型汽车、小型自动挡汽车准驾车型的机动车驾驶证；

5. 上肢：双手拇指健全，每只手其他手指必须有三指健全，肢体和手指运动功能正常。但手指末节残缺或者左手有三指健全，且双手手掌完整的，可以申请小型汽车、小型自动挡汽车、低速载货汽车、三轮汽车准驾车型的机动车驾驶证；

6. 下肢：双下肢健全且运动功能正常，不等长度不得大于5厘米。单独左下肢缺失或者丧失运动功能，但右下肢正常的，可以申请小型自动挡汽车准驾车型的机动车驾驶证；

7. 躯干、颈部：无运动功能障碍；

8. 右下肢、双下肢缺失或者丧失运动功能但能够自主坐立，且上肢符合本项第5目规定的，可以申请残疾人专用小型自动挡载客汽车准驾车型的机动车驾驶证。一只手掌缺失，另一只手拇指健全，其他手指有两指健全，上肢和手指运动功能正常，且下肢符合本项第6目规定的，可以申请残疾人专用小型自动挡载客汽车准驾车型的机动车驾驶证；

9. 年龄在70周岁以上能够通过记忆力、判断力、反应力等能力测试的，可以申请小型汽车、小型自动挡汽车、残疾人专用小型自动挡载客汽车、轻便摩托车准驾车型的机动车驾驶证。

第十五条 有下列情形之一的，不得申请机动车驾驶证：

（一）有器质性心脏病、癫痫病、美尼尔氏症、眩晕症、癔病、震颤麻痹、精神病、痴呆以及影响肢体活动的神经系统疾病等妨碍安全驾驶疾病的；

（二）三年内有吸食、注射毒品行为或者解除强制隔离戒毒措施未满三年，以及长期服用依赖性精神药品成瘾尚未戒除的；

（三）造成交通事故后逃逸构成犯罪的；

（四）饮酒后或者醉酒驾驶机动车发生重大交通事故构成犯

罪的；

（五）醉酒驾驶机动车或者饮酒后驾驶营运机动车依法被吊销机动车驾驶证未满五年的；

（六）醉酒驾驶营运机动车依法被吊销机动车驾驶证未满十年的；

（七）驾驶机动车追逐竞驶、超员、超速、违反危险化学品安全管理规定运输危险化学品构成犯罪依法被吊销机动车驾驶证未满五年的；

（八）因本款第四项以外的其他违反交通管理法律法规的行为发生重大交通事故构成犯罪依法被吊销机动车驾驶证未满十年的；

（九）因其他情形依法被吊销机动车驾驶证未满二年的；

（十）驾驶许可依法被撤销未满三年的；

（十一）未取得机动车驾驶证驾驶机动车，发生负同等以上责任交通事故造成人员重伤或者死亡未满十年的；

（十二）三年内有代替他人参加机动车驾驶人考试行为的；

（十三）法律、行政法规规定的其他情形。

未取得机动车驾驶证驾驶机动车，有第一款第五项至第八项行为之一的，在规定期限内不得申请机动车驾驶证。

第十六条 初次申领机动车驾驶证的，可以申请准驾车型为城市公交车、大型货车、小型汽车、小型自动挡汽车、低速载货汽车、三轮汽车、残疾人专用小型自动挡载客汽车、普通三轮摩托车、普通二轮摩托车、轻便摩托车、轮式专用机械车、无轨电车、有轨电车的机动车驾驶证。

已持有机动车驾驶证，申请增加准驾车型的，可以申请增加的准驾车型为大型客车、重型牵引挂车、城市公交车、中型客车、大型货车、小型汽车、小型自动挡汽车、低速载货汽车、三轮汽车、轻型牵引挂车、普通三轮摩托车、普通二轮摩托车、轻便摩托车、轮式专用机械车、无轨电车、有轨电车。

第十七条 已持有机动车驾驶证，申请增加准驾车型的，应当在本记分周期和申请前最近一个记分周期内没有记满 12 分记录。申请增加轻型牵引挂车、中型客车、重型牵引挂车、大型客车准驾车型的，还应当符合下列规定：

（一）申请增加轻型牵引挂车准驾车型的，已取得驾驶小型汽车、小型自动挡汽车准驾车型资格一年以上；

（二）申请增加中型客车准驾车型的，已取得驾驶城市公交车、大型货车、小型汽车、小型自动挡汽车、低速载货汽车或者三轮汽车准驾车型资格二年以上，并在申请前最近连续二个记分周期内没有记满 12 分记录；

（三）申请增加重型牵引挂车准驾车型的，已取得驾驶中型客车或者大型货车准驾车型资格二年以上，或者取得驾驶大型客车准驾车型资格一年以上，并在申请前最近连续二个记分周期内没有记满 12 分记录；

（四）申请增加大型客车准驾车型的，已取得驾驶城市公交车、中型客车准驾车型资格二年以上、已取得驾驶大型货车准驾车型资格三年以上，或者取得驾驶重型牵引挂车准驾车型资格一年以上，并在申请前最近连续三个记分周期内没有记满 12 分记录。

正在接受全日制驾驶职业教育的学生，已在校取得驾驶小型汽车准驾车型资格，并在本记分周期和申请前最近一个记分周期内没有记满 12 分记录的，可以申请增加大型客车、重型牵引挂车准驾车型。

第十八条 有下列情形之一的，不得申请大型客车、重型牵引挂车、城市公交车、中型客车、大型货车准驾车型：

（一）发生交通事故造成人员死亡，承担同等以上责任的；

（二）醉酒后驾驶机动车的；

（三）再次饮酒后驾驶机动车的；

（四）有吸食、注射毒品后驾驶机动车行为的，或者有执行社区戒毒、强制隔离戒毒、社区康复措施记录的；

（五）驾驶机动车追逐竞驶、超员、超速、违反危险化学品安全管理规定运输危险化学品构成犯罪的；

（六）被吊销或者撤销机动车驾驶证未满十年的；

（七）未取得机动车驾驶证驾驶机动车，发生负同等以上责任交通事故造成人员重伤或者死亡的。

第十九条 持有军队、武装警察部队机动车驾驶证，符合本规定的申请条件，可以申请对应准驾车型的机动车驾驶证。

第二十条 持有境外机动车驾驶证，符合本规定的申请条件，且取得该驾驶证时在核发国家或者地区一年内累计居留九十日以上的，可以申请对应准驾车型的机动车驾驶证。属于申请准驾车型为大型客车、重型牵引挂车、中型客车机动车驾驶证的，还应当取得境外相应准驾车型机动车驾驶证二年以上。

第二十一条 持有境外机动车驾驶证，需要临时驾驶机动车的，应当按规定向车辆管理所申领临时机动车驾驶许可。

对入境短期停留的，可以申领有效期为三个月的临时机动车驾驶许可；停居留时间超过三个月的，有效期可以延长至一年。

临时入境机动车驾驶人的临时机动车驾驶许可在一个记分周期内累积记分达到12分，未按规定参加道路交通安全法律、法规和相关知识学习、考试的，不得申请机动车驾驶证或者再次申请临时机动车驾驶许可。

第二十二条 申领机动车驾驶证的人，按照下列规定向车辆管理所提出申请：

（一）在户籍所在地居住的，应当在户籍所在地提出申请；

（二）在户籍所在地以外居住的，可以在居住地提出申请；

（三）现役军人（含武警），应当在部队驻地提出申请；

（四）境外人员，应当在居留地或者居住地提出申请；

（五）申请增加准驾车型的，应当在所持机动车驾驶证核发地提出申请；

（六）接受全日制驾驶职业教育，申请增加大型客车、重型牵引挂车准驾车型的，应当在接受教育地提出申请。

第二十三条　申请机动车驾驶证，应当确认申请信息，并提交以下证明：

（一）申请人的身份证明；

（二）医疗机构出具的有关身体条件的证明。

第二十四条　持军队、武装警察部队机动车驾驶证的人申请机动车驾驶证，应当确认申请信息，并提交以下证明、凭证：

（一）申请人的身份证明。属于复员、转业、退伍的人员，还应当提交军队、武装警察部队核发的复员、转业、退伍证明；

（二）医疗机构出具的有关身体条件的证明；

（三）军队、武装警察部队机动车驾驶证。

第二十五条　持境外机动车驾驶证的人申请机动车驾驶证，应当确认申请信息，并提交以下证明、凭证：

（一）申请人的身份证明；

（二）医疗机构出具的有关身体条件的证明；

（三）所持机动车驾驶证。属于非中文表述的，还应当提供翻译机构出具或者公证机构公证的中文翻译文本。

属于外国驻华使馆、领馆人员及国际组织驻华代表机构人员申请的，按照外交对等原则执行。

属于内地居民申请的，还应当提交申请人的护照或者往来港澳通行证、往来台湾通行证。

第二十六条　实行小型汽车、小型自动挡汽车驾驶证自学直考的地方，申请人可以使用加装安全辅助装置的自备机动车，在具备安全驾驶经历等条件的人员随车指导下，按照公安机关交通管理部门指定的路线、时间学习驾驶技能，按照第二十三条的规定申请相应准驾车型的驾驶证。

小型汽车、小型自动挡汽车驾驶证自学直考管理制度由公安部另行规定。

第二十七条 申请机动车驾驶证的人，符合本规定要求的驾驶许可条件，有下列情形之一的，可以按照第十六条第一款和第二十三条的规定直接申请相应准驾车型的机动车驾驶证考试：

（一）原机动车驾驶证因超过有效期未换证被注销的；

（二）原机动车驾驶证因未提交身体条件证明被注销的；

（三）原机动车驾驶证由本人申请注销的；

（四）原机动车驾驶证因身体条件暂时不符合规定被注销的；

（五）原机动车驾驶证或者准驾车型资格因其他原因被注销的，但机动车驾驶证被吊销或者被撤销的除外；

（六）持有的军队、武装警察部队机动车驾驶证超过有效期的；

（七）持有境外机动车驾驶证或者境外机动车驾驶证超过有效期的。

有前款第六项、第七项规定情形之一的，还应当提交机动车驾驶证。

第二十八条 申请人提交的证明、凭证齐全、符合法定形式的，车辆管理所应当受理，并按规定审查申请人的机动车驾驶证申请条件。属于第二十五条规定情形的，还应当核查申请人的出入境记录；属于第二十七条第一款第一项至第五项规定情形之一的，还应当核查申请人的驾驶经历；属于正在接受全日制驾驶职业教育的学生，申请增加大型客车、重型牵引挂车准驾车型的，还应当核查申请人的学籍。

公安机关交通管理部门已经实现与医疗机构等单位联网核查的，申请人免予提交身体条件证明等证明、凭证。

对于符合申请条件的，车辆管理所应当按规定安排预约考试；不需要考试的，一日内核发机动车驾驶证。申请人属于复员、转业、退伍人员持军队、武装警察部队机动车驾驶证申请机动车驾驶证的，应当收回军队、武装警察部队机动车驾驶证。

第二十九条 车辆管理所对申请人的申请条件及提交的材料、申告的事项有疑义的，可以对实质内容进行调查核实。

调查时，应当询问申请人并制作询问笔录，向证明、凭证的核发机关核查。

经调查，申请人不符合申请条件的，不予办理；有违法行为的，依法予以处理。

第三章 机动车驾驶人考试

第一节 考试内容和合格标准

第三十条 机动车驾驶人考试内容分为道路交通安全法律、法规和相关知识考试科目（以下简称“科目一”）、场地驾驶技能考试科目（以下简称“科目二”）、道路驾驶技能和安全文明驾驶常识考试科目（以下简称“科目三”）。

已持有小型自动挡汽车准驾车型驾驶证申请增加小型汽车准驾车型的，应当考试科目二和科目三。

已持有大型客车、城市公交车、中型客车、大型货车、小型汽车、小型自动挡汽车准驾车型驾驶证申请增加轻型牵引挂车准驾车型的，应当考试科目二和科目三安全文明驾驶常识。

已持有轻便摩托车准驾车型驾驶证申请增加普通三轮摩托车、普通二轮摩托车准驾车型的，或者持有普通二轮摩托车驾驶证申请增加普通三轮摩托车准驾车型的，应当考试科目二和科目三。

已持有大型客车、重型牵引挂车、城市公交车、中型客车、大型货车、小型汽车、小型自动挡汽车准驾车型驾驶证的机动车驾驶人身体条件发生变化，不符合所持机动车驾驶证准驾车型的条件，但符合残疾人专用小型自动挡载客汽车准驾车型条件，申请变更的，应当考试科目二和科目三。

第三十一条 考试内容和合格标准全国统一，根据不同准驾车型规定相应的考试项目。

第三十二条 科目一考试内容包括：道路通行、交通信号、道路交通安全违法行为和交通事故处理、机动车驾驶证申领和使用、机动车登记等规定以及其他道路交通安全法律、法规和规章。

第三十三条 科目二考试内容包括：

（一）大型客车、重型牵引挂车、城市公交车、中型客车、大型货车考试桩考、坡道定点停车和起步、侧方停车、通过单边桥、曲线行驶、直角转弯、通过限宽门、窄路掉头，以及模拟高速公路、连续急弯山区路、隧道、雨（雾）天、湿滑路、紧急情况处置；

（二）小型汽车、低速载货汽车考试倒车入库、坡道定点停车和起步、侧方停车、曲线行驶、直角转弯；

（三）小型自动挡汽车、残疾人专用小型自动挡载客汽车考试倒车入库、侧方停车、曲线行驶、直角转弯；

（四）轻型牵引挂车考试桩考、曲线行驶、直角转弯；

（五）三轮汽车、普通三轮摩托车、普通二轮摩托车和轻便摩托车考试桩考、坡道定点停车和起步、通过单边桥；

（六）轮式专用机械车、无轨电车、有轨电车的考试内容由省级公安机关交通管理部门确定。

对第一款第一项至第三项规定的准驾车型，省级公安机关交通管理部门可以根据实际增加考试内容。

第三十四条 科目三道路驾驶技能考试内容包括：大型客车、重型牵引挂车、城市公交车、中型客车、大型货车、小型汽车、小型自动挡汽车、低速载货汽车和残疾人专用小型自动挡载客汽车考试上车准备、起步、直线行驶、加减挡位操作、变更车道、靠边停车、直行通过路口、路口左转弯、路口右转弯、通过人行横道线、通过学校区域、通过公共汽车站、会车、超车、掉头、夜间行驶；

其他准驾车型的考试内容，由省级公安机关交通管理部门确定。

大型客车、重型牵引挂车、城市公交车、中型客车、大型货车考试里程不少于10公里，其中初次申领城市公交车、大型货车准驾车型的，白天考试里程不少于5公里，夜间考试里程不少于3公里。小型汽车、小型自动挡汽车、低速载货汽车、残疾人专用小型自动挡载客汽车考试里程不少于3公里。不进行夜间考试的，应当进行模拟夜间灯光考试。

对大型客车、重型牵引挂车、城市公交车、中型客车、大型货车准驾车型，省级公安机关交通管理部门应当根据实际增加山区、隧道、陡坡等复杂道路驾驶考试内容。对其他汽车准驾车型，省级公安机关交通管理部门可以根据实际增加考试内容。

第三十五条　科目三安全文明驾驶常识考试内容包括：安全文明驾驶操作要求、恶劣气象和复杂道路条件下的安全驾驶知识、爆胎等紧急情况下的临危处置方法、防范次生事故处置知识、伤员急救知识等。

第三十六条　持军队、武装警察部队机动车驾驶证的人申请大型客车、重型牵引挂车、城市公交车、中型客车、大型货车准驾车型机动车驾驶证的，应当考试科目一和科目三；申请其他准驾车型机动车驾驶证的，免予考试核发机动车驾驶证。

第三十七条　持境外机动车驾驶证申请机动车驾驶证的，应当考试科目一。申请准驾车型为大型客车、重型牵引挂车、城市公交车、中型客车、大型货车机动车驾驶证的，应当考试科目一、科目二和科目三。

属于外国驻华使馆、领馆人员及国际组织驻华代表机构人员申请的，应当按照外交对等原则执行。

第三十八条　各科目考试的合格标准为：

（一）科目一考试满分为100分，成绩达到90分的为合格；

（二）科目二考试满分为100分，考试大型客车、重型牵引挂车、城市公交车、中型客车、大型货车、轻型牵引挂车准驾车型的，成绩达到90分的为合格，其他准驾车型的成绩达到80分的为合格；

（三）科目三道路驾驶技能和安全文明驾驶常识考试满分分别为100分，成绩分别达到90分的为合格。

第二节 考试要求

第三十九条 车辆管理所应当按照预约的考场和时间安排考试。申请人科目一考试合格后，可以预约科目二或者科目三道路驾驶技能考试。有条件的地方，申请人可以同时预约科目二、科目三道路驾驶技能考试，预约成功后可以连续进行考试。科目二、科目三道路驾驶技能考试均合格后，申请人可以当日参加科目三安全文明驾驶常识考试。

申请人申请大型客车、重型牵引挂车、城市公交车、中型客车、大型货车、轻型牵引挂车驾驶证，因当地尚未设立科目二考场的，可以选择省（自治区）内其他考场参加考试。

申请人申领小型汽车、小型自动挡汽车、低速载货汽车、三轮汽车、残疾人专用小型自动挡载客汽车、轻型牵引挂车驾驶证期间，已通过部分科目考试后，居住地发生变更的，可以申请变更考试地，在现居住地预约其他科目考试。申请变更考试地不得超过三次。

车辆管理所应当使用全国统一的考试预约系统，采用互联网、电话、服务窗口等方式供申请人预约考试。

第四十条 初次申请机动车驾驶证或者申请增加准驾车型的，科目一考试合格后，车辆管理所应当在一日内核发学习驾驶证明。

属于第三十条第二款至第四款规定申请增加准驾车型以及第五款规定申请变更准驾车型的，受理后直接核发学习驾驶证明。

属于自学直考的，车辆管理所还应当按规定发放学车专用标识

（附件 2）。

第四十一条 申请人在场地和道路上学习驾驶，应当按规定取得学习驾驶证明。学习驾驶证明的有效期为三年，但有效期截止日期不得超过申请年龄条件上限。申请人应当在有效期内完成科目二和科目三考试。未在有效期内完成考试的，已考试合格的科目成绩作废。

学习驾驶证明可以采用纸质或者电子形式，纸质学习驾驶证明和电子学习驾驶证明具有同等效力。申请人可以通过互联网交通安全综合服务管理平台打印或者下载学习驾驶证明。

第四十二条 申请人在道路上学习驾驶，应当随身携带学习驾驶证明，使用教练车或者学车专用标识签注的自学用车，在教练员或者学车专用标识签注的指导人员随车指导下，按照公安机关交通管理部门指定的路线、时间进行。

申请人为自学直考人员的，在道路上学习驾驶时，应当在自学用车上按规定放置、粘贴学车专用标识，自学用车不得搭载随车指导人员以外的其他人员。

第四十三条 初次申请机动车驾驶证或者申请增加准驾车型的，申请人预约考试科目二，应当符合下列规定：

（一）报考小型汽车、小型自动挡汽车、低速载货汽车、三轮汽车、残疾人专用小型自动挡载客汽车、轮式专用机械车、无轨电车、有轨电车准驾车型的，在取得学习驾驶证明满十日后预约考试；

（二）报考大型客车、重型牵引挂车、城市公交车、中型客车、大型货车、轻型牵引挂车准驾车型的，在取得学习驾驶证明满二十日后预约考试。

第四十四条 初次申请机动车驾驶证或者申请增加准驾车型的，申请人预约考试科目三，应当符合下列规定：

（一）报考小型自动挡汽车、残疾人专用小型自动挡载客汽车、低速载货汽车、三轮汽车准驾车型的，在取得学习驾驶证明满二十日后预约考试；

(二) 报考小型汽车、轮式专用机械车、无轨电车、有轨电车准驾车型的，在取得学习驾驶证明满三十日后预约考试；

(三) 报考大型客车、重型牵引挂车、城市公交车、中型客车、大型货车准驾车型的，在取得学习驾驶证明满四十日后预约考试。属于已经持有汽车类驾驶证，申请增加准驾车型的，在取得学习驾驶证明满三十日后预约考试。

第四十五条 持军队、武装警察部队或者境外机动车驾驶证申请机动车驾驶证的，应当自车辆管理所受理之日起三年内完成科目考试。

第四十六条 申请人因故不能按照预约时间参加考试的，应当提前一日申请取消预约。对申请人未按照预约考试时间参加考试的，判定该次考试不合格。

第四十七条 每个科目考试一次，考试不合格的，可以补考一次。不参加补考或者补考仍不合格的，本次考试终止，申请人应当重新预约考试，但科目二、科目三考试应当在十日后预约。科目三安全文明驾驶常识考试不合格的，已通过的道路驾驶技能考试成绩有效。

在学习驾驶证明有效期内，科目二和科目三道路驾驶技能考试预约考试的次数分别不得超过五次。第五次考试仍不合格的，已考试合格的其他科目成绩作废。

第四十八条 车辆管理所组织考试前应当使用全国统一的计算机管理系统当日随机选配考试员，随机安排考生分组，随机选取考试路线。

第四十九条 从事考试工作的人员，应当持有公安机关交通管理部门颁发的资格证书。公安机关交通管理部门应当在公安民警、警务辅助人员中选拔足够数量的考试员，从事考试工作。可以聘用运输企业驾驶人、警风警纪监督员等人员承担考试辅助工作和监督职责。

考试员应当认真履行考试职责，严格按照规定考试，接受社会监督。在考试前应当自我介绍，讲解考试要求，核实申请人身份；考试中应当严格执行考试程序，按照考试项目和考试标准评定考试成绩；考试后应当当场公布考试成绩，讲评考试不合格原因。

每个科目的考试成绩单应当有申请人和考试员的签名。未签名的不得核发机动车驾驶证。

第五十条 考试员、考试辅助人员及考场工作人员应当严格遵守考试工作纪律，不得为不符合机动车驾驶许可条件、未经考试、考试不合格人员签注合格考试成绩，不得减少考试项目、降低评判标准或者参与、协助、纵容考试作弊，不得参与或者变相参与驾驶培训机构、社会考场经营活动，不得收取驾驶培训机构、社会考场、教练员、申请人的财物。

第五十一条 直辖市、设区的市或者相当于同级的公安机关交通管理部门应当根据本地考试需求建设考场，配备足够数量的考试车辆。对考场布局、数量不能满足本地考试需求的，应当采取政府购买服务等方式使用社会考场，并按照公平竞争、择优选定的原则，依法通过公开招标等程序确定。对考试供给能力能够满足考试需求的，应当及时向社会公告，不再购买社会考场服务。

考试场地建设、路段设置、车辆配备、设施设备配置以及考试项目、评判要求应当符合相关标准。考试场地、考试设备和考试系统应当经省级公安机关交通管理部门验收合格后方可使用。公安机关交通管理部门应当加强对辖区考场的监督管理，定期开展考试场地、考试车辆、考试设备和考场管理情况的监督检查。

第三节 考试监督管理

第五十二条 车辆管理所应当在办事大厅、候考场所和互联网公开各考场的考试能力、预约计划、预约人数和约考结果等情况，公布考场布局、考试路线和流程。考试预约计划应当至少在考试前十日在互联网上公开。

车辆管理所应当在候考场所、办事大厅向群众直播考试视频，考生可以在考试结束后三日内查询自己的考试视频资料。

第五十三条 车辆管理所应当严格比对、核验考生身份，对考试过程进行全程录音、录像，并实时监控考试过程，没有使用录音、录像设备的，不得组织考试。严肃考试纪律，规范考场秩序，对考场秩序混乱的，应当中止考试。考试过程中，考试员应当使用执法记录仪记录监考过程。

车辆管理所应当建立音视频信息档案，存储录音、录像设备和执法记录仪记录的音像资料。建立考试质量抽查制度，每日抽查音视频信息档案，发现存在违反考试纪律、考场秩序混乱以及音视频信息缺失或者不完整的，应当进行调查处理。

省级公安机关交通管理部门应当定期抽查音视频信息档案，及时通报、纠正、查处发现的问题。

第五十四条 车辆管理所应当根据考试场地、考试设备、考试车辆、考试员数量等实际情况，核定每个考场、每个考试员每日最大考试量。

车辆管理所应当根据驾驶培训主管部门提供的信息对驾驶培训机构教练员、教练车、训练场地等情况进行备案。

第五十五条 公安机关交通管理部门应当建立业务监督管理中心，通过远程监控、数据分析、日常检查、档案抽查、业务回访等方式，对机动车驾驶人考试和机动车驾驶证业务办理情况进行监督管理。

直辖市、设区的市或者相当于同级的公安机关交通管理部门应当通过监管系统每周对机动车驾驶人考试情况进行监控、分析，及时查处整改发现的问题。省级公安机关交通管理部门应当通过监管系统每月对机动车驾驶人考试情况进行监控、分析，及时查处、通报发现的问题。

车辆管理所存在为未经考试或者考试不合格人员核发机动车驾驶证等严重违规办理机动车驾驶证业务情形的，上级公安机关交通管理部门可以暂停该车辆管理所办理相关业务或者指派其他车辆管理所人员接管业务。

第五十六条 县级公安机关交通管理部门办理机动车驾驶证业务的，办公场所、设施设备、人员资质和信息系统等应当满足业务办理需求，并符合相关规定和标准要求。

直辖市、设区的市公安机关交通管理部门应当加强对县级公安机关交通管理部门办理机动车驾驶证相关业务的指导、培训和监督管理。

第五十七条 公安机关交通管理部门应当对社会考场的场地设施、考试系统、考试工作等进行统一管理。

社会考场的考试系统应当接入机动车驾驶人考试管理系统，实时上传考试过程录音录像、考试成绩等信息。

第五十八条 直辖市、设区的市或者相当于同级的公安机关交通管理部门应当每月向社会公布车辆管理所考试员考试质量情况、三年内驾龄驾驶人交通违法率和交通肇事率等信息。

直辖市、设区的市或者相当于同级的公安机关交通管理部门应当每月向社会公布辖区内驾驶培训机构的考试合格率、三年内驾龄驾驶人交通违法率和交通肇事率等信息，按照考试合格率、三年内驾龄驾驶人交通违法率和交通肇事率对驾驶培训机构培训质量公开排名，并通报培训主管部门。

第五十九条 对三年内驾龄驾驶人发生一次死亡 3 人以上交通事故且负主要以上责任的，省级公安机关交通管理部门应当倒查车辆管理所考试、发证情况，向社会公布倒查结果。对三年内驾龄驾驶人发生一次死亡 1 至 2 人的交通事故且负主要以上责任的，直辖市、设区的市或者相当于同级的公安机关交通管理部门应当组织责任倒查。

直辖市、设区的市或者相当于同级的公安机关交通管理部门发现驾驶培训机构及其教练员存在缩短培训学时、减少培训项目以及贿赂考试员、以承诺考试合格等名义向学员索取财物、参与违规办理驾驶证或者考试舞弊行为的，应当通报培训主管部门，并向社会公布。

公安机关交通管理部门发现考场、考试设备生产销售企业及其工作人员存在组织或者参与考试舞弊、伪造或者篡改考试系统数据的，不得继续使用该考场或者采购该企业考试设备；构成犯罪的，依法追究刑事责任。

第四章　发证、换证、补证

第六十条　申请人考试合格后，应当接受不少于半小时的交通安全文明驾驶常识和交通事故案例警示教育，并参加领证宣誓仪式。

车辆管理所应当在申请人参加领证宣誓仪式的当日核发机动车驾驶证。

第六十一条　公安机关交通管理部门应当实行机动车驾驶证电子化，机动车驾驶人可以通过互联网交通安全综合服务管理平台申请机动车驾驶证电子版。

机动车驾驶证电子版与纸质版具有同等效力。

第六十二条　机动车驾驶人在机动车驾驶证的六年有效期内，每个记分周期均未记满 12 分的，换发十年有效期的机动车驾驶证；在机动车驾驶证的十年有效期内，每个记分周期均未记满 12 分的，换发长期有效的机动车驾驶证。

第六十三条　机动车驾驶人应当于机动车驾驶证有效期满前九十日内，向机动车驾驶证核发地或者核发地以外的车辆管理所申请换证。申请时应当确认申请信息，并提交以下证明、凭证：

（一）机动车驾驶人的身份证明；

（二）医疗机构出具的有关身体条件的证明。

第六十四条 机动车驾驶人户籍迁出原车辆管理所管辖区的，应当向迁入地车辆管理所申请换证。机动车驾驶人在核发地车辆管理所管辖区以外居住的，可以向居住地车辆管理所申请换证。申请时应当确认申请信息，提交机动车驾驶人的身份证明和机动车驾驶证，并申报身体条件情况。

第六十五条 年龄在60周岁以上的，不得驾驶大型客车、重型牵引挂车、城市公交车、中型客车、大型货车、轮式专用机械车、无轨电车和有轨电车。持有大型客车、重型牵引挂车、城市公交车、中型客车、大型货车驾驶证的，应当到机动车驾驶证核发地或者核发地以外的车辆管理所换领准驾车型为小型汽车或者小型自动挡汽车的机动车驾驶证，其中属于持有重型牵引挂车驾驶证的，还可以保留轻型牵引挂车准驾车型。

年龄在70周岁以上的，不得驾驶低速载货汽车、三轮汽车、轻型牵引挂车、普通三轮摩托车、普通二轮摩托车。持有普通三轮摩托车、普通二轮摩托车驾驶证的，应当到机动车驾驶证核发地或者核发地以外的车辆管理所换领准驾车型为轻便摩托车的机动车驾驶证；持有驾驶证包含轻型牵引挂车准驾车型的，应当到机动车驾驶证核发地或者核发地以外的车辆管理所换领准驾车型为小型汽车或者小型自动挡汽车的机动车驾驶证。

有前两款规定情形之一的，车辆管理所应当通知机动车驾驶人在三十日内办理换证业务。机动车驾驶人逾期未办理的，车辆管理所应当公告准驾车型驾驶资格作废。

申请时应当确认申请信息，并提交第六十三条规定的证明、凭证。

机动车驾驶人自愿降低准驾车型的，应当确认申请信息，并提交机动车驾驶人的身份证明和机动车驾驶证。

第六十六条 有下列情形之一的，机动车驾驶人应当在三十日内到机动车驾驶证核发地或者核发地以外的车辆管理所申请换证：

（一）在车辆管理所管辖区域内，机动车驾驶证记载的机动车驾驶人信息发生变化的；

（二）机动车驾驶证损毁无法辨认的。

申请时应当确认申请信息，并提交机动车驾驶人的身份证明；属于第一款第一项的，还应当提交机动车驾驶证；属于身份证明号码变更的，还应当提交相关变更证明。

第六十七条 机动车驾驶人身体条件发生变化，不符合所持机动车驾驶证准驾车型的条件，但符合准予驾驶的其他准驾车型条件的，应当在三十日内到机动车驾驶证核发地或者核发地以外的车辆管理所申请降低准驾车型。申请时应当确认申请信息，并提交机动车驾驶人的身份证明、医疗机构出具的有关身体条件的证明。

机动车驾驶人身体条件发生变化，不符合第十四条第二项规定或者具有第十五条规定情形之一，不适合驾驶机动车的，应当在三十日内到机动车驾驶证核发地车辆管理所申请注销。申请时应当确认申请信息，并提交机动车驾驶人的身份证明和机动车驾驶证。

机动车驾驶人身体条件不适合驾驶机动车的，不得驾驶机动车。

第六十八条 车辆管理所对符合第六十三条至第六十六条、第六十七条第一款规定的，应当在一日内换发机动车驾驶证。对符合第六十七条第二款规定的，应当在一日内注销机动车驾驶证。其中，对符合第六十四条、第六十五条、第六十六条第一款第一项、第六十七条规定的，还应当收回原机动车驾驶证。

第六十九条 机动车驾驶证遗失的，机动车驾驶人应当向机动车驾驶证核发地或者核发地以外的车辆管理所申请补发。申请时应当确认申请信息，并提交机动车驾驶人的身份证明。符合规定的，车辆管理所应当在一日内补发机动车驾驶证。

机动车驾驶人补领机动车驾驶证后，原机动车驾驶证作废，不得继续使用。

机动车驾驶证被依法扣押、扣留或者暂扣期间，机动车驾驶人不得申请补发。

第七十条 机动车驾驶人向核发地以外的车辆管理所申请办理第六十三条、第六十五条、第六十六条、第六十七条第一款、第六十九条规定的换证、补证业务时，应当同时按照第六十四条规定办理。

第五章 机动车驾驶人管理

第一节 审 验

第七十一条 公安机关交通管理部门对机动车驾驶人的道路交通安全违法行为，除依法给予行政处罚外，实行道路交通安全违法行为累积记分制度，记分周期为12个月，满分为12分。

机动车驾驶人在一个记分周期内记分达到12分的，应当按规定参加学习、考试。

第七十二条 机动车驾驶人应当按照法律、行政法规的规定，定期到公安机关交通管理部门接受审验。

机动车驾驶人按照本规定第六十三条、第六十四条换领机动车驾驶证时，应当接受公安机关交通管理部门的审验。

持有大型客车、重型牵引挂车、城市公交车、中型客车、大型货车驾驶证的驾驶人，应当在每个记分周期结束后三十日内到公安机关交通管理部门接受审验。但在一个记分周期内没有记分记录的，免予本记分周期审验。

持有第三款规定以外准驾车型驾驶证的驾驶人，发生交通事故造成人员死亡承担同等以上责任未被吊销机动车驾驶证的，应当在本记分周期结束后三十日内到公安机关交通管理部门接受审验。

年龄在70周岁以上的机动车驾驶人发生责任交通事故造成人员重伤或者死亡的，应当在本记分周期结束后三十日内到公安机关交通管理部门接受审验。

机动车驾驶人可以在机动车驾驶证核发地或者核发地以外的地方参加审验、提交身体条件证明。

第七十三条 机动车驾驶证审验内容包括：

（一）道路交通安全违法行为、交通事故处理情况；

（二）身体条件情况；

（三）道路交通安全违法行为记分及记满12分后参加学习和考试情况。

持有大型客车、重型牵引挂车、城市公交车、中型客车、大型货车驾驶证一个记分周期内有记分的，以及持有其他准驾车型驾驶证发生交通事故造成人员死亡承担同等以上责任未被吊销机动车驾驶证的驾驶人，审验时应当参加不少于三小时的道路交通安全法律法规、交通安全文明驾驶、应急处置等知识学习，并接受交通事故案例警示教育。

年龄在70周岁以上的机动车驾驶人审验时还应当按照规定进行记忆力、判断力、反应力等能力测试。

对道路交通安全违法行为或者交通事故未处理完毕的、身体条件不符合驾驶许可条件的、未按照规定参加学习、教育和考试的，不予通过审验。

第七十四条 年龄在70周岁以上的机动车驾驶人，应当每年进行一次身体检查，在记分周期结束后三十日内，提交医疗机构出具的有关身体条件的证明。

持有残疾人专用小型自动挡载客汽车驾驶证的机动车驾驶人，应当每三年进行一次身体检查，在记分周期结束后三十日内，提交医疗机构出具的有关身体条件的证明。

机动车驾驶人按照本规定第七十二条第三款、第四款规定参加审验时，应当申报身体条件情况。

第七十五条 机动车驾驶人因服兵役、出国（境）等原因，无法在规定时间内办理驾驶证期满换证、审验、提交身体条件证明的，可以在驾驶证有效期内或者有效期届满一年内向机动车驾驶证核发地车辆管理所申请延期办理。申请时应当确认申请信息，并提交机动车驾驶人的身份证明。

延期期限最长不超过三年。延期期间机动车驾驶人不得驾驶机动车。

第二节 监督管理

第七十六条 机动车驾驶人初次取得汽车类准驾车型或者初次取得摩托车类准驾车型后的12个月为实习期。

在实习期内驾驶机动车的，应当在车身后部粘贴或者悬挂统一式样的实习标志（附件3）。

第七十七条 机动车驾驶人在实习期内不得驾驶公共汽车、营运客车或者执行任务的警车、消防车、救护车、工程救险车以及载有爆炸物品、易燃易爆化学物品、剧毒或者放射性等危险物品的机动车；驾驶的机动车不得牵引挂车。

驾驶人在实习期内驾驶机动车上高速公路行驶，应当由持相应或者包含其准驾车型驾驶证三年以上的驾驶人陪同。其中，驾驶残疾人专用小型自动挡载客汽车的，可以由持有小型自动挡载客汽车以上准驾车型驾驶证的驾驶人陪同。

在增加准驾车型后的实习期内，驾驶原准驾车型的机动车时不受上述限制。

第七十八条 持有准驾车型为残疾人专用小型自动挡载客汽车的机动车驾驶人驾驶机动车时，应当按规定在车身设置残疾人机动车专用标志（附件4）。

有听力障碍的机动车驾驶人驾驶机动车时，应当佩戴助听设备。有视力矫正的机动车驾驶人驾驶机动车时，应当佩戴眼镜。

第七十九条 机动车驾驶人有下列情形之一的，车辆管理所应当注销其机动车驾驶证：

（一）死亡的；

（二）提出注销申请的；

（三）丧失民事行为能力，监护人提出注销申请的；

（四）身体条件不适合驾驶机动车的；

（五）有器质性心脏病、癫痫病、美尼尔氏症、眩晕症、癔病、震颤麻痹、精神病、痴呆以及影响肢体活动的神经系统疾病等妨碍安全驾驶疾病的；

（六）被查获有吸食、注射毒品后驾驶机动车行为，依法被责令社区戒毒、社区康复或者决定强制隔离戒毒，或者长期服用依赖性精神药品成瘾尚未戒除的；

（七）代替他人参加机动车驾驶人考试的；

（八）超过机动车驾驶证有效期一年以上未换证的；

（九）年龄在70周岁以上，在一个记分周期结束后一年内未提交身体条件证明的；或者持有残疾人专用小型自动挡载客汽车准驾车型，在三个记分周期结束后一年内未提交身体条件证明的；

（十）年龄在60周岁以上，所持机动车驾驶证只具有轮式专用机械车、无轨电车或者有轨电车准驾车型，或者年龄在70周岁以上，所持机动车驾驶证只具有低速载货汽车、三轮汽车准驾车型的；

（十一）机动车驾驶证依法被吊销或者驾驶许可依法被撤销的。

有第一款第二项至第十一项情形之一，未收回机动车驾驶证的，应当公告机动车驾驶证作废。

有第一款第八项情形被注销机动车驾驶证未超过二年的，机动车驾驶人参加道路交通安全法律、法规和相关知识考试合格后，可以恢复驾驶资格。申请人可以向机动车驾驶证核发地或者核发地以外的车辆管理所申请。

有第一款第九项情形被注销机动车驾驶证，机动车驾驶证在有效期内或者超过有效期不满一年的，机动车驾驶人提交身体条件证明后，可以恢复驾驶资格。申请人可以向机动车驾驶证核发地或者核发地以外的车辆管理所申请。

有第一款第二项至第九项情形之一，按照第二十七条规定申请机动车驾驶证，有道路交通安全违法行为或者交通事故未处理记录的，应当将道路交通安全违法行为、交通事故处理完毕。

第八十条　机动车驾驶人在实习期内发生的道路交通安全违法行为被记满 12 分的，注销其实习的准驾车型驾驶资格。

第八十一条　机动车驾驶人联系电话、联系地址等信息发生变化的，应当在信息变更后三十日内，向驾驶证核发地车辆管理所备案。

持有大型客车、重型牵引挂车、城市公交车、中型客车、大型货车驾驶证的驾驶人从业单位等信息发生变化的，应当在信息变更后三十日内，向从业单位所在地车辆管理所备案。

第八十二条　道路运输企业应当定期将聘用的机动车驾驶人向所在地公安机关交通管理部门备案，督促及时处理道路交通安全违法行为、交通事故和参加机动车驾驶证审验。

公安机关交通管理部门应当每月向辖区内交通运输主管部门、运输企业通报机动车驾驶人的道路交通安全违法行为、记分和交通事故等情况。

第八十三条　车辆管理所在办理驾驶证核发及相关业务过程中发现存在以下情形的，应当及时开展调查：

（一）涉嫌提交虚假申请材料的；

（二）涉嫌在考试过程中有贿赂、舞弊行为的；

（三）涉嫌以欺骗、贿赂等不正当手段取得机动车驾驶证的；

（四）涉嫌使用伪造、变造的机动车驾驶证的；

（五）存在短期内频繁补换领、转出转入驾驶证等异常情形的；

（六）存在其他违法违规情形的。

车辆管理所发现申请人通过互联网办理驾驶证补证、换证等业务存在前款规定嫌疑情形的，应当转为现场办理，当场审查申请材料，及时开展调查。

第八十四条 车辆管理所开展调查时，可以通知申请人协助调查，询问嫌疑情况，记录调查内容，并可以采取实地检查、调取档案、调取考试视频监控等方式进行核查。

对经调查发现涉及行政案件或者刑事案件的，应当依法采取必要的强制措施或者其他处置措施，移交有管辖权的公安机关按照《公安机关办理行政案件程序规定》《公安机关办理刑事案件程序规定》等规定办理。

第八十五条 办理残疾人专用小型自动挡载客汽车驾驶证业务时，提交的身体条件证明应当由经省级卫生健康行政部门认定的专门医疗机构出具。办理其他机动车驾驶证业务时，提交的身体条件证明应当由县级、部队团级以上医疗机构，或者经地市级以上卫生健康行政部门认定的具有健康体检资质的二级以上医院、乡镇卫生院、社区卫生服务中心、健康体检中心等医疗机构出具。

身体条件证明自出具之日起六个月内有效。

公安机关交通管理部门应当会同卫生健康行政部门在办公场所和互联网公示辖区内可以出具有关身体条件证明的医疗机构名称、地址及联系方式。

第八十六条 医疗机构出具虚假身体条件证明的，公安机关交通管理部门应当停止认可该医疗机构出具的证明，并通报卫生健康行政部门。

第三节 校车驾驶人管理

第八十七条 校车驾驶人应当依法取得校车驾驶资格。

取得校车驾驶资格应当符合下列条件：

（一）取得相应准驾车型驾驶证并具有三年以上驾驶经历，年龄在25周岁以上、不超过60周岁；

（二）最近连续三个记分周期内没有被记满12分记录；

（三）无致人死亡或者重伤的交通事故责任记录；

（四）无酒后驾驶或者醉酒驾驶机动车记录，最近一年内无驾驶客运车辆超员、超速等严重道路交通安全违法行为记录；

（五）无犯罪记录；

（六）身心健康，无传染性疾病，无癫痫病、精神病等可能危及行车安全的疾病病史，无酗酒、吸毒行为记录。

第八十八条 机动车驾驶人申请取得校车驾驶资格，应当向县级或者设区的市级公安机关交通管理部门提出申请，确认申请信息，并提交以下证明、凭证：

（一）申请人的身份证明；

（二）机动车驾驶证；

（三）医疗机构出具的有关身体条件的证明。

第八十九条 公安机关交通管理部门自受理申请之日起五日内审查提交的证明、凭证，并向所在地县级公安机关核查，确认申请人无犯罪、吸毒行为记录。对符合条件的，在机动车驾驶证上签注准许驾驶校车及相应车型，并通报教育行政部门；不符合条件的，应当书面说明理由。

第九十条 校车驾驶人应当在每个记分周期结束后三十日内到公安机关交通管理部门接受审验。审验时，应当提交医疗机构出具的有关身体条件的证明，参加不少于三小时的道路交通安全法律法规、交通安全文明驾驶、应急处置等知识学习，并接受交通事故案例警示教育。

第九十一条 公安机关交通管理部门应当与教育行政部门和学校建立校车驾驶人的信息交换机制，每月通报校车驾驶人的交通违法、交通事故和审验等情况。

第九十二条 校车驾驶人有下列情形之一的，公安机关交通管理部门应当注销其校车驾驶资格，通知机动车驾驶人换领机动车驾驶证，并通报教育行政部门和学校：

（一）提出注销申请的；

（二）年龄超过60周岁的；

（三）在致人死亡或者重伤的交通事故负有责任的；

（四）有酒后驾驶或者醉酒驾驶机动车，以及驾驶客运车辆超员、超速等严重道路交通安全违法行为的；

（五）有记满12分或者犯罪记录的；

（六）有传染性疾病，癫痫病、精神病等可能危及行车安全的疾病，有酗酒、吸毒行为记录的。

未收回签注校车驾驶许可的机动车驾驶证的，应当公告其校车驾驶资格作废。

第六章 法律责任

第九十三条 申请人隐瞒有关情况或者提供虚假材料申领机动车驾驶证的，公安机关交通管理部门不予受理或者不予办理，处五百元以下罚款；申请人在一年内不得再次申领机动车驾驶证。

申请人在考试过程中有贿赂、舞弊行为的，取消考试资格，已经通过考试的其他科目成绩无效，公安机关交通管理部门处二千元以下罚款；申请人在一年内不得再次申领机动车驾驶证。

申请人以欺骗、贿赂等不正当手段取得机动车驾驶证的，公安机关交通管理部门收缴机动车驾驶证，撤销机动车驾驶许可，处二千元以下罚款；申请人在三年内不得再次申领机动车驾驶证。

组织、参与实施前三款行为之一牟取经济利益的，由公安机关交通管理部门处违法所得三倍以上五倍以下罚款，但最高不超过十万元。

申请人隐瞒有关情况或者提供虚假材料申请校车驾驶资格的，公安机关交通管理部门不予受理或者不予办理，处五百元以下罚款；申请人在一年内不得再次申请校车驾驶资格。申请人以欺骗、贿赂等不正当手段取得校车驾驶资格的，公安机关交通管理部门撤销校车驾驶资格，处二千元以下罚款；申请人在三年内不得再次申请校车驾驶资格。

第九十四条　申请人在教练员或者学车专用标识签注的指导人员随车指导下，使用符合规定的机动车学习驾驶中有道路交通安全违法行为或者发生交通事故的，按照《道路交通安全法实施条例》第二十条规定，由教练员或者随车指导人员承担责任。

第九十五条　申请人在道路上学习驾驶时，有下列情形之一的，由公安机关交通管理部门对教练员或者随车指导人员处二十元以上二百元以下罚款：

（一）未按照公安机关交通管理部门指定的路线、时间进行的；

（二）未按照本规定第四十二条规定放置、粘贴学车专用标识的。

第九十六条　申请人在道路上学习驾驶时，有下列情形之一的，由公安机关交通管理部门对教练员或者随车指导人员处二百元以上五百元以下罚款：

（一）未使用符合规定的机动车的；

（二）自学用车搭载随车指导人员以外的其他人员的。

第九十七条　申请人在道路上学习驾驶时，有下列情形之一的，由公安机关交通管理部门按照《道路交通安全法》第九十九条第一款第一项规定予以处罚：

（一）未取得学习驾驶证明的；

（二）没有教练员或者随车指导人员的；

（三）由不符合规定的人员随车指导的。

将机动车交由有前款规定情形之一的申请人驾驶的，由公安机关交通管理部门按照《道路交通安全法》第九十九条第一款第二项规定予以处罚。

第九十八条 机动车驾驶人有下列行为之一的，由公安机关交通管理部门处二十元以上二百元以下罚款：

（一）机动车驾驶人补换领机动车驾驶证后，继续使用原机动车驾驶证的；

（二）在实习期内驾驶机动车不符合第七十七条规定的；

（三）持有大型客车、重型牵引挂车、城市公交车、中型客车、大型货车驾驶证的驾驶人，未按照第八十一条规定申报变更信息的。

有第一款第一项规定情形的，由公安机关交通管理部门收回原机动车驾驶证。

第九十九条 机动车驾驶人有下列行为之一的，由公安机关交通管理部门处二百元以上五百元以下罚款：

（一）机动车驾驶证被依法扣押、扣留或者暂扣期间，采用隐瞒、欺骗手段补领机动车驾驶证的；

（二）机动车驾驶人身体条件发生变化不适合驾驶机动车，仍驾驶机动车的；

（三）逾期不参加审验仍驾驶机动车的。

有第一款第一项、第二项规定情形之一的，由公安机关交通管理部门收回机动车驾驶证。

第一百条 机动车驾驶人参加审验教育时在签注学习记录、学习过程中弄虚作假的，相应学习记录无效，重新参加审验学习，由公安机关交通管理部门处一千元以下罚款。

代替实际机动车驾驶人参加审验教育的，由公安机关交通管理部门处二千元以下罚款。

组织他人实施前两款行为之一，有违法所得的，由公安机关交通管理部门处违法所得三倍以下罚款，但最高不超过二万元；没有违法所得的，由公安机关交通管理部门处二万元以下罚款。

第一百零一条 省、自治区、直辖市公安厅、局可以根据本地区的实际情况，在本规定的处罚幅度范围内，制定具体的执行标准。

对本规定的道路交通安全违法行为的处理程序按照《道路交通安全违法行为处理程序规定》执行。

第一百零二条 公安机关交通管理部门及其交通警察、警务辅助人员办理机动车驾驶证业务、开展机动车驾驶人考试工作，应当接受监察机关、公安机关督察审计部门等依法实施的监督。

公安机关交通管理部门及其交通警察、警务辅助人员办理机动车驾驶证业务、开展机动车驾驶人考试工作，应当自觉接受社会和公民的监督。

第一百零三条 交通警察有下列情形之一的，按照有关规定给予处分；聘用人员有下列情形之一的予以解聘。构成犯罪的，依法追究刑事责任：

（一）为不符合机动车驾驶许可条件、未经考试、考试不合格人员签注合格考试成绩或者核发机动车驾驶证的；

（二）减少考试项目、降低评判标准或者参与、协助、纵容考试作弊的；

（三）为不符合规定的申请人发放学习驾驶证明、学车专用标识的；

（四）与非法中介串通牟取经济利益的；

（五）违反规定侵入机动车驾驶证管理系统，泄漏、篡改、买卖系统数据，或者泄漏系统密码的；

（六）违反规定向他人出售或者提供机动车驾驶证信息的；

（七）参与或者变相参与驾驶培训机构、社会考场、考试设备生产销售企业经营活动的；

（八）利用职务上的便利索取、收受他人财物或者牟取其他利益的。

交通警察未按照第五十三条第一款规定使用执法记录仪的，根据情节轻重，按照有关规定给予处分。

公安机关交通管理部门有第一款所列行为之一的，按照有关规定对直接负责的主管人员和其他直接责任人员给予相应的处分。

第七章　附　　则

第一百零四条　国家之间对机动车驾驶证有互相认可协议的，按照协议办理。

国家之间签订有关协定涉及机动车驾驶证的，按照协定执行。

第一百零五条　机动车驾驶人可以委托代理人代理换证、补证、提交身体条件证明、提交审验材料、延期办理和注销业务。代理人申请机动车驾驶证业务时，应当提交代理人的身份证明和机动车驾驶人的委托书。

第一百零六条　公安机关交通管理部门应当实行驾驶人考试、驾驶证管理档案电子化。机动车驾驶证电子档案与纸质档案具有同等效力。

第一百零七条　机动车驾驶证、临时机动车驾驶许可和学习驾驶证明的式样由公安部统一制定并监制。

机动车驾驶证、临时机动车驾驶许可和学习驾驶证明的制作应当按照中华人民共和国公共安全行业标准《中华人民共和国机动车驾驶证件》执行。

第一百零八条　拖拉机驾驶证的申领和使用另行规定。拖拉机驾驶证式样、规格应当符合中华人民共和国公共安全行业标准《中华人民共和国机动车驾驶证件》的规定。

第一百零九条　本规定下列用语的含义：

（一）身份证明是指：

1. 居民的身份证明，是居民身份证或者临时居民身份证；

2. 现役军人（含武警）的身份证明，是居民身份证或者临时居民身份证。在未办理居民身份证前，是军队有关部门核发的军官证、文职干部证、士兵证、离休证、退休证等有效军人身份证件，以及其所在的团级以上单位出具的部队驻地住址证明；

3. 香港、澳门特别行政区居民的身份证明，是港澳居民居住证；或者是其所持有的港澳居民来往内地通行证或者外交部核发的中华人民共和国旅行证，以及公安机关出具的住宿登记证明；

4. 台湾地区居民的身份证明，是台湾居民居住证；或者是其所持有的公安机关核发的五年有效的台湾居民来往大陆通行证或者外交部核发的中华人民共和国旅行证，以及公安机关出具的住宿登记证明；

5. 定居国外的中国公民的身份证明，是中华人民共和国护照和公安机关出具的住宿登记证明；

6. 外国人的身份证明，是其所持有的有效护照或者其他国际旅行证件，停居留期三个月以上的有效签证或者停留、居留许可，以及公安机关出具的住宿登记证明；或者是外国人永久居留身份证；

7. 外国驻华使馆、领馆人员、国际组织驻华代表机构人员的身份证明，是外交部核发的有效身份证件。

（二）住址是指：

1. 居民的住址，是居民身份证或者临时居民身份证记载的住址；

2. 现役军人（含武警）的住址，是居民身份证或者临时居民身份证记载的住址。在未办理居民身份证前，是其所在的团级以上单位出具的部队驻地住址；

3. 境外人员的住址，是公安机关出具的住宿登记证明记载的地址；

4. 外国驻华使馆、领馆人员及国际组织驻华代表机构人员的住址，是外交部核发的有效身份证件记载的地址。

（三）境外机动车驾驶证是指外国、香港、澳门特别行政区、台湾地区核发的具有单独驾驶资格的正式机动车驾驶证，不包括学习驾驶证、临时驾驶证、实习驾驶证。

（四）汽车类驾驶证是指大型客车、重型牵引挂车、城市公交车、中型客车、大型货车、小型汽车、小型自动挡汽车、低速载货汽车、三轮汽车、残疾人专用小型自动挡汽车、轻型牵引挂车、轮式专用机械车、无轨电车、有轨电车准驾车型驾驶证。摩托车类驾驶证是指普通三轮摩托车、普通二轮摩托车、轻便摩托车准驾车型驾驶证。

第一百一十条 本规定所称“一日”、“三日”、“五日”，是指工作日，不包括节假日。

本规定所称“以上”、“以下”，包括本数。

第一百一十一条 本规定自 2022 年 4 月 1 日起施行。2012 年 9 月 12 日发布的《机动车驾驶证申领和使用规定》（公安部令第 123 号）和 2016 年 1 月 29 日发布的《公安部关于修改〈机动车驾驶证申领和使用规定〉的决定》（公安部令第 139 号）同时废止。本规定生效后，公安部以前制定的规定与本规定不一致的，以本规定为准。

附件：

1. 准驾车型及代号（略）
2. 学车专用标识式样（略）
3. 实习标志式样（略）
4. 残疾人机动车专用标志（略）

机动车驾驶员培训管理规定

（2022 年 9 月 26 日中华人民共和国交通运输部令 2022 年第 32 号公布　自 2022 年 11 月 1 日起施行）

第一章　总　　则

第一条　为规范机动车驾驶员培训经营活动，维护机动车驾驶员培训市场秩序，保护各方当事人的合法权益，根据《中华人民共和国道路交通安全法》《中华人民共和国道路运输条例》等有关法律、行政法规，制定本规定。

第二条　从事机动车驾驶员培训业务的，应当遵守本规定。

机动车驾驶员培训业务是指以培训学员的机动车驾驶能力或者以培训道路运输驾驶人员的从业能力为教学任务，为社会公众有偿提供驾驶培训服务的活动。包括对初学机动车驾驶人员、增加准驾车型的驾驶人员和道路运输驾驶人员所进行的驾驶培训、继续教育以及机动车驾驶员培训教练场经营等业务。

第三条　机动车驾驶员培训实行社会化，从事机动车驾驶员培训业务应当依法经营，诚实信用，公平竞争。

第四条　机动车驾驶员培训管理应当公平、公正、公开和便民。

第五条　交通运输部主管全国机动车驾驶员培训管理工作。

县级以上地方人民政府交通运输主管部门（以下简称交通运输主管部门）负责本行政区域内的机动车驾驶员培训管理工作。

第二章　经营备案

第六条　机动车驾驶员培训依据经营项目、培训能力和培训内容实行分类备案。

机动车驾驶员培训业务根据经营项目分为普通机动车驾驶员培训、道路运输驾驶员从业资格培训和机动车驾驶员培训教练场经营三类。

普通机动车驾驶员培训根据培训能力分为一级普通机动车驾驶员培训、二级普通机动车驾驶员培训和三级普通机动车驾驶员培训三类。

道路运输驾驶员从业资格培训根据培训内容分为道路客货运输驾驶员从业资格培训和危险货物运输驾驶员从业资格培训两类。

第七条 从事三类（含三类）以上车型普通机动车驾驶员培训业务的，备案为一级普通机动车驾驶员培训；从事两类车型普通机动车驾驶员培训业务的，备案为二级普通机动车驾驶员培训；只从事一类车型普通机动车驾驶员培训业务的，备案为三级普通机动车驾驶员培训。

第八条 从事经营性道路旅客运输驾驶员、经营性道路货物运输驾驶员从业资格培训业务的，备案为道路客货运输驾驶员从业资格培训；从事道路危险货物运输驾驶员从业资格培训业务的，备案为危险货物运输驾驶员从业资格培训。

第九条 从事机动车驾驶员培训教练场经营业务的，备案为机动车驾驶员培训教练场经营。

第十条 从事普通机动车驾驶员培训业务的，应当具备下列条件：

（一）取得企业法人资格。

（二）有健全的组织机构。

包括教学、教练员、学员、质量、安全、结业考核和设施设备管理等组织机构，并明确负责人、管理人员、教练员和其他人员的岗位职责。具体要求按照有关国家标准执行。

（三）有健全的管理制度。

包括安全管理制度、教练员管理制度、学员管理制度、培训质量管理制度、结业考核制度、教学车辆管理制度、教学设施设备管理制度、教练场地管理制度、档案管理制度等。具体要求按照有关国家标准执行。

（四）有与培训业务相适应的教学人员。

1. 有与培训业务相适应的理论教练员。机动车驾驶员培训机构聘用的理论教练员应当具备以下条件：

持有机动车驾驶证，具有汽车及相关专业中专以上学历或者汽车及相关专业中级以上技术职称，具有 2 年以上安全驾驶经历，掌握道路交通安全法规、驾驶理论、机动车构造、交通安全心理学、常用伤员急救等安全驾驶知识，了解车辆环保和节约能源的有关知识，了解教育学、教育心理学的基本教学知识，具备编写教案、规范讲解的授课能力。

2. 有与培训业务相适应的驾驶操作教练员。机动车驾驶员培训机构聘用的驾驶操作教练员应当具备以下条件：

持有相应的机动车驾驶证，年龄不超过 60 周岁，符合一定的安全驾驶经历和相应车型驾驶经历，熟悉道路交通安全法规、驾驶理论、机动车构造、交通安全心理学和应急驾驶的基本知识，了解车辆维护和常见故障诊断等有关知识，具备驾驶要领讲解、驾驶动作示范、指导驾驶的教学能力。

3. 所配备的理论教练员数量要求及每种车型所配备的驾驶操作教练员数量要求应当按照有关国家标准执行。

（五）有与培训业务相适应的管理人员。

管理人员包括理论教学负责人、驾驶操作训练负责人、教学车辆管理人员、结业考核人员和计算机管理人员等。具体要求按照有关国家标准执行。

（六）有必要的教学车辆。

1. 所配备的教学车辆应当符合国家有关技术标准要求，并装有副后视镜、副制动踏板、灭火器及其他安全防护装置。具体要求按照有关国家标准执行。

2. 从事一级普通机动车驾驶员培训的，所配备的教学车辆不少于80辆；从事二级普通机动车驾驶员培训的，所配备的教学车辆不少于40辆；从事三级普通机动车驾驶员培训的，所配备的教学车辆不少于20辆。具体要求按照有关国家标准执行。

（七）有必要的教学设施、设备和场地。

具体要求按照有关国家标准执行。租用教练场地的，还应当持有书面租赁合同和出租方土地使用证明，租赁期限不得少于3年。

第十一条 从事道路运输驾驶员从业资格培训业务的，应当具备下列条件：

（一）取得企业法人资格。

（二）有健全的组织机构。

包括教学、教练员、学员、质量、安全和设施设备管理等组织机构，并明确负责人、管理人员、教练员和其他人员的岗位职责。具体要求按照有关国家标准执行。

（三）有健全的管理制度。

包括安全管理制度、教练员管理制度、学员管理制度、培训质量管理制度、教学车辆管理制度、教学设施设备管理制度、教练场地管理制度、档案管理制度等。具体要求按照有关国家标准执行。

（四）有与培训业务相适应的教学车辆。

1. 从事道路客货运输驾驶员从业资格培训业务的，应当同时具备大型客车、城市公交车、中型客车、小型汽车、小型自动挡汽车等五种车型中至少一种车型的教学车辆和重型牵引挂车、大型货车等两种车型中至少一种车型的教学车辆。

2. 从事危险货物运输驾驶员从业资格培训业务的，应当具备重型牵引挂车、大型货车等两种车型中至少一种车型的教学车辆。

3. 所配备的教学车辆不少于5辆，且每种车型教学车辆不少于2辆。教学车辆具体要求按照有关国家标准执行。

（五）有与培训业务相适应的教学人员。

1. 从事道路客货运输驾驶员从业资格理论知识培训的，教练员应当持有机动车驾驶证，具有汽车及相关专业大专以上学历或者汽车及相关专业高级以上技术职称，具有 2 年以上安全驾驶经历，熟悉道路交通安全法规、驾驶理论、旅客运输法规、货物运输法规以及机动车维修、货物装卸保管和旅客急救等相关知识，了解教育学、教育心理学的基本教学知识，具备编写教案、规范讲解的授课能力，具有 2 年以上从事普通机动车驾驶员培训的教学经历，且近 2 年无不良的教学记录。从事应用能力教学的，还应当具有相应教学车型的驾驶经历，熟悉机动车安全检视、伤员急救、危险源辨识与防御性驾驶以及节能驾驶的相关知识，具备相应的教学能力。

2. 从事危险货物运输驾驶员从业资格理论知识培训的，教练员应当持有机动车驾驶证，具有化工及相关专业大专以上学历或者化工及相关专业高级以上技术职称，具有 2 年以上安全驾驶经历，熟悉道路交通安全法规、驾驶理论、危险货物运输法规、危险化学品特性、包装容器使用方法、职业安全防护和应急救援等知识，具备相应的授课能力，具有 2 年以上化工及相关专业的教学经历，且近 2 年无不良的教学记录。从事应用能力教学的，还应当具有相应教学车型的驾驶经历，熟悉机动车安全检视、伤员急救、危险源辨识与防御性驾驶以及节能驾驶的相关知识，具备相应的教学能力。

3. 所配备教练员的数量应不低于教学车辆的数量。

（六）有必要的教学设施、设备和场地。

1. 配备相应车型的教练场地，机动车构造、机动车维护、常见故障诊断和排除、货物装卸保管、医学救护、消防器材等教学设施、设备和专用场地。教练场地要求按照有关国家标准执行。

2. 从事危险货物运输驾驶员从业资格培训业务的，还应当同时配备常见危险化学品样本、包装容器、教学挂图、危险化学品实验室等设施、设备和专用场地。

第十二条 从事机动车驾驶员培训教练场经营业务的，应当具备下列条件：

（一）取得企业法人资格。

（二）有与经营业务相适应的教练场地。具体要求按照有关国家标准执行。

（三）有与经营业务相适应的场地设施、设备，办公、教学、生活设施以及维护服务设施。具体要求按照有关国家标准执行。

（四）具备相应的安全条件。包括场地封闭设施、训练区隔离设施、安全通道以及消防设施、设备等。具体要求按照有关国家标准执行。

（五）有相应的管理人员。包括教练场安全负责人、档案管理人员以及场地设施、设备管理人员。

（六）有健全的安全管理制度。包括安全检查制度、安全责任制度、教学车辆安全管理制度以及突发事件应急预案等。

第十三条 从事机动车驾驶员培训业务的，应当依法向市场监督管理部门办理有关登记手续后，最迟不晚于开始经营活动的15日内，向所在地县级交通运输主管部门办理备案，并提交以下材料，保证材料真实、完整、有效：

（一）《机动车驾驶员培训备案表》（式样见附件1）；

（二）企业法定代表人身份证明；

（三）经营场所使用权证明或者产权证明；

（四）教练场地使用权证明或者产权证明；

（五）教练场地技术条件说明；

（六）教学车辆技术条件、车型及数量证明（从事机动车驾驶员培训教练场经营的无需提交）；

（七）教学车辆购置证明（从事机动车驾驶员培训教练场经营的无需提交）；

（八）机构设置、岗位职责和管理制度材料；

（九）各类设施、设备清单；

（十）拟聘用人员名册、职称证明；

（十一）营业执照；

（十二）学时收费标准。

从事普通机动车驾驶员培训业务的，在提交备案材料时，应当同时提供由公安机关交通管理部门出具的相关人员安全驾驶经历证明，安全驾驶经历的起算时间自备案材料提交之日起倒计。

第十四条 县级交通运输主管部门收到备案材料后，对材料齐全且符合要求的，应当予以备案并编号归档；对材料不齐全或者不符合要求的，应当当场或者自收到备案材料之日起 5 日内一次性书面通知备案人需要补充的全部内容。

第十五条 机动车驾驶员培训机构变更培训能力、培训车型及数量、培训内容、教练场地等备案事项的，应当符合法定条件、标准，并在变更之日起 15 日内向原备案部门办理备案变更。

机动车驾驶员培训机构名称、法定代表人、经营场所等营业执照登记事项发生变化的，应当在完成营业执照变更登记后 15 日内向原备案部门办理变更手续。

第十六条 机动车驾驶员培训机构需要终止经营的，应当在终止经营前 30 日内书面告知原备案部门。

第十七条 县级交通运输主管部门应当向社会公布已备案的机动车驾驶员培训机构名称、法定代表人、经营场所、培训车型、教练场地等信息，并及时更新，供社会查询和监督。

第三章 教练员管理

第十八条 机动车驾驶培训教练员实行职业技能等级制度。鼓励机动车驾驶员培训机构优先聘用取得职业技能等级证书的人员担任教练员。鼓励教练员同时具备理论教练员和驾驶操作教练员的教学水平。

第十九条 机动车驾驶员培训机构应当建立健全教练员聘用管理制度，不得聘用最近连续3个记分周期内有交通违法记分满分记录或者发生交通死亡责任事故、组织或者参与考试舞弊、收受或者索取学员财物的人员担任教练员。

第二十条 教练员应当按照统一的教学大纲规范施教，并如实填写《教学日志》和《机动车驾驶员培训记录》(以下简称《培训记录》，式样见附件2)。

在教学过程中，教练员不得将教学车辆交给与教学无关人员驾驶。

第二十一条 机动车驾驶员培训机构应当对教练员进行道路交通安全法律法规、教学技能、应急处置等相关内容的岗前培训，加强对教练员职业道德教育和驾驶新知识、新技术的再教育，对教练员每年进行至少一周的培训，提高教练员的职业素质。

第二十二条 机动车驾驶员培训机构应当加强对教练员教学情况的监督检查，定期开展教练员教学质量信誉考核，公布考核结果，督促教练员提高教学质量。

第二十三条 省级交通运输主管部门应当制定教练员教学质量信誉考核办法，考核内容应当包括教练员的教学业绩、教学质量排行情况、参加再教育情况、不良记录等。

第二十四条 机动车驾驶员培训机构应当建立教练员档案，并将教练员档案主要信息按要求报送县级交通运输主管部门。

教练员档案包括教练员的基本情况、职业技能等级证书取得情况、参加岗前培训和再教育情况、教学质量信誉考核情况等。

县级交通运输主管部门应当建立教练员信息档案，并通过信息化手段对教练员信息档案进行动态管理。

第四章 经营管理

第二十五条 机动车驾驶员培训机构开展培训业务，应当与备案事项保持一致，并保持备案经营项目需具备的业务条件。

第二十六条 机动车驾驶员培训机构应当在经营场所的醒目位置公示其经营项目、培训能力、培训车型、培训内容、收费项目、收费标准、教练员、教学场地、投诉方式、学员满意度评价参与方式等情况。

第二十七条 机动车驾驶员培训机构应当与学员签订培训合同，明确双方权利义务，按照合同约定提供培训服务，保障学员自主选择教练员等合法权益。

第二十八条 机动车驾驶员培训机构应当在备案地开展培训业务，不得采取异地培训、恶意压价、欺骗学员等不正当手段开展经营活动，不得允许社会车辆以其名义开展机动车驾驶员培训经营活动。

第二十九条 机动车驾驶员培训实行学时制，按照学时合理收取费用。鼓励机动车驾驶员培训机构提供计时培训计时收费、先培训后付费服务模式。

对每个学员理论培训时间每天不得超过 6 个学时，实际操作培训时间每天不得超过 4 个学时。

第三十条 机动车驾驶员培训机构应当建立学时预约制度，并向社会公布联系电话和预约方式。

第三十一条 参加机动车驾驶员培训的人员，在报名时应当填写《机动车驾驶员培训学员登记表》（以下简称《学员登记表》，式样见附件 3），并提供身份证明。参加道路运输驾驶员从业资格培训的人员，还应当同时提供相应的驾驶证。报名人员应当对所提供材料的真实性负责。

第三十二条 机动车驾驶员培训机构应当按照全国统一的教学大纲内容和学时要求，制定教学计划，开展培训教学活动。

培训教学活动结束后，机动车驾驶员培训机构应当组织学员结业考核，向考核合格的学员颁发《机动车驾驶员培训结业证书》（以下简称《结业证书》，式样见附件 4）。

《结业证书》由省级交通运输主管部门按照全国统一式样监制并编号。

第三十三条 机动车驾驶员培训机构应当建立学员档案。学员档案主要包括:《学员登记表》、《教学日志》、《培训记录》、《结业证书》复印件等。

学员档案保存期不少于4年。

第三十四条 机动车驾驶员培训机构应当使用符合标准并取得牌证、具有统一标识的教学车辆。

教学车辆的统一标识由省级交通运输主管部门负责制定，并组织实施。

第三十五条 机动车驾驶员培训机构应当按照国家有关规定对教学车辆进行定期维护和检测，保持教学车辆性能完好，满足教学和安全行车的要求，并按照国家有关规定及时更新。

禁止使用报废、检测不合格和其他不符合国家规定的车辆从事机动车驾驶员培训业务。不得随意改变教学车辆的用途。

第三十六条 机动车驾驶员培训机构应当建立教学车辆档案。教学车辆档案主要内容包括：车辆基本情况、维护和检测情况、技术等级记录、行驶里程记录等。

教学车辆档案应当保存至车辆报废后1年。

第三十七条 机动车驾驶员培训机构应当在其备案的教练场地开展基础和场地驾驶培训。

机动车驾驶员培训机构在道路上进行培训活动，应当遵守公安机关交通管理部门指定的路线和时间，并在教练员随车指导下进行，与教学无关的人员不得乘坐教学车辆。

第三十八条 机动车驾驶员培训机构应当保持教学设施、设备的完好，充分利用先进的科技手段，提高培训质量。

第三十九条 机动车驾驶员培训机构应当按照有关规定，向交通运输主管部门报送《培训记录》以及有关统计资料等信息。

《培训记录》应当经教练员签字、机动车驾驶员培训机构审核确认。

第四十条 交通运输主管部门应当根据机动车驾驶员培训机构执行教学大纲、颁发《结业证书》等情况，对《培训记录》及有关资料进行严格审查。

第四十一条 省级交通运输主管部门应当建立机动车驾驶员培训机构质量信誉考评体系，制定机动车驾驶员培训监督管理的量化考核标准，并定期向社会公布对机动车驾驶员培训机构的考核结果。

机动车驾驶员培训机构质量信誉考评应当包括培训机构的基本情况、学员满意度评价情况、教学大纲执行情况、《结业证书》发放情况、《培训记录》填写情况、培训业绩、考试情况、不良记录、教练员教学质量信誉考核开展情况等内容。

机动车驾驶员培训机构的学员满意度评价应当包括教学质量、服务质量、教学环境、教学方式、教练员评价等内容，具体实施细则由省级交通运输主管部门确定。

第五章 监督检查

第四十二条 交通运输主管部门应当依法对机动车驾驶员培训经营活动进行监督检查，督促机动车驾驶员培训机构及时办理备案手续，加强对机动车驾驶员培训机构是否备案、是否保持备案经营项目需具备的业务条件、备案事项与实际从事业务是否一致等情况的检查。

监督检查活动原则上随机抽取检查对象、检查人员，严格遵守《交通运输行政执法程序规定》等相关规定，检查结果向社会公布。

第四十三条 机动车驾驶员培训机构、管理人员、教练员、学员以及其他相关人员应当积极配合执法检查人员的监督检查工作，如实反映情况，提供有关资料。

第四十四条　已经备案的机动车驾驶员培训机构未保持备案经营项目需具备的业务条件的，交通运输主管部门应当责令其限期整改，并将整改要求、整改结果等相关情况向社会公布。

第四十五条　交通运输主管部门应当健全信用管理制度，加强机动车驾驶员培训机构质量信誉考核结果的运用，强化对机动车驾驶员培训机构和教练员的信用监管。

第四十六条　交通运输主管部门应当与相关部门建立健全协同监管机制，及时向公安机关、市场监督管理等部门通报机动车驾驶员培训机构备案、停业、终止经营等信息，加强部门间信息共享和跨部门联合监管。

第四十七条　鼓励机动车驾驶员培训相关行业协会健全完善行业规范，加强行业自律，促进行业持续健康发展。

第六章　法律责任

第四十八条　违反本规定，从事机动车驾驶员培训业务，有下列情形之一的，由交通运输主管部门责令改正；拒不改正的，处5000元以上2万元以下的罚款：

（一）从事机动车驾驶员培训业务未按规定办理备案的；

（二）未按规定办理备案变更的；

（三）提交虚假备案材料的。

有前款第三项行为且情节严重的，其直接负责的主管人员和其他直接责任人员5年内不得从事原备案的机动车驾驶员培训业务。

第四十九条　违反本规定，机动车驾驶员培训机构不严格按照规定进行培训或者在培训结业证书发放时弄虚作假，有下列情形之一的，由交通运输主管部门责令改正；拒不改正的，责令停业整顿：

（一）未按全国统一的教学大纲进行培训的；

（二）未在备案的教练场地开展基础和场地驾驶培训的；

（三）未按规定组织学员结业考核或者未向培训结业的人员颁发《结业证书》的；

（四）向未参加培训、未完成培训、未参加结业考核或者结业考核不合格的人员颁发《结业证书》的。

第五十条 违反本规定，机动车驾驶员培训机构有下列情形之一的，由交通运输主管部门责令限期整改，逾期整改不合格的，予以通报批评：

（一）未在经营场所的醒目位置公示其经营项目、培训能力、培训车型、培训内容、收费项目、收费标准、教练员、教学场地、投诉方式、学员满意度评价参与方式等情况的；

（二）未按规定聘用教学人员的；

（三）未按规定建立教练员档案、学员档案、教学车辆档案的；

（四）未按规定报送《培训记录》、教练员档案主要信息和有关统计资料等信息的；

（五）使用不符合规定的车辆及设施、设备从事教学活动的；

（六）存在索取、收受学员财物或者谋取其他利益等不良行为的；

（七）未按规定与学员签订培训合同的；

（八）未按规定开展教练员岗前培训或者再教育的；

（九）未定期开展教练员教学质量信誉考核或者未公布考核结果的。

第五十一条 违反本规定，教练员有下列情形之一的，由交通运输主管部门责令限期整改；逾期整改不合格的，予以通报批评：

（一）未按全国统一的教学大纲进行教学的；

（二）填写《教学日志》《培训记录》弄虚作假的；

（三）教学过程中有道路交通安全违法行为或者造成交通事故的；

（四）存在索取、收受学员财物或者谋取其他利益等不良行为的；

（五）未按规定参加岗前培训或者再教育的；

（六）在教学过程中将教学车辆交给与教学无关人员驾驶的。

第五十二条 违反本规定，交通运输主管部门的工作人员有下列情形之一的，依法给予处分；构成犯罪的，依法追究刑事责任：

（一）不按规定为机动车驾驶员培训机构办理备案的；

（二）参与或者变相参与机动车驾驶员培训业务的；

（三）发现违法行为不及时查处的；

（四）索取、收受他人财物或者谋取其他利益的；

（五）有其他违法违纪行为的。

第七章　附　　则

第五十三条 本规定自2022年11月1日起施行。2006年1月12日以交通部令2006年第2号公布的《机动车驾驶员培训管理规定》、2016年4月21日以交通运输部令2016年第51号公布的《关于修改〈机动车驾驶员培训管理规定〉的决定》同时废止。

附件：（略）

交通事故处理与违法行为处罚

（一）交通事故处理

道路交通事故处理程序规定

（2017年7月22日中华人民共和国公安部令第146号公布　自2018年5月1日起施行）

目　　录

第一章　总　　则

第一条　为了规范道路交通事故处理程序，保障公安机关交通管理部门依法履行职责，保护道路交通事故当事人的合法权益，根据《中华人民共和国道路交通安全法》及其实施条例等有关法律、行政法规，制定本规定。

第二条　处理道路交通事故，应当遵循合法、公正、公开、便民、效率的原则，尊重和保障人权，保护公民的人格尊严。

第三条　道路交通事故分为财产损失事故、伤人事故和死亡事故。

财产损失事故是指造成财产损失，尚未造成人员伤亡的道路交通事故。

伤人事故是指造成人员受伤，尚未造成人员死亡的道路交通事故。

死亡事故是指造成人员死亡的道路交通事故。

第四条　道路交通事故的调查处理应当由公安机关交通管理部门负责。

财产损失事故可以由当事人自行协商处理，但法律法规及本规定另有规定的除外。

第五条　交通警察经过培训并考试合格，可以处理适用简易程序的道路交通事故。

处理伤人事故，应当由具有道路交通事故处理初级以上资格的交通警察主办。

处理死亡事故，应当由具有道路交通事故处理中级以上资格的交通警察主办。

第六条 公安机关交通管理部门处理道路交通事故应当使用全国统一的交通管理信息系统。

鼓励应用先进的科技装备和先进技术处理道路交通事故。

第七条 交通警察处理道路交通事故，应当按照规定使用执法记录设备。

第八条 公安机关交通管理部门应当建立与司法机关、保险机构等有关部门间的数据信息共享机制，提高道路交通事故处理工作信息化水平。

第二章 管 辖

第九条 道路交通事故由事故发生地的县级公安机关交通管理部门管辖。未设立县级公安机关交通管理部门的，由设区的市公安机关交通管理部门管辖。

第十条 道路交通事故发生在两个以上管辖区域的，由事故起始点所在地公安机关交通管理部门管辖。

对管辖权有争议的，由共同的上一级公安机关交通管理部门指定管辖。指定管辖前，最先发现或者最先接到报警的公安机关交通管理部门应当先行处理。

第十一条 上级公安机关交通管理部门在必要的时候，可以处理下级公安机关交通管理部门管辖的道路交通事故，或者指定下级公安机关交通管理部门限时将案件移送其他下级公安机关交通管理部门处理。

案件管辖权发生转移的，处理时限从案件接收之日起计算。

第十二条 中国人民解放军、中国人民武装警察部队人员、车辆发生道路交通事故的，按照本规定处理。依法应当吊销、注销中国人民解放军、中国人民武装警察部队核发的机动车驾驶证以及对现役军人实施行政拘留或者追究刑事责任的，移送中国人民解放军、中国人民武装警察部队有关部门处理。

上道路行驶的拖拉机发生道路交通事故的，按照本规定处理。公安机关交通管理部门对拖拉机驾驶人依法暂扣、吊销、注销驾驶证或者记分处理的，应当将决定书和记分情况通报有关的农业（农业机械）主管部门。吊销、注销驾驶证的，还应当将驾驶证送交有关的农业（农业机械）主管部门。

第三章　报警和受案

第十三条　发生死亡事故、伤人事故的，或者发生财产损失事故且有下列情形之一的，当事人应当保护现场并立即报警：

（一）驾驶人无有效机动车驾驶证或者驾驶的机动车与驾驶证载明的准驾车型不符的；

（二）驾驶人有饮酒、服用国家管制的精神药品或者麻醉药品嫌疑的；

（三）驾驶人有从事校车业务或者旅客运输，严重超过额定乘员载客，或者严重超过规定时速行驶嫌疑的；

（四）机动车无号牌或者使用伪造、变造的号牌的；

（五）当事人不能自行移动车辆的；

（六）一方当事人离开现场的；

（七）有证据证明事故是由一方故意造成的。

驾驶人必须在确保安全的原则下，立即组织车上人员疏散到路外安全地点，避免发生次生事故。驾驶人已因道路交通事故死亡或者受伤无法行动的，车上其他人员应当自行组织疏散。

第十四条　发生财产损失事故且有下列情形之一，车辆可以移动的，当事人应当组织车上人员疏散到路外安全地点，在确保安全的原则下，采取现场拍照或者标划事故车辆现场位置等方式固定证据，将车辆移至不妨碍交通的地点后报警：

（一）机动车无检验合格标志或者无保险标志的；

（二）碰撞建筑物、公共设施或者其他设施的。

第十五条 载运爆炸性、易燃性、毒害性、放射性、腐蚀性、传染病病原体等危险物品车辆发生事故的，当事人应当立即报警，危险物品车辆驾驶人、押运人应当按照危险物品安全管理法律、法规、规章以及有关操作规程的规定，采取相应的应急处置措施。

第十六条 公安机关及其交通管理部门接到报警的，应当受理，制作受案登记表并记录下列内容：

（一）报警方式、时间，报警人姓名、联系方式，电话报警的，还应当记录报警电话；

（二）发生或者发现道路交通事故的时间、地点；

（三）人员伤亡情况；

（四）车辆类型、车辆号牌号码，是否载有危险物品以及危险物品的种类、是否发生泄漏等；

（五）涉嫌交通肇事逃逸的，还应当询问并记录肇事车辆的车型、颜色、特征及其逃逸方向、逃逸驾驶人的体貌特征等有关情况。

报警人不报姓名的，应当记录在案。报警人不愿意公开姓名的，应当为其保密。

第十七条 接到道路交通事故报警后，需要派员到现场处置，或者接到出警指令的，公安机关交通管理部门应当立即派交通警察赶赴现场。

第十八条 发生道路交通事故后当事人未报警，在事故现场撤除后，当事人又报警请求公安机关交通管理部门处理的，公安机关交通管理部门应当按照本规定第十六条规定的记录内容予以记录，并在三日内作出是否接受案件的决定。

经核查道路交通事故事实存在的，公安机关交通管理部门应当受理，制作受案登记表；经核查无法证明道路交通事故事实存在，或者不属于公安机关交通管理部门管辖的，应当书面告知当事人，并说明理由。

第四章　自 行 协 商

第十九条　机动车与机动车、机动车与非机动车发生财产损失事故，当事人应当在确保安全的原则下，采取现场拍照或者标划事故车辆现场位置等方式固定证据后，立即撤离现场，将车辆移至不妨碍交通的地点，再协商处理损害赔偿事宜，但有本规定第十三条第一款情形的除外。

非机动车与非机动车或者行人发生财产损失事故，当事人应当先撤离现场，再协商处理损害赔偿事宜。

对应当自行撤离现场而未撤离的，交通警察应当责令当事人撤离现场；造成交通堵塞的，对驾驶人处以200元罚款。

第二十条　发生可以自行协商处理的财产损失事故，当事人可以通过互联网在线自行协商处理；当事人对事实及成因有争议的，可以通过互联网共同申请公安机关交通管理部门在线确定当事人的责任。

当事人报警的，交通警察、警务辅助人员可以指导当事人自行协商处理。当事人要求交通警察到场处理的，应当指派交通警察到现场调查处理。

第二十一条　当事人自行协商达成协议的，制作道路交通事故自行协商协议书，并共同签名。道路交通事故自行协商协议书应当载明事故发生的时间、地点、天气、当事人姓名、驾驶证号或者身份证号、联系方式、机动车种类和号牌号码、保险公司、保险凭证号、事故形态、碰撞部位、当事人的责任等内容。

第二十二条　当事人自行协商达成协议的，可以按照下列方式履行道路交通事故损害赔偿：

（一）当事人自行赔偿；

（二）到投保的保险公司或者道路交通事故保险理赔服务场所办理损害赔偿事宜。

当事人自行协商达成协议后未履行的，可以申请人民调解委员会调解或者向人民法院提起民事诉讼。

第五章 简易程序

第二十三条 公安机关交通管理部门可以适用简易程序处理以下道路交通事故，但有交通肇事、危险驾驶犯罪嫌疑的除外：

（一）财产损失事故；

（二）受伤当事人伤势轻微，各方当事人一致同意适用简易程序处理的伤人事故。

适用简易程序的，可以由一名交通警察处理。

第二十四条 交通警察适用简易程序处理道路交通事故时，应当在固定现场证据后，责令当事人撤离现场，恢复交通。拒不撤离现场的，予以强制撤离。当事人无法及时移动车辆影响通行和交通安全的，交通警察应当将车辆移至不妨碍交通的地点。具有本规定第十三条第一款第一项、第二项情形之一的，按照《中华人民共和国道路交通安全法实施条例》第一百零四条规定处理。

撤离现场后，交通警察应当根据现场固定的证据和当事人、证人陈述等，认定并记录道路交通事故发生的时间、地点、天气、当事人姓名、驾驶证号或者身份证号、联系方式、机动车种类和号牌号码、保险公司、保险凭证号、道路交通事故形态、碰撞部位等，并根据本规定第六十条确定当事人的责任，当场制作道路交通事故认定书。不具备当场制作条件的，交通警察应当在三日内制作道路交通事故认定书。

道路交通事故认定书应当由当事人签名，并现场送达当事人。

当事人拒绝签名或者接收的，交通警察应当在道路交通事故认定书上注明情况。

第二十五条 当事人共同请求调解的，交通警察应当当场进行调解，并在道路交通事故认定书上记录调解结果，由当事人签名，送达当事人。

第二十六条 有下列情形之一的，不适用调解，交通警察可以在道路交通事故认定书上载明有关情况后，将道路交通事故认定书送达当事人：

（一）当事人对道路交通事故认定有异议的；

（二）当事人拒绝在道路交通事故认定书上签名的；

（三）当事人不同意调解的。

第六章 调　　查

第一节 一般规定

第二十七条 除简易程序外，公安机关交通管理部门对道路交通事故进行调查时，交通警察不得少于二人。

交通警察调查时应当向被调查人员出示《人民警察证》，告知被调查人依法享有的权利和义务，向当事人发送联系卡。联系卡载明交通警察姓名、办公地址、联系方式、监督电话等内容。

第二十八条 交通警察调查道路交通事故时，应当合法、及时、客观、全面地收集证据。

第二十九条 对发生一次死亡三人以上道路交通事故的，公安机关交通管理部门应当开展深度调查；对造成其他严重后果或者存在严重安全问题的道路交通事故，可以开展深度调查。具体程序另行规定。

第二节 现场处置和调查

第三十条 交通警察到达事故现场后，应当立即进行下列工作：

（一）按照事故现场安全防护有关标准和规范的要求划定警戒区域，在安全距离位置放置发光或者反光锥筒和警告标志，确定专人负责现场交通指挥和疏导。因道路交通事故导致交通中断或者现场处置、勘查需要采取封闭道路等交通管制措施的，还应当视情在事故现场来车方向提前组织分流，放置绕行提示标志；

（二）组织抢救受伤人员；

（三）指挥救护、勘查等车辆停放在安全和便于抢救、勘查的位置，开启警灯，夜间还应当开启危险报警闪光灯和示廓灯；

（四）查找道路交通事故当事人和证人，控制肇事嫌疑人；

（五）其他需要立即开展的工作。

第三十一条 道路交通事故造成人员死亡的，应当经急救、医疗人员或者法医确认，并由具备资质的医疗机构出具死亡证明。尸体应当存放在殡葬服务单位或者医疗机构等有停尸条件的场所。

第三十二条 交通警察应当对事故现场开展下列调查工作：

（一）勘查事故现场，查明事故车辆、当事人、道路及其空间关系和事故发生时的天气情况；

（二）固定、提取或者保全现场证据材料；

（三）询问当事人、证人并制作询问笔录；现场不具备制作询问笔录条件的，可以通过录音、录像记录询问过程；

（四）其他调查工作。

第三十三条 交通警察勘查道路交通事故现场，应当按照有关法规和标准的规定，拍摄现场照片，绘制现场图，及时提取、采集与案件有关的痕迹、物证等，制作现场勘查笔录。现场勘查过程中发现当事人涉嫌利用交通工具实施其他犯罪的，应当妥善保护犯罪现场和证据，控制犯罪嫌疑人，并立即报告公安机关主管部门。

发生一次死亡三人以上事故的，应当进行现场摄像，必要时可以聘请具有专门知识的人参加现场勘验、检查。

现场图、现场勘查笔录应当由参加勘查的交通警察、当事人和见证人签名。当事人、见证人拒绝签名或者无法签名以及无见证人的，应当记录在案。

第三十四条 痕迹、物证等证据可能因时间、地点、气象等原因导致改变、毁损、灭失的，交通警察应当及时固定、提取或者保全。

对涉嫌饮酒或者服用国家管制的精神药品、麻醉药品驾驶车辆的人员，公安机关交通管理部门应当按照《道路交通安全违法行为处理程序规定》及时抽血或者提取尿样等检材，送交有检验鉴定资质的机构进行检验。

车辆驾驶人员当场死亡的，应当及时抽血检验。不具备抽血条件的，应当由医疗机构或者鉴定机构出具证明。

第三十五条 交通警察应当核查当事人的身份证件、机动车驾驶证、机动车行驶证、检验合格标志、保险标志等。

对交通肇事嫌疑人可以依法传唤。对在现场发现的交通肇事嫌疑人，经出示《人民警察证》，可以口头传唤，并在询问笔录中注明嫌疑人到案经过、到案时间和离开时间。

第三十六条 勘查事故现场完毕后，交通警察应当清点并登记现场遗留物品，迅速组织清理现场，尽快恢复交通。

现场遗留物品能够当场发还的，应当当场发还并做记录；当场无法确定所有人的，应当登记，并妥善保管，待所有人确定后，及时发还。

第三十七条 因调查需要，公安机关交通管理部门可以向有关单位、个人调取汽车行驶记录仪、卫星定位装置、技术监控设备的记录资料以及其他与事故有关的证据材料。

第三十八条 因调查需要，公安机关交通管理部门可以组织道路交通事故当事人、证人对肇事嫌疑人、嫌疑车辆等进行辨认。

辨认应当在交通警察的主持下进行。主持辨认的交通警察不得少于二人。多名辨认人对同一辨认对象进行辨认时，应当由辨认人个别进行。

辨认时，应当将辨认对象混杂在特征相类似的其他对象中，不得给辨认人任何暗示。辨认肇事嫌疑人时，被辨认的人数不得少于七人；对肇事嫌疑人照片进行辨认的，不得少于十人的照片。辨认嫌疑车辆时，同类车辆不得少于五辆；对肇事嫌疑车辆照片进行辨认时，不得少于十辆的照片。

对尸体等特定辨认对象进行辨认，或者辨认人能够准确描述肇事嫌疑人、嫌疑车辆独有特征的，不受数量的限制。

对肇事嫌疑人的辨认，辨认人不愿意公开进行时，可以在不暴露辨认人的情况下进行，并应当为其保守秘密。

对辨认经过和结果，应当制作辨认笔录，由交通警察、辨认人、见证人签名。必要时，应当对辨认过程进行录音或者录像。

第三十九条 因收集证据的需要，公安机关交通管理部门可以扣留事故车辆，并开具行政强制措施凭证。扣留的车辆应当妥善保管。

公安机关交通管理部门不得扣留事故车辆所载货物。对所载货物在核实重量、体积及货物损失后，通知机动车驾驶人或者货物所有人自行处理。无法通知当事人或者当事人不自行处理的，按照《公安机关办理行政案件程序规定》的有关规定办理。

严禁公安机关交通管理部门指定停车场停放扣留的事故车辆。

第四十条 当事人涉嫌犯罪的，因收集证据的需要，公安机关交通管理部门可以依据《中华人民共和国刑事诉讼法》《公安机关办理刑事案件程序规定》，扣押机动车驾驶证等与事故有关的物品、证件，并按照规定出具扣押法律文书。扣押的物品应当妥善保管。

对扣押的机动车驾驶证等物品、证件，作为证据使用的，应当随案移送，并制作随案移送清单一式两份，一份留存，一份交人民检察院。对于实物不宜移送的，应当将其清单、照片或者其他证明文件随案移送。待人民法院作出生效判决后，按照人民法院的通知，依法作出处理。

第四十一条 经过调查，不属于公安机关交通管理部门管辖的，应当将案件移送有关部门并书面通知当事人，或者告知当事人处理途径。

公安机关交通管理部门在调查过程中，发现当事人涉嫌交通肇事、危险驾驶犯罪的，应当按照《中华人民共和国刑事诉讼法》《公安机关办理刑事案件程序规定》立案侦查。发现当事人有其他违法犯罪嫌疑的，应当及时移送有关部门，移送不影响事故的调查和处理。

第四十二条 投保机动车交通事故责任强制保险的车辆发生道路交通事故，因抢救受伤人员需要保险公司支付抢救费用的，公安机关交通管理部门应当书面通知保险公司。

抢救受伤人员需要道路交通事故社会救助基金垫付费用的，公安机关交通管理部门应当书面通知道路交通事故社会救助基金管理机构。

道路交通事故造成人员死亡需要救助基金垫付丧葬费用的，公安机关交通管理部门应当在送达尸体处理通知书的同时，告知受害人亲属向道路交通事故社会救助基金管理机构提出书面垫付申请。

第三节 交通肇事逃逸查缉

第四十三条 公安机关交通管理部门应当根据管辖区域和道路情况，制定交通肇事逃逸案件查缉预案，并组织专门力量办理交通肇事逃逸案件。

发生交通肇事逃逸案件后，公安机关交通管理部门应当立即启动查缉预案，布置警力堵截，并通过全国机动车缉查布控系统查缉。

第四十四条 案发地公安机关交通管理部门可以通过发协查通报、向社会公告等方式要求协查、举报交通肇事逃逸车辆或者侦破线索。发出协查通报或者向社会公告时，应当提供交通肇事逃逸案件基本事实、交通肇事逃逸车辆情况、特征及逃逸方向等有关情况。

中国人民解放军和中国人民武装警察部队车辆涉嫌交通肇事逃逸的，公安机关交通管理部门应当通报中国人民解放军、中国人民武装警察部队有关部门。

第四十五条 接到协查通报的公安机关交通管理部门，应当立即布置堵截或者排查。发现交通肇事逃逸车辆或者嫌疑车辆的，应当予以扣留，依法传唤交通肇事逃逸人或者与协查通报相符的嫌疑人，并及时将有关情况通知案发地公安机关交通管理部门。案发地公安机关交通管理部门应当立即派交通警察前往办理移交。

第四十六条 公安机关交通管理部门查获交通肇事逃逸车辆或者交通肇事逃逸嫌疑人后，应当按原范围撤销协查通报，并通过全国机动车缉查布控系统撤销布控。

第四十七条 公安机关交通管理部门侦办交通肇事逃逸案件期间，交通肇事逃逸案件的受害人及其家属向公安机关交通管理部门询问案件侦办情况的，除依法不应当公开的内容外，公安机关交通管理部门应当告知并做好记录。

第四十八条 道路交通事故社会救助基金管理机构已经为受害人垫付抢救费用或者丧葬费用的，公安机关交通管理部门应当在交通肇事逃逸案件侦破后及时书面告知道路交通事故社会救助基金管理机构交通肇事逃逸驾驶人的有关情况。

第四节　检验、鉴定

第四十九条 需要进行检验、鉴定的，公安机关交通管理部门应当按照有关规定，自事故现场调查结束之日起三日内委托具备资质的鉴定机构进行检验、鉴定。

尸体检验应当在死亡之日起三日内委托。对交通肇事逃逸车辆的检验、鉴定自查获肇事嫌疑车辆之日起三日内委托。

对现场调查结束之日起三日后需要检验、鉴定的，应当报经上一级公安机关交通管理部门批准。

对精神疾病的鉴定，由具有精神病鉴定资质的鉴定机构进行。

第五十条 检验、鉴定费用由公安机关交通管理部门承担，但法律法规另有规定或者当事人自行委托伤残评定、财产损失评估的除外。

第五十一条 公安机关交通管理部门应当与鉴定机构确定检验、鉴定完成的期限，确定的期限不得超过三十日。超过三十日的，应当报经上一级公安机关交通管理部门批准，但最长不得超过六十日。

第五十二条 尸体检验不得在公众场合进行。为了确定死因需要解剖尸体的，应当征得死者家属同意。死者家属不同意解剖尸体的，经县级以上公安机关或者上一级公安机关交通管理部门负责人批准，可以解剖尸体，并且通知死者家属到场，由其在解剖尸体通知书上签名。

死者家属无正当理由拒不到场或者拒绝签名的，交通警察应当在解剖尸体通知书上注明。对身份不明的尸体，无法通知死者家属的，应当记录在案。

第五十三条 尸体检验报告确定后，应当书面通知死者家属在十日内办理丧葬事宜。无正当理由逾期不办理的应记录在案，并经县级以上公安机关或者上一级公安机关交通管理部门负责人批准，由公安机关或者上一级公安机关交通管理部门处理尸体，逾期存放的费用由死者家属承担。

对于没有家属、家属不明或者因自然灾害等不可抗力导致无法通知或者通知后家属拒绝领回的，经县级以上公安机关或者上一级公安机关交通管理部门负责人批准，可以及时处理。

对身份不明的尸体，由法医提取人身识别检材，并对尸体拍照、采集相关信息后，由公安机关交通管理部门填写身份不明尸体信息登记表，并在设区的市级以上报纸刊登认尸启事。登报后三十日仍无人认领的，经县级以上公安机关或者上一级公安机关交通管理部门负责人批准，可以及时处理。

因宗教习俗等原因对尸体处理期限有特殊需要的，经县级以上公安机关或者上一级公安机关交通管理部门负责人批准，可以紧急处理。

第五十四条 鉴定机构应当在规定的期限内完成检验、鉴定，并出具书面检验报告、鉴定意见，由鉴定人签名，鉴定意见还应当加盖机构印章。检验报告、鉴定意见应当载明以下事项：

（一）委托人；

（二）委托日期和事项；

（三）提交的相关材料；

（四）检验、鉴定的时间；

（五）依据和结论性意见，通过分析得出结论性意见的，应当有分析证明过程。

检验报告、鉴定意见应当附有鉴定机构、鉴定人的资质证明或者其他证明文件。

第五十五条 公安机关交通管理部门应当对检验报告、鉴定意见进行审核，并在收到检验报告、鉴定意见之日起五日内，将检验报告、鉴定意见复印件送达当事人，但有下列情形之一的除外：

（一）检验、鉴定程序违法或者违反相关专业技术要求，可能影响检验报告、鉴定意见公正、客观的；

（二）鉴定机构、鉴定人不具备鉴定资质和条件的；

（三）检验报告、鉴定意见明显依据不足的；

（四）故意作虚假鉴定的；

（五）鉴定人应当回避而没有回避的；

（六）检材虚假或者检材被损坏、不具备鉴定条件的；

（七）其他可能影响检验报告、鉴定意见公正、客观的情形。

检验报告、鉴定意见有前款规定情形之一的，经县级以上公安机关交通管理部门负责人批准，应当在收到检验报告、鉴定意见之日起三日内重新委托检验、鉴定。

第五十六条 当事人对检验报告、鉴定意见有异议，申请重新检验、鉴定的，应当自公安机关交通管理部门送达之日起三日内提出书面申请，经县级以上公安机关交通管理部门负责人批准，原办案单位应当重新委托检验、鉴定。检验报告、鉴定意见不具有本规定第五十五条第一款情形的，经县级以上公安机关交通管理部门负责人批准，由原办案单位作出不准予重新检验、鉴定的决定，并在作出决定之日起三日内书面通知申请人。

同一交通事故的同一检验、鉴定事项，重新检验、鉴定以一次为限。

第五十七条 重新检验、鉴定应当另行委托鉴定机构。

第五十八条 自检验报告、鉴定意见确定之日起五日内，公安机关交通管理部门应当通知当事人领取扣留的事故车辆。

因扣留车辆发生的费用由作出决定的公安机关交通管理部门承担，但公安机关交通管理部门通知当事人领取，当事人逾期未领取产生的停车费用由当事人自行承担。

经通知当事人三十日后不领取的车辆，经公告三个月仍不领取的，对扣留的车辆依法处理。

第七章 认定与复核

第一节 道路交通事故认定

第五十九条 道路交通事故认定应当做到事实清楚、证据确实充分、适用法律正确、责任划分公正、程序合法。

第六十条 公安机关交通管理部门应当根据当事人的行为对发

生道路交通事故所起的作用以及过错的严重程度，确定当事人的责任。

（一）因一方当事人的过错导致道路交通事故的，承担全部责任；

（二）因两方或者两方以上当事人的过错发生道路交通事故的，根据其行为对事故发生的作用以及过错的严重程度，分别承担主要责任、同等责任和次要责任；

（三）各方均无导致道路交通事故的过错，属于交通意外事故的，各方均无责任。

一方当事人故意造成道路交通事故的，他方无责任。

第六十一条 当事人有下列情形之一的，承担全部责任：

（一）发生道路交通事故后逃逸的；

（二）故意破坏、伪造现场、毁灭证据的。

为逃避法律责任追究，当事人弃车逃逸以及潜逃藏匿的，如有证据证明其他当事人也有过错，可以适当减轻责任，但同时有证据证明逃逸当事人有第一款第二项情形的，不予减轻。

第六十二条 公安机关交通管理部门应当自现场调查之日起十日内制作道路交通事故认定书。交通肇事逃逸案件在查获交通肇事车辆和驾驶人后十日内制作道路交通事故认定书。对需要进行检验、鉴定的，应当在检验报告、鉴定意见确定之日起五日内制作道路交通事故认定书。

有条件的地方公安机关交通管理部门可以试行在互联网公布道路交通事故认定书，但对涉及的国家秘密、商业秘密或者个人隐私，应当保密。

第六十三条 发生死亡事故以及复杂、疑难的伤人事故后，公安机关交通管理部门应当在制作道路交通事故认定书或者道路交通事故证明前，召集各方当事人到场，公开调查取得的证据。

证人要求保密或者涉及国家秘密、商业秘密以及个人隐私的，按照有关法律法规的规定执行。

当事人不到场的，公安机关交通管理部门应当予以记录。

第六十四条 道路交通事故认定书应当载明以下内容：

（一）道路交通事故当事人、车辆、道路和交通环境等基本情况；

（二）道路交通事故发生经过；

（三）道路交通事故证据及事故形成原因分析；

（四）当事人导致道路交通事故的过错及责任或者意外原因；

（五）作出道路交通事故认定的公安机关交通管理部门名称和日期。

道路交通事故认定书应当由交通警察签名或者盖章，加盖公安机关交通管理部门道路交通事故处理专用章。

第六十五条 道路交通事故认定书应当在制作后三日内分别送达当事人，并告知申请复核、调解和提起民事诉讼的权利、期限。

当事人收到道路交通事故认定书后，可以查阅、复制、摘录公安机关交通管理部门处理道路交通事故的证据材料，但证人要求保密或者涉及国家秘密、商业秘密以及个人隐私的，按照有关法律法规的规定执行。公安机关交通管理部门对当事人复制的证据材料应当加盖公安机关交通管理部门事故处理专用章。

第六十六条 交通肇事逃逸案件尚未侦破，受害一方当事人要求出具道路交通事故认定书的，公安机关交通管理部门应当在接到当事人书面申请后十日内，根据本规定第六十一条确定各方当事人责任，制作道路交通事故认定书，并送达受害方当事人。道路交通事故认定书应当载明事故发生的时间、地点、受害人情况及调查得到的事实，以及受害方当事人的责任。

交通肇事逃逸案件侦破后，已经按照前款规定制作道路交通事故认定书的，应当按照本规定第六十一条重新确定责任，制作道路交通事故认定书，分别送达当事人。重新制作的道路交通事故认定书除应当载明本规定第六十四条规定的内容外，还应当注明撤销原道路交通事故认定书。

第六十七条 道路交通事故基本事实无法查清、成因无法判定的，公安机关交通管理部门应当出具道路交通事故证明，载明道路交通事故发生的时间、地点、当事人情况及调查得到的事实，分别送达当事人，并告知申请复核、调解和提起民事诉讼的权利、期限。

第六十八条 由于事故当事人、关键证人处于抢救状态或者因其他客观原因导致无法及时取证，现有证据不足以认定案件基本事实的，经上一级公安机关交通管理部门批准，道路交通事故认定的时限可中止计算，并书面告知各方当事人或者其代理人，但中止的时间最长不得超过六十日。

当中止认定的原因消失，或者中止期满受伤人员仍然无法接受调查的，公安机关交通管理部门应当在五日内，根据已经调查取得的证据制作道路交通事故认定书或者出具道路交通事故证明。

第六十九条 伤人事故符合下列条件，各方当事人一致书面申请快速处理的，经县级以上公安机关交通管理部门负责人批准，可以根据已经取得的证据，自当事人申请之日起五日内制作道路交通事故认定书：

（一）当事人不涉嫌交通肇事、危险驾驶犯罪的；

（二）道路交通事故基本事实及成因清楚，当事人无异议的。

第七十条 对尚未查明身份的当事人，公安机关交通管理部门应当在道路交通事故认定书或者道路交通事故证明中予以注明，待身份信息查明以后，制作书面补充说明送达各方当事人。

第二节 复 核

第七十一条 当事人对道路交通事故认定或者出具道路交通事故证明有异议的，可以自道路交通事故认定书或者道路交通事故证明送达之日起三日内提出书面复核申请。当事人逾期提交复核申请的，不予受理，并书面通知申请人。

复核申请应当载明复核请求及其理由和主要证据。同一事故的复核以一次为限。

第七十二条 复核申请人通过作出道路交通事故认定的公安机关交通管理部门提出复核申请的，作出道路交通事故认定的公安机关交通管理部门应当自收到复核申请之日起二日内将复核申请连同道路交通事故有关材料移送上一级公安机关交通管理部门。

复核申请人直接向上一级公安机关交通管理部门提出复核申请的，上一级公安机关交通管理部门应当通知作出道路交通事故认定的公安机关交通管理部门自收到通知之日起五日内提交案卷材料。

第七十三条 除当事人逾期提交复核申请的情形外，上一级公安机关交通管理部门收到复核申请之日即为受理之日。

第七十四条 上一级公安机关交通管理部门自受理复核申请之日起三十日内，对下列内容进行审查，并作出复核结论：

（一）道路交通事故认定的事实是否清楚、证据是否确实充分、适用法律是否正确、责任划分是否公正；

（二）道路交通事故调查及认定程序是否合法；

（三）出具道路交通事故证明是否符合规定。

复核原则上采取书面审查的形式，但当事人提出要求或者公安机关交通管理部门认为有必要时，可以召集各方当事人到场，听取各方意见。

办理复核案件的交通警察不得少于二人。

第七十五条 复核审查期间，申请人提出撤销复核申请的，公安机关交通管理部门应当终止复核，并书面通知各方当事人。

受理复核申请后，任何一方当事人就该事故向人民法院提起诉讼并经人民法院受理的，公安机关交通管理部门应当将受理当事人复核申请的有关情况告知相关人民法院。

受理复核申请后，人民检察院对交通肇事犯罪嫌疑人作出批准逮捕决定的，公安机关交通管理部门应当将受理当事人复核申请的有关情况告知相关人民检察院。

第七十六条 上一级公安机关交通管理部门认为原道路交通事故认定事实清楚、证据确实充分、适用法律正确、责任划分公正、程序合法的，应当作出维持原道路交通事故认定的复核结论。

上一级公安机关交通管理部门认为调查及认定程序存在瑕疵，但不影响道路交通事故认定的，在责令原办案单位补正或者作出合理解释后，可以作出维持原道路交通事故认定的复核结论。

上一级公安机关交通管理部门认为原道路交通事故认定有下列情形之一的，应当作出责令原办案单位重新调查、认定的复核结论：

（一）事实不清的；

（二）主要证据不足的；

（三）适用法律错误的；

（四）责任划分不公正的；

（五）调查及认定违反法定程序可能影响道路交通事故认定的。

第七十七条 上一级公安机关交通管理部门审查原道路交通事故证明后，按下列规定处理：

（一）认为事故成因确属无法查清，应当作出维持原道路交通事故证明的复核结论；

（二）认为事故成因仍需进一步调查的，应当作出责令原办案单位重新调查、认定的复核结论。

第七十八条 上一级公安机关交通管理部门应当在作出复核结论后三日内将复核结论送达各方当事人。公安机关交通管理部门认为必要的，应当召集各方当事人，当场宣布复核结论。

第七十九条 上一级公安机关交通管理部门作出责令重新调查、认定的复核结论后，原办案单位应当在十日内依照本规定重新调查，重新作出道路交通事故认定，撤销原道路交通事故认定书或者原道路交通事故证明。

重新调查需要检验、鉴定的，原办案单位应当在检验报告、鉴定意见确定之日起五日内，重新作出道路交通事故认定。

重新作出道路交通事故认定的，原办案单位应当送达各方当事人，并报上一级公安机关交通管理部门备案。

第八十条 上一级公安机关交通管理部门可以设立道路交通事故复核委员会，由办理复核案件的交通警察会同相关行业代表、社会专家学者等人员共同组成，负责案件复核，并以上一级公安机关交通管理部门的名义作出复核结论。

第八章 处罚执行

第八十一条 公安机关交通管理部门应当按照《道路交通安全违法行为处理程序规定》，对当事人的道路交通安全违法行为依法作出处罚。

第八十二条 对发生道路交通事故构成犯罪，依法应当吊销驾驶人机动车驾驶证的，应当在人民法院作出有罪判决后，由设区的市公安机关交通管理部门依法吊销机动车驾驶证。同时具有逃逸情形的，公安机关交通管理部门应当同时依法作出终生不得重新取得机动车驾驶证的决定。

第八十三条 专业运输单位六个月内两次发生一次死亡三人以上事故，且单位或者车辆驾驶人对事故承担全部责任或者主要责任的，专业运输单位所在地的公安机关交通管理部门应当报经设区的市公安机关交通管理部门批准后，作出责令限期消除安全隐患的决定，禁止未消除安全隐患的机动车上道路行驶，并通报道路交通事故发生地及运输单位所在地的人民政府有关行政管理部门。

第九章 损害赔偿调解

第八十四条 当事人可以采取以下方式解决道路交通事故损害

赔偿争议：

（一）申请人民调解委员会调解；

（二）申请公安机关交通管理部门调解；

（三）向人民法院提起民事诉讼。

第八十五条 当事人申请人民调解委员会调解，达成调解协议后，双方当事人认为有必要的，可以根据《中华人民共和国人民调解法》共同向人民法院申请司法确认。

当事人申请人民调解委员会调解，调解未达成协议的，当事人可以直接向人民法院提起民事诉讼，或者自人民调解委员会作出终止调解之日起三日内，一致书面申请公安机关交通管理部门进行调解。

第八十六条 当事人申请公安机关交通管理部门调解的，应当在收到道路交通事故认定书、道路交通事故证明或者上一级公安机关交通管理部门维持原道路交通事故认定的复核结论之日起十日内一致书面申请。

当事人申请公安机关交通管理部门调解，调解未达成协议的，当事人可以依法向人民法院提起民事诉讼，或者申请人民调解委员会进行调解。

第八十七条 公安机关交通管理部门应当按照合法、公正、自愿、及时的原则进行道路交通事故损害赔偿调解。

道路交通事故损害赔偿调解应当公开进行，但当事人申请不予公开的除外。

第八十八条 公安机关交通管理部门应当与当事人约定调解的时间、地点，并于调解时间三日前通知当事人。口头通知的，应当记入调解记录。

调解参加人因故不能按期参加调解的，应当在预定调解时间一日前通知承办的交通警察，请求变更调解时间。

第八十九条 参加损害赔偿调解的人员包括：

（一）道路交通事故当事人及其代理人；

（二）道路交通事故车辆所有人或者管理人；

（三）承保机动车保险的保险公司人员；

（四）公安机关交通管理部门认为有必要参加的其他人员。

委托代理人应当出具由委托人签名或者盖章的授权委托书。授权委托书应当载明委托事项和权限。

参加损害赔偿调解的人员每方不得超过三人。

第九十条 公安机关交通管理部门受理调解申请后，应当按照下列规定日期开始调解：

（一）造成人员死亡的，从规定的办理丧葬事宜时间结束之日起；

（二）造成人员受伤的，从治疗终结之日起；

（三）因伤致残的，从定残之日起；

（四）造成财产损失的，从确定损失之日起。

公安机关交通管理部门受理调解申请时已超过前款规定的时间，调解自受理调解申请之日起开始。

公安机关交通管理部门应当自调解开始之日起十日内制作道路交通事故损害赔偿调解书或者道路交通事故损害赔偿调解终结书。

第九十一条 交通警察调解道路交通事故损害赔偿，按照下列程序实施：

（一）告知各方当事人权利、义务；

（二）听取各方当事人的请求及理由；

（三）根据道路交通事故认定书认定的事实以及《中华人民共和国道路交通安全法》第七十六条的规定，确定当事人承担的损害赔偿责任；

（四）计算损害赔偿的数额，确定各方当事人承担的比例，人身损害赔偿的标准按照《中华人民共和国侵权责任法》《最高人民法院关于审理人身损害赔偿案件适用法律若干问题的解释》《最高人民法院关于审理道路交通事故损害赔偿案件适用法律若干问题的解释》等有关规定执行，财产损失的修复费用、折价赔偿费用按照实际价值或者评估机构的评估结论计算；

（五）确定赔偿履行方式及期限。

第九十二条 因确定损害赔偿的数额，需要进行伤残评定、财产损失评估的，由各方当事人协商确定有资质的机构进行，但财产损失数额巨大涉嫌刑事犯罪的，由公安机关交通管理部门委托。

当事人委托伤残评定、财产损失评估的费用，由当事人承担。

第九十三条 经调解达成协议的，公安机关交通管理部门应当当场制作道路交通事故损害赔偿调解书，由各方当事人签字，分别送达各方当事人。

调解书应当载明以下内容：

（一）调解依据；

（二）道路交通事故认定书认定的基本事实和损失情况；

（三）损害赔偿的项目和数额；

（四）各方的损害赔偿责任及比例；

（五）赔偿履行方式和期限；

（六）调解日期。

经调解各方当事人未达成协议的，公安机关交通管理部门应当终止调解，制作道路交通事故损害赔偿调解终结书，送达各方当事人。

第九十四条 有下列情形之一的，公安机关交通管理部门应当终止调解，并记录在案：

（一）调解期间有一方当事人向人民法院提起民事诉讼的；

（二）一方当事人无正当理由不参加调解的；

（三）一方当事人调解过程中退出调解的。

第九十五条 有条件的地方公安机关交通管理部门可以联合有关部门，设置道路交通事故保险理赔服务场所。

第十章　涉外道路交通事故处理

第九十六条　外国人在中华人民共和国境内发生道路交通事故的，除按照本规定执行外，还应当按照办理涉外案件的有关法律、法规、规章的规定执行。

公安机关交通管理部门处理外国人发生的道路交通事故，应当告知当事人我国法律、法规、规章规定的当事人在处理道路交通事故中的权利和义务。

第九十七条　外国人发生道路交通事故有下列情形之一的，不准其出境：

（一）涉嫌犯罪的；

（二）有未了结的道路交通事故损害赔偿案件，人民法院决定不准出境的；

（三）法律、行政法规规定不准出境的其他情形。

第九十八条　外国人发生道路交通事故并承担全部责任或者主要责任的，公安机关交通管理部门应当告知道路交通事故损害赔偿权利人可以向人民法院提出采取诉前保全措施的请求。

第九十九条　公安机关交通管理部门在处理道路交通事故过程中，使用中华人民共和国通用的语言文字。对不通晓我国语言文字的，应当为其提供翻译；当事人通晓我国语言文字而不需要他人翻译的，应当出具书面声明。

经公安机关交通管理部门批准，外国人可以自行聘请翻译，翻译费由当事人承担。

第一百条　享有外交特权与豁免的人员发生道路交通事故时，应当主动出示有效身份证件，交通警察认为应当给予暂扣或者吊销机动车驾驶证处罚的，可以扣留其机动车驾驶证。需要对享有外交特权与豁免的人员进行调查的，可以约谈，谈话时仅限于与道路交通事故有关的内容。需要检验、鉴定车辆的，公安机关交通管理部门应当征得其同意，并在检验、鉴定后立即发还。

公安机关交通管理部门应当根据收集的证据，制作道路交通事故认定书送达当事人，当事人拒绝接收的，送达至其所在机构；没有所在机构或者所在机构不明确的，由当事人所属国家的驻华使领馆转交送达。

享有外交特权与豁免的人员应当配合公安机关交通管理部门的调查和检验、鉴定。对于经核查确实享有外交特权与豁免但不同意接受调查或者检验、鉴定的，公安机关交通管理部门应当将有关情况记录在案，损害赔偿事宜通过外交途径解决。

第一百零一条 公安机关交通管理部门处理享有外交特权与豁免的外国人发生人员死亡事故的，应当将其身份、证件及事故经过、损害后果等基本情况记录在案，并将有关情况迅速通报省级人民政府外事部门和该外国人所属国家的驻华使馆或者领馆。

第一百零二条 外国驻华领事机构、国际组织、国际组织驻华代表机构享有特权与豁免的人员发生道路交通事故的，公安机关交通管理部门参照本规定第一百条、第一百零一条规定办理，但《中华人民共和国领事特权与豁免条例》、中国已参加的国际公约以及我国与有关国家或者国际组织缔结的协议有不同规定的除外。

第十一章　执 法 监 督

第一百零三条 公安机关警务督察部门可以依法对公安机关交通管理部门及其交通警察处理道路交通事故工作进行现场督察，查处违纪违法行为。

上级公安机关交通管理部门对下级公安机关交通管理部门处理道路交通事故工作进行监督，发现错误应当及时纠正，造成严重后果的，依纪依法追究有关人员的责任。

第一百零四条 公安机关交通管理部门及其交通警察处理道路交通事故，应当公开办事制度、办事程序，建立警风警纪监督员制度，并自觉接受社会和群众的监督。

任何单位和个人都有权对公安机关交通管理部门及其交通警察不依法严格公正处理道路交通事故、利用职务上的便利收受他人财物或者谋取其他利益、徇私舞弊、滥用职权、玩忽职守以及其他违纪违法行为进行检举、控告。收到检举、控告的机关，应当依据职责及时查处。

第一百零五条 在调查处理道路交通事故时，交通警察或者公安机关检验、鉴定人员有下列情形之一的，应当回避：

（一）是本案的当事人或者是当事人的近亲属的；

（二）本人或者其近亲属与本案有利害关系的；

（三）与本案当事人有其他关系，可能影响案件公正处理的。

交通警察或者公安机关检验、鉴定人员需要回避的，由本级公安机关交通管理部门负责人或者检验、鉴定人员所属的公安机关决定。公安机关交通管理部门负责人需要回避的，由公安机关或者上一级公安机关交通管理部门负责人决定。

对当事人提出的回避申请，公安机关交通管理部门应当在二日内作出决定，并通知申请人。

第一百零六条 人民法院、人民检察院审理、审查道路交通事故案件，需要公安机关交通管理部门提供有关证据的，公安机关交通管理部门应当在接到调卷公函之日起三日内，或者按照其时限要求，将道路交通事故案件调查材料正本移送人民法院或者人民检察院。

第一百零七条 公安机关交通管理部门对查获交通肇事逃逸车辆及人员提供有效线索或者协助的人员、单位，应当给予表彰和奖励。

公安机关交通管理部门及其交通警察接到协查通报不配合协查并造成严重后果的，由公安机关或者上级公安机关交通管理部门追究有关人员和单位主管领导的责任。

第十二章　附　　则

第一百零八条　道路交通事故处理资格等级管理规定由公安部另行制定，资格证书式样全国统一。

第一百零九条　公安机关交通管理部门应当在邻省、市（地）、县交界的国、省、县道上，以及辖区内交通流量集中的路段，设置标有管辖地公安机关交通管理部门名称及道路交通事故报警电话号码的提示牌。

第一百一十条　车辆在道路以外通行时发生的事故，公安机关交通管理部门接到报案的，参照本规定处理。涉嫌犯罪的，及时移送有关部门。

第一百一十一条　执行本规定所需要的法律文书式样，由公安部制定。公安部没有制定式样，执法工作中需要的其他法律文书，省级公安机关可以制定式样。

当事人自行协商处理损害赔偿事宜的，可以自行制作协议书，但应当符合本规定第二十一条关于协议书内容的规定。

第一百一十二条　本规定中下列用语的含义是：

（一）“交通肇事逃逸”，是指发生道路交通事故后，当事人为逃避法律责任，驾驶或者遗弃车辆逃离道路交通事故现场以及潜逃藏匿的行为。

（二）“深度调查”，是指以有效防范道路交通事故为目的，对道路交通事故发生的深层次原因以及道路交通安全相关因素开展延伸调查，分析查找安全隐患及管理漏洞，并提出从源头解决问题的意见和建议的活动。

（三）“检验报告、鉴定意见确定”，是指检验报告、鉴定意见复印件送达当事人之日起三日内，当事人未申请重新检验、鉴定的，以及公安机关交通管理部门批准重新检验、鉴定，鉴定机构出具检验报告、鉴定意见的。

（四）“外国人”，是指不具有中国国籍的人。

（五）本规定所称的“一日”、“二日”、“三日”、“五日”、“十日”，是指工作日，不包括节假日。

（六）本规定所称的“以上”、“以下”均包括本数在内。

（七）“县级以上公安机关交通管理部门”，是指县级以上人民政府公安机关交通管理部门或者相当于同级的公安机关交通管理部门。

（八）“设区的市公安机关交通管理部门”，是指设区的市人民政府公安机关交通管理部门或者相当于同级的公安机关交通管理部门。

（九）“设区的市公安机关”，是指设区的市人民政府公安机关或者相当于同级的公安机关。

第一百一十三条　本规定没有规定的道路交通事故案件办理程序，依照《公安机关办理行政案件程序规定》《公安机关办理刑事案件程序规定》的有关规定执行。

第一百一十四条　本规定自2018年5月1日起施行。2008年8月17日发布的《道路交通事故处理程序规定》（公安部令第104号）同时废止。

中华人民共和国治安管理处罚法

（2005年8月28日第十届全国人民代表大会常务委员会第十七次会议通过　根据2012年10月26日第十一届全国人民代表大会常务委员会第二十九次会议《关于修改〈中华人民共和国治安管理处罚法〉的决定》修正）

目　　录

第一章　总　　则

第一条　【立法目的】为维护社会治安秩序，保障公共安全，保护公民、法人和其他组织的合法权益，规范和保障公安机关及其人民警察依法履行治安管理职责，制定本法。

第二条　【违反治安管理行为的性质和特征】扰乱公共秩序，妨害公共安全，侵犯人身权利、财产权利，妨害社会管理，具有社会危害性，依照《中华人民共和国刑法》的规定构成犯罪的，依法追究刑事责任；尚不够刑事处罚的，由公安机关依照本法给予治安管理处罚。

第三条　【处罚程序应适用的法律规范】治安管理处罚的程序，适用本法的规定；本法没有规定的，适用《中华人民共和国行政处罚法》的有关规定。

第四条　【适用范围】在中华人民共和国领域内发生的违反治安管理行为，除法律有特别规定的外，适用本法。

在中华人民共和国船舶和航空器内发生的违反治安管理行为，

除法律有特别规定的外，适用本法。

第五条　【基本原则】 治安管理处罚必须以事实为依据，与违反治安管理行为的性质、情节以及社会危害程度相当。

实施治安管理处罚，应当公开、公正，尊重和保障人权，保护公民的人格尊严。

办理治安案件应当坚持教育与处罚相结合的原则。

第六条　【社会治安综合治理】 各级人民政府应当加强社会治安综合治理，采取有效措施，化解社会矛盾，增进社会和谐，维护社会稳定。

第七条　【主管和管辖】 国务院公安部门负责全国的治安管理工作。县级以上地方各级人民政府公安机关负责本行政区域内的治安管理工作。

治安案件的管辖由国务院公安部门规定。

第八条　【民事责任】 违反治安管理的行为对他人造成损害的，行为人或者其监护人应当依法承担民事责任。

第九条　【调解】 对于因民间纠纷引起的打架斗殴或者损毁他人财物等违反治安管理行为，情节较轻的，公安机关可以调解处理。经公安机关调解，当事人达成协议的，不予处罚。经调解未达成协议或者达成协议后不履行的，公安机关应当依照本法的规定对违反治安管理行为人给予处罚，并告知当事人可以就民事争议依法向人民法院提起民事诉讼。

第二章　处罚的种类和适用

第十条　【处罚种类】 治安管理处罚的种类分为：

（一）警告；

（二）罚款；

（三）行政拘留；

（四）吊销公安机关发放的许可证。

对违反治安管理的外国人，可以附加适用限期出境或者驱逐出境。

第十一条 【查获违禁品、工具和违法所得财物的处理】办理治安案件所查获的毒品、淫秽物品等违禁品，赌具、赌资，吸食、注射毒品的用具以及直接用于实施违反治安管理行为的本人所有的工具，应当收缴，按照规定处理。

违反治安管理所得的财物，追缴退还被侵害人；没有被侵害人的，登记造册，公开拍卖或者按照国家有关规定处理，所得款项上缴国库。

第十二条 【未成年人违法的处罚】已满十四周岁不满十八周岁的人违反治安管理的，从轻或者减轻处罚；不满十四周岁的人违反治安管理的，不予处罚，但是应当责令其监护人严加管教。

第十三条 【精神病人违法的处罚】精神病人在不能辨认或者不能控制自己行为的时候违反治安管理的，不予处罚，但是应当责令其监护人严加看管和治疗。间歇性的精神病人在精神正常的时候违反治安管理的，应当给予处罚。

第十四条 【盲人或聋哑人违法的处罚】盲人或者又聋又哑的人违反治安管理的，可以从轻、减轻或者不予处罚。

第十五条 【醉酒的人违法的处罚】醉酒的人违反治安管理的，应当给予处罚。

醉酒的人在醉酒状态中，对本人有危险或者对他人的人身、财产或者公共安全有威胁的，应当对其采取保护性措施约束至酒醒。

第十六条 【有两种以上违法行为的处罚】有两种以上违反治安管理行为的，分别决定，合并执行。行政拘留处罚合并执行的，最长不超过二十日。

第十七条 【共同违法行为的处罚】共同违反治安管理的，根据违反治安管理行为人在违反治安管理行为中所起的作用，分别处罚。

教唆、胁迫、诱骗他人违反治安管理的，按照其教唆、胁迫、诱骗的行为处罚。

第十八条　【单位违法行为的处罚】单位违反治安管理的，对其直接负责的主管人员和其他直接责任人员依照本法的规定处罚。其他法律、行政法规对同一行为规定给予单位处罚的，依照其规定处罚。

第十九条　【减轻处罚或不予处罚的情形】违反治安管理有下列情形之一的，减轻处罚或者不予处罚：

（一）情节特别轻微的；

（二）主动消除或者减轻违法后果，并取得被侵害人谅解的；

（三）出于他人胁迫或者诱骗的；

（四）主动投案，向公安机关如实陈述自己的违法行为的；

（五）有立功表现的。

第二十条　【从重处罚的情形】违反治安管理有下列情形之一的，从重处罚：

（一）有较严重后果的；

（二）教唆、胁迫、诱骗他人违反治安管理的；

（三）对报案人、控告人、举报人、证人打击报复的；

（四）六个月内曾受过治安管理处罚的。

第二十一条　【应给予行政拘留处罚而不予执行的情形】违反治安管理行为人有下列情形之一，依照本法应当给予行政拘留处罚的，不执行行政拘留处罚：

（一）已满十四周岁不满十六周岁的；

（二）已满十六周岁不满十八周岁，初次违反治安管理的；

（三）七十周岁以上的；

（四）怀孕或者哺乳自己不满一周岁婴儿的。

第二十二条　【追究时效】违反治安管理行为在六个月内没有被公安机关发现的，不再处罚。

前款规定的期限，从违反治安管理行为发生之日起计算；违反治安管理行为有连续或者继续状态的，从行为终了之日起计算。

第三章 违反治安管理的行为和处罚

第一节 扰乱公共秩序的行为和处罚

第二十三条 【对扰乱单位、公共场所、公共交通和选举秩序行为的处罚】 有下列行为之一的，处警告或者二百元以下罚款；情节较重的，处五日以上十日以下拘留，可以并处五百元以下罚款：

（一）扰乱机关、团体、企业、事业单位秩序，致使工作、生产、营业、医疗、教学、科研不能正常进行，尚未造成严重损失的；

（二）扰乱车站、港口、码头、机场、商场、公园、展览馆或者其他公共场所秩序的；

（三）扰乱公共汽车、电车、火车、船舶、航空器或者其他公共交通工具上的秩序的；

（四）非法拦截或者强登、扒乘机动车、船舶、航空器以及其他交通工具，影响交通工具正常行驶的；

（五）破坏依法进行的选举秩序的。

聚众实施前款行为的，对首要分子处十日以上十五日以下拘留，可以并处一千元以下罚款。

第二十四条 【对扰乱文化、体育等大型群众性活动秩序行为的处罚】 有下列行为之一，扰乱文化、体育等大型群众性活动秩序的，处警告或者二百元以下罚款；情节严重的，处五日以上十日以下拘留，可以并处五百元以下罚款：

（一）强行进入场内的；

（二）违反规定，在场内燃放烟花爆竹或者其他物品的；

（三）展示侮辱性标语、条幅等物品的；

（四）围攻裁判员、运动员或者其他工作人员的；

（五）向场内投掷杂物，不听制止的；

（六）扰乱大型群众性活动秩序的其他行为。

因扰乱体育比赛秩序被处以拘留处罚的，可以同时责令其十二个月内不得进入体育场馆观看同类比赛；违反规定进入体育场馆的，强行带离现场。

第二十五条　【对扰乱公共秩序行为的处罚】有下列行为之一的，处五日以上十日以下拘留，可以并处五百元以下罚款；情节较轻的，处五日以下拘留或者五百元以下罚款：

（一）散布谣言，谎报险情、疫情、警情或者以其他方法故意扰乱公共秩序的；

（二）投放虚假的爆炸性、毒害性、放射性、腐蚀性物质或者传染病病原体等危险物质扰乱公共秩序的；

（三）扬言实施放火、爆炸、投放危险物质扰乱公共秩序的。

第二十六条　【对寻衅滋事行为的处罚】有下列行为之一的，处五日以上十日以下拘留，可以并处五百元以下罚款；情节较重的，处十日以上十五日以下拘留，可以并处一千元以下罚款：

（一）结伙斗殴的；

（二）追逐、拦截他人的；

（三）强拿硬要或者任意损毁、占用公私财物的；

（四）其他寻衅滋事行为。

第二十七条　【对利用封建迷信、会道门进行非法活动行为的处罚】有下列行为之一的，处十日以上十五日以下拘留，可以并处一千元以下罚款；情节较轻的，处五日以上十日以下拘留，可以并处五百元以下罚款：

（一）组织、教唆、胁迫、诱骗、煽动他人从事邪教、会道门活动或者利用邪教、会道门、迷信活动，扰乱社会秩序、损害他人身体健康的；

（二）冒用宗教、气功名义进行扰乱社会秩序、损害他人身体健康活动的。

第二十八条　【对干扰无线电业务及无线电台（站）行为的处罚】违反国家规定，故意干扰无线电业务正常进行的，或者对正常运行的无线电台（站）产生有害干扰，经有关主管部门指出后，拒不采取有效措施消除的，处五日以上十日以下拘留；情节严重的，处十日以上十五日以下拘留。

第二十九条　【对侵入、破坏计算机信息系统行为的处罚】有下列行为之一的，处五日以下拘留；情节较重的，处五日以上十日以下拘留：

（一）违反国家规定，侵入计算机信息系统，造成危害的；

（二）违反国家规定，对计算机信息系统功能进行删除、修改、增加、干扰，造成计算机信息系统不能正常运行的；

（三）违反国家规定，对计算机信息系统中存储、处理、传输的数据和应用程序进行删除、修改、增加的；

（四）故意制作、传播计算机病毒等破坏性程序，影响计算机信息系统正常运行的。

第二节　妨害公共安全的行为和处罚

第三十条　【对违反危险物质管理行为的处罚】违反国家规定，制造、买卖、储存、运输、邮寄、携带、使用、提供、处置爆炸性、毒害性、放射性、腐蚀性物质或者传染病病原体等危险物质的，处十日以上十五日以下拘留；情节较轻的，处五日以上十日以下拘留。

第三十一条　【对危险物质被盗、被抢、丢失不报行为的处罚】爆炸性、毒害性、放射性、腐蚀性物质或者传染病病原体等危险物质被盗、被抢或者丢失，未按规定报告的，处五日以下拘留；故意隐瞒不报的，处五日以上十日以下拘留。

第三十二条　【对非法携带管制器具行为的处罚】非法携带枪支、弹药或者弩、匕首等国家规定的管制器具的，处五日以下拘留，可以并处五百元以下罚款；情节较轻的，处警告或者二百元以下罚款。

非法携带枪支、弹药或者弩、匕首等国家规定的管制器具进入公共场所或者公共交通工具的，处五日以上十日以下拘留，可以并处五百元以下罚款。

第三十三条　【对盗窃、损毁公共设施行为的处罚】有下列行为之一的，处十日以上十五日以下拘留：

（一）盗窃、损毁油气管道设施、电力电信设施、广播电视设施、水利防汛工程设施或者水文监测、测量、气象测报、环境监测、地质监测、地震监测等公共设施的；

（二）移动、损毁国家边境的界碑、界桩以及其他边境标志、边境设施或者领土、领海标志设施的；

（三）非法进行影响国（边）界线走向的活动或者修建有碍国（边）境管理的设施的。

第三十四条　【对妨害航空器飞行安全行为的处罚】盗窃、损坏、擅自移动使用中的航空设施，或者强行进入航空器驾驶舱的，处十日以上十五日以下拘留。

在使用中的航空器上使用可能影响导航系统正常功能的器具、工具，不听劝阻的，处五日以下拘留或者五百元以下罚款。

第三十五条　【对妨害铁路运行安全行为的处罚】有下列行为之一的，处五日以上十日以下拘留，可以并处五百元以下罚款；情节较轻的，处五日以下拘留或者五百元以下罚款：

（一）盗窃、损毁或者擅自移动铁路设施、设备、机车车辆配件或者安全标志的；

（二）在铁路线路上放置障碍物，或者故意向列车投掷物品的；

（三）在铁路线路、桥梁、涵洞处挖掘坑穴、采石取沙的；

（四）在铁路线路上私设道口或者平交过道的。

第三十六条　【对妨害列车行车安全行为的处罚】擅自进入铁路防护网或者火车来临时在铁路线路上行走坐卧、抢越铁路，影响行车安全的，处警告或者二百元以下罚款。

第三十七条　【对妨害公共道路安全行为的处罚】有下列行为之一的，处五日以下拘留或者五百元以下罚款；情节严重的，处五日以上十日以下拘留，可以并处五百元以下罚款：

（一）未经批准，安装、使用电网的，或者安装、使用电网不符合安全规定的；

（二）在车辆、行人通行的地方施工，对沟井坎穴不设覆盖物、防围和警示标志的，或者故意损毁、移动覆盖物、防围和警示标志的；

（三）盗窃、损毁路面井盖、照明等公共设施的。

第三十八条　【对违反规定举办大型活动行为的处罚】举办文化、体育等大型群众性活动，违反有关规定，有发生安全事故危险的，责令停止活动，立即疏散；对组织者处五日以上十日以下拘留，并处二百元以上五百元以下罚款；情节较轻的，处五日以下拘留或者五百元以下罚款。

第三十九条　【对违反公共场所安全规定行为的处罚】旅馆、饭店、影剧院、娱乐场、运动场、展览馆或者其他供社会公众活动的场所的经营管理人员，违反安全规定，致使该场所有发生安全事故危险，经公安机关责令改正，拒不改正的，处五日以下拘留。

第三节　侵犯人身权利、财产权利的行为和处罚

第四十条　【对恐怖表演、强迫劳动、限制人身自由行为的处罚】有下列行为之一的，处十日以上十五日以下拘留，并处五百元以上一千元以下罚款；情节较轻的，处五日以上十日以下拘留，并处二百元以上五百元以下罚款：

（一）组织、胁迫、诱骗不满十六周岁的人或者残疾人进行恐怖、残忍表演的；

（二）以暴力、威胁或者其他手段强迫他人劳动的；

（三）非法限制他人人身自由、非法侵入他人住宅或者非法搜查他人身体的。

第四十一条　【对胁迫利用他人乞讨和滋扰乞讨行为的处罚】 胁迫、诱骗或者利用他人乞讨的，处十日以上十五日以下拘留，可以并处一千元以下罚款。

反复纠缠、强行讨要或者以其他滋扰他人的方式乞讨的，处五日以下拘留或者警告。

第四十二条　【对侵犯人身权利六项行为的处罚】 有下列行为之一的，处五日以下拘留或者五百元以下罚款；情节较重的，处五日以上十日以下拘留，可以并处五百元以下罚款：

（一）写恐吓信或者以其他方法威胁他人人身安全的；

（二）公然侮辱他人或者捏造事实诽谤他人的；

（三）捏造事实诬告陷害他人，企图使他人受到刑事追究或者受到治安管理处罚的；

（四）对证人及其近亲属进行威胁、侮辱、殴打或者打击报复的；

（五）多次发送淫秽、侮辱、恐吓或者其他信息，干扰他人正常生活的；

（六）偷窥、偷拍、窃听、散布他人隐私的。

第四十三条　【对殴打或故意伤害他人身体行为的处罚】 殴打他人的，或者故意伤害他人身体的，处五日以上十日以下拘留，并处二百元以上五百元以下罚款；情节较轻的，处五日以下拘留或者五百元以下罚款。

有下列情形之一的，处十日以上十五日以下拘留，并处五百元以上一千元以下罚款：

（一）结伙殴打、伤害他人的；

（二）殴打、伤害残疾人、孕妇、不满十四周岁的人或者六十周岁以上的人的；

（三）多次殴打、伤害他人或者一次殴打、伤害多人的。

第四十四条　【对猥亵他人和在公共场所裸露身体行为的处罚】猥亵他人的，或者在公共场所故意裸露身体，情节恶劣的，处五日以上十日以下拘留；猥亵智力残疾人、精神病人、不满十四周岁的人或者有其他严重情节的，处十日以上十五日以下拘留。

第四十五条　【对虐待家庭成员、遗弃被扶养人行为的处罚】有下列行为之一的，处五日以下拘留或者警告：

（一）虐待家庭成员，被虐待人要求处理的；

（二）遗弃没有独立生活能力的被扶养人的。

第四十六条　【对强迫交易行为的处罚】强买强卖商品，强迫他人提供服务或者强迫他人接受服务的，处五日以上十日以下拘留，并处二百元以上五百元以下罚款；情节较轻的，处五日以下拘留或者五百元以下罚款。

第四十七条　【对煽动民族仇恨、民族歧视行为的处罚】煽动民族仇恨、民族歧视，或者在出版物、计算机信息网络中刊载民族歧视、侮辱内容的，处十日以上十五日以下拘留，可以并处一千元以下罚款。

第四十八条　【对侵犯通信自由行为的处罚】冒领、隐匿、毁弃、私自开拆或者非法检查他人邮件的，处五日以下拘留或者五百元以下罚款。

第四十九条　【对盗窃、诈骗、哄抢、抢夺、敲诈勒索、损毁公私财物行为的处罚】盗窃、诈骗、哄抢、抢夺、敲诈勒索或者故意损毁公私财物的，处五日以上十日以下拘留，可以并处五百元以下罚款；情节较重的，处十日以上十五日以下拘留，可以并处一千元以下罚款。

第四节 妨害社会管理的行为和处罚

第五十条 【对拒不执行紧急状态决定、命令和阻碍执行公务的处罚】有下列行为之一的，处警告或者二百元以下罚款；情节严重的，处五日以上十日以下拘留，可以并处五百元以下罚款：

（一）拒不执行人民政府在紧急状态情况下依法发布的决定、命令的；

（二）阻碍国家机关工作人员依法执行职务的；

（三）阻碍执行紧急任务的消防车、救护车、工程抢险车、警车等车辆通行的；

（四）强行冲闯公安机关设置的警戒带、警戒区的。

阻碍人民警察依法执行职务的，从重处罚。

第五十一条 【对招摇撞骗行为的处罚】冒充国家机关工作人员或者以其他虚假身份招摇撞骗的，处五日以上十日以下拘留，可以并处五百元以下罚款；情节较轻的，处五日以下拘留或者五百元以下罚款。

冒充军警人员招摇撞骗的，从重处罚。

第五十二条 【对伪造、变造、买卖公文、证件、票证行为的处罚】有下列行为之一的，处十日以上十五日以下拘留，可以并处一千元以下罚款；情节较轻的，处五日以上十日以下拘留，可以并处五百元以下罚款：

（一）伪造、变造或者买卖国家机关、人民团体、企业、事业单位或者其他组织的公文、证件、证明文件、印章的；

（二）买卖或者使用伪造、变造的国家机关、人民团体、企业、事业单位或者其他组织的公文、证件、证明文件的；

（三）伪造、变造、倒卖车票、船票、航空客票、文艺演出票、体育比赛入场券或者其他有价票证、凭证的；

（四）伪造、变造船舶户牌，买卖或者使用伪造、变造的船舶户牌，或者涂改船舶发动机号码的。

第五十三条　【对船舶擅自进入禁、限入水域或岛屿行为的处罚】船舶擅自进入、停靠国家禁止、限制进入的水域或者岛屿的，对船舶负责人及有关责任人员处五百元以上一千元以下罚款；情节严重的，处五日以下拘留，并处五百元以上一千元以下罚款。

第五十四条　【对违法设立社会团体行为的处罚】有下列行为之一的，处十日以上十五日以下拘留，并处五百元以上一千元以下罚款；情节较轻的，处五日以下拘留或者五百元以下罚款：

（一）违反国家规定，未经注册登记，以社会团体名义进行活动，被取缔后，仍进行活动的；

（二）被依法撤销登记的社会团体，仍以社会团体名义进行活动的；

（三）未经许可，擅自经营按照国家规定需要由公安机关许可的行业的。

有前款第三项行为的，予以取缔。

取得公安机关许可的经营者，违反国家有关管理规定，情节严重的，公安机关可以吊销许可证。

第五十五条　【对非法集会、游行、示威行为的处罚】煽动、策划非法集会、游行、示威，不听劝阻的，处十日以上十五日以下拘留。

第五十六条　【对旅馆工作人员违反规定行为的处罚】旅馆业的工作人员对住宿的旅客不按规定登记姓名、身份证件种类和号码的，或者明知住宿的旅客将危险物质带入旅馆，不予制止的，处二百元以上五百元以下罚款。

旅馆业的工作人员明知住宿的旅客是犯罪嫌疑人员或者被公安机关通缉的人员，不向公安机关报告的，处二百元以上五百元以下罚款；情节严重的，处五日以下拘留，可以并处五百元以下罚款。

第五十七条　【对违法出租房屋行为的处罚】房屋出租人将房

屋出租给无身份证件的人居住的，或者不按规定登记承租人姓名、身份证件种类和号码的，处二百元以上五百元以下罚款。

房屋出租人明知承租人利用出租房屋进行犯罪活动，不向公安机关报告的，处二百元以上五百元以下罚款；情节严重的，处五日以下拘留，可以并处五百元以下罚款。

第五十八条 【对制造噪声干扰他人生活行为的处罚】违反关于社会生活噪声污染防治的法律规定，制造噪声干扰他人正常生活的，处警告；警告后不改正的，处二百元以上五百元以下罚款。

第五十九条 【对违法典当、收购行为的处罚】有下列行为之一的，处五百元以上一千元以下罚款；情节严重的，处五日以上十日以下拘留，并处五百元以上一千元以下罚款：

（一）典当业工作人员承接典当的物品，不查验有关证明、不履行登记手续，或者明知是违法犯罪嫌疑人、赃物，不向公安机关报告的；

（二）违反国家规定，收购铁路、油田、供电、电信、矿山、水利、测量和城市公用设施等废旧专用器材的；

（三）收购公安机关通报寻查的赃物或者有赃物嫌疑的物品的；

（四）收购国家禁止收购的其他物品的。

第六十条 【对妨害执法秩序行为的处罚】有下列行为之一的，处五日以上十日以下拘留，并处二百元以上五百元以下罚款：

（一）隐藏、转移、变卖或者损毁行政执法机关依法扣押、查封、冻结的财物的；

（二）伪造、隐匿、毁灭证据或者提供虚假证言、谎报案情，影响行政执法机关依法办案的；

（三）明知是赃物而窝藏、转移或者代为销售的；

（四）被依法执行管制、剥夺政治权利或者在缓刑、暂予监外执行中的罪犯或者被依法采取刑事强制措施的人，有违反法律、行政法规或者国务院有关部门的监督管理规定的行为。

第六十一条 【对协助组织、运送他人偷越国（边）境行为的处罚】协助组织或者运送他人偷越国（边）境的，处十日以上十五日以下拘留，并处一千元以上五千元以下罚款。

第六十二条 【对偷越国（边）境行为的处罚】为偷越国（边）境人员提供条件的，处五日以上十日以下拘留，并处五百元以上二千元以下罚款。

偷越国（边）境的，处五日以下拘留或者五百元以下罚款。

第六十三条 【对妨害文物管理行为的处罚】有下列行为之一的，处警告或者二百元以下罚款；情节较重的，处五日以上十日以下拘留，并处二百元以上五百元以下罚款：

（一）刻划、涂污或者以其他方式故意损坏国家保护的文物、名胜古迹的；

（二）违反国家规定，在文物保护单位附近进行爆破、挖掘等活动，危及文物安全的。

第六十四条 【对非法驾驶交通工具行为的处罚】有下列行为之一的，处五百元以上一千元以下罚款；情节严重的，处十日以上十五日以下拘留，并处五百元以上一千元以下罚款：

（一）偷开他人机动车的；

（二）未取得驾驶证驾驶或者偷开他人航空器、机动船舶的。

第六十五条 【对破坏他人坟墓、尸体和乱停放尸体行为的处罚】有下列行为之一的，处五日以上十日以下拘留；情节严重的，处十日以上十五日以下拘留，可以并处一千元以下罚款：

（一）故意破坏、污损他人坟墓或者毁坏、丢弃他人尸骨、骨灰的；

（二）在公共场所停放尸体或者因停放尸体影响他人正常生活、工作秩序，不听劝阻的。

第六十六条 【对卖淫、嫖娼行为的处罚】卖淫、嫖娼的，处十日以上十五日以下拘留，可以并处五千元以下罚款；情节较轻的，处五日以下拘留或者五百元以下罚款。

在公共场所拉客招嫖的，处五日以下拘留或者五百元以下罚款。

第六十七条 【对引诱、容留、介绍卖淫行为的处罚】 引诱、容留、介绍他人卖淫的，处十日以上十五日以下拘留，可以并处五千元以下罚款；情节较轻的，处五日以下拘留或者五百元以下罚款。

第六十八条 【对传播淫秽信息行为的处罚】 制作、运输、复制、出售、出租淫秽的书刊、图片、影片、音像制品等淫秽物品或者利用计算机信息网络、电话以及其他通讯工具传播淫秽信息的，处十日以上十五日以下拘留，可以并处三千元以下罚款；情节较轻的，处五日以下拘留或者五百元以下罚款。

第六十九条 【对组织、参与淫秽活动的处罚】 有下列行为之一的，处十日以上十五日以下拘留，并处五百元以上一千元以下罚款：

（一）组织播放淫秽音像的；

（二）组织或者进行淫秽表演的；

（三）参与聚众淫乱活动的。

明知他人从事前款活动，为其提供条件的，依照前款的规定处罚。

第七十条 【对赌博行为的处罚】 以营利为目的，为赌博提供条件的，或者参与赌博赌资较大的，处五日以下拘留或者五百元以下罚款；情节严重的，处十日以上十五日以下拘留，并处五百元以上三千元以下罚款。

第七十一条 【对涉及毒品原植物行为的处罚】 有下列行为之一的，处十日以上十五日以下拘留，可以并处三千元以下罚款；情节较轻的，处五日以下拘留或者五百元以下罚款：

（一）非法种植罂粟不满五百株或者其他少量毒品原植物的；

（二）非法买卖、运输、携带、持有少量未经灭活的罂粟等毒品原植物种子或者幼苗的；

（三）非法运输、买卖、储存、使用少量罂粟壳的。

有前款第一项行为，在成熟前自行铲除的，不予处罚。

第七十二条　【对毒品违法行为的处罚】有下列行为之一的，处十日以上十五日以下拘留，可以并处二千元以下罚款；情节较轻的，处五日以下拘留或者五百元以下罚款：

（一）非法持有鸦片不满二百克、海洛因或者甲基苯丙胺不满十克或者其他少量毒品的；

（二）向他人提供毒品的；

（三）吸食、注射毒品的；

（四）胁迫、欺骗医务人员开具麻醉药品、精神药品的。

第七十三条　【对教唆、引诱、欺骗他人吸食、注射毒品行为的处罚】教唆、引诱、欺骗他人吸食、注射毒品的，处十日以上十五日以下拘留，并处五百元以上二千元以下罚款。

第七十四条　【对服务行业人员通风报信行为的处罚】旅馆业、饮食服务业、文化娱乐业、出租汽车业等单位的人员，在公安机关查处吸毒、赌博、卖淫、嫖娼活动时，为违法犯罪行为人通风报信的，处十日以上十五日以下拘留。

第七十五条　【对饲养动物违法行为的处罚】饲养动物，干扰他人正常生活的，处警告；警告后不改正的，或者放任动物恐吓他人的，处二百元以上五百元以下罚款。

驱使动物伤害他人的，依照本法第四十三条第一款的规定处罚。

第七十六条　【对屡教不改行为的处罚】有本法第六十七条、第六十八条、第七十条的行为，屡教不改的，可以按照国家规定采取强制性教育措施。

第四章　处 罚 程 序

第一节　调　　查

第七十七条　【受理治安案件须登记】公安机关对报案、控告、举报或者违反治安管理行为人主动投案，以及其他行政主管部门、司法机关移送的违反治安管理案件，应当及时受理，并进行登记。

第七十八条　【受理治安案件后的处理】公安机关受理报案、控告、举报、投案后，认为属于违反治安管理行为的，应当立即进行调查；认为不属于违反治安管理行为的，应当告知报案人、控告人、举报人、投案人，并说明理由。

第七十九条　【严禁非法取证】公安机关及其人民警察对治安案件的调查，应当依法进行。严禁刑讯逼供或者采用威胁、引诱、欺骗等非法手段收集证据。

以非法手段收集的证据不得作为处罚的根据。

第八十条　【公安机关的保密义务】公安机关及其人民警察在办理治安案件时，对涉及的国家秘密、商业秘密或者个人隐私，应当予以保密。

第八十一条　【关于回避的规定】人民警察在办理治安案件过程中，遇有下列情形之一的，应当回避；违反治安管理行为人、被侵害人或者其法定代理人也有权要求他们回避：

（一）是本案当事人或者当事人的近亲属的；

（二）本人或者其近亲属与本案有利害关系的；

（三）与本案当事人有其他关系，可能影响案件公正处理的。

人民警察的回避，由其所属的公安机关决定；公安机关负责人的回避，由上一级公安机关决定。

第八十二条　【关于传唤的规定】需要传唤违反治安管理行为人接受调查的，经公安机关办案部门负责人批准，使用传唤证传唤。对现场发现的违反治安管理行为人，人民警察经出示工作证件，可以口头传唤，但应当在询问笔录中注明。

公安机关应当将传唤的原因和依据告知被传唤人。对无正当理由不接受传唤或者逃避传唤的人，可以强制传唤。

第八十三条 【传唤后的询问期限与通知义务】对违反治安管理行为人，公安机关传唤后应当及时询问查证，询问查证的时间不得超过八小时；情况复杂，依照本法规定可能适用行政拘留处罚的，询问查证的时间不得超过二十四小时。

公安机关应当及时将传唤的原因和处所通知被传唤人家属。

第八十四条 【询问笔录、书面材料与询问不满十六周岁人的规定】询问笔录应当交被询问人核对；对没有阅读能力的，应当向其宣读。记载有遗漏或者差错的，被询问人可以提出补充或者更正。被询问人确认笔录无误后，应当签名或者盖章，询问的人民警察也应当在笔录上签名。

被询问人要求就被询问事项自行提供书面材料的，应当准许；必要时，人民警察也可以要求被询问人自行书写。

询问不满十六周岁的违反治安管理行为人，应当通知其父母或者其他监护人到场。

第八十五条 【询问被侵害人和其他证人的规定】人民警察询问被侵害人或者其他证人，可以到其所在单位或者住处进行；必要时，也可以通知其到公安机关提供证言。

人民警察在公安机关以外询问被侵害人或者其他证人，应当出示工作证件。

询问被侵害人或者其他证人，同时适用本法第八十四条的规定。

第八十六条 【询问中的语言帮助】询问聋哑的违反治安管理行为人、被侵害人或者其他证人，应当有通晓手语的人提供帮助，并在笔录上注明。

询问不通晓当地通用的语言文字的违反治安管理行为人、被侵害人或者其他证人，应当配备翻译人员，并在笔录上注明。

第八十七条 【检查时应遵守的程序】公安机关对与违反治安管理行为有关的场所、物品、人身可以进行检查。检查时，人民警察不得少于二人，并应当出示工作证件和县级以上人民政府公安机关开具的检查证明文件。对确有必要立即进行检查的，人民警察经出示工作证件，可以当场检查，但检查公民住所应当出示县级以上人民政府公安机关开具的检查证明文件。

检查妇女的身体，应当由女性工作人员进行。

第八十八条　【检查笔录的制作】检查的情况应当制作检查笔录，由检查人、被检查人和见证人签名或者盖章；被检查人拒绝签名的，人民警察应当在笔录上注明。

第八十九条　【关于扣押物品的规定】公安机关办理治安案件，对与案件有关的需要作为证据的物品，可以扣押；对被侵害人或者善意第三人合法占有的财产，不得扣押，应当予以登记。对与案件无关的物品，不得扣押。

对扣押的物品，应当会同在场见证人和被扣押物品持有人查点清楚，当场开列清单一式二份，由调查人员、见证人和持有人签名或者盖章，一份交给持有人，另一份附卷备查。

对扣押的物品，应当妥善保管，不得挪作他用；对不宜长期保存的物品，按照有关规定处理。经查明与案件无关的，应当及时退还；经核实属于他人合法财产的，应当登记后立即退还；满六个月无人对该财产主张权利或者无法查清权利人的，应当公开拍卖或者按照国家有关规定处理，所得款项上缴国库。

第九十条　【关于鉴定的规定】为了查明案情，需要解决案件中有争议的专门性问题的，应当指派或者聘请具有专门知识的人员进行鉴定；鉴定人鉴定后，应当写出鉴定意见，并且签名。

第二节　决　　定

第九十一条　【处罚的决定机关】治安管理处罚由县级以上人民政府公安机关决定；其中警告、五百元以下的罚款可以由公安派出所决定。

第九十二条　【行政拘留的折抵】对决定给予行政拘留处罚的

人，在处罚前已经采取强制措施限制人身自由的时间，应当折抵。限制人身自由一日，折抵行政拘留一日。

第九十三条　【违反治安管理行为人的陈述与其他证据的关系】公安机关查处治安案件，对没有本人陈述，但其他证据能够证明案件事实的，可以作出治安管理处罚决定。但是，只有本人陈述，没有其他证据证明的，不能作出治安管理处罚决定。

第九十四条　【陈述与申辩权】公安机关作出治安管理处罚决定前，应当告知违反治安管理行为人作出治安管理处罚的事实、理由及依据，并告知违反治安管理行为人依法享有的权利。

违反治安管理行为人有权陈述和申辩。公安机关必须充分听取违反治安管理行为人的意见，对违反治安管理行为人提出的事实、理由和证据，应当进行复核；违反治安管理行为人提出的事实、理由或者证据成立的，公安机关应当采纳。

公安机关不得因违反治安管理行为人的陈述、申辩而加重处罚。

第九十五条　【治安案件的处理】治安案件调查结束后，公安机关应当根据不同情况，分别作出以下处理：

（一）确有依法应当给予治安管理处罚的违法行为的，根据情节轻重及具体情况，作出处罚决定；

（二）依法不予处罚的，或者违法事实不能成立的，作出不予处罚决定；

（三）违法行为已涉嫌犯罪的，移送主管机关依法追究刑事责任；

（四）发现违反治安管理行为人有其他违法行为的，在对违反治安管理行为作出处罚决定的同时，通知有关行政主管部门处理。

第九十六条　【治安管理处罚决定书的内容】公安机关作出治安管理处罚决定的，应当制作治安管理处罚决定书。决定书应当载明下列内容：

（一）被处罚人的姓名、性别、年龄、身份证件的名称和号码、住址；

（二）违法事实和证据；

（三）处罚的种类和依据；

（四）处罚的执行方式和期限；

（五）对处罚决定不服，申请行政复议、提起行政诉讼的途径和期限；

（六）作出处罚决定的公安机关的名称和作出决定的日期。

决定书应当由作出处罚决定的公安机关加盖印章。

第九十七条　【宣告、送达、抄送】公安机关应当向被处罚人宣告治安管理处罚决定书，并当场交付被处罚人；无法当场向被处罚人宣告的，应当在二日内送达被处罚人。决定给予行政拘留处罚的，应当及时通知被处罚人的家属。

有被侵害人的，公安机关应当将决定书副本抄送被侵害人。

第九十八条　【听证】公安机关作出吊销许可证以及处二千元以上罚款的治安管理处罚决定前，应当告知违反治安管理行为人有权要求举行听证；违反治安管理行为人要求听证的，公安机关应当及时依法举行听证。

第九十九条　【期限】公安机关办理治安案件的期限，自受理之日起不得超过三十日；案情重大、复杂的，经上一级公安机关批准，可以延长三十日。

为了查明案情进行鉴定的期间，不计入办理治安案件的期限。

第一百条　【当场处罚】违反治安管理行为事实清楚，证据确凿，处警告或者二百元以下罚款的，可以当场作出治安管理处罚决定。

第一百零一条　【当场处罚决定程序】当场作出治安管理处罚决定的，人民警察应当向违反治安管理行为人出示工作证件，并填写处罚决定书。处罚决定书应当当场交付被处罚人；有被侵害人的，并将决定书副本抄送被侵害人。

前款规定的处罚决定书，应当载明被处罚人的姓名、违法行为、处罚依据、罚款数额、时间、地点以及公安机关名称，并由经办的人民警察签名或者盖章。

当场作出治安管理处罚决定的，经办的人民警察应当在二十四小时内报所属公安机关备案。

第一百零二条　【不服处罚提起的复议或诉讼】被处罚人对治安管理处罚决定不服的，可以依法申请行政复议或者提起行政诉讼。

第三节　执　　行

第一百零三条　【行政拘留处罚的执行】对被决定给予行政拘留处罚的人，由作出决定的公安机关送达拘留所执行。

第一百零四条　【当场收缴罚款范围】受到罚款处罚的人应当自收到处罚决定书之日起十五日内，到指定的银行缴纳罚款。但是，有下列情形之一的，人民警察可以当场收缴罚款：

（一）被处五十元以下罚款，被处罚人对罚款无异议的；

（二）在边远、水上、交通不便地区，公安机关及其人民警察依照本法的规定作出罚款决定后，被处罚人向指定的银行缴纳罚款确有困难，经被处罚人提出的；

（三）被处罚人在当地没有固定住所，不当场收缴事后难以执行的。

第一百零五条　【罚款交纳期限】人民警察当场收缴的罚款，应当自收缴罚款之日起二日内，交至所属的公安机关；在水上、旅客列车上当场收缴的罚款，应当自抵岸或者到站之日起二日内，交至所属的公安机关；公安机关应当自收到罚款之日起二日内将罚款缴付指定的银行。

第一百零六条　【罚款收据】人民警察当场收缴罚款的，应当向被处罚人出具省、自治区、直辖市人民政府财政部门统一制发的罚款收据；不出具统一制发的罚款收据的，被处罚人有权拒绝缴纳罚款。

第一百零七条 【暂缓执行行政拘留】被处罚人不服行政拘留处罚决定，申请行政复议、提起行政诉讼的，可以向公安机关提出暂缓执行行政拘留的申请。公安机关认为暂缓执行行政拘留不致发生社会危险的，由被处罚人或者其近亲属提出符合本法第一百零八条规定条件的担保人，或者按每日行政拘留二百元的标准交纳保证金，行政拘留的处罚决定暂缓执行。

第一百零八条 【担保人的条件】担保人应当符合下列条件：

（一）与本案无牵连；

（二）享有政治权利，人身自由未受到限制；

（三）在当地有常住户口和固定住所；

（四）有能力履行担保义务。

第一百零九条 【担保人的义务】担保人应当保证被担保人不逃避行政拘留处罚的执行。

担保人不履行担保义务，致使被担保人逃避行政拘留处罚的执行的，由公安机关对其处三千元以下罚款。

第一百一十条 【没收保证金】被决定给予行政拘留处罚的人交纳保证金，暂缓行政拘留后，逃避行政拘留处罚的执行的，保证金予以没收并上缴国库，已经作出的行政拘留决定仍应执行。

第一百一十一条 【退还保证金】行政拘留的处罚决定被撤销，或者行政拘留处罚开始执行的，公安机关收取的保证金应当及时退还交纳人。

第五章 执法监督

第一百一十二条 【执法原则】公安机关及其人民警察应当依法、公正、严格、高效办理治安案件，文明执法，不得徇私舞弊。

第一百一十三条 【禁止行为】公安机关及其人民警察办理治

安案件，禁止对违反治安管理行为人打骂、虐待或者侮辱。

第一百一十四条　【社会监督】公安机关及其人民警察办理治安案件，应当自觉接受社会和公民的监督。

公安机关及其人民警察办理治安案件，不严格执法或者有违法违纪行为的，任何单位和个人都有权向公安机关或者人民检察院、行政监察机关检举、控告；收到检举、控告的机关，应当依据职责及时处理。

第一百一十五条　【罚缴分离原则】公安机关依法实施罚款处罚，应当依照有关法律、行政法规的规定，实行罚款决定与罚款收缴分离；收缴的罚款应当全部上缴国库。

第一百一十六条　【公安机关及其民警的行政责任和刑事责任】人民警察办理治安案件，有下列行为之一的，依法给予行政处分；构成犯罪的，依法追究刑事责任：

（一）刑讯逼供、体罚、虐待、侮辱他人的；

（二）超过询问查证的时间限制人身自由的；

（三）不执行罚款决定与罚款收缴分离制度或者不按规定将罚没的财物上缴国库或者依法处理的；

（四）私分、侵占、挪用、故意损毁收缴、扣押的财物的；

（五）违反规定使用或者不及时返还被侵害人财物的；

（六）违反规定不及时退还保证金的；

（七）利用职务上的便利收受他人财物或者谋取其他利益的；

（八）当场收缴罚款不出具罚款收据或者不如实填写罚款数额的；

（九）接到要求制止违反治安管理行为的报警后，不及时出警的；

（十）在查处违反治安管理活动时，为违法犯罪行为人通风报信的；

（十一）有徇私舞弊、滥用职权，不依法履行法定职责的其他情形的。

办理治安案件的公安机关有前款所列行为的，对直接负责的主管人员和其他直接责任人员给予相应的行政处分。

第一百一十七条　【赔偿责任】公安机关及其人民警察违法行使职权，侵犯公民、法人和其他组织合法权益的，应当赔礼道歉；造成损害的，应当依法承担赔偿责任。

第六章　附　　则

第一百一十八条　【“以上、以下、以内”的含义】本法所称以上、以下、以内，包括本数。

第一百一十九条　【生效日期】本法自2006年3月1日起施行。1986年9月5日公布、1994年5月12日修订公布的《中华人民共和国治安管理处罚条例》同时废止。

公安机关办理行政案件程序规定

（2012年12月19日公安部令第125号修订发布　根据2014年6月29日公安部令第132号《公安部关于修改部分部门规章的决定》第一次修正　根据2018年11月25日公安部令第149号《公安部关于修改〈公安机关办理行政案件程序规定〉的决定》第二次修正　根据2020年8月6日公安部令第160号《公安部关于废止和修改部分规章的决定》第三次修正）

目　　录

第三章　回　　避
第四章　证　　据
第五章　期间与送达
第六章　简易程序和快速办理
　第一节　简易程序
　第二节　快速办理
第七章　调查取证
　第一节　一般规定
　第二节　受　　案
　第三节　询　　问
　第四节　勘验、检查
　第五节　鉴　　定
　第六节　辨　　认
　第七节　证据保全
　第八节　办案协作
第八章　听证程序
　第一节　一般规定
　第二节　听证人员和听证参加人
　第三节　听证的告知、申请和受理
　第四节　听证的举行
第九章　行政处理决定
　第一节　行政处罚的适用
　第二节　行政处理的决定
第十章　治安调解
第十一章　涉案财物的管理和处理
第十二章　执　　行
　第一节　一般规定
　第二节　罚款的执行

第一章 总 则

第一条 为了规范公安机关办理行政案件程序，保障公安机关在办理行政案件中正确履行职责，保护公民、法人和其他组织的合法权益，根据《中华人民共和国行政处罚法》《中华人民共和国行政强制法》《中华人民共和国治安管理处罚法》等有关法律、行政法规，制定本规定。

第二条 本规定所称行政案件，是指公安机关依照法律、法规和规章的规定对违法行为人决定行政处罚以及强制隔离戒毒等处理措施的案件。

本规定所称公安机关，是指县级以上公安机关、公安派出所、依法具有独立执法主体资格的公安机关业务部门以及出入境边防检查站。

第三条 办理行政案件应当以事实为根据，以法律为准绳。

第四条 办理行政案件应当遵循合法、公正、公开、及时的原则，尊重和保障人权，保护公民的人格尊严。

第五条 办理行政案件应当坚持教育与处罚相结合的原则，教育公民、法人和其他组织自觉守法。

第六条 办理未成年人的行政案件，应当根据未成年人的身心特点，保障其合法权益。

第七条 办理行政案件，在少数民族聚居或者多民族共同居住的地区，应当使用当地通用的语言进行询问。对不通晓当地通用语言文字的当事人，应当为他们提供翻译。

第八条 公安机关及其人民警察在办理行政案件时，对涉及的国家秘密、商业秘密或者个人隐私，应当保密。

第九条 公安机关人民警察在办案中玩忽职守、徇私舞弊、滥用职权、索取或者收受他人财物的，依法给予处分；构成犯罪的，依法追究刑事责任。

第二章 管 辖

第十条 行政案件由违法行为地的公安机关管辖。由违法行为人居住地公安机关管辖更为适宜的，可以由违法行为人居住地公安机关管辖，但是涉及卖淫、嫖娼、赌博、毒品的案件除外。

违法行为地包括违法行为发生地和违法结果发生地。违法行为发生地，包括违法行为的实施地以及开始地、途经地、结束地等与违法行为有关的地点；违法行为有连续、持续或者继续状态的，违法行为连续、持续或者继续实施的地方都属于违法行为发生地。违法结果发生地，包括违法对象被侵害地、违法所得的实际取得地、藏匿地、转移地、使用地、销售地。

居住地包括户籍所在地、经常居住地。经常居住地是指公民离开户籍所在地最后连续居住一年以上的地方，但在医院住院就医的除外。

移交违法行为人居住地公安机关管辖的行政案件，违法行为地公安机关在移交前应当及时收集证据，并配合违法行为人居住地公安机关开展调查取证工作。

第十一条 针对或者利用网络实施的违法行为，用于实施违法行为的网站服务器所在地、网络接入地以及网站建立者或者管理者所在地，被侵害的网络及其运营者所在地，违法过程中违法行为人、被侵害人使用的网络及其运营者所在地，被侵害人被侵害时所在地，以及被侵害人财产遭受损失地公安机关可以管辖。

第十二条 行驶中的客车上发生的行政案件，由案发后客车最初停靠地公安机关管辖；必要时，始发地、途经地、到达地公安机关也可以管辖。

第十三条 行政案件由县级公安机关及其公安派出所、依法具有独立执法主体资格的公安机关业务部门以及出入境边防检查站按照法律、行政法规、规章授权和管辖分工办理，但法律、行政法规、规章规定由设区的市级以上公安机关办理的除外。

第十四条 几个公安机关都有权管辖的行政案件，由最初受理的公安机关管辖。必要时，可以由主要违法行为地公安机关管辖。

第十五条 对管辖权发生争议的，报请共同的上级公安机关指定管辖。

对于重大、复杂的案件，上级公安机关可以直接办理或者指定管辖。

上级公安机关直接办理或者指定管辖的，应当书面通知被指定管辖的公安机关和其他有关的公安机关。

原受理案件的公安机关自收到上级公安机关书面通知之日起不再行使管辖权，并立即将案卷材料移送被指定管辖的公安机关或者办理的上级公安机关，及时书面通知当事人。

第十六条 铁路公安机关管辖列车上，火车站工作区域内，铁路系统的机关、厂、段、所、队等单位内发生的行政案件，以及在铁路线上放置障碍物或者损毁、移动铁路设施等可能影响铁路运输安全、盗窃铁路设施的行政案件。对倒卖、伪造、变造火车票案件，由最初受理的铁路或者地方公安机关管辖。必要时，可以移送主要违法行为发生地的铁路或者地方公安机关管辖。

交通公安机关管辖港航管理机构管理的轮船上、港口、码头工作区域内和港航系统的机关、厂、所、队等单位内发生的行政案件。

民航公安机关管辖民航管理机构管理的机场工作区域以及民航系统的机关、厂、所、队等单位内和民航飞机上发生的行政案件。

国有林区的森林公安机关管辖林区内发生的行政案件。

海关缉私机构管辖阻碍海关缉私警察依法执行职务的治安案件。

第三章 回　　避

第十七条 公安机关负责人、办案人民警察有下列情形之一的，应当自行提出回避申请，案件当事人及其法定代理人有权要求他们回避：

（一）是本案的当事人或者当事人近亲属的；

（二）本人或者其近亲属与本案有利害关系的；

（三）与本案当事人有其他关系，可能影响案件公正处理的。

第十八条 公安机关负责人、办案人民警察提出回避申请的，应当说明理由。

第十九条 办案人民警察的回避，由其所属的公安机关决定；公安机关负责人的回避，由上一级公安机关决定。

第二十条 当事人及其法定代理人要求公安机关负责人、办案人民警察回避的，应当提出申请，并说明理由。口头提出申请的，公安机关应当记录在案。

第二十一条 对当事人及其法定代理人提出的回避申请，公安机关应当在收到申请之日起二日内作出决定并通知申请人。

第二十二条 公安机关负责人、办案人民警察具有应当回避的情形之一，本人没有申请回避，当事人及其法定代理人也没有申请其回避的，有权决定其回避的公安机关可以指令其回避。

第二十三条 在行政案件调查过程中，鉴定人和翻译人员需要回避的，适用本章的规定。

鉴定人、翻译人员的回避，由指派或者聘请的公安机关决定。

第二十四条 在公安机关作出回避决定前，办案人民警察不得停止对行政案件的调查。

作出回避决定后，公安机关负责人、办案人民警察不得再参与该行政案件的调查和审核、审批工作。

第二十五条 被决定回避的公安机关负责人、办案人民警察、鉴定人和翻译人员，在回避决定作出前所进行的与案件有关的活动是否有效，由作出回避决定的公安机关根据是否影响案件依法公正处理等情况决定。

第四章 证 据

第二十六条 可以用于证明案件事实的材料，都是证据。公安机关办理行政案件的证据包括：

（一）物证；

（二）书证；

（三）被侵害人陈述和其他证人证言；

（四）违法嫌疑人的陈述和申辩；

（五）鉴定意见；

（六）勘验、检查、辨认笔录，现场笔录；

（七）视听资料、电子数据。

证据必须经过查证属实，才能作为定案的根据。

第二十七条 公安机关必须依照法定程序，收集能够证实违法嫌疑人是否违法、违法情节轻重的证据。

严禁刑讯逼供和以威胁、欺骗等非法方法收集证据。采用刑讯逼供等非法方法收集的违法嫌疑人的陈述和申辩以及采用暴力、威胁等非法方法收集的被侵害人陈述、其他证人证言，不能作为定案的根据。收集物证、书证不符合法定程序，可能严重影响执法公正的，应当予以补正或者作出合理解释；不能补正或者作出合理解释的，不能作为定案的根据。

第二十八条 公安机关向有关单位和个人收集、调取证据时，应当告知其必须如实提供证据，并告知其伪造、隐匿、毁灭证据，提供虚假证词应当承担的法律责任。

需要向有关单位和个人调取证据的，经公安机关办案部门负责人批准，开具调取证据通知书，明确调取的证据和提供时限。被调取人应当在通知书上盖章或者签名，被调取人拒绝的，公安机关应当注明。必要时，公安机关应当采用录音、录像等方式固定证据内容及取证过程。

需要向有关单位紧急调取证据的，公安机关可以在电话告知人民警察身份的同时，将调取证据通知书连同办案人民警察的人民警察证复印件通过传真、互联网通讯工具等方式送达有关单位。

第二十九条 收集调取的物证应当是原物。在原物不便搬运、不易保存或者依法应当由有关部门保管、处理或者依法应当返还时，可以拍摄或者制作足以反映原物外形或者内容的照片、录像。

物证的照片、录像，经与原物核实无误或者经鉴定证明为真实的，可以作为证据使用。

第三十条 收集、调取的书证应当是原件。在取得原件确有困难时，可以使用副本或者复制件。

书证的副本、复制件，经与原件核实无误或者经鉴定证明为真实的，可以作为证据使用。书证有更改或者更改迹象不能作出合理解释的，或者书证的副本、复制件不能反映书证原件及其内容的，不能作为证据使用。

第三十一条 物证的照片、录像，书证的副本、复制件，视听资料的复制件，应当附有关制作过程及原件、原物存放处的文字说明，并由制作人和物品持有人或者持有单位有关人员签名。

第三十二条 收集电子数据，能够扣押电子数据原始存储介质的，应当扣押。

无法扣押原始存储介质的，可以提取电子数据。提取电子数据，应当制作笔录，并附电子数据清单，由办案人民警察、电子数据持有人签名。持有人无法或者拒绝签名的，应当在笔录中注明。

由于客观原因无法或者不宜依照前两款规定收集电子数据的，

可以采取打印、拍照或者录像等方式固定相关证据，并附有关原因、过程等情况的文字说明，由办案人民警察、电子数据持有人签名。持有人无法或者拒绝签名的，应当注明情况。

第三十三条 刑事案件转为行政案件办理的，刑事案件办理过程中收集的证据材料，可以作为行政案件的证据使用。

第三十四条 凡知道案件情况的人，都有作证的义务。

生理上、精神上有缺陷或者年幼，不能辨别是非、不能正确表达的人，不能作为证人。

第五章 期间与送达

第三十五条 期间以时、日、月、年计算，期间开始之时或者日不计算在内。法律文书送达的期间不包括路途上的时间。期间的最后一日是节假日的，以节假日后的第一日为期满日期，但违法行为人被限制人身自由的期间，应当至期满之日为止，不得因节假日而延长。

第三十六条 送达法律文书，应当遵守下列规定：

（一）依照简易程序作出当场处罚决定的，应当将决定书当场交付被处罚人，并由被处罚人在备案的决定书上签名或者捺指印；被处罚人拒绝的，由办案人民警察在备案的决定书上注明；

（二）除本款第一项规定外，作出行政处罚决定和其他行政处理决定，应当在宣告后将决定书当场交付被处理人，并由被处理人在附卷的决定书上签名或者捺指印，即为送达；被处理人拒绝的，由办案人民警察在附卷的决定书上注明；被处理人不在场的，公安机关应当在作出决定的七日内将决定书送达被处理人，治安管理处罚决定应当在二日内送达。

送达法律文书应当首先采取直接送达方式，交给受送达人本人；受送达人不在的，可以交付其成年家属、所在单位的负责人员或者其居住地居（村）民委员会代收。受送达人本人或者代收人拒绝接收或者拒绝签名和捺指印的，送达人可以邀请其邻居或者其他见证人到场，说明情况，也可以对拒收情况进行录音录像，把文书留在受送达人处，在附卷的法律文书上注明拒绝的事由、送达日期，由送达人、见证人签名或者捺指印，即视为送达。

无法直接送达的，委托其他公安机关代为送达，或者邮寄送达。经受送达人同意，可以采用传真、互联网通讯工具等能够确认其收悉的方式送达。

经采取上述送达方式仍无法送达的，可以公告送达。公告的范围和方式应当便于公民知晓，公告期限不得少于六十日。

第六章　简易程序和快速办理

第一节　简 易 程 序

第三十七条　违法事实确凿，且具有下列情形之一的，人民警察可以当场作出处罚决定，有违禁品的，可以当场收缴：

（一）对违反治安管理行为人或者道路交通违法行为人处二百元以下罚款或者警告的；

（二）出入境边防检查机关对违反出境入境管理行为人处五百元以下罚款或者警告的；

（三）对有其他违法行为的个人处五十元以下罚款或者警告、对单位处一千元以下罚款或者警告的；

（四）法律规定可以当场处罚的其他情形。

涉及卖淫、嫖娼、赌博、毒品的案件，不适用当场处罚。

第三十八条　当场处罚，应当按照下列程序实施：

（一）向违法行为人表明执法身份；

（二）收集证据；

（三）口头告知违法行为人拟作出行政处罚决定的事实、理由和依据，并告知违法行为人依法享有的陈述权和申辩权；

（四）充分听取违法行为人的陈述和申辩。违法行为人提出的事实、理由或者证据成立的，应当采纳；

（五）填写当场处罚决定书并当场交付被处罚人；

（六）当场收缴罚款的，同时填写罚款收据，交付被处罚人；未当场收缴罚款的，应当告知被处罚人在规定期限内到指定的银行缴纳罚款。

第三十九条 适用简易程序处罚的，可以由人民警察一人作出行政处罚决定。

人民警察当场作出行政处罚决定的，应当于作出决定后的二十四小时内将当场处罚决定书报所属公安机关备案，交通警察应当于作出决定后的二日内报所属公安机关交通管理部门备案。在旅客列车、民航飞机、水上作出行政处罚决定的，应当在返回后的二十四小时内报所属公安机关备案。

第二节 快速办理

第四十条 对不适用简易程序，但事实清楚，违法嫌疑人自愿认错认罚，且对违法事实和法律适用没有异议的行政案件，公安机关可以通过简化取证方式和审核审批手续等措施快速办理。

第四十一条 行政案件具有下列情形之一的，不适用快速办理：

（一）违法嫌疑人系盲、聋、哑人，未成年人或者疑似精神病人的；

（二）依法应当适用听证程序的；

（三）可能作出十日以上行政拘留处罚的；

（四）其他不宜快速办理的。

第四十二条 快速办理行政案件前，公安机关应当书面告知违法嫌疑人快速办理的相关规定，征得其同意，并由其签名确认。

第四十三条 对符合快速办理条件的行政案件，违法嫌疑人在自行书写材料或者询问笔录中承认违法事实、认错认罚，并有视音频记录、电子数据、检查笔录等关键证据能够相互印证的，公安机关可以不再开展其他调查取证工作。

第四十四条 对适用快速办理的行政案件，可以由专兼职法制员或者办案部门负责人审核后，报公安机关负责人审批。

第四十五条 对快速办理的行政案件，公安机关可以根据不同案件类型，使用简明扼要的格式询问笔录，尽量减少需要文字记录的内容。

被询问人自行书写材料的，办案单位可以提供样式供其参考。

使用执法记录仪等设备对询问过程录音录像的，可以替代书面询问笔录，必要时，对视听资料的关键内容和相应时间段等作文字说明。

第四十六条 对快速办理的行政案件，公安机关可以根据违法行为人认错悔改、纠正违法行为、赔偿损失以及被侵害人谅解情况等情节，依法对违法行为人从轻、减轻处罚或者不予行政处罚。

对快速办理的行政案件，公安机关可以采用口头方式履行处罚前告知程序，由办案人民警察在案卷材料中注明告知情况，并由被告知人签名确认。

第四十七条 对快速办理的行政案件，公安机关应当在违法嫌疑人到案后四十八小时内作出处理决定。

第四十八条 公安机关快速办理行政案件时，发现不适宜快速办理的，转为一般案件办理。快速办理阶段依法收集的证据，可以作为定案的根据。

第七章 调查取证

第一节 一般规定

第四十九条 对行政案件进行调查时，应当合法、及时、客观、全面地收集、调取证据材料，并予以审查、核实。

第五十条 需要调查的案件事实包括：

（一）违法嫌疑人的基本情况；

（二）违法行为是否存在；

（三）违法行为是否为违法嫌疑人实施；

（四）实施违法行为的时间、地点、手段、后果以及其他情节；

（五）违法嫌疑人有无法定从重、从轻、减轻以及不予行政处罚的情形；

（六）与案件有关的其他事实。

第五十一条 公安机关调查取证时，应当防止泄露工作秘密。

第五十二条 公安机关进行询问、辨认、检查、勘验，实施行政强制措施等调查取证工作时，人民警察不得少于二人，并表明执法身份。

接报案、受案登记、接受证据、信息采集、调解、送达文书等工作，可以由一名人民警察带领警务辅助人员进行，但应当全程录音录像。

第五十三条 对查获或者到案的违法嫌疑人应当进行安全检查，发现违禁品或者管制器具、武器、易燃易爆等危险品以及与案件有关的需要作为证据的物品的，应当立即扣押；对违法嫌疑人随身携带的与案件无关的物品，应当按照有关规定予以登记、保管、退还。安全检查不需要开具检查证。

前款规定的扣押适用本规定第五十五条和第五十六条以及本章第七节的规定。

第五十四条 办理行政案件时，可以依法采取下列行政强制措施：

（一）对物品、设施、场所采取扣押、扣留、查封、先行登记保存、抽样取证、封存文件资料等强制措施，对恐怖活动嫌疑人的存款、汇款、债券、股票、基金份额等财产还可以采取冻结措施；

（二）对违法嫌疑人采取保护性约束措施、继续盘问、强制传唤、强制检测、拘留审查、限制活动范围，对恐怖活动嫌疑人采取约束措施等强制措施。

第五十五条 实施行政强制措施应当遵守下列规定：

（一）实施前须依法向公安机关负责人报告并经批准；

（二）通知当事人到场，当场告知当事人采取行政强制措施的理由、依据以及当事人依法享有的权利、救济途径。当事人不到场的，邀请见证人到场，并在现场笔录中注明；

（三）听取当事人的陈述和申辩；

（四）制作现场笔录，由当事人和办案人民警察签名或者盖章，当事人拒绝的，在笔录中注明。当事人不在场的，由见证人和办案人民警察在笔录上签名或者盖章；

（五）实施限制公民人身自由的行政强制措施的，应当当场告知当事人家属实施强制措施的公安机关、理由、地点和期限；无法当场告知的，应当在实施强制措施后立即通过电话、短信、传真等方式通知；身份不明、拒不提供家属联系方式或者因自然灾害等不可抗力导致无法通知的，可以不予通知。告知、通知家属情况或者无法通知家属的原因应当在询问笔录中注明。

（六）法律、法规规定的其他程序。

勘验、检查时实施行政强制措施，制作勘验、检查笔录的，不再制作现场笔录。

实施行政强制措施的全程录音录像，已经具备本条第一款第二项、第三项规定的实质要素的，可以替代书面现场笔录，但应当对视听资料的关键内容和相应时间段等作文字说明。

第五十六条 情况紧急，当场实施行政强制措施的，办案人民警察应当在二十四小时内依法向其所属的公安机关负责人报告，并补办批准手续。当场实施限制公民人身自由的行政强制措施的，办案人民警察应当在返回单位后立即报告，并补办批准手续。公安机关负责人认为不应当采取行政强制措施的，应当立即解除。

第五十七条 为维护社会秩序，人民警察对有违法嫌疑的人员，经表明执法身份后，可以当场盘问、检查。对当场盘问、检查后，不能排除其违法嫌疑，依法可以适用继续盘问的，可以将其带至公安机关，经公安派出所负责人批准，对其继续盘问。对违反出境入境管理的嫌疑人依法适用继续盘问的，应当经县级以上公安机关或者出入境边防检查机关负责人批准。

继续盘问的时限一般为十二小时；对在十二小时以内确实难以证实或者排除其违法犯罪嫌疑的，可以延长至二十四小时；对不讲真实姓名、住址、身份，且在二十四小时以内仍不能证实或者排除其违法犯罪嫌疑的，可以延长至四十八小时。

第五十八条 违法嫌疑人在醉酒状态中，对本人有危险或者对他人的人身、财产或者公共安全有威胁的，可以对其采取保护性措施约束至酒醒，也可以通知其家属、亲友或者所属单位将其领回看管，必要时，应当送医院醒酒。对行为举止失控的醉酒人，可以使用约束带或者警绳等进行约束，但是不得使用手铐、脚镣等警械。

约束过程中，应当指定专人严加看护。确认醉酒人酒醒后，应当立即解除约束，并进行询问。约束时间不计算在询问查证时间内。

第五十九条 对恐怖活动嫌疑人实施约束措施，应当遵守下列规定：

（一）实施前须经县级以上公安机关负责人批准；

（二）告知嫌疑人采取约束措施的理由、依据以及其依法享有的权利、救济途径；

（三）听取嫌疑人的陈述和申辩；

（四）出具决定书。

公安机关可以采取电子监控、不定期检查等方式对被约束人遵守约束措施的情况进行监督。

约束措施的期限不得超过三个月。对不需要继续采取约束措施的，应当及时解除并通知被约束人。

第二节　受　　案

第六十条　县级公安机关及其公安派出所、依法具有独立执法主体资格的公安机关业务部门以及出入境边防检查站对报案、控告、举报、群众扭送或者违法嫌疑人投案，以及其他国家机关移送的案件，应当及时受理并按照规定进行网上接报案登记。对重复报案、案件正在办理或者已经办结的，应当向报案人、控告人、举报人、扭送人、投案人作出解释，不再登记。

第六十一条　公安机关应当对报案、控告、举报、群众扭送或者违法嫌疑人投案分别作出下列处理，并将处理情况在接报案登记中注明：

（一）对属于本单位管辖范围内的案件，应当立即调查处理，制作受案登记表和受案回执，并将受案回执交报案人、控告人、举报人、扭送人；

（二）对属于公安机关职责范围，但不属于本单位管辖的，应当在二十四小时内移送有管辖权的单位处理，并告知报案人、控告人、举报人、扭送人、投案人；

（三）对不属于公安机关职责范围的事项，在接报案时能够当场判断的，应当立即口头告知报案人、控告人、举报人、扭送人、投案人向其他主管机关报案或者投案，报案人、控告人、举报人、扭送人、投案人对口头告知内容有异议或者不能当场判断的，应当书面告知，但因没有联系方式、身份不明等客观原因无法书面告知的除外。

在日常执法执勤中发现的违法行为，适用前款规定。

第六十二条　属于公安机关职责范围但不属于本单位管辖的案件，具有下列情形之一的，受理案件或者发现案件的公安机关及其人民警察应当依法先行采取必要的强制措施或者其他处置措施，再移送有管辖权的单位处理：

（一）违法嫌疑人正在实施危害行为的；

（二）正在实施违法行为或者违法后即时被发现的现行犯被扭送至公安机关的；

（三）在逃的违法嫌疑人已被抓获或者被发现的；

（四）有人员伤亡，需要立即采取救治措施的；

（五）其他应当采取紧急措施的情形。

行政案件移送管辖的，询问查证时间和扣押等措施的期限重新计算。

第六十三条 报案人不愿意公开自己的姓名和报案行为的，公安机关应当在受案登记时注明，并为其保密。

第六十四条 对报案人、控告人、举报人、扭送人、投案人提供的有关证据材料、物品等应当登记，出具接受证据清单，并妥善保管。必要时，应当拍照、录音、录像。移送案件时，应当将有关证据材料和物品一并移交。

第六十五条 对发现或者受理的案件暂时无法确定为刑事案件或者行政案件的，可以按照行政案件的程序办理。在办理过程中，认为涉嫌构成犯罪的，应当按照《公安机关办理刑事案件程序规定》办理。

第三节 询　　问

第六十六条 询问违法嫌疑人，可以到违法嫌疑人住处或者单位进行，也可以将违法嫌疑人传唤到其所在市、县内的指定地点进行。

第六十七条 需要传唤违法嫌疑人接受调查的，经公安派出所、县级以上公安机关办案部门或者出入境边防检查机关负责人批准，使用传唤证传唤。对现场发现的违法嫌疑人，人民警察经出示人民警察证，可以口头传唤，并在询问笔录中注明违法嫌疑人到案经过、到案时间和离开时间。

单位违反公安行政管理规定，需要传唤其直接负责的主管人员和其他直接责任人员的，适用前款规定。

对无正当理由不接受传唤或者逃避传唤的违反治安管理、出境入境管理的嫌疑人以及法律规定可以强制传唤的其他违法嫌疑人，经公安派出所、县级以上公安机关办案部门或者出入境边防检查机关负责人批准，可以强制传唤。强制传唤时，可以依法使用手铐、警绳等约束性警械。

公安机关应当将传唤的原因和依据告知被传唤人，并通知其家属。公安机关通知被传唤人家属适用本规定第五十五条第一款第五项的规定。

第六十八条 使用传唤证传唤的，违法嫌疑人被传唤到案后和询问查证结束后，应当由其在传唤证上填写到案和离开时间并签名。拒绝填写或者签名的，办案人民警察应当在传唤证上注明。

第六十九条 对被传唤的违法嫌疑人，应当及时询问查证，询问查证的时间不得超过八小时；案情复杂，违法行为依法可能适用行政拘留处罚的，询问查证的时间不得超过二十四小时。

不得以连续传唤的形式变相拘禁违法嫌疑人。

第七十条 对于投案自首或者群众扭送的违法嫌疑人，公安机关应当立即进行询问查证，并在询问笔录中记明违法嫌疑人到案经过、到案和离开时间。询问查证时间适用本规定第六十九条第一款的规定。

对于投案自首或者群众扭送的违法嫌疑人，公安机关应当适用本规定第五十五条第一款第五项的规定通知其家属。

第七十一条 在公安机关询问违法嫌疑人，应当在办案场所进行。

询问查证期间应当保证违法嫌疑人的饮食和必要的休息时间，并在询问笔录中注明。

在询问查证的间隙期间，可以将违法嫌疑人送入候问室，并按照候问室的管理规定执行。

第七十二条 询问违法嫌疑人、被侵害人或者其他证人，应当个别进行。

第七十三条 首次询问违法嫌疑人时，应当问明违法嫌疑人的姓名、出生日期、户籍所在地、现住址、身份证件种类及号码，是否为各级人民代表大会代表，是否受过刑事处罚或者行政拘留、强制隔离戒毒、社区戒毒、收容教养等情况。必要时，还应当问明其家庭主要成员、工作单位、文化程度、民族、身体状况等情况。

违法嫌疑人为外国人的，首次询问时还应当问明其国籍、出入境证件种类及号码、签证种类、入境时间、入境事由等情况。必要时，还应当问明其在华关系人等情况。

第七十四条 询问时，应当告知被询问人必须如实提供证据、证言和故意作伪证或者隐匿证据应负的法律责任，对与本案无关的问题有拒绝回答的权利。

第七十五条 询问未成年人时，应当通知其父母或者其他监护人到场，其父母或者其他监护人不能到场的，也可以通知未成年人的其他成年亲属，所在学校、单位、居住地基层组织或者未成年人保护组织的代表到场，并将有关情况记录在案。确实无法通知或者通知后未到场的，应当在询问笔录中注明。

第七十六条 询问聋哑人，应当有通晓手语的人提供帮助，并在询问笔录中注明被询问人的聋哑情况以及翻译人员的姓名、住址、工作单位和联系方式。

对不通晓当地通用的语言文字的被询问人，应当为其配备翻译人员，并在询问笔录中注明翻译人员的姓名、住址、工作单位和联系方式。

第七十七条 询问笔录应当交被询问人核对，对没有阅读能力的，应当向其宣读。记录有误或者遗漏的，应当允许被询问人更正或者补充，并要求其在修改处捺指印。被询问人确认笔录无误后，应当在询问笔录上逐页签名或者捺指印。拒绝签名和捺指印的，办案人民警察应当在询问笔录中注明。

办案人民警察应当在询问笔录上签名，翻译人员应当在询问笔录的结尾处签名。

询问时，可以全程录音、录像，并保持录音、录像资料的完整性。

第七十八条 询问违法嫌疑人时，应当听取违法嫌疑人的陈述和申辩。对违法嫌疑人的陈述和申辩，应当核查。

第七十九条 询问被侵害人或者其他证人，可以在现场进行，也可以到其单位、学校、住所、其居住地居（村）民委员会或者其提出的地点进行。必要时，也可以书面、电话或者当场通知其到公安机关提供证言。

在现场询问的，办案人民警察应当出示人民警察证。

询问前，应当了解被询问人的身份以及其与被侵害人、其他证人、违法嫌疑人之间的关系。

第八十条 违法嫌疑人、被侵害人或者其他证人请求自行提供书面材料的，应当准许。必要时，办案人民警察也可以要求违法嫌疑人、被侵害人或者其他证人自行书写。违法嫌疑人、被侵害人或者其他证人应当在其提供的书面材料的结尾处签名或者捺指印。对打印的书面材料，违法嫌疑人、被侵害人或者其他证人应当逐页签名或者捺指印。办案人民警察收到书面材料后，应当在首页注明收到日期，并签名。

第四节　勘验、检查

第八十一条 对于违法行为案发现场，必要时应当进行勘验，提取与案件有关的证据材料，判断案件性质，确定调查方向和范围。

现场勘验参照刑事案件现场勘验的有关规定执行。

第八十二条 对与违法行为有关的场所、物品、人身可以进行检查。检查时，人民警察不得少于二人，并应当出示人民警察证和县级以上公安机关开具的检查证。对确有必要立即进行检查的，人民警察经出示人民警察证，可以当场检查；但检查公民住所的，必须有证据表明或者有群众报警公民住所内正在发生危害公共安全或者公民人身安全的案（事）件，或者违法存放危险物质，不立即检查可能会对公共安全或者公民人身、财产安全造成重大危害。

对机关、团体、企业、事业单位或者公共场所进行日常执法监督检查，依照有关法律、法规和规章执行，不适用前款规定。

第八十三条 对违法嫌疑人，可以依法提取或者采集肖像、指纹等人体生物识别信息；涉嫌酒后驾驶机动车、吸毒、从事恐怖活动等违法行为的，可以依照《中华人民共和国道路交通安全法》《中华人民共和国禁毒法》《中华人民共和国反恐怖主义法》等规定提取或者采集血液、尿液、毛发、脱落细胞等生物样本。人身安全检查和当场检查时已经提取、采集的信息，不再提取、采集。

第八十四条 对违法嫌疑人进行检查时，应当尊重被检查人的人格尊严，不得以有损人格尊严的方式进行检查。

检查妇女的身体，应当由女性工作人员进行。

依法对卖淫、嫖娼人员进行性病检查，应当由医生进行。

第八十五条 检查场所或者物品时，应当注意避免对物品造成不必要的损坏。

检查场所时，应当有被检查人或者见证人在场。

第八十六条 检查情况应当制作检查笔录。检查笔录由检查人员、被检查人或者见证人签名；被检查人不在场或者拒绝签名的，办案人民警察应当在检查笔录中注明。

检查时的全程录音录像可以替代书面检查笔录，但应当对视听资料的关键内容和相应时间段等作文字说明。

第五节　鉴　　定

第八十七条　为了查明案情，需要对专门性技术问题进行鉴定的，应当指派或者聘请具有专门知识的人员进行。

需要聘请本公安机关以外的人进行鉴定的，应当经公安机关办案部门负责人批准后，制作鉴定聘请书。

第八十八条　公安机关应当为鉴定提供必要的条件，及时送交有关检材和比对样本等原始材料，介绍与鉴定有关的情况，并且明确提出要求鉴定解决的问题。

办案人民警察应当做好检材的保管和送检工作，并注明检材送检环节的责任人，确保检材在流转环节中的同一性和不被污染。

禁止强迫或者暗示鉴定人作出某种鉴定意见。

第八十九条　对人身伤害的鉴定由法医进行。

卫生行政主管部门许可的医疗机构具有执业资格的医生出具的诊断证明，可以作为公安机关认定人身伤害程度的依据，但具有本规定第九十条规定情形的除外。

对精神病的鉴定，由有精神病鉴定资格的鉴定机构进行。

第九十条　人身伤害案件具有下列情形之一的，公安机关应当进行伤情鉴定：

（一）受伤程度较重，可能构成轻伤以上伤害程度的；

（二）被侵害人要求作伤情鉴定的；

（三）违法嫌疑人、被侵害人对伤害程度有争议的。

第九十一条　对需要进行伤情鉴定的案件，被侵害人拒绝提供诊断证明或者拒绝进行伤情鉴定的，公安机关应当将有关情况记录在案，并可以根据已认定的事实作出处理决定。

经公安机关通知，被侵害人无正当理由未在公安机关确定的时间内作伤情鉴定的，视为拒绝鉴定。

第九十二条　对电子数据涉及的专门性问题难以确定的，由司法鉴定机构出具鉴定意见，或者由公安部指定的机构出具报告。

第九十三条 涉案物品价值不明或者难以确定的，公安机关应当委托价格鉴证机构估价。

根据当事人提供的购买发票等票据能够认定价值的涉案物品，或者价值明显不够刑事立案标准的涉案物品，公安机关可以不进行价格鉴证。

第九十四条 对涉嫌吸毒的人员，应当进行吸毒检测，被检测人员应当配合；对拒绝接受检测的，经县级以上公安机关或者其派出机构负责人批准，可以强制检测。采集女性被检测人检测样本，应当由女性工作人员进行。

对涉嫌服用国家管制的精神药品、麻醉药品驾驶机动车的人员，可以对其进行体内国家管制的精神药品、麻醉药品含量检验。

第九十五条 对有酒后驾驶机动车嫌疑的人，应当对其进行呼气酒精测试，对具有下列情形之一的，应当立即提取血样，检验血液酒精含量：

（一）当事人对呼气酒精测试结果有异议的；

（二）当事人拒绝配合呼气酒精测试的；

（三）涉嫌醉酒驾驶机动车的；

（四）涉嫌饮酒后驾驶机动车发生交通事故的。

当事人对呼气酒精测试结果无异议的，应当签字确认。事后提出异议的，不予采纳。

第九十六条 鉴定人鉴定后，应当出具鉴定意见。鉴定意见应当载明委托人、委托鉴定的事项、提交鉴定的相关材料、鉴定的时间、依据和结论性意见等内容，并由鉴定人签名或者盖章。通过分析得出鉴定意见的，应当有分析过程的说明。鉴定意见应当附有鉴定机构和鉴定人的资质证明或者其他证明文件。

鉴定人对鉴定意见负责，不受任何机关、团体、企业、事业单位和个人的干涉。多人参加鉴定，对鉴定意见有不同意见的，应当注明。

鉴定人故意作虚假鉴定的，应当承担法律责任。

第九十七条 办案人民警察应当对鉴定意见进行审查。

对经审查作为证据使用的鉴定意见，公安机关应当在收到鉴定意见之日起五日内将鉴定意见复印件送达违法嫌疑人和被侵害人。

医疗机构出具的诊断证明作为公安机关认定人身伤害程度的依据的，应当将诊断证明结论书面告知违法嫌疑人和被侵害人。

违法嫌疑人或者被侵害人对鉴定意见有异议的，可以在收到鉴定意见复印件之日起三日内提出重新鉴定的申请，经县级以上公安机关批准后，进行重新鉴定。同一行政案件的同一事项重新鉴定以一次为限。

当事人是否申请重新鉴定，不影响案件的正常办理。

公安机关认为必要时，也可以直接决定重新鉴定。

第九十八条 具有下列情形之一的，应当进行重新鉴定：

（一）鉴定程序违法或者违反相关专业技术要求，可能影响鉴定意见正确性的；

（二）鉴定机构、鉴定人不具备鉴定资质和条件的；

（三）鉴定意见明显依据不足的；

（四）鉴定人故意作虚假鉴定的；

（五）鉴定人应当回避而没有回避的；

（六）检材虚假或者被损坏的；

（七）其他应当重新鉴定的。

不符合前款规定情形的，经县级以上公安机关负责人批准，作出不准予重新鉴定的决定，并在作出决定之日起的三日以内书面通知申请人。

第九十九条 重新鉴定，公安机关应当另行指派或者聘请鉴定人。

第一百条 鉴定费用由公安机关承担，但当事人自行鉴定的除外。

第六节　辨　　认

第一百零一条　为了查明案情，办案人民警察可以让违法嫌疑人、被侵害人或者其他证人对与违法行为有关的物品、场所或者违法嫌疑人进行辨认。

第一百零二条　辨认由二名以上办案人民警察主持。

组织辨认前，应当向辨认人详细询问辨认对象的具体特征，并避免辨认人见到辨认对象。

第一百零三条　多名辨认人对同一辨认对象或者一名辨认人对多名辨认对象进行辨认时，应当个别进行。

第一百零四条　辨认时，应当将辨认对象混杂在特征相类似的其他对象中，不得给辨认人任何暗示。

辨认违法嫌疑人时，被辨认的人数不得少于七人；对违法嫌疑人照片进行辨认的，不得少于十人的照片。

辨认每一件物品时，混杂的同类物品不得少于五件。

同一辨认人对与同一案件有关的辨认对象进行多组辨认的，不得重复使用陪衬照片或者陪衬人。

第一百零五条　辨认人不愿意暴露身份的，对违法嫌疑人的辨认可以在不暴露辨认人的情况下进行，公安机关及其人民警察应当为其保守秘密。

第一百零六条　辨认经过和结果，应当制作辨认笔录，由办案人民警察和辨认人签名或者捺指印。必要时，应当对辨认过程进行录音、录像。

第七节　证据保全

第一百零七条　对下列物品，经公安机关负责人批准，可以依法扣押或者扣留：

（一）与治安案件、违反出境入境管理的案件有关的需要作为证据的物品；

（二）道路交通安全法律、法规规定适用扣留的车辆、机动车驾驶证；

（三）《中华人民共和国反恐怖主义法》等法律、法规规定适用扣押或者扣留的物品。

对下列物品，不得扣押或者扣留：

（一）与案件无关的物品；

（二）公民个人及其所扶养家属的生活必需品；

（三）被侵害人或者善意第三人合法占有的财产。

对具有本条第二款第二项、第三项情形的，应当予以登记，写明登记财物的名称、规格、数量、特征，并由占有人签名或者捺指印。必要时，可以进行拍照。但是，与案件有关必须鉴定的，可以依法扣押，结束后应当立即解除。

第一百零八条 办理下列行政案件时，对专门用于从事无证经营活动的场所、设施、物品，经公安机关负责人批准，可以依法查封。但对与违法行为无关的场所、设施，公民个人及其扶养家属的生活必需品不得查封：

（一）擅自经营按照国家规定需要由公安机关许可的行业的；

（二）依照《娱乐场所管理条例》可以由公安机关采取取缔措施的；

（三）《中华人民共和国反恐怖主义法》等法律、法规规定适用查封的其他公安行政案件。

场所、设施、物品已被其他国家机关依法查封的，不得重复查封。

第一百零九条 收集证据时，经公安机关办案部门负责人批准，可以采取抽样取证的方法。

抽样取证应当采取随机的方式，抽取样品的数量以能够认定本品的品质特征为限。

抽样取证时，应当对抽样取证的现场、被抽样物品及被抽取的样品进行拍照或者对抽样过程进行录像。

对抽取的样品应当及时进行检验。经检验，能够作为证据使用的，应当依法扣押、先行登记保存或者登记；不属于证据的，应当及时返还样品。样品有减损的，应当予以补偿。

第一百一十条 在证据可能灭失或者以后难以取得的情况下，经公安机关办案部门负责人批准，可以先行登记保存。

先行登记保存期间，证据持有人及其他人员不得损毁或者转移证据。

对先行登记保存的证据，应当在七日内作出处理决定。逾期不作出处理决定的，视为自动解除。

第一百一十一条 实施扣押、扣留、查封、抽样取证、先行登记保存等证据保全措施时，应当会同当事人查点清楚，制作并当场交付证据保全决定书。必要时，应当对采取证据保全措施的证据进行拍照或者对采取证据保全的过程进行录像。证据保全决定书应当载明下列事项：

（一）当事人的姓名或者名称、地址；

（二）抽样取证、先行登记保存、扣押、扣留、查封的理由、依据和期限；

（三）申请行政复议或者提起行政诉讼的途径和期限；

（四）作出决定的公安机关的名称、印章和日期。

证据保全决定书应当附清单，载明被采取证据保全措施的场所、设施、物品的名称、规格、数量、特征等，由办案人民警察和当事人签名后，一份交当事人，一份附卷。有见证人的，还应当由见证人签名。当事人或者见证人拒绝签名的，办案人民警察应当在证据保全清单上注明。

对可以作为证据使用的录音带、录像带，在扣押时应当予以检查，记明案由、内容以及录取和复制的时间、地点等，并妥为保管。

对扣押的电子数据原始存储介质，应当封存，保证在不解除封存状态的情况下，无法增加、删除、修改电子数据，并在证据保全清单中记录封存状态。

第一百一十二条 扣押、扣留、查封期限为三十日，情况复杂的，经县级以上公安机关负责人批准，可以延长三十日；法律、行政法规另有规定的除外。延长扣押、扣留、查封期限的，应当及时书面告知当事人，并说明理由。

对物品需要进行鉴定的，鉴定期间不计入扣押、扣留、查封期间，但应当将鉴定的期间书面告知当事人。

第一百一十三条 公安机关对恐怖活动嫌疑人的存款、汇款、债券、股票、基金份额等财产采取冻结措施的，应当经县级以上公安机关负责人批准，向金融机构交付冻结通知书。

作出冻结决定的公安机关应当在三日内向恐怖活动嫌疑人交付冻结决定书。冻结决定书应当载明下列事项：

（一）恐怖活动嫌疑人的姓名或者名称、地址；

（二）冻结的理由、依据和期限；

（三）冻结的账号和数额；

（四）申请行政复议或者提起行政诉讼的途径和期限；

（五）公安机关的名称、印章和日期。

第一百一十四条 自被冻结之日起二个月内，公安机关应当作出处理决定或者解除冻结；情况复杂的，经上一级公安机关负责人批准，可以延长一个月。

延长冻结的决定应当及时书面告知恐怖活动嫌疑人，并说明理由。

第一百一十五条 有下列情形之一的，公安机关应当立即退还财物，并由当事人签名确认；不涉及财物退还的，应当书面通知当事人解除证据保全：

（一）当事人没有违法行为的；

（二）被采取证据保全的场所、设施、物品、财产与违法行为无关的；

（三）已经作出处理决定，不再需要采取证据保全措施的；

（四）采取证据保全措施的期限已经届满的；

（五）其他不再需要采取证据保全措施的。

作出解除冻结决定的，应当及时通知金融机构。

第一百一十六条 行政案件变更管辖时，与案件有关的财物及其孳息应当随案移交，并书面告知当事人。移交时，由接收人、移交人当面查点清楚，并在交接单据上共同签名。

第八节 办案协作

第一百一十七条 办理行政案件需要异地公安机关协作的，应当制作办案协作函件。负责协作的公安机关接到请求协作的函件后，应当办理。

第一百一十八条 需要到异地执行传唤的，办案人民警察应当持传唤证、办案协作函件和人民警察证，与协作地公安机关联系，在协作地公安机关的协作下进行传唤。协作地公安机关应当协助将违法嫌疑人传唤到其所在市、县内的指定地点或者到其住处、单位进行询问。

第一百一十九条 需要异地办理检查、查询，查封、扣押或者冻结与案件有关的财物、文件的，应当持相关的法律文书、办案协作函件和人民警察证，与协作地公安机关联系，协作地公安机关应当协助执行。

在紧急情况下，可以将办案协作函件和相关的法律文书传真或者通过执法办案信息系统发送至协作地公安机关，协作地公安机关应当及时采取措施。办案地公安机关应当立即派员前往协作地办理。

第一百二十条 需要进行远程视频询问、处罚前告知的，应当由协作地公安机关事先核实被询问、告知人的身份。办案地公安机关应当制作询问、告知笔录并传输至协作地公安机关。询问、告知笔录经被询问、告知人确认并逐页签名或者捺指印后，由协作地公安机关协作人员签名或者盖章，并将原件或者电子签名笔录提供给办案地公安机关。办案地公安机关负责询问、告知的人民警察应当在首页注明收到日期，并签名或者盖章。询问、告知过程应当全程录音录像。

第一百二十一条 办案地公安机关可以委托异地公安机关代为询问、向有关单位和个人调取电子数据、接收自行书写材料、进行辨认、履行处罚前告知程序、送达法律文书等工作。

委托代为询问、辨认、处罚前告知的，办案地公安机关应当列出明确具体的询问、辨认、告知提纲，提供被辨认对象的照片和陪衬照片。

委托代为向有关单位和个人调取电子数据的，办案地公安机关应当将办案协作函件和相关法律文书传真或者通过执法办案信息系统发送至协作地公安机关，由协作地公安机关办案部门审核确认后办理。

第一百二十二条 协作地公安机关依照办案地公安机关的要求，依法履行办案协作职责所产生的法律责任，由办案地公安机关承担。

第八章 听证程序

第一节 一般规定

第一百二十三条 在作出下列行政处罚决定之前，应当告知违法嫌疑人有要求举行听证的权利：

（一）责令停产停业；

（二）吊销许可证或者执照；

（三）较大数额罚款；

（四）法律、法规和规章规定违法嫌疑人可以要求举行听证的其他情形。

前款第三项所称“较大数额罚款”，是指对个人处以二千元以上罚款，对单位处以一万元以上罚款，对违反边防出境入境管理法律、法规和规章的个人处以六千元以上罚款。对依据地方性法规或者地方政府规章作出的罚款处罚，适用听证的罚款数额按照地方规定执行。

第一百二十四条 听证由公安机关法制部门组织实施。

依法具有独立执法主体资格的公安机关业务部门以及出入境边防检查站依法作出行政处罚决定的，由其非本案调查人员组织听证。

第一百二十五条 公安机关不得因违法嫌疑人提出听证要求而加重处罚。

第一百二十六条 听证人员应当就行政案件的事实、证据、程序、适用法律等方面全面听取当事人陈述和申辩。

第二节 听证人员和听证参加人

第一百二十七条 听证设听证主持人一名，负责组织听证；记录员一名，负责制作听证笔录。必要时，可以设听证员一至二名，协助听证主持人进行听证。

本案调查人员不得担任听证主持人、听证员或者记录员。

第一百二十八条 听证主持人决定或者开展下列事项：

（一）举行听证的时间、地点；

（二）听证是否公开举行；

（三）要求听证参加人到场参加听证，提供或者补充证据；

（四）听证的延期、中止或者终止；

（五）主持听证，就案件的事实、理由、证据、程序、适用法律等组织质证和辩论；

（六）维持听证秩序，对违反听证纪律的行为予以制止；

（七）听证员、记录员的回避；

（八）其他有关事项。

第一百二十九条 听证参加人包括：

（一）当事人及其代理人；

（二）本案办案人民警察；

（三）证人、鉴定人、翻译人员；

（四）其他有关人员。

第一百三十条 当事人在听证活动中享有下列权利：

（一）申请回避；

（二）委托一至二人代理参加听证；

（三）进行陈述、申辩和质证；

（四）核对、补正听证笔录；

（五）依法享有的其他权利。

第一百三十一条 与听证案件处理结果有直接利害关系的其他公民、法人或者其他组织，作为第三人申请参加听证的，应当允许。为查明案情，必要时，听证主持人也可以通知其参加听证。

第三节 听证的告知、申请和受理

第一百三十二条 对适用听证程序的行政案件，办案部门在提出处罚意见后，应当告知违法嫌疑人拟作出的行政处罚和有要求举行听证的权利。

第一百三十三条 违法嫌疑人要求听证的，应当在公安机关告知后三日内提出申请。

第一百三十四条 违法嫌疑人放弃听证或者撤回听证要求后，处罚决定作出前，又提出听证要求的，只要在听证申请有效期限内，应当允许。

第一百三十五条 公安机关收到听证申请后，应当在二日内决定是否受理。认为听证申请人的要求不符合听证条件，决定不予受理的，应当制作不予受理听证通知书，告知听证申请人。逾期不通知听证申请人的，视为受理。

第一百三十六条 公安机关受理听证后，应当在举行听证的七日前将举行听证通知书送达听证申请人，并将举行听证的时间、地点通知其他听证参加人。

第四节 听证的举行

第一百三十七条 听证应当在公安机关收到听证申请之日起十日内举行。

除涉及国家秘密、商业秘密、个人隐私的行政案件外，听证应当公开举行。

第一百三十八条 听证申请人不能按期参加听证的，可以申请延期，是否准许，由听证主持人决定。

第一百三十九条 二个以上违法嫌疑人分别对同一行政案件提出听证要求的，可以合并举行。

第一百四十条 同一行政案件中有二个以上违法嫌疑人，其中部分违法嫌疑人提出听证申请的，应当在听证举行后一并作出处理决定。

第一百四十一条 听证开始时，听证主持人核对听证参加人；宣布案由；宣布听证员、记录员和翻译人员名单；告知当事人在听证中的权利和义务；询问当事人是否提出回避申请；对不公开听证的行政案件，宣布不公开听证的理由。

第一百四十二条 听证开始后，首先由办案人民警察提出听证申请人违法的事实、证据和法律依据及行政处罚意见。

第一百四十三条 办案人民警察提出证据时，应当向听证会出示。对证人证言、鉴定意见、勘验笔录和其他作为证据的文书，应当当场宣读。

第一百四十四条 听证申请人可以就办案人民警察提出的违法事实、证据和法律依据以及行政处罚意见进行陈述、申辩和质证，并可以提出新的证据。

第三人可以陈述事实，提出新的证据。

第一百四十五条 听证过程中，当事人及其代理人有权申请通知新的证人到会作证，调取新的证据。对上述申请，听证主持人应当当场作出是否同意的决定；申请重新鉴定的，按照本规定第七章第五节有关规定办理。

第一百四十六条 听证申请人、第三人和办案人民警察可以围绕案件的事实、证据、程序、适用法律、处罚种类和幅度等问题进行辩论。

第一百四十七条 辩论结束后，听证主持人应当听取听证申请人、第三人、办案人民警察各方最后陈述意见。

第一百四十八条 听证过程中，遇有下列情形之一，听证主持人可以中止听证：

（一）需要通知新的证人到会、调取新的证据或者需要重新鉴定或者勘验的；

（二）因回避致使听证不能继续进行的；

（三）其他需要中止听证的。

中止听证的情形消除后，听证主持人应当及时恢复听证。

第一百四十九条 听证过程中，遇有下列情形之一，应当终止听证：

（一）听证申请人撤回听证申请的；

（二）听证申请人及其代理人无正当理由拒不出席或者未经听证主持人许可中途退出听证的；

（三）听证申请人死亡或者作为听证申请人的法人或者其他组织被撤销、解散的；

（四）听证过程中，听证申请人或者其代理人扰乱听证秩序，不听劝阻，致使听证无法正常进行的；

（五）其他需要终止听证的。

第一百五十条 听证参加人和旁听人员应当遵守听证会场纪律。对违反听证会场纪律的，听证主持人应当警告制止；对不听制止，干扰听证正常进行的旁听人员，责令其退场。

第一百五十一条 记录员应当将举行听证的情况记入听证笔录。听证笔录应当载明下列内容：

（一）案由；

（二）听证的时间、地点和方式；

（三）听证人员和听证参加人的身份情况；

（四）办案人民警察陈述的事实、证据和法律依据以及行政处罚意见；

（五）听证申请人或者其代理人的陈述和申辩；

（六）第三人陈述的事实和理由；

（七）办案人民警察、听证申请人或者其代理人、第三人质证、辩论的内容；

（八）证人陈述的事实；

（九）听证申请人、第三人、办案人民警察的最后陈述意见；

（十）其他事项。

第一百五十二条 听证笔录应当交听证申请人阅读或者向其宣读。听证笔录中的证人陈述部分，应当交证人阅读或者向其宣读。听证申请人或者证人认为听证笔录有误的，可以请求补充或者改正。听证申请人或者证人审核无误后签名或者捺指印。听证申请人或者证人拒绝的，由记录员在听证笔录中记明情况。

听证笔录经听证主持人审阅后，由听证主持人、听证员和记录员签名。

第一百五十三条 听证结束后，听证主持人应当写出听证报告书，连同听证笔录一并报送公安机关负责人。

听证报告书应当包括下列内容：

（一）案由；

（二）听证人员和听证参加人的基本情况；

（三）听证的时间、地点和方式；

（四）听证会的基本情况；

（五）案件事实；

（六）处理意见和建议。

第九章　行政处理决定

第一节　行政处罚的适用

第一百五十四条　违反治安管理行为在六个月内没有被公安机关发现，其他违法行为在二年内没有被公安机关发现的，不再给予行政处罚。

前款规定的期限，从违法行为发生之日起计算，违法行为有连续、继续或者持续状态的，从行为终了之日起计算。

被侵害人在违法行为追究时效内向公安机关控告，公安机关应当受理而不受理的，不受本条第一款追究时效的限制。

第一百五十五条　实施行政处罚时，应当责令违法行为人当场或者限期改正违法行为。

第一百五十六条　对违法行为人的同一个违法行为，不得给予两次以上罚款的行政处罚。

第一百五十七条　不满十四周岁的人有违法行为的，不予行政处罚，但是应当责令其监护人严加管教，并在不予行政处罚决定书中载明。已满十四周岁不满十八周岁的人有违法行为的，从轻或者减轻行政处罚。

第一百五十八条　精神病人在不能辨认或者不能控制自己行为时有违法行为的，不予行政处罚，但应当责令其监护人严加看管和治疗，并在不予行政处罚决定书中载明。间歇性精神病人在精神正常时有违法行为的，应当给予行政处罚。尚未完全丧失辨认或者控制自己行为能力的精神病人有违法行为的，应当予以行政处罚，但可以从轻或者减轻行政处罚。

第一百五十九条 违法行为人有下列情形之一的，应当从轻、减轻处罚或者不予行政处罚：

（一）主动消除或者减轻违法行为危害后果，并取得被侵害人谅解的；

（二）受他人胁迫或者诱骗的；

（三）有立功表现的；

（四）主动投案，向公安机关如实陈述自己的违法行为的；

（五）其他依法应当从轻、减轻或者不予行政处罚的。

违法行为轻微并及时纠正，没有造成危害后果的，不予行政处罚。

盲人或者又聋又哑的人违反治安管理的，可以从轻、减轻或者不予行政处罚；醉酒的人违反治安管理的，应当给予处罚。

第一百六十条 违法行为人有下列情形之一的，应当从重处罚：

（一）有较严重后果的；

（二）教唆、胁迫、诱骗他人实施违法行为的；

（三）对报案人、控告人、举报人、证人等打击报复的；

（四）六个月内曾受过治安管理处罚或者一年内因同类违法行为受到两次以上公安行政处罚的；

（五）刑罚执行完毕三年内，或者在缓刑期间，违反治安管理的。

第一百六十一条 一人有两种以上违法行为的，分别决定，合并执行，可以制作一份决定书，分别写明对每种违法行为的处理内容和合并执行的内容。

一个案件有多个违法行为人的，分别决定，可以制作一式多份决定书，写明给予每个人的处理决定，分别送达每一个违法行为人。

第一百六十二条 行政拘留处罚合并执行的，最长不超过二十日。

行政拘留处罚执行完毕前，发现违法行为人有其他违法行为，公安机关依法作出行政拘留决定的，与正在执行的行政拘留合并执行。

第一百六十三条 对决定给予行政拘留处罚的人，在处罚前因同一行为已经被采取强制措施限制人身自由的时间应当折抵。限制人身自由一日，折抵执行行政拘留一日。询问查证、继续盘问和采取约束措施的时间不予折抵。

被采取强制措施限制人身自由的时间超过决定的行政拘留期限的，行政拘留决定不再执行。

第一百六十四条 违法行为人具有下列情形之一，依法应当给予行政拘留处罚的，应当作出处罚决定，但不送拘留所执行：

（一）已满十四周岁不满十六周岁的；

（二）已满十六周岁不满十八周岁，初次违反治安管理或者其他公安行政管理的。但是，曾被收容教养、被行政拘留依法不执行行政拘留或者曾因实施扰乱公共秩序，妨害公共安全，侵犯人身权利、财产权利，妨害社会管理的行为被人民法院判决有罪的除外；

（三）七十周岁以上的；

（四）孕妇或者正在哺乳自己婴儿的妇女。

第二节　行政处理的决定

第一百六十五条 公安机关办理治安案件的期限，自受理之日起不得超过三十日；案情重大、复杂的，经上一级公安机关批准，可以延长三十日。办理其他行政案件，有法定办案期限的，按照相关法律规定办理。

为了查明案情进行鉴定的期间，不计入办案期限。

对因违反治安管理行为人不明或者逃跑等客观原因造成案件在法定期限内无法作出行政处理决定的，公安机关应当继续进行调查取证，并向被侵害人说明情况，及时依法作出处理决定。

第一百六十六条 违法嫌疑人不讲真实姓名、住址，身份不明，但只要违法事实清楚、证据确实充分的，可以按其自报的姓名并贴附照片作出处理决定，并在相关法律文书中注明。

第一百六十七条 在作出行政处罚决定前，应当告知违法嫌疑人拟作出行政处罚决定的事实、理由及依据，并告知违法嫌疑人依法享有陈述权和申辩权。单位违法的，应当告知其法定代表人、主要负责人或者其授权的人员。

适用一般程序作出行政处罚决定的，采用书面形式或者笔录形式告知。

依照本规定第一百七十二条第一款第三项作出不予行政处罚决定的，可以不履行本条第一款规定的告知程序。

第一百六十八条 对违法行为事实清楚，证据确实充分，依法应当予以行政处罚，因违法行为人逃跑等原因无法履行告知义务的，公安机关可以采取公告方式予以告知。自公告之日起七日内，违法嫌疑人未提出申辩的，可以依法作出行政处罚决定。

第一百六十九条 违法嫌疑人有权进行陈述和申辩。对违法嫌疑人提出的新的事实、理由和证据，公安机关应当进行复核。

公安机关不得因违法嫌疑人申辩而加重处罚。

第一百七十条 对行政案件进行审核、审批时，应当审查下列内容：

（一）违法嫌疑人的基本情况；

（二）案件事实是否清楚，证据是否确实充分；

（三）案件定性是否准确；

（四）适用法律、法规和规章是否正确；

（五）办案程序是否合法；

（六）拟作出的处理决定是否适当。

第一百七十一条 法制员或者办案部门指定的人员、办案部门负责人、法制部门的人员可以作为行政案件审核人员。

初次从事行政处罚决定审核的人员，应当通过国家统一法律职业资格考试取得法律职业资格。

第一百七十二条 公安机关根据行政案件的不同情况分别作出下列处理决定：

（一）确有违法行为，应当给予行政处罚的，根据其情节和危害后果的轻重，作出行政处罚决定；

（二）确有违法行为，但有依法不予行政处罚情形的，作出不予行政处罚决定；有违法所得和非法财物、违禁品、管制器具的，应当予以追缴或者收缴；

（三）违法事实不能成立的，作出不予行政处罚决定；

（四）对需要给予社区戒毒、强制隔离戒毒、收容教养等处理的，依法作出决定；

（五）违法行为涉嫌构成犯罪的，转为刑事案件办理或者移送有权处理的主管机关、部门办理，无需撤销行政案件。公安机关已经作出行政处理决定的，应当附卷；

（六）发现违法行为人有其他违法行为的，在依法作出行政处理决定的同时，通知有关行政主管部门处理。

对已经依照前款第三项作出不予行政处罚决定的案件，又发现新的证据的，应当依法及时调查；违法行为能够认定的，依法重新作出处理决定，并撤销原不予行政处罚决定。

治安案件有被侵害人的，公安机关应当在作出不予行政处罚或者处罚决定之日起二日内将决定书复印件送达被侵害人。无法送达的，应当注明。

第一百七十三条 行政拘留处罚由县级以上公安机关或者出入境边防检查机关决定。依法应当对违法行为人予以行政拘留的，公安派出所、依法具有独立执法主体资格的公安机关业务部门应当报其所属的县级以上公安机关决定。

第一百七十四条 对县级以上的各级人民代表大会代表予以行政拘留的，作出处罚决定前应当经该级人民代表大会主席团或者人民代表大会常务委员会许可。

对乡、民族乡、镇的人民代表大会代表予以行政拘留的，作出决定的公安机关应当立即报告乡、民族乡、镇的人民代表大会。

第一百七十五条 作出行政处罚决定的，应当制作行政处罚决定书。决定书应当载明下列内容：

（一）被处罚人的姓名、性别、出生日期、身份证件种类及号码、户籍所在地、现住址、工作单位、违法经历以及被处罚单位的名称、地址和法定代表人；

（二）违法事实和证据以及从重、从轻、减轻等情节；

（三）处罚的种类、幅度和法律依据；

（四）处罚的执行方式和期限；

（五）对涉案财物的处理结果及对被处罚人的其他处理情况；

（六）对处罚决定不服，申请行政复议、提起行政诉讼的途径和期限；

（七）作出决定的公安机关的名称、印章和日期。

作出罚款处罚的，行政处罚决定书应当载明逾期不缴纳罚款依法加处罚款的标准和最高限额；对涉案财物作出处理的，行政处罚决定书应当附没收、收缴、追缴物品清单。

第一百七十六条 作出行政拘留处罚决定的，应当及时将处罚情况和执行场所或者依法不执行的情况通知被处罚人家属。

作出社区戒毒决定的，应当通知被决定人户籍所在地或者现居住地的城市街道办事处、乡镇人民政府。作出强制隔离戒毒、收容教养决定的，应当在法定期限内通知被决定人的家属、所在单位、户籍所在地公安派出所。

被处理人拒不提供家属联系方式或者不讲真实姓名、住址，身份不明的，可以不予通知，但应当在附卷的决定书中注明。

第一百七十七条 公安机关办理的刑事案件，尚不够刑事处罚，依法应当给予公安行政处理的，经县级以上公安机关负责人批准，依照本章规定作出处理决定。

第十章 治安调解

第一百七十八条 对于因民间纠纷引起的殴打他人、故意伤害、侮辱、诽谤、诬告陷害、故意损毁财物、干扰他人正常生活、侵犯隐私、非法侵入住宅等违反治安管理行为，情节较轻，且具有下列情形之一的，可以调解处理：

（一）亲友、邻里、同事、在校学生之间因琐事发生纠纷引起的；

（二）行为人的侵害行为系由被侵害人事前的过错行为引起的；

（三）其他适用调解处理更易化解矛盾的。

对不构成违反治安管理行为的民间纠纷，应当告知当事人向人民法院或者人民调解组织申请处理。

对情节轻微、事实清楚、因果关系明确，不涉及医疗费用、物品损失或者双方当事人对医疗费用和物品损失的赔付无争议，符合治安调解条件，双方当事人同意当场调解并当场履行的治安案件，可以当场调解，并制作调解协议书。当事人基本情况、主要违法事实和协议内容在现场录音录像中明确记录的，不再制作调解协议书。

第一百七十九条 具有下列情形之一的，不适用调解处理：

（一）雇凶伤害他人的；

（二）结伙斗殴或者其他寻衅滋事的；

（三）多次实施违反治安管理行为的；

（四）当事人明确表示不愿意调解处理的；

（五）当事人在治安调解过程中又针对对方实施违反治安管理行为的；

（六）调解过程中，违法嫌疑人逃跑的；

（七）其他不宜调解处理的。

第一百八十条 调解处理案件，应当查明事实，收集证据，并遵循合法、公正、自愿、及时的原则，注重教育和疏导，化解矛盾。

第一百八十一条 当事人中有未成年人的，调解时应当通知其父母或者其他监护人到场。但是，当事人为年满十六周岁以上的未成年人，以自己的劳动收入为主要生活来源，本人同意不通知的，可以不通知。

被侵害人委托其他人参加调解的，应当向公安机关提交委托书，并写明委托权限。违法嫌疑人不得委托他人参加调解。

第一百八十二条 对因邻里纠纷引起的治安案件进行调解时，可以邀请当事人居住地的居（村）民委员会的人员或者双方当事人熟悉的人员参加帮助调解。

第一百八十三条 调解一般为一次。对一次调解不成，公安机关认为有必要或者当事人申请的，可以再次调解，并应当在第一次调解后的七个工作日内完成。

第一百八十四条 调解达成协议的，在公安机关主持下制作调解协议书，双方当事人应当在调解协议书上签名，并履行调解协议。

调解协议书应当包括调解机关名称、主持人、双方当事人和其他在场人员的基本情况，案件发生时间、地点、人员、起因、经过、情节、结果等情况、协议内容、履行期限和方式等内容。

对调解达成协议的，应当保存案件证据材料，与其他文书材料和调解协议书一并归入案卷。

第一百八十五条 调解达成协议并履行的，公安机关不再处罚。对调解未达成协议或者达成协议后不履行的，应当对违反治安管理行为人依法予以处罚；对违法行为造成的损害赔偿纠纷，公安机关可以进行调解，调解不成的，应当告知当事人向人民法院提起民事诉讼。

调解案件的办案期限从调解未达成协议或者调解达成协议不履行之日起开始计算。

第一百八十六条 对符合本规定第一百七十八条规定的治安案件，当事人申请人民调解或者自行和解，达成协议并履行后，双方当事人书面申请并经公安机关认可的，公安机关不予治安管理处罚，但公安机关已依法作出处理决定的除外。

第十一章 涉案财物的管理和处理

第一百八十七条 对于依法扣押、扣留、查封、抽样取证、追缴、收缴的财物以及由公安机关负责保管的先行登记保存的财物，公安机关应当妥善保管，不得使用、挪用、调换或者损毁。造成损失的，应当承担赔偿责任。

涉案财物的保管费用由作出决定的公安机关承担。

第一百八十八条 县级以上公安机关应当指定一个内设部门作为涉案财物管理部门，负责对涉案财物实行统一管理，并设立或者指定专门保管场所，对涉案财物进行集中保管。涉案财物集中保管的范围，由地方公安机关根据本地区实际情况确定。

对价值较低、易于保管，或者需要作为证据继续使用，以及需要先行返还被侵害人的涉案财物，可以由办案部门设置专门的场所进行保管。办案部门应当指定不承担办案工作的民警负责本部门涉案财物的接收、保管、移交等管理工作；严禁由办案人员自行保管涉案财物。

对查封的场所、设施、财物，可以委托第三人保管，第三人不得损毁或者擅自转移、处置。因第三人的原因造成的损失，公安机关先行赔付后，有权向第三人追偿。

第一百八十九条 公安机关涉案财物管理部门和办案部门应当建立电子台账，对涉案财物逐一编号登记，载明案由、来源、保管状态、场所和去向。

第一百九十条 办案人民警察应当在依法提取涉案财物后的二十四小时内将财物移交涉案财物管理人员，并办理移交手续。对查封、冻结、先行登记保存的涉案财物，应当在采取措施后的二十四小时内，将法律文书复印件及涉案财物的情况送交涉案财物管理人员予以登记。

在异地或者在偏远、交通不便地区提取涉案财物的，办案人民警察应当在返回单位后的二十四小时内移交。

对情况紧急，需要在提取涉案财物后的二十四小时内进行鉴定、辨认、检验、检查等工作的，经办案部门负责人批准，可以在完成上述工作后的二十四小时内移交。

在提取涉案财物后的二十四小时内已将涉案财物处理完毕的，不再移交，但应当将处理涉案财物的相关手续附卷保存。

因询问、鉴定、辨认、检验、检查等办案需要，经办案部门负责人批准，办案人民警察可以调用涉案财物，并及时归还。

第一百九十一条 对容易腐烂变质及其他不易保管的物品、危险物品，经公安机关负责人批准，在拍照或者录像后依法变卖或者拍卖，变卖或者拍卖的价款暂予保存，待结案后按有关规定处理。

对易燃、易爆、毒害性、放射性等危险物品应当存放在符合危险物品存放条件的专门场所。

对属于被侵害人或者善意第三人合法占有的财物，应当在登记、拍照或者录像、估价后及时返还，并在案卷中注明返还的理由，将原物照片、清单和领取手续存卷备查。

对不宜入卷的物证，应当拍照入卷，原物在结案后按照有关规定处理。

第一百九十二条 有关违法行为查证属实后，对有证据证明权属明确且无争议的被侵害人合法财物及其孳息，凡返还不损害其他被侵害人或者利害关系人的利益，不影响案件正常办理的，应当在登记、拍照或者录像和估价后，及时发还被侵害人。办案人民警察应当在案卷材料中注明返还的理由，并将原物照片、清单和被侵害人的领取手续附卷。

第一百九十三条 在作出行政处理决定时，应当对涉案财物一并作出处理。

第一百九十四条 对在办理行政案件中查获的下列物品应当依法收缴：

（一）毒品、淫秽物品等违禁品；

（二）赌具和赌资；

（三）吸食、注射毒品的用具；

（四）伪造、变造的公文、证件、证明文件、票证、印章等；

（五）倒卖的车船票、文艺演出票、体育比赛入场券等有价票证；

（六）主要用于实施违法行为的本人所有的工具以及直接用于实施毒品违法行为的资金；

（七）法律、法规规定可以收缴的其他非法财物。

前款第六项所列的工具，除非有证据表明属于他人合法所有，可以直接认定为违法行为人本人所有。对明显无价值的，可以不作出收缴决定，但应当在证据保全文书中注明处理情况。

违法所得应当依法予以追缴或者没收。

多名违法行为人共同实施违法行为，违法所得或者非法财物无法分清所有人的，作为共同违法所得或者非法财物予以处理。

第一百九十五条 收缴由县级以上公安机关决定。但是，违禁品，管制器具，吸食、注射毒品的用具以及非法财物价值在五百元以下且当事人对财物价值无异议的，公安派出所可以收缴。

追缴由县级以上公安机关决定。但是，追缴的财物应当退还被侵害人的，公安派出所可以追缴。

第一百九十六条 对收缴和追缴的财物，经原决定机关负责人批准，按照下列规定分别处理：

（一）属于被侵害人或者善意第三人的合法财物，应当及时返还；

（二）没有被侵害人的，登记造册，按照规定上缴国库或者依法变卖、拍卖后，将所得款项上缴国库；

（三）违禁品、没有价值的物品，或者价值轻微，无法变卖、拍卖的物品，统一登记造册后销毁；

（四）对无法变卖或者拍卖的危险物品，由县级以上公安机关主管部门组织销毁或者交有关厂家回收。

第一百九十七条 对应当退还原主或者当事人的财物，通知原主或者当事人在六个月内来领取；原主不明确的，应当采取公告方式告知原主认领。在通知原主、当事人或者公告后六个月内，无人认领的，按无主财物处理，登记后上缴国库，或者依法变卖或者拍卖后，将所得款项上缴国库。遇有特殊情况的，可酌情延期处理，延长期限最长不超过三个月。

第十二章 执 行

第一节 一般规定

第一百九十八条 公安机关依法作出行政处理决定后，被处理人应当在行政处理决定的期限内予以履行。逾期不履行的，作出行政处理决定的公安机关可以依法强制执行或者申请人民法院强制执行。

第一百九十九条 被处理人对行政处理决定不服申请行政复议或者提起行政诉讼的，行政处理决定不停止执行，但法律另有规定的除外。

第二百条 公安机关在依法作出强制执行决定或者申请人民法院强制执行前，应当事先催告被处理人履行行政处理决定。催告以书面形式作出，并直接送达被处理人。被处理人拒绝接受或者无法直接送达被处理人的，依照本规定第五章的有关规定送达。

催告书应当载明下列事项：

（一）履行行政处理决定的期限和方式；

（二）涉及金钱给付的，应当有明确的金额和给付方式；

（三）被处理人依法享有的陈述权和申辩权。

第二百零一条 被处理人收到催告书后有权进行陈述和申辩。公安机关应当充分听取并记录、复核。被处理人提出的事实、理由或者证据成立的，公安机关应当采纳。

第二百零二条 经催告，被处理人无正当理由逾期仍不履行行政处理决定，法律规定由公安机关强制执行的，公安机关可以依法作出强制执行决定。

在催告期间，对有证据证明有转移或者隐匿财物迹象的，公安机关可以作出立即强制执行决定。

强制执行决定应当以书面形式作出，并载明下列事项：

（一）被处理人的姓名或者名称、地址；

（二）强制执行的理由和依据；

（三）强制执行的方式和时间；

（四）申请行政复议或者提起行政诉讼的途径和期限；

（五）作出决定的公安机关名称、印章和日期。

第二百零三条 依法作出要求被处理人履行排除妨碍、恢复原状等义务的行政处理决定，被处理人逾期不履行，经催告仍不履行，其后果已经或者将危害交通安全的，公安机关可以代履行，或者委托没有利害关系的第三人代履行。

代履行应当遵守下列规定：

（一）代履行前送达决定书，代履行决定书应当载明当事人的姓名或者名称、地址，代履行的理由和依据、方式和时间、标的、费用预算及代履行人；

（二）代履行三日前，催告当事人履行，当事人履行的，停止代履行；

（三）代履行时，作出决定的公安机关应当派员到场监督；

（四）代履行完毕，公安机关到场监督人员、代履行人和当事人或者见证人应当在执行文书上签名或者盖章。

代履行的费用由当事人承担。但是，法律另有规定的除外。

第二百零四条 需要立即清理道路的障碍物，当事人不能清除的，或者有其他紧急情况需要立即履行的，公安机关可以决定立即实施代履行。当事人不在场的，公安机关应当在事后立即通知当事人，并依法作出处理。

第二百零五条 实施行政强制执行，公安机关可以在不损害公共利益和他人合法权益的情况下，与当事人达成执行协议。执行协议可以约定分阶段履行；当事人采取补救措施的，可以减免加处的罚款。

执行协议应当履行。被处罚人不履行执行协议的，公安机关应当恢复强制执行。

第二百零六条 当事人在法定期限内不申请行政复议或者提起行政诉讼，又不履行行政处理决定的，法律没有规定公安机关强制执行的，作出行政处理决定的公安机关可以自期限届满之日起三个月内，向所在地有管辖权的人民法院申请强制执行。因情况紧急，为保障公共安全，公安机关可以申请人民法院立即执行。

强制执行的费用由被执行人承担。

第二百零七条 申请人民法院强制执行前，公安机关应当催告被处理人履行义务，催告书送达十日后被处理人仍未履行义务的，公安机关可以向人民法院申请强制执行。

第二百零八条 公安机关向人民法院申请强制执行，应当提供下列材料：

（一）强制执行申请书；

（二）行政处理决定书及作出决定的事实、理由和依据；

（三）当事人的意见及公安机关催告情况；

（四）申请强制执行标的情况；

（五）法律、法规规定的其他材料。

强制执行申请书应当由作出处理决定的公安机关负责人签名，加盖公安机关印章，并注明日期。

第二百零九条 公安机关对人民法院不予受理强制执行申请、不予强制执行的裁定有异议的，可以在十五日内向上一级人民法院申请复议。

第二百一十条 具有下列情形之一的，中止强制执行：

（一）当事人暂无履行能力的；

（二）第三人对执行标的主张权利，确有理由的；

（三）执行可能对他人或者公共利益造成难以弥补的重大损失的；

（四）其他需要中止执行的。

中止执行的情形消失后，公安机关应当恢复执行。对没有明显社会危害，当事人确无能力履行，中止执行满三年未恢复执行的，不再执行。

第二百一十一条 具有下列情形之一的，终结强制执行：

（一）公民死亡，无遗产可供执行，又无义务承受人的；

（二）法人或者其他组织终止，无财产可供执行，又无义务承受人的；

（三）执行标的灭失的；

（四）据以执行的行政处理决定被撤销的；

（五）其他需要终结执行的。

第二百一十二条 在执行中或者执行完毕后，据以执行的行政处理决定被撤销、变更，或者执行错误，应当恢复原状或者退还财物；不能恢复原状或者退还财物的，依法给予赔偿。

第二百一十三条 除依法应当销毁的物品外，公安机关依法没收或者收缴、追缴的违法所得和非法财物，必须按照国家有关规定处理或者上缴国库。

罚款、没收或者收缴的违法所得和非法财物拍卖或者变卖的款项和没收的保证金，必须全部上缴国库，不得以任何形式截留、私分或者变相私分。

第二节 罚款的执行

第二百一十四条 公安机关作出罚款决定，被处罚人应当自收到行政处罚决定书之日起十五日内，到指定的银行缴纳罚款。具有下列情形之一的，公安机关及其办案人民警察可以当场收缴罚款，法律另有规定的，从其规定：

（一）对违反治安管理行为人处五十元以下罚款和对违反交通管理的行人、乘车人和非机动车驾驶人处罚款，被处罚人没有异议的；

（二）对违反治安管理、交通管理以外的违法行为人当场处二十元以下罚款的；

（三）在边远、水上、交通不便地区、旅客列车上或者口岸，被处罚人向指定银行缴纳罚款确有困难，经被处罚人提出的；

（四）被处罚人在当地没有固定住所，不当场收缴事后难以执行的。

对具有前款第一项和第三项情形之一的，办案人民警察应当要求被处罚人签名确认。

第二百一十五条 公安机关及其人民警察当场收缴罚款的，应当出具省级或者国家财政部门统一制发的罚款收据。对不出具省级或者国家财政部门统一制发的罚款收据的，被处罚人有权拒绝缴纳罚款。

第二百一十六条 人民警察应当自收缴罚款之日起二日内，将当场收缴的罚款交至其所属公安机关；在水上当场收缴的罚款，应当自抵岸之日起二日内将当场收缴的罚款交至其所属公安机关；在旅客列车上当场收缴的罚款，应当自返回之日起二日内将当场收缴的罚款交至其所属公安机关。

公安机关应当自收到罚款之日起二日内将罚款缴付指定的银行。

第二百一十七条 被处罚人确有经济困难，经被处罚人申请和作出处罚决定的公安机关批准，可以暂缓或者分期缴纳罚款。

第二百一十八条 被处罚人未在本规定第二百一十四条规定的期限内缴纳罚款的，作出行政处罚决定的公安机关可以采取下列措施：

（一）将依法查封、扣押的被处罚人的财物拍卖或者变卖抵缴罚款。拍卖或者变卖的价款超过罚款数额的，余额部分应当及时退还被处罚人；

（二）不能采取第一项措施的，每日按罚款数额的百分之三加处罚款，加处罚款总额不得超出罚款数额。

拍卖财物，由公安机关委托拍卖机构依法办理。

第二百一十九条 依法加处罚款超过三十日，经催告被处罚人仍不履行的，作出行政处罚决定的公安机关可以按照本规定第二百零六条的规定向所在地有管辖权的人民法院申请强制执行。

第三节 行政拘留的执行

第二百二十条 对被决定行政拘留的人，由作出决定的公安机关送达拘留所执行。对抗拒执行的，可以使用约束性警械。

对被决定行政拘留的人，在异地被抓获或者具有其他有必要在异地拘留所执行情形的，经异地拘留所主管公安机关批准，可以在异地执行。

第二百二十一条 对同时被决定行政拘留和社区戒毒或者强制隔离戒毒的人员，应当先执行行政拘留，由拘留所给予必要的戒毒治疗，强制隔离戒毒期限连续计算。

拘留所不具备戒毒治疗条件的，行政拘留决定机关可以直接将被行政拘留人送公安机关管理的强制隔离戒毒所代为执行行政拘留，强制隔离戒毒期限连续计算。

第二百二十二条 被处罚人不服行政拘留处罚决定，申请行政复议或者提起行政诉讼的，可以向作出行政拘留决定的公安机关提出暂缓执行行政拘留的申请；口头提出申请的，公安机关人民警察应当予以记录，并由申请人签名或者捺指印。

被处罚人在行政拘留执行期间，提出暂缓执行行政拘留申请的，拘留所应当立即将申请转交作出行政拘留决定的公安机关。

第二百二十三条 公安机关应当在收到被处罚人提出暂缓执行行政拘留申请之时起二十四小时内作出决定。

公安机关认为暂缓执行行政拘留不致发生社会危险，且被处罚人或者其近亲属提出符合条件的担保人，或者按每日行政拘留二百元的标准交纳保证金的，应当作出暂缓执行行政拘留的决定。

对同一被处罚人，不得同时责令其提出保证人和交纳保证金。

被处罚人已送达拘留所执行的，公安机关应当立即将暂缓执行行政拘留决定送达拘留所，拘留所应当立即释放被处罚人。

第二百二十四条 被处罚人具有下列情形之一的，应当作出不暂缓执行行政拘留的决定，并告知申请人：

（一）暂缓执行行政拘留后可能逃跑的；

（二）有其他违法犯罪嫌疑，正在被调查或者侦查的；

（三）不宜暂缓执行行政拘留的其他情形。

第二百二十五条 行政拘留并处罚款的，罚款不因暂缓执行行政拘留而暂缓执行。

第二百二十六条 在暂缓执行行政拘留期间，被处罚人应当遵守下列规定：

（一）未经决定机关批准不得离开所居住的市、县；

（二）住址、工作单位和联系方式发生变动的，在二十四小时以内向决定机关报告；

（三）在行政复议和行政诉讼中不得干扰证人作证、伪造证据或者串供；

（四）不得逃避、拒绝或者阻碍处罚的执行。

在暂缓执行行政拘留期间，公安机关不得妨碍被处罚人依法行使行政复议和行政诉讼权利。

第二百二十七条 暂缓执行行政拘留的担保人应当符合下列条件：

（一）与本案无牵连；

（二）享有政治权利，人身自由未受到限制或者剥夺；

（三）在当地有常住户口和固定住所；

（四）有能力履行担保义务。

第二百二十八条 公安机关经过审查认为暂缓执行行政拘留的担保人符合条件的，由担保人出具保证书，并到公安机关将被担保人领回。

第二百二十九条 暂缓执行行政拘留的担保人应当履行下列义务：

（一）保证被担保人遵守本规定第二百二十六条的规定；

（二）发现被担保人伪造证据、串供或者逃跑的，及时向公安机关报告。

暂缓执行行政拘留的担保人不履行担保义务，致使被担保人逃避行政拘留处罚执行的，公安机关可以对担保人处以三千元以下罚款，并对被担保人恢复执行行政拘留。

暂缓执行行政拘留的担保人履行了担保义务，但被担保人仍逃避行政拘留处罚执行的，或者被处罚人逃跑后，担保人积极帮助公安机关抓获被处罚人的，可以从轻或者不予行政处罚。

第二百三十条 暂缓执行行政拘留的担保人在暂缓执行行政拘留期间，不愿继续担保或者丧失担保条件的，行政拘留的决定机关应当责令被处罚人重新提出担保人或者交纳保证金。不提出担保人又不交纳保证金的，行政拘留的决定机关应当将被处罚人送拘留所执行。

第二百三十一条 保证金应当由银行代收。在银行非营业时间，公安机关可以先行收取，并在收到保证金后的三日内存入指定的银行账户。

公安机关应当指定办案部门以外的法制、装备财务等部门负责管理保证金。严禁截留、坐支、挪用或者以其他任何形式侵吞保证金。

第二百三十二条 行政拘留处罚被撤销或者开始执行时，公安机关应当将保证金退还交纳人。

被决定行政拘留的人逃避行政拘留处罚执行的，由决定行政拘留的公安机关作出没收或者部分没收保证金的决定，行政拘留的决定机关应当将被处罚人送拘留所执行。

第二百三十三条 被处罚人对公安机关没收保证金的决定不服的，可以依法申请行政复议或者提起行政诉讼。

第四节 其他处理决定的执行

第二百三十四条 作出吊销公安机关发放的许可证或者执照处罚的，应当在被吊销的许可证或者执照上加盖吊销印章后收缴。被处罚人拒不缴销证件的，公安机关可以公告宣布作废。吊销许可证或者执照的机关不是发证机关的，作出决定的机关应当在处罚决定生效后及时通知发证机关。

第二百三十五条 作出取缔决定的，可以采取在经营场所张贴公告等方式予以公告，责令被取缔者立即停止经营活动；有违法所得的，依法予以没收或者追缴。拒不停止经营活动的，公安机关可以依法没收或者收缴其专门用于从事非法经营活动的工具、设备。已经取得营业执照的，公安机关应当通知工商行政管理部门依法撤销其营业执照。

第二百三十六条 对拒不执行公安机关依法作出的责令停产停业决定的，公安机关可以依法强制执行或者申请人民法院强制执行。

第二百三十七条 对被决定强制隔离戒毒、收容教养的人员，由作出决定的公安机关送强制隔离戒毒场所、收容教养场所执行。

对被决定社区戒毒的人员，公安机关应当责令其到户籍所在地接受社区戒毒，在户籍所在地以外的现居住地有固定住所的，可以责令其在现居住地接受社区戒毒。

第十三章 涉外行政案件的办理

第二百三十八条 办理涉外行政案件，应当维护国家主权和利益，坚持平等互利原则。

第二百三十九条 对外国人国籍的确认，以其入境时有效证件上所表明的国籍为准；国籍有疑问或者国籍不明的，由公安机关出入境管理部门协助查明。

对无法查明国籍、身份不明的外国人，按照其自报的国籍或者无国籍人对待。

第二百四十条 违法行为人为享有外交特权和豁免权的外国人的，办案公安机关应当将其身份、证件及违法行为等基本情况记录在案，保存有关证据，并尽快将有关情况层报省级公安机关，由省级公安机关商请同级人民政府外事部门通过外交途径处理。

对享有外交特权和豁免权的外国人，不得采取限制人身自由和查封、扣押的强制措施。

第二百四十一条 办理涉外行政案件，应当使用中华人民共和国通用的语言文字。对不通晓我国语言文字的，公安机关应当为其提供翻译；当事人通晓我国语言文字，不需要他人翻译的，应当出具书面声明。

经县级以上公安机关负责人批准，外国籍当事人可以自己聘请翻译，翻译费由其个人承担。

第二百四十二条 外国人具有下列情形之一，经当场盘问或者继续盘问后不能排除嫌疑，需要作进一步调查的，经县级以上公安机关或者出入境边防检查机关负责人批准，可以拘留审查：

（一）有非法出境入境嫌疑的；

（二）有协助他人非法出境入境嫌疑的；

（三）有非法居留、非法就业嫌疑的；

（四）有危害国家安全和利益，破坏社会公共秩序或者从事其他违法犯罪活动嫌疑的。

实施拘留审查，应当出示拘留审查决定书，并在二十四小时内进行询问。

拘留审查的期限不得超过三十日，案情复杂的，经上一级公安机关或者出入境边防检查机关批准可以延长至六十日。对国籍、身份不明的，拘留审查期限自查清其国籍、身份之日起计算。

第二百四十三条 具有下列情形之一的，应当解除拘留审查：

（一）被决定遣送出境、限期出境或者驱逐出境的；

（二）不应当拘留审查的；

（三）被采取限制活动范围措施的；

（四）案件移交其他部门处理的；

（五）其他应当解除拘留审查的。

第二百四十四条 外国人具有下列情形之一的，不适用拘留审查，经县级以上公安机关或者出入境边防检查机关负责人批准，可以限制其活动范围：

（一）患有严重疾病的；

（二）怀孕或者哺乳自己婴儿的；

（三）未满十六周岁或者已满七十周岁的；

（四）不宜适用拘留审查的其他情形。

被限制活动范围的外国人，应当按照要求接受审查，未经公安机关批准，不得离开限定的区域。限制活动范围的期限不得超过六十日。对国籍、身份不明的，限制活动范围期限自查清其国籍、身份之日起计算。

第二百四十五条 被限制活动范围的外国人应当遵守下列规定：

（一）未经决定机关批准，不得变更生活居所，超出指定的活动区域；

（二）在传唤的时候及时到案；

（三）不得以任何形式干扰证人作证；

（四）不得毁灭、伪造证据或者串供。

第二百四十六条 外国人具有下列情形之一的，经县级以上公安机关或者出入境边防检查机关负责人批准，可以遣送出境：

（一）被处限期出境，未在规定期限内离境的；

（二）有不准入境情形的；

（三）非法居留、非法就业的；

（四）违反法律、行政法规需要遣送出境的。

其他境外人员具有前款所列情形之一的，可以依法遣送出境。

被遣送出境的人员，自被遣送出境之日起一至五年内不准入境。

第二百四十七条 被遣送出境的外国人可以被遣送至下列国家或者地区：

（一）国籍国；

（二）入境前的居住国或者地区；

（三）出生地国或者地区；

（四）入境前的出境口岸的所属国或者地区；

（五）其他允许被遣送出境的外国人入境的国家或者地区。

第二百四十八条 具有下列情形之一的外国人，应当羁押在拘留所或者遣返场所：

（一）被拘留审查的；

（二）被决定遣送出境或者驱逐出境但因天气、交通运输工具班期、当事人健康状况等客观原因或者国籍、身份不明，不能立即执行的。

第二百四十九条 外国人对继续盘问、拘留审查、限制活动范围、遣送出境措施不服的，可以依法申请行政复议，该行政复议决定为最终决定。

其他境外人员对遣送出境措施不服，申请行政复议的，适用前款规定。

第二百五十条 外国人具有下列情形之一的，经县级以上公安机关或者出入境边防检查机关决定，可以限期出境：

（一）违反治安管理的；

（二）从事与停留居留事由不相符的活动的；

（三）违反中国法律、法规规定，不适宜在中国境内继续停留居留的。

对外国人决定限期出境的，应当规定外国人离境的期限，注销其有效签证或者停留居留证件。限期出境的期限不得超过三十日。

第二百五十一条 外国人违反治安管理或者出境入境管理，情节严重，尚不构成犯罪的，承办的公安机关可以层报公安部处以驱逐出境。公安部作出的驱逐出境决定为最终决定，由承办机关宣布并执行。

被驱逐出境的外国人，自被驱逐出境之日起十年内不准入境。

第二百五十二条 对外国人处以罚款或者行政拘留并处限期出境或者驱逐出境的，应当于罚款或者行政拘留执行完毕后执行限期出境或者驱逐出境。

第二百五十三条 办理涉外行政案件，应当按照国家有关办理涉外案件的规定，严格执行请示报告、内部通报、对外通知等各项制度。

第二百五十四条 对外国人作出行政拘留、拘留审查或者其他限制人身自由以及限制活动范围的决定后，决定机关应当在四十八小时内将外国人的姓名、性别、入境时间、护照或者其他身份证件号码，案件发生的时间、地点及有关情况，违法的主要事实，已采取的措施及其法律依据等情况报告省级公安机关；省级公安机关应当在规定期限内，将有关情况通知该外国人所属国家的驻华使馆、领馆，并通报同级人民政府外事部门。当事人要求不通知使馆、领馆，且我国与当事人国籍国未签署双边协议规定必须通知的，可以不通知，但应当由其本人提出书面请求。

第二百五十五条 外国人在被行政拘留、拘留审查或者其他限制人身自由以及限制活动范围期间死亡的，有关省级公安机关应当通知该外国人所属国家驻华使馆、领馆，同时报告公安部并通报同级人民政府外事部门。

第二百五十六条 外国人在被行政拘留、拘留审查或者其他限制人身自由以及限制活动范围期间，其所属国家驻华外交、领事官员要求探视的，决定机关应当及时安排。该外国人拒绝其所属国家驻华外交、领事官员探视的，公安机关可以不予安排，但应当由其本人出具书面声明。

第二百五十七条 办理涉外行政案件，本章未作规定的，适用其他各章的有关规定。

第十四章　案件终结

第二百五十八条　行政案件具有下列情形之一的，应当予以结案：

（一）作出不予行政处罚决定的；

（二）按照本规定第十章的规定达成调解、和解协议并已履行的；

（三）作出行政处罚等处理决定，且已执行的；

（四）违法行为涉嫌构成犯罪，转为刑事案件办理的；

（五）作出处理决定后，因执行对象灭失、死亡等客观原因导致无法执行或者无需执行的。

第二百五十九条　经过调查，发现行政案件具有下列情形之一的，经公安派出所、县级公安机关办案部门或者出入境边防检查机关以上负责人批准，终止调查：

（一）没有违法事实的；

（二）违法行为已过追究时效的；

（三）违法嫌疑人死亡的；

（四）其他需要终止调查的情形。

终止调查时，违法嫌疑人已被采取行政强制措施的，应当立即解除。

第二百六十条　对在办理行政案件过程中形成的文书材料，应当按照一案一卷原则建立案卷，并按照有关规定在结案或者终止案件调查后将案卷移交档案部门保管或者自行保管。

第二百六十一条　行政案件的案卷应当包括下列内容：

（一）受案登记表或者其他发现案件的记录；

（二）证据材料；

（三）决定文书；

（四）在办理案件中形成的其他法律文书。

第二百六十二条 行政案件的法律文书及定性依据材料应当齐全完整，不得损毁、伪造。

第十五章 附 则

第二百六十三条 省级公安机关应当建立并不断完善统一的执法办案信息系统。

办案部门应当按照有关规定将行政案件的受理、调查取证、采取强制措施、处理等情况以及相关文书材料录入执法办案信息系统，并进行网上审核审批。

公安机关可以使用电子签名、电子指纹捺印技术制作电子笔录等材料，可以使用电子印章制作法律文书。对案件当事人进行电子签名、电子指纹捺印的过程，公安机关应当同步录音录像。

第二百六十四条 执行本规定所需要的法律文书式样，由公安部制定。公安部没有制定式样，执法工作中需要的其他法律文书，省级公安机关可以制定式样。

第二百六十五条 本规定所称“以上”、“以下”、“内”皆包括本数或者本级。

第二百六十六条 本规定自2013年1月1日起施行，依照《中华人民共和国出境入境管理法》新设定的制度自2013年7月1日起施行。2006年8月24日发布的《公安机关办理行政案件程序规定》同时废止。

公安部其他规章对办理行政案件程序有特别规定的，按照特别规定办理；没有特别规定的，按照本规定办理。

中华人民共和国行政复议法

（1999年4月29日第九届全国人民代表大会常务委员会第九次会议通过　根据2009年8月27日第十一届全国人民代表大会常务委员会第十次会议《关于修改部分法律的决定》第一次修正　根据2017年9月1日第十二届全国人民代表大会常务委员会第二十九次会议《关于修改〈中华人民共和国法官法〉等八部法律的决定》第二次修正）

目　录

第一章　总　　则

第一条　为了防止和纠正违法的或者不当的具体行政行为，保护公民、法人和其他组织的合法权益，保障和监督行政机关依法行使职权，根据宪法，制定本法。

第二条　公民、法人或者其他组织认为具体行政行为侵犯其合法权益，向行政机关提出行政复议申请，行政机关受理行政复议申请、作出行政复议决定，适用本法。

第三条 依照本法履行行政复议职责的行政机关是行政复议机关。行政复议机关负责法制工作的机构具体办理行政复议事项，履行下列职责：

（一）受理行政复议申请；

（二）向有关组织和人员调查取证，查阅文件和资料；

（三）审查申请行政复议的具体行政行为是否合法与适当，拟订行政复议决定；

（四）处理或者转送对本法第七条所列有关规定的审查申请；

（五）对行政机关违反本法规定的行为依照规定的权限和程序提出处理建议；

（六）办理因不服行政复议决定提起行政诉讼的应诉事项；

（七）法律、法规规定的其他职责。

行政机关中初次从事行政复议的人员，应当通过国家统一法律职业资格考试取得法律职业资格。

第四条 行政复议机关履行行政复议职责，应当遵循合法、公正、公开、及时、便民的原则，坚持有错必纠，保障法律、法规的正确实施。

第五条 公民、法人或者其他组织对行政复议决定不服的，可以依照行政诉讼法的规定向人民法院提起行政诉讼，但是法律规定行政复议决定为最终裁决的除外。

第二章 行政复议范围

第六条 有下列情形之一的，公民、法人或者其他组织可以依照本法申请行政复议：

（一）对行政机关作出的警告、罚款、没收违法所得、没收非法财物、责令停产停业、暂扣或者吊销许可证、暂扣或者吊销执照、行政拘留等行政处罚决定不服的；

（二）对行政机关作出的限制人身自由或者查封、扣押、冻结财产等行政强制措施决定不服的；

（三）对行政机关作出的有关许可证、执照、资质证、资格证等证书变更、中止、撤销的决定不服的；

（四）对行政机关作出的关于确认土地、矿藏、水流、森林、山岭、草原、荒地、滩涂、海域等自然资源的所有权或者使用权的决定不服的；

（五）认为行政机关侵犯合法的经营自主权的；

（六）认为行政机关变更或者废止农业承包合同，侵犯其合法权益的；

（七）认为行政机关违法集资、征收财物、摊派费用或者违法要求履行其他义务的；

（八）认为符合法定条件，申请行政机关颁发许可证、执照、资质证、资格证等证书，或者申请行政机关审批、登记有关事项，行政机关没有依法办理的；

（九）申请行政机关履行保护人身权利、财产权利、受教育权利的法定职责，行政机关没有依法履行的；

（十）申请行政机关依法发放抚恤金、社会保险金或者最低生活保障费，行政机关没有依法发放的；

（十一）认为行政机关的其他具体行政行为侵犯其合法权益的。

第七条 公民、法人或者其他组织认为行政机关的具体行政行为所依据的下列规定不合法，在对具体行政行为申请行政复议时，可以一并向行政复议机关提出对该规定的审查申请：

（一）国务院部门的规定；

（二）县级以上地方各级人民政府及其工作部门的规定；

（三）乡、镇人民政府的规定。

前款所列规定不含国务院部、委员会规章和地方人民政府规章。规章的审查依照法律、行政法规办理。

第八条 不服行政机关作出的行政处分或者其他人事处理决定

的，依照有关法律、行政法规的规定提出申诉。

不服行政机关对民事纠纷作出的调解或者其他处理，依法申请仲裁或者向人民法院提起诉讼。

第三章　行政复议申请

第九条　公民、法人或者其他组织认为具体行政行为侵犯其合法权益的，可以自知道该具体行政行为之日起六十日内提出行政复议申请；但是法律规定的申请期限超过六十日的除外。

因不可抗力或者其他正当理由耽误法定申请期限的，申请期限自障碍消除之日起继续计算。

第十条　依照本法申请行政复议的公民、法人或者其他组织是申请人。

有权申请行政复议的公民死亡的，其近亲属可以申请行政复议。有权申请行政复议的公民为无民事行为能力人或者限制民事行为能力人的，其法定代理人可以代为申请行政复议。有权申请行政复议的法人或者其他组织终止的，承受其权利的法人或者其他组织可以申请行政复议。

同申请行政复议的具体行政行为有利害关系的其他公民、法人或者其他组织，可以作为第三人参加行政复议。

公民、法人或者其他组织对行政机关的具体行政行为不服申请行政复议的，作出具体行政行为的行政机关是被申请人。

申请人、第三人可以委托代理人代为参加行政复议。

第十一条　申请人申请行政复议，可以书面申请，也可以口头申请；口头申请的，行政复议机关应当当场记录申请人的基本情况、行政复议请求、申请行政复议的主要事实、理由和时间。

第十二条　对县级以上地方各级人民政府工作部门的具体行政行为不服的，由申请人选择，可以向该部门的本级人民政府申请行政复议，也可以向上一级主管部门申请行政复议。

对海关、金融、国税、外汇管理等实行垂直领导的行政机关和国家安全机关的具体行政行为不服的，向上一级主管部门申请行政复议。

第十三条 对地方各级人民政府的具体行政行为不服的，向上一级地方人民政府申请行政复议。

对省、自治区人民政府依法设立的派出机关所属的县级地方人民政府的具体行政行为不服的，向该派出机关申请行政复议。

第十四条 对国务院部门或者省、自治区、直辖市人民政府的具体行政行为不服的，向作出该具体行政行为的国务院部门或者省、自治区、直辖市人民政府申请行政复议。对行政复议决定不服的，可以向人民法院提起行政诉讼；也可以向国务院申请裁决，国务院依照本法的规定作出最终裁决。

第十五条 对本法第十二条、第十三条、第十四条规定以外的其他行政机关、组织的具体行政行为不服的，按照下列规定申请行政复议：

（一）对县级以上地方人民政府依法设立的派出机关的具体行政行为不服的，向设立该派出机关的人民政府申请行政复议；

（二）对政府工作部门依法设立的派出机构依照法律、法规或者规章规定，以自己的名义作出的具体行政行为不服的，向设立该派出机构的部门或者该部门的本级地方人民政府申请行政复议；

（三）对法律、法规授权的组织的具体行政行为不服的，分别向直接管理该组织的地方人民政府、地方人民政府工作部门或者国务院部门申请行政复议；

（四）对两个或者两个以上行政机关以共同的名义作出的具体行政行为不服的，向其共同上一级行政机关申请行政复议；

（五）对被撤销的行政机关在撤销前所作出的具体行政行为不服的，向继续行使其职权的行政机关的上一级行政机关申请行政复议。

有前款所列情形之一的，申请人也可以向具体行政行为发生地的县级地方人民政府提出行政复议申请，由接受申请的县级地方人民政府依照本法第十八条的规定办理。

第十六条 公民、法人或者其他组织申请行政复议，行政复议机关已经依法受理的，或者法律、法规规定应当先向行政复议机关申请行政复议、对行政复议决定不服再向人民法院提起行政诉讼的，在法定行政复议期限内不得向人民法院提起行政诉讼。

公民、法人或者其他组织向人民法院提起行政诉讼，人民法院已经依法受理的，不得申请行政复议。

第四章 行政复议受理

第十七条 行政复议机关收到行政复议申请后，应当在五日内进行审查，对不符合本法规定的行政复议申请，决定不予受理，并书面告知申请人；对符合本法规定，但是不属于本机关受理的行政复议申请，应当告知申请人向有关行政复议机关提出。

除前款规定外，行政复议申请自行政复议机关负责法制工作的机构收到之日起即为受理。

第十八条 依照本法第十五条第二款的规定接受行政复议申请的县级地方人民政府，对依照本法第十五条第一款的规定属于其他行政复议机关受理的行政复议申请，应当自接到该行政复议申请之日起七日内，转送有关行政复议机关，并告知申请人。接受转送的行政复议机关应当依照本法第十七条的规定办理。

第十九条 法律、法规规定应当先向行政复议机关申请行政复议、对行政复议决定不服再向人民法院提起行政诉讼的，行政复议机关决定不予受理或者受理后超过行政复议期限不作答复的，公民、法人或者其他组织可以自收到不予受理决定书之日起或者行政复议期满之日起十五日内，依法向人民法院提起行政诉讼。

第二十条 公民、法人或者其他组织依法提出行政复议申请，行政复议机关无正当理由不予受理的，上级行政机关应当责令其受理；必要时，上级行政机关也可以直接受理。

第二十一条 行政复议期间具体行政行为不停止执行；但是，有下列情形之一的，可以停止执行：

（一）被申请人认为需要停止执行的；

（二）行政复议机关认为需要停止执行的；

（三）申请人申请停止执行，行政复议机关认为其要求合理，决定停止执行的；

（四）法律规定停止执行的。

第五章 行政复议决定

第二十二条 行政复议原则上采取书面审查的办法，但是申请人提出要求或者行政复议机关负责法制工作的机构认为有必要时，可以向有关组织和人员调查情况，听取申请人、被申请人和第三人的意见。

第二十三条 行政复议机关负责法制工作的机构应当自行政复议申请受理之日起七日内，将行政复议申请书副本或者行政复议申请笔录复印件发送被申请人。被申请人应当自收到申请书副本或者申请笔录复印件之日起十日内，提出书面答复，并提交当初作出具体行政行为的证据、依据和其他有关材料。

申请人、第三人可以查阅被申请人提出的书面答复、作出具体行政行为的证据、依据和其他有关材料，除涉及国家秘密、商业秘密或者个人隐私外，行政复议机关不得拒绝。

第二十四条 在行政复议过程中，被申请人不得自行向申请人和其他有关组织或者个人收集证据。

第二十五条 行政复议决定作出前，申请人要求撤回行政复议申请的，经说明理由，可以撤回；撤回行政复议申请的，行政复议终止。

第二十六条 申请人在申请行政复议时，一并提出对本法第七条所列有关规定的审查申请的，行政复议机关对该规定有权处理的，应当在三十日内依法处理；无权处理的，应当在七日内按照法定程序转送有权处理的行政机关依法处理，有权处理的行政机关应当在六十日内依法处理。处理期间，中止对具体行政行为的审查。

第二十七条 行政复议机关在对被申请人作出的具体行政行为进行审查时，认为其依据不合法，本机关有权处理的，应当在三十日内依法处理；无权处理的，应当在七日内按照法定程序转送有权处理的国家机关依法处理。处理期间，中止对具体行政行为的审查。

第二十八条 行政复议机关负责法制工作的机构应当对被申请人作出的具体行政行为进行审查，提出意见，经行政复议机关的负责人同意或者集体讨论通过后，按照下列规定作出行政复议决定：

（一）具体行政行为认定事实清楚，证据确凿，适用依据正确，程序合法，内容适当的，决定维持；

（二）被申请人不履行法定职责的，决定其在一定期限内履行；

（三）具体行政行为有下列情形之一的，决定撤销、变更或者确认该具体行政行为违法；决定撤销或者确认该具体行政行为违法的，可以责令被申请人在一定期限内重新作出具体行政行为：

1. 主要事实不清、证据不足的；
2. 适用依据错误的；
3. 违反法定程序的；
4. 超越或者滥用职权的；
5. 具体行政行为明显不当的。

（四）被申请人不按照本法第二十三条的规定提出书面答复、提交当初作出具体行政行为的证据、依据和其他有关材料的，视为该具体行政行为没有证据、依据，决定撤销该具体行政行为。

行政复议机关责令被申请人重新作出具体行政行为的，被申请人不得以同一的事实和理由作出与原具体行政行为相同或者基本相同的具体行政行为。

第二十九条 申请人在申请行政复议时可以一并提出行政赔偿请求，行政复议机关对符合国家赔偿法的有关规定应当给予赔偿的，在决定撤销、变更具体行政行为或者确认具体行政行为违法时，应当同时决定被申请人依法给予赔偿。

申请人在申请行政复议时没有提出行政赔偿请求的，行政复议机关在依法决定撤销或者变更罚款，撤销违法集资、没收财物、征收财物、摊派费用以及对财产的查封、扣押、冻结等具体行政行为时，应当同时责令被申请人返还财产，解除对财产的查封、扣押、冻结措施，或者赔偿相应的价款。

第三十条 公民、法人或者其他组织认为行政机关的具体行政行为侵犯其已经依法取得的土地、矿藏、水流、森林、山岭、草原、荒地、滩涂、海域等自然资源的所有权或者使用权的，应当先申请行政复议；对行政复议决定不服的，可以依法向人民法院提起行政诉讼。

根据国务院或者省、自治区、直辖市人民政府对行政区划的勘定、调整或者征收土地的决定，省、自治区、直辖市人民政府确认土地、矿藏、水流、森林、山岭、草原、荒地、滩涂、海域等自然资源的所有权或者使用权的行政复议决定为最终裁决。

第三十一条 行政复议机关应当自受理申请之日起六十日内作出行政复议决定；但是法律规定的行政复议期限少于六十日的除外。情况复杂，不能在规定期限内作出行政复议决定的，经行政复议机关的负责人批准，可以适当延长，并告知申请人和被申请人；但是延长期限最多不超过三十日。

行政复议机关作出行政复议决定，应当制作行政复议决定书，并加盖印章。

行政复议决定书一经送达，即发生法律效力。

第三十二条 被申请人应当履行行政复议决定。

被申请人不履行或者无正当理由拖延履行行政复议决定的，行政复议机关或者有关上级行政机关应当责令其限期履行。

第三十三条 申请人逾期不起诉又不履行行政复议决定的，或者不履行最终裁决的行政复议决定的，按照下列规定分别处理：

（一）维持具体行政行为的行政复议决定，由作出具体行政行为的行政机关依法强制执行，或者申请人民法院强制执行；

（二）变更具体行政行为的行政复议决定，由行政复议机关依法强制执行，或者申请人民法院强制执行。

第六章 法律责任

第三十四条 行政复议机关违反本法规定，无正当理由不予受理依法提出的行政复议申请或者不按照规定转送行政复议申请的，或者在法定期限内不作出行政复议决定的，对直接负责的主管人员和其他直接责任人员依法给予警告、记过、记大过的行政处分；经责令受理仍不受理或者不按照规定转送行政复议申请，造成严重后果的，依法给予降级、撤职、开除的行政处分。

第三十五条 行政复议机关工作人员在行政复议活动中，徇私舞弊或者有其他渎职、失职行为的，依法给予警告、记过、记大过的行政处分；情节严重的，依法给予降级、撤职、开除的行政处分；构成犯罪的，依法追究刑事责任。

第三十六条 被申请人违反本法规定，不提出书面答复或者不提交作出具体行政行为的证据、依据和其他有关材料，或者阻挠、变相阻挠公民、法人或者其他组织依法申请行政复议的，对直接负责的主管人员和其他直接责任人员依法给予警告、记过、记大过的行政处分；进行报复陷害的，依法给予降级、撤职、开除的行政处分；构成犯罪的，依法追究刑事责任。

第三十七条 被申请人不履行或者无正当理由拖延履行行政复

议决定的，对直接负责的主管人员和其他直接责任人员依法给予警告、记过、记大过的行政处分；经责令履行仍拒不履行的，依法给予降级、撤职、开除的行政处分。

第三十八条 行政复议机关负责法制工作的机构发现有无正当理由不予受理行政复议申请、不按照规定期限作出行政复议决定、徇私舞弊、对申请人打击报复或者不履行行政复议决定等情形的，应当向有关行政机关提出建议，有关行政机关应当依照本法和有关法律、行政法规的规定作出处理。

第七章 附 则

第三十九条 行政复议机关受理行政复议申请，不得向申请人收取任何费用。行政复议活动所需经费，应当列入本机关的行政经费，由本级财政予以保障。

第四十条 行政复议期间的计算和行政复议文书的送达，依照民事诉讼法关于期间、送达的规定执行。

本法关于行政复议期间有关“五日”、“七日”的规定是指工作日，不含节假日。

第四十一条 外国人、无国籍人、外国组织在中华人民共和国境内申请行政复议，适用本法。

第四十二条 本法施行前公布的法律有关行政复议的规定与本法的规定不一致的，以本法的规定为准。

第四十三条 本法自1999年10月1日起施行。1990年12月24日国务院发布、1994年10月9日国务院修订发布的《行政复议条例》同时废止。

中华人民共和国行政复议法实施条例

（2007 年 5 月 23 日国务院第 177 次常务会议通过 2007 年 5 月 29 日中华人民共和国国务院令第 499 号公布 自 2007 年 8 月 1 日起施行）

第一章 总　　则

第一条 为了进一步发挥行政复议制度在解决行政争议、建设法治政府、构建社会主义和谐社会中的作用，根据《中华人民共和国行政复议法》（以下简称行政复议法），制定本条例。

第二条 各级行政复议机关应当认真履行行政复议职责，领导并支持本机关负责法制工作的机构（以下简称行政复议机构）依法办理行政复议事项，并依照有关规定配备、充实、调剂专职行政复议人员，保证行政复议机构的办案能力与工作任务相适应。

第三条 行政复议机构除应当依照行政复议法第三条的规定履行职责外，还应当履行下列职责：

（一）依照行政复议法第十八条的规定转送有关行政复议申请；

（二）办理行政复议法第二十九条规定的行政赔偿等事项；

（三）按照职责权限，督促行政复议申请的受理和行政复议决定的履行；

（四）办理行政复议、行政应诉案件统计和重大行政复议决定备案事项；

（五）办理或者组织办理未经行政复议直接提起行政诉讼的行政应诉事项；

（六）研究行政复议工作中发现的问题，及时向有关机关提出改进建议，重大问题及时向行政复议机关报告。

第四条 专职行政复议人员应当具备与履行行政复议职责相适应的品行、专业知识和业务能力，并取得相应资格。具体办法由国务院法制机构会同国务院有关部门规定。

第二章 行政复议申请

第一节 申 请 人

第五条 依照行政复议法和本条例的规定申请行政复议的公民、法人或者其他组织为申请人。

第六条 合伙企业申请行政复议的，应当以核准登记的企业为申请人，由执行合伙事务的合伙人代表该企业参加行政复议；其他合伙组织申请行政复议的，由合伙人共同申请行政复议。

前款规定以外的不具备法人资格的其他组织申请行政复议的，由该组织的主要负责人代表该组织参加行政复议；没有主要负责人的，由共同推选的其他成员代表该组织参加行政复议。

第七条 股份制企业的股东大会、股东代表大会、董事会认为行政机关作出的具体行政行为侵犯企业合法权益的，可以以企业的名义申请行政复议。

第八条 同一行政复议案件申请人超过5人的，推选1至5名代表参加行政复议。

第九条 行政复议期间，行政复议机构认为申请人以外的公民、法人或者其他组织与被审查的具体行政行为有利害关系的，可以通知其作为第三人参加行政复议。

行政复议期间，申请人以外的公民、法人或者其他组织与被审查的具体行政行为有利害关系的，可以向行政复议机构申请作为第三人参加行政复议。

第三人不参加行政复议，不影响行政复议案件的审理。

第十条 申请人、第三人可以委托1至2名代理人参加行政复议。申请人、第三人委托代理人的，应当向行政复议机构提交授权委托书。授权委托书应当载明委托事项、权限和期限。公民在特殊情况下无法书面委托的，可以口头委托。口头委托的，行政复议机构应当核实并记录在卷。申请人、第三人解除或者变更委托的，应当书面报告行政复议机构。

第二节　被 申 请 人

第十一条　公民、法人或者其他组织对行政机关的具体行政行为不服，依照行政复议法和本条例的规定申请行政复议的，作出该具体行政行为的行政机关为被申请人。

第十二条　行政机关与法律、法规授权的组织以共同的名义作出具体行政行为的，行政机关和法律、法规授权的组织为共同被申请人。

行政机关与其他组织以共同名义作出具体行政行为的，行政机关为被申请人。

第十三条　下级行政机关依照法律、法规、规章规定，经上级行政机关批准作出具体行政行为的，批准机关为被申请人。

第十四条　行政机关设立的派出机构、内设机构或者其他组织，未经法律、法规授权，对外以自己名义作出具体行政行为的，该行政机关为被申请人。

第三节　行政复议申请期限

第十五条　行政复议法第九条第一款规定的行政复议申请期限的计算，依照下列规定办理：

（一）当场作出具体行政行为的，自具体行政行为作出之日起计算；

（二）载明具体行政行为的法律文书直接送达的，自受送达人签收之日起计算；

（三）载明具体行政行为的法律文书邮寄送达的，自受送达人在邮件签收单上签收之日起计算；没有邮件签收单的，自受送达人在送达回执上签名之日起计算；

（四）具体行政行为依法通过公告形式告知受送达人的，自公告规定的期限届满之日起计算；

（五）行政机关作出具体行政行为时未告知公民、法人或者其他组织，事后补充告知的，自该公民、法人或者其他组织收到行政机关补充告知的通知之日起计算；

（六）被申请人能够证明公民、法人或者其他组织知道具体行政行为的，自证据材料证明其知道具体行政行为之日起计算。

行政机关作出具体行政行为，依法应当向有关公民、法人或者其他组织送达法律文书而未送达的，视为该公民、法人或者其他组织不知道该具体行政行为。

第十六条 公民、法人或者其他组织依照行政复议法第六条第（八）项、第（九）项、第（十）项的规定申请行政机关履行法定职责，行政机关未履行的，行政复议申请期限依照下列规定计算：

（一）有履行期限规定的，自履行期限届满之日起计算；

（二）没有履行期限规定的，自行政机关收到申请满60日起计算。

公民、法人或者其他组织在紧急情况下请求行政机关履行保护人身权、财产权的法定职责，行政机关不履行的，行政复议申请期限不受前款规定的限制。

第十七条 行政机关作出的具体行政行为对公民、法人或者其他组织的权利、义务可能产生不利影响的，应当告知其申请行政复议的权利、行政复议机关和行政复议申请期限。

第四节 行政复议申请的提出

第十八条 申请人书面申请行政复议的，可以采取当面递交、邮寄或者传真等方式提出行政复议申请。

有条件的行政复议机构可以接受以电子邮件形式提出的行政复

议申请。

第十九条 申请人书面申请行政复议的，应当在行政复议申请书中载明下列事项：

（一）申请人的基本情况，包括：公民的姓名、性别、年龄、身份证号码、工作单位、住所、邮政编码；法人或者其他组织的名称、住所、邮政编码和法定代表人或者主要负责人的姓名、职务；

（二）被申请人的名称；

（三）行政复议请求、申请行政复议的主要事实和理由；

（四）申请人的签名或者盖章；

（五）申请行政复议的日期。

第二十条 申请人口头申请行政复议的，行政复议机构应当依照本条例第十九条规定的事项，当场制作行政复议申请笔录交申请人核对或者向申请人宣读，并由申请人签字确认。

第二十一条 有下列情形之一的，申请人应当提供证明材料：

（一）认为被申请人不履行法定职责的，提供曾经要求被申请人履行法定职责而被申请人未履行的证明材料；

（二）申请行政复议时一并提出行政赔偿请求的，提供受具体行政行为侵害而造成损害的证明材料；

（三）法律、法规规定需要申请人提供证据材料的其他情形。

第二十二条 申请人提出行政复议申请时错列被申请人的，行政复议机构应当告知申请人变更被申请人。

第二十三条 申请人对两个以上国务院部门共同作出的具体行政行为不服的，依照行政复议法第十四条的规定，可以向其中任何一个国务院部门提出行政复议申请，由作出具体行政行为的国务院部门共同作出行政复议决定。

第二十四条 申请人对经国务院批准实行省以下垂直领导的部门作出的具体行政行为不服的，可以选择向该部门的本级人民政府或者上一级主管部门申请行政复议；省、自治区、直辖市另有规定的，依照省、自治区、直辖市的规定办理。

第二十五条 申请人依照行政复议法第三十条第二款的规定申请行政复议的，应当向省、自治区、直辖市人民政府提出行政复议申请。

第二十六条 依照行政复议法第七条的规定，申请人认为具体行政行为所依据的规定不合法的，可以在对具体行政行为申请行政复议的同时一并提出对该规定的审查申请；申请人在对具体行政行为提出行政复议申请时尚不知道该具体行政行为所依据的规定的，可以在行政复议机关作出行政复议决定前向行政复议机关提出对该规定的审查申请。

第三章 行政复议受理

第二十七条 公民、法人或者其他组织认为行政机关的具体行政行为侵犯其合法权益提出行政复议申请，除不符合行政复议法和本条例规定的申请条件的，行政复议机关必须受理。

第二十八条 行政复议申请符合下列规定的，应当予以受理：

（一）有明确的申请人和符合规定的被申请人；

（二）申请人与具体行政行为有利害关系；

（三）有具体的行政复议请求和理由；

（四）在法定申请期限内提出；

（五）属于行政复议法规定的行政复议范围；

（六）属于收到行政复议申请的行政复议机构的职责范围；

（七）其他行政复议机关尚未受理同一行政复议申请，人民法院尚未受理同一主体就同一事实提起的行政诉讼。

第二十九条 行政复议申请材料不齐全或者表述不清楚的，行政复议机构可以自收到该行政复议申请之日起 5 日内书面通知申请人补正。补正通知应当载明需要补正的事项和合理的补正期限。无正当理由逾期不补正的，视为申请人放弃行政复议申请。补正申请材料所用时间不计入行政复议审理期限。

第三十条 申请人就同一事项向两个或者两个以上有权受理的行政机关申请行政复议的，由最先收到行政复议申请的行政机关受理；同时收到行政复议申请的，由收到行政复议申请的行政机关在10日内协商确定；协商不成的，由其共同上一级行政机关在10日内指定受理机关。协商确定或者指定受理机关所用时间不计入行政复议审理期限。

第三十一条 依照行政复议法第二十条的规定，上级行政机关认为行政复议机关不予受理行政复议申请的理由不成立的，可以先行督促其受理；经督促仍不受理的，应当责令其限期受理，必要时也可以直接受理；认为行政复议申请不符合法定受理条件的，应当告知申请人。

第四章 行政复议决定

第三十二条 行政复议机构审理行政复议案件，应当由2名以上行政复议人员参加。

第三十三条 行政复议机构认为必要时，可以实地调查核实证据；对重大、复杂的案件，申请人提出要求或者行政复议机构认为必要时，可以采取听证的方式审理。

第三十四条 行政复议人员向有关组织和人员调查取证时，可以查阅、复制、调取有关文件和资料，向有关人员进行询问。

调查取证时，行政复议人员不得少于2人，并应当向当事人或者有关人员出示证件。被调查单位和人员应当配合行政复议人员的工作，不得拒绝或者阻挠。

需要现场勘验的，现场勘验所用时间不计入行政复议审理期限。

第三十五条 行政复议机关应当为申请人、第三人查阅有关材料提供必要条件。

第三十六条 依照行政复议法第十四条的规定申请原级行政复

议的案件，由原承办具体行政行为有关事项的部门或者机构提出书面答复，并提交作出具体行政行为的证据、依据和其他有关材料。

第三十七条 行政复议期间涉及专门事项需要鉴定的，当事人可以自行委托鉴定机构进行鉴定，也可以申请行政复议机构委托鉴定机构进行鉴定。鉴定费用由当事人承担。鉴定所用时间不计入行政复议审理期限。

第三十八条 申请人在行政复议决定作出前自愿撤回行政复议申请的，经行政复议机构同意，可以撤回。

申请人撤回行政复议申请的，不得再以同一事实和理由提出行政复议申请。但是，申请人能够证明撤回行政复议申请违背其真实意思表示的除外。

第三十九条 行政复议期间被申请人改变原具体行政行为的，不影响行政复议案件的审理。但是，申请人依法撤回行政复议申请的除外。

第四十条 公民、法人或者其他组织对行政机关行使法律、法规规定的自由裁量权作出的具体行政行为不服申请行政复议，申请人与被申请人在行政复议决定作出前自愿达成和解的，应当向行政复议机构提交书面和解协议；和解内容不损害社会公共利益和他人合法权益的，行政复议机构应当准许。

第四十一条 行政复议期间有下列情形之一，影响行政复议案件审理的，行政复议中止：

（一）作为申请人的自然人死亡，其近亲属尚未确定是否参加行政复议的；

（二）作为申请人的自然人丧失参加行政复议的能力，尚未确定法定代理人参加行政复议的；

（三）作为申请人的法人或者其他组织终止，尚未确定权利义务承受人的；

（四）作为申请人的自然人下落不明或者被宣告失踪的；

（五）申请人、被申请人因不可抗力，不能参加行政复议的；

（六）案件涉及法律适用问题，需要有权机关作出解释或者确认的；

（七）案件审理需要以其他案件的审理结果为依据，而其他案件尚未审结的；

（八）其他需要中止行政复议的情形。

行政复议中止的原因消除后，应当及时恢复行政复议案件的审理。

行政复议机构中止、恢复行政复议案件的审理，应当告知有关当事人。

第四十二条 行政复议期间有下列情形之一的，行政复议终止：

（一）申请人要求撤回行政复议申请，行政复议机构准予撤回的；

（二）作为申请人的自然人死亡，没有近亲属或者其近亲属放弃行政复议权利的；

（三）作为申请人的法人或者其他组织终止，其权利义务的承受人放弃行政复议权利的；

（四）申请人与被申请人依照本条例第四十条的规定，经行政复议机构准许达成和解的；

（五）申请人对行政拘留或者限制人身自由的行政强制措施不服申请行政复议后，因申请人同一违法行为涉嫌犯罪，该行政拘留或者限制人身自由的行政强制措施变更为刑事拘留的。

依照本条例第四十一条第一款第（一）项、第（二）项、第（三）项规定中止行政复议，满60日行政复议中止的原因仍未消除的，行政复议终止。

第四十三条 依照行政复议法第二十八条第一款第（一）项规定，具体行政行为认定事实清楚，证据确凿，适用依据正确，程序合法，内容适当的，行政复议机关应当决定维持。

第四十四条 依照行政复议法第二十八条第一款第（二）项规

定，被申请人不履行法定职责的，行政复议机关应当决定其在一定期限内履行法定职责。

第四十五条 具体行政行为有行政复议法第二十八条第一款第（三）项规定情形之一的，行政复议机关应当决定撤销、变更该具体行政行为或者确认该具体行政行为违法；决定撤销该具体行政行为或者确认该具体行政行为违法的，可以责令被申请人在一定期限内重新作出具体行政行为。

第四十六条 被申请人未依照行政复议法第二十三条的规定提出书面答复、提交当初作出具体行政行为的证据、依据和其他有关材料的，视为该具体行政行为没有证据、依据，行政复议机关应当决定撤销该具体行政行为。

第四十七条 具体行政行为有下列情形之一，行政复议机关可以决定变更：

（一）认定事实清楚，证据确凿，程序合法，但是明显不当或者适用依据错误的；

（二）认定事实不清，证据不足，但是经行政复议机关审理查明事实清楚，证据确凿的。

第四十八条 有下列情形之一的，行政复议机关应当决定驳回行政复议申请：

（一）申请人认为行政机关不履行法定职责申请行政复议，行政复议机关受理后发现该行政机关没有相应法定职责或者在受理前已经履行法定职责的；

（二）受理行政复议申请后，发现该行政复议申请不符合行政复议法和本条例规定的受理条件的。

上级行政机关认为行政复议机关驳回行政复议申请的理由不成立的，应当责令其恢复审理。

第四十九条 行政复议机关依照行政复议法第二十八条的规定责令被申请人重新作出具体行政行为的，被申请人应当在法律、法规、规章规定的期限内重新作出具体行政行为；法律、法规、规章未规定期限的，重新作出具体行政行为的期限为60日。

公民、法人或者其他组织对被申请人重新作出的具体行政行为不服，可以依法申请行政复议或者提起行政诉讼。

第五十条 有下列情形之一的，行政复议机关可以按照自愿、合法的原则进行调解：

（一）公民、法人或者其他组织对行政机关行使法律、法规规定的自由裁量权作出的具体行政行为不服申请行政复议的；

（二）当事人之间的行政赔偿或者行政补偿纠纷。

当事人经调解达成协议的，行政复议机关应当制作行政复议调解书。调解书应当载明行政复议请求、事实、理由和调解结果，并加盖行政复议机关印章。行政复议调解书经双方当事人签字，即具有法律效力。

调解未达成协议或者调解书生效前一方反悔的，行政复议机关应当及时作出行政复议决定。

第五十一条 行政复议机关在申请人的行政复议请求范围内，不得作出对申请人更为不利的行政复议决定。

第五十二条 第三人逾期不起诉又不履行行政复议决定的，依照行政复议法第三十三条的规定处理。

第五章 行政复议指导和监督

第五十三条 行政复议机关应当加强对行政复议工作的领导。

行政复议机构在本级行政复议机关的领导下，按照职责权限对行政复议工作进行督促、指导。

第五十四条 县级以上各级人民政府应当加强对所属工作部门和下级人民政府履行行政复议职责的监督。

行政复议机关应当加强对其行政复议机构履行行政复议职责的监督。

第五十五条 县级以上地方各级人民政府应当建立健全行政复议工作责任制，将行政复议工作纳入本级政府目标责任制。

第五十六条 县级以上地方各级人民政府应当按照职责权限，通过定期组织检查、抽查等方式，对所属工作部门和下级人民政府行政复议工作进行检查，并及时向有关方面反馈检查结果。

第五十七条 行政复议期间行政复议机关发现被申请人或者其他下级行政机关的相关行政行为违法或者需要做好善后工作的，可以制作行政复议意见书。有关机关应当自收到行政复议意见书之日起 60 日内将纠正相关行政违法行为或者做好善后工作的情况通报行政复议机构。

行政复议期间行政复议机构发现法律、法规、规章实施中带有普遍性的问题，可以制作行政复议建议书，向有关机关提出完善制度和改进行政执法的建议。

第五十八条 县级以上各级人民政府行政复议机构应当定期向本级人民政府提交行政复议工作状况分析报告。

第五十九条 下级行政复议机关应当及时将重大行政复议决定报上级行政复议机关备案。

第六十条 各级行政复议机构应当定期组织对行政复议人员进行业务培训，提高行政复议人员的专业素质。

第六十一条 各级行政复议机关应当定期总结行政复议工作，对在行政复议工作中做出显著成绩的单位和个人，依照有关规定给予表彰和奖励。

第六章 法律责任

第六十二条 被申请人在规定期限内未按照行政复议决定的要求重新作出具体行政行为，或者违反规定重新作出具体行政行为的，依照行政复议法第三十七条的规定追究法律责任。

第六十三条 拒绝或者阻挠行政复议人员调查取证、查阅、复制、调取有关文件和资料的，对有关责任人员依法给予处分或者治安处罚；构成犯罪的，依法追究刑事责任。

第六十四条 行政复议机关或者行政复议机构不履行行政复议法和本条例规定的行政复议职责，经有权监督的行政机关督促仍不改正的，对直接负责的主管人员和其他直接责任人员依法给予警告、记过、记大过的处分；造成严重后果的，依法给予降级、撤职、开除的处分。

第六十五条 行政机关及其工作人员违反行政复议法和本条例规定的，行政复议机构可以向人事、监察部门提出对有关责任人员的处分建议，也可以将有关人员违法的事实材料直接转送人事、监察部门处理；接受转送的人事、监察部门应当依法处理，并将处理结果通报转送的行政复议机构。

第七章 附 则

第六十六条 本条例自2007年8月1日起施行。

公安机关办理行政复议案件程序规定

（2002年11月2日公安部令第65号公布 自2003年1月1日起施行）

目 录

第一章　总　　则

第一条　为了规范公安机关行政复议案件的办理程序，防止和纠正违法的或者不当的具体行政行为，保护公民、法人和其他组织的合法权益，保障和监督公安机关依法行使职权，根据《中华人民共和国行政复议法》（以下简称行政复议法）以及其他有关法律、法规，结合公安工作实际，制定本规定。

第二条　本规定所称公安行政复议机关，是指县级以上地方各级人民政府公安机关，新疆生产建设兵团公安机关，公安交通管理机构、公安边防部门、出入境边防检查总站。

铁路、交通、民航、森林公安机关办理行政复议案件，适用本规定。

第三条　本规定所称公安行政复议机构，是指公安行政复议机关负责法制工作的机构。

公安行政复议机构具体办理行政复议案件，公安机关业务部门内设的法制机构不办理行政复议案件。

第四条　公安行政复议机构接受口头行政复议申请，向有关组织和人员调查情况，听取申请人、被申请人和第三人的意见时，办案人员不得少于二人。

第五条　公安行政复议机构办理行政复议案件所需经费应当在本级公安业务费中列支；办理公安行政复议事项必需的设备、工作条件，公安行政复议机关应当予以保障。

第六条　公安行政复议机关办理行政复议案件，应当遵循合法、公正、公开、及时、便民的原则，坚持有错必纠，确保国家法律、法规的正确实施。

第七条　公民、法人或者其他组织对公安机关的具体行政行为不服的，依法可以向该公安机关的本级人民政府申请行政复议，也可以向上一级主管公安机关申请行政复议。法律、法规另有规定的除外。

第二章　复议机关

第八条　对县级以上各级人民政府公安机关作出的具体行政行为不服的，按照下列规定提出行政复议申请：

（一）对公安部、省（自治区、直辖市）公安厅（局）、新疆生产建设兵团公安局作出的具体行政行为不服的，向公安部申请行政复议；

（二）对市（地、州、盟）公安局（处）作出的具体行政行为不服的，向省（自治区、直辖市）公安厅（局）申请行政复议；

（三）对县（市、旗）公安局作出的具体行政行为不服的，向市（地、州、盟）公安局（处）申请行政复议；

（四）对城市公安分局作出的具体行政行为不服的，向市公安局申请行政复议。

第九条　对省（自治区、直辖市）公安厅（局）直属的公安局、市（地、州、盟）公安局（处）直属的公安分局作出的具体行政行为不服的，向设立该直属公安局、公安分局的省（自治区、直辖市）公安厅（局）、市（地、州、盟）局（处）申请行政复议。

第十条　对县级以上地方各级人民政府公安机关内设的公安消防机构作出的具体行政行为不服的，向该公安机关申请行政复议。

第十一条　对县级以上地方各级人民政府公安机关内设的公安交通管理机构作出的具体行政行为不服的，向该公安机关申请行政复议。

对公安交通管理机构下设的公安交通警察支队、大队（队）作出的具体行政行为不服的，可以向其上一级公安交通管理机构申请行政复议。

第十二条 对出入境边防检查站作出的具体行政行为不服的，向出入境边防检查总站申请行政复议。

第十三条 对公安边防部门以自己名义作出的具体行政行为不服的，向其上一级公安边防部门申请行政复议；对公安边防部门以地方公安机关名义作出的具体行政行为不服的，向其所在地的县级以上地方人民政府公安机关申请行政复议。

第十四条 对公安派出所依法作出的具体行政行为不服的，向设立该公安派出所的公安机关申请行政复议。

第十五条 对法律、法规授权的公安机关内设机构或者派出机构超出法定授权范围作出的具体行政行为不服的，向该内设机构所属的公安机关或者设立该派出机构的公安机关申请行政复议。

对没有法律、法规授权的公安机关的内设机构或者派出机构以自己的名义作出的具体行政行为不服的，向该内设机构所属的公安机关或者设立该派出机构的公安机关的上一级公安机关申请行政复议。

第十六条 对经上级公安机关批准的具体行政行为不服的，向在对外发生法律效力的文书上加盖印章的公安机关的上一级公安机关申请行政复议。

第三章 申 请

第十七条 申请行政复议，可以书面申请，也可以口头申请。

第十八条 书面申请的，应当提交《行政复议申请书》，载明以下内容：

（一）申请人及其代理人的姓名、性别、出生年月日、工作单位、住所、联系方式，法人或者其他组织的名称、地址、法定代表人或者主要负责人的姓名、职务、住所、联系方式；

（二）被申请人的名称、地址、法定代表人的姓名；

（三）行政复议请求；

（四）申请行政复议的事实和理由；

（五）申请行政复议的日期。

《行政复议申请书》应当由申请人签名或者捺手印。

第十九条 口头申请的，公安行政复议机构应当当场记录申请人的基本情况、行政复议请求、申请行政复议的主要事实、理由和时间，经申请人核对或者向申请人宣读并确认无误后，由申请人签名或者捺指印。

第二十条 申请人因不可抗力以外的其他正当理由耽误法定申请期限的，应当提交相应的证明材料，由公安行政复议机构认定。

前款规定中的其他正当理由包括：

（一）申请人因严重疾病不能在法定申请期限内申请行政复议的；

（二）申请人为无行为能力人或者限制行为能力人，其法定代理人在法定申请期限内不能确定的；

（三）法人或者其他组织合并、分立或者终止，承受其权利的法人或者其他组织在法定申请期限内不能确定的；

（四）公安行政复议机构认定的其他耽误法定申请期限的正当理由。

第二十一条 公安机关作出具体行政行为时，未告知公民、法人或者其他组织行政复议权或者申请行政复议期限的，申请行政复议期限从公民、法人或者其他组织知道或者应当知道行政复议权或者申请行政复议期限之日起计算。

公安机关作出具体行政行为时，未制作或者未送达法律文书，公民、法人或者其他组织不服申请行政复议的，只要能够证明具体行政行为存在，公安行政复议机关应当受理。申请行政复议期限从证明具体行政行为存在之日起计算。

第二十二条 下列时间可以认定为申请人知道具体行政行为的时间：

（一）当场作出具体行政行为的，具体行政行为作出时间为知道的时间；

（二）作出具体行政行为的法律文书直接送交受送达人的，受送达人签收的时间为知道的时间；送达时本人不在的，与其共同居住的有民事行为能力的亲属签收的时间为知道的时间；本人指定代收人的，代收人签收的时间为知道的时间；受送达人为法人或者其他组织的，其收发部门签收的时间为知道的时间；

（三）受送达人拒绝接收作出具体行政行为的法律文书，有送达人、见证人在送达回证上签名或者盖章的，送达回证上签署的时间为知道的时间；

（四）通过邮寄方式送达当事人的，当事人签收邮件的时间为知道的时间；

（五）通过公告形式告知当事人的，公告规定的时间届满之日的次日为知道的时间；

（六）法律、法规、规章和其他规范性文件未规定履行期限的，公安机关收到履行法定职责申请之日起 60 日的次日为申请人知道的时间；法律、法规、规章和其他规范性文件规定了履行期限的，期限届满之日的次日为知道的时间。

第二十三条 公民、法人或者其他组织申请公安机关履行法定职责，法律、法规、规章和其他规范性文件未规定履行期限的，公安机关在接到申请之日起 60 日内不履行，公民、法人或者其他组织可以依法申请行政复议。法律、法规、规章和其他规范性文件规定了履行期限的，从其规定。

申请人的合法权益正在受到侵犯或者处于其他紧急情况下请求公安机关履行法定职责，公安机关不履行的，申请人从即日起可以申请行政复议。

第二十四条 申请人在被限制人身自由期间申请行政复议的，执行场所应当登记并在 3 日内将其行政复议申请书转交公安行政复议机关。

转交行政复议申请的时间，不计入行政复议申请审查期限。

第四章　受　　理

第二十五条　公安行政复议机构负责接受公民、法人和其他组织提出的行政复议申请。

公安行政复议机关的其他内设机构收到《行政复议申请书》的，应当登记并于当日转送公安行政复议机构；口头申请行政复议的，其他内设机构应当告知其依法向公安行政复议机构提出申请。

第二十六条　公安行政复议机构收到行政复议申请后，应当对该申请是否符合下列条件进行初步审查：

（一）提出申请的公民、法人和其他组织是否具备申请人资格；

（二）是否有明确的被申请人和行政复议请求；

（三）是否符合行政复议范围；

（四）是否超过行政复议期限；

（五）是否属于本机关受理。

第二十七条　公安行政复议机构自收到行政复议申请之日起5日内应当分别作出以下处理：

（一）符合行政复议法规定的，予以受理；

（二）不符合行政复议法规定的，决定不予受理，并制发《行政复议申请不予受理决定书》；

（三）符合行政复议法规定，但不属于本机关受理的，应当告知申请人向有权受理的行政复议机关提出。

第二十八条　下列情形不属于公安行政复议范围：

（一）对办理刑事案件中依法采取的刑事强制措施、刑事侦查措施等刑事司法行为不服的；

（二）对公安机关依法调解不服的；

（三）对处理火灾事故、交通事故以及办理其他行政案件中作出的鉴定结论等不服的；

（四）对申诉被驳回不服的；

（五）其他依法不应当受理的行政复议申请。

申请人认为公安机关的刑事司法行为属于滥用职权、超越职权插手经济纠纷的，公安行政复议机关应当在作出不予受理决定之前，及时报上一级公安行政复议机关。

第二十九条 公安行政复议机构在审查行政复议申请时，对与申请行政复议的具体行政行为有利害关系的公民、法人或者其他组织，可以告知其作为第三人参加行政复议。

第三十条 公民、法人或者其他组织认为申请行政复议的具体行政行为与自己有利害关系的，可以向公安行政复议机关申请作为第三人参加行政复议。

第三十一条 与申请行政复议的具体行政行为有利害关系的公民、法人或者其他组织被告知参加行政复议或者申请参加行政复议被许可后，无正当理由不参加的，不影响行政复议进行。

第三十二条 申请人、第三人委托代理人代为参加行政复议的，应当向公安行政复议机构提交由委托人签名或者盖章的委托书，委托书应当载明委托事项和具体权限。

申请人、第三人解除或者变更委托的，应当书面通知公安行政复议机构。

第三十三条 公安行政复议机关因行政复议申请的受理发生争议，争议双方应当协商解决。协商不成的，由争议双方的共同上一级公安机关指定受理。

第三十四条 申请人依法提出行政复议申请，公安行政复议机关无正当理由拖延或者拒绝受理的，上级公安机关应当责令其受理。

第三十五条 上级公安机关责令下级公安机关受理行政复议申请的，应当制作《行政复议申请责令受理通知书》，送被责令机关，并通知申请人。

被责令受理行政复议申请的公安机关收到《行政复议申请责令受理通知书》，即视为受理；行政复议决定作出后，应当将《行政复议决定书》及时报送责令机关备案。

第三十六条 上级公安机关认为责令下级公安机关受理行政复议申请不利于合法、公正处理的，上级公安机关可以直接受理。

第五章 审 查

第三十七条 公安行政复议机构应当对被申请人作出的具体行政行为的下列事项进行全面审查：

（一）主要事实是否清楚，证据是否确凿；

（二）适用依据是否正确；

（三）是否符合法定程序；

（四）是否超越或者滥用职权；

（五）是否存在明显不当；

（六）是否属于不履行法定职责。

第三十八条 公安行政复议机构在对本规定第三十七条规定的事项进行审查的同时，应当对下列事项进行审查：

（一）具体行政行为是否应当停止执行；

（二）是否需要通知第三人参加行政复议；

（三）是否需要提交公安行政复议机关集体讨论；

（四）是否需要当面听取当事人意见。

第三十九条 公安行政复议机构对行政处罚决定应当重点审查下列事项：

（一）被申请人是否具有法定职权；

（二）事实是否清楚，证据是否确凿；

（三）适用依据是否正确；

（四）量罚是否存在明显不当；

（五）是否符合法定程序。

第四十条 公安行政复议机构对行政强制措施决定应当重点审查下列事项：

（一）被申请人是否具有法定职权；

（二）是否符合法定条件；

（三）是否符合法定范围和期限；

（四）适用依据是否正确；

（五）是否符合法定程序。

第四十一条 公安行政复议机构对行政许可应当重点审查下列事项：

（一）许可事项是否属于被申请人的法定职责；

（二）不予许可理由是否正当；

（三）是否符合法定许可范围；

（四）是否符合法定程序。

第四十二条 公安行政复议机构对申请人认为被申请人不履行法定职责的行政复议案件，应当重点审查下列事项：

（一）是否属于被申请人的法定职责；

（二）被申请人是否明确表示拒绝履行或者不予答复；

（三）是否超过法定履行期限；

（四）被申请人提出不能在法定期限内履行或者不能及时履行的理由是否正当。

前款规定的不履行法定职责，是指被申请人对申请人依法提出的申请，应当在法定的期限或者相当的期限内履行其法定职责，而拒绝履行或者没有正当理由延迟履行。

被申请人已经实际履行，但因不可抗力或者非因被申请人自身原因没有继续履行必要或者致使履行不充分的，不属于不履行法定职责。

第四十三条 公安行政复议机关对行政复议法第二十六条、第二十七条中规定的“规定”、“依据”，应当从以下几个方面进行审查：

（一）是否与上位阶的规范性文件相抵触；

（二）是否与同位阶的规范性文件相矛盾；

（三）是否属于制定机关的法定职权范围。

第四十四条 公安行政复议机关依法有权对下列规范性文件进行审查：

（一）本级公安机关制定的规范性文件；

（二）下级公安机关制定的规范性文件。

第四十五条 公安行政复议机关对认定为不合法的规范性文件，按以下原则处理：

（一）属于本级公安机关制定的，应当在30日内予以废止或者作出修订；

（二）属于下级公安机关制定的，应当在30日内予以撤销或者责令下级公安机关在30日内予以废止或者作出修订。

第四十六条 公安行政复议机构对行政复议中需审查的下列规范性文件，应当制作《规范性文件提请审查函》，按程序予以转送：

（一）公安行政复议机关的上级行政机关制定的规范性文件；

（二）公安行政复议机关无权处理的其他规范性文件。

第四十七条 规范性文件的转送，按以下规定办理：

（一）对上级行政机关制定的规范性文件，按程序转送至制定该规范性文件的机关；

（二）对与公安行政复议机关同级的其他行政机关或该行政机关的下级机关制定的规范性文件，转送至该行政机关。

第四十八条 对公安行政复议机关与其他行政机关联合制定的规范性文件，商联合制定规范性文件的行政机关办理。

第四十九条 依照行政复议法第二十六条、第二十七条对有关规范性文件作出处理的机关，应当将处理结论书面告知制定机关和公安行政复议机关。前款规定中的处理结论包括：

（一）规范性文件合法的，决定予以维持；

（二）规范性文件不合法的，根据情况，予以撤销或者废止，或者提出修订意见，并责令制定机关限期修订。

第五十条 规范性文件审查期间，公安行政复议机关应当中止对具体行政行为的审查，必要时可以决定停止具体行政行为的执行。

第五十一条 重大、复杂的行政复议案件，应当提交公安行政复议机关集体讨论。

前款所称重大、复杂的行政复议案件是指：

（一）涉及国家利益、公共利益以及有重大影响的案件；

（二）重大涉外或者涉及香港特别行政区、澳门特别行政区、台湾地区的案件；

（三）公安行政复议机构认为重大、复杂的其他行政复议案件。

第五十二条 有下列情形之一的，公安行政复议机构可以向有关组织和人员调查取证：

（一）申请人对案件主要事实有异议的；

（二）被申请人提供的证据相互矛盾的；

（三）申请人或者第三人提出新的证据，可能否定被申请人认定的案件主要事实的；

（四）其他需要调查取证的情形。

公安行政复议机构在行政复议过程中收集和补充的证据，不能作为公安行政复议机关维持原具体行政行为的根据。

第五十三条 行政复议原则上采取书面审查的办法，但是有下列情形之一的，公安行政复议机构可以当面听取申请人、被申请人和第三人的意见：

（一）当事人要求当面听取意见的；

（二）案情复杂，需要当事人当面说明情况的；

（三）涉及行政赔偿的；

（四）其他需要当面听取意见的情形。

当面听取意见，应当保障当事人平等陈述、质证和辩论的权利。

第五十四条 当面听取意见应当制作笔录并载明以下内容：

（一）时间、地点及办案人员姓名；

（二）申请人、被申请人、第三人的基本情况；

（三）案由；

（四）申请人、被申请人陈述的事实、理由、法律依据、各自的请求以及辩论的焦点；

（五）证人证言等证据材料。

当面听取意见笔录应当经参加人核实并签名或者捺指印。

第五十五条 被申请人在提交当初作出具体行政行为的证据、依据和其他有关材料的同时，应当以原作出具体行政行为的机关名义提出书面答复，载明下列主要内容：

（一）案件的基本情况；

（二）具体行政行为认定的事实和依据；

（三）对行政复议申请事项的意见；

（四）被申请人的请求。

第五十六条 在行政复议过程中，被申请人不得自行向申请人和其他组织或者个人收集证据。

有下列情形之一的，经公安行政复议机关准许，被申请人可以补充相关证据：

（一）在作出具体行政行为时已经收集证据，但因不可抗力等正当理由不能提供的；

（二）申请人或者第三人在行政复议过程中，提出了其在公安机关实施具体行政行为过程中没有提出的反驳理由或者证据的。

第五十七条 申请人、第三人对申请行政复议的具体行政行为的下列事实，应当提供相应证据材料：

（一）证明申请行政复议符合法定条件的，但被申请人认为申请人申请行政复议超过法定期限的除外；

（二）被申请人不履行法定职责的行政复议申请案件中，证明其已提出申请要求被申请人履行职责的；

（三）申请人在申请行政复议时一并提出的行政赔偿中，证明其因受具体行政行为侵害而造成损失的；

（四）其他应当提供证据材料的。

第五十八条 行政复议期间，申请人、被申请人、第三人对鉴定结论有异议的，可以依法进行重新鉴定。

第五十九条 申请人、第三人及其代理人参加行政复议的，可以查阅被申请人提出的书面答复、作出具体行政行为的证据、依据和其他有关材料，但涉及国家秘密、商业秘密或者个人隐私的除外。

申请人、第三人及其代理人需要查阅被申请人的答复及作出的具体行政行为的证据、依据和其他材料的，应当在行政复议决定作出前向公安行政复议机构提出。

第六十条 行政复议决定作出前，申请人要求撤回行政复议申请的，经说明理由，可以撤回。

公安行政复议机关允许申请人撤回行政复议申请后，申请人以同一事实和理由重新提出行政复议申请的，公安行政复议机关不予受理。

第六十一条 有下列情形之一的，不允许申请人撤回行政复议申请：

（一）撤回行政复议申请可能损害国家利益、公共利益或者他人合法权益的；

（二）撤回行政复议申请不是出于申请人自愿的；

（三）其他不允许撤回行政复议申请的情形。

第六十二条 行政复议期间，除行政复议法第二十六条、第二十七条规定外，有下列情形之一的，行政复议中止：

（一）申请人或者第三人死亡，需要等待其近亲属参加行政复议的；

（二）申请人或者第三人丧失行为能力，其代理人尚未确定的；

（三）作为申请人的法人或者其他组织终止后，其权利承继尚未确定的；

（四）申请人因公安机关作出具体行政行为的同一违法事实，被采取刑事强制措施的；

（五）申请人、被申请人或者第三人因不可抗力或者其他正当理由，不能参加行政复议的；

（六）需要等待鉴定结论的；

（七）案件涉及法律适用问题，需要请有关机关作出解释或者确认的；

（八）其他应当中止行政复议的情形。

行政复议中止的，公安行政复议机关应当制作《行政复议中止决定书》，送达申请人、第三人和被申请人。

行政复议中止的原因消除后，应当及时恢复行政复议。

第六十三条 行政复议期间，除行政复议法第二十五条规定外，有下列情形之一的，行政复议终止：

（一）被申请人撤销其作出的具体行政行为，且申请人依法撤回行政复议申请的；

（二）受理行政复议申请后，发现该申请不符合行政复议法规定的；

（三）申请行政复议的公民死亡而且没有近亲属，或者近亲属自愿放弃申请行政复议的；

（四）申请行政复议的法人或者其他组织终止后，没有承继其权利的法人或者其他组织，或者承继其权利的法人或者其他组织放弃申请行政复议的；

（五）申请人因公安机关作出具体行政行为的同一违法事实被判处刑罚的。

行政复议终止的，公安行政复议机关应当制作《行政复议终止通知书》，送达申请人、被申请人或者第三人。

第六十四条 具体行政行为需要停止执行的，公安行政复议机关应当制作《具体行政行为决定停止执行通知书》，送达被申请人，并告知申请人和第三人。

第六章 决 定

第六十五条 有下列情形之一的，应当决定被申请人在一定期限内履行法定职责：

（一）属于被申请人的法定职责，被申请人明确表示拒绝履行或者不予答复的；

（二）属于被申请人的法定职责，并有法定履行时限，被申请人逾期未履行或者未予答复的。

对没有规定法定履行期限的，公安行政复议机关可以根据案件的具体情况和履行的实际可能确定履行的期限或者责令其采取相应措施。

第六十六条 有下列情形之一的，应当确认该具体行政行为违法：

（一）被申请人不履行法定职责，但决定其履行法定职责已无实际意义的；

（二）具体行政行为不具有可撤销、变更内容的；

（三）具体行政行为依法不能成立或者无效的。

第六十七条 公安行政复议机关决定撤销具体行政行为或者确认具体行政行为违法，并责令被申请人重新作出具体行政行为，必要时可以一并限定重新作出具体行政行为的期限；限定重新作出具体行政行为的期限最长不超过60日。

被申请人重新作出具体行政行为，应当书面报公安行政复议机关备案。

公民、法人或者其他组织对重新作出的具体行政行为不服，可以依法申请行政复议或者提起行政诉讼。

第六十八条 有下列情形之一的，应当认定该具体行政行为适用依据错误：

（一）适用的依据已经失效、废止的；

（二）适用的依据尚未生效的；

（三）适用的依据不当的；

（四）其他适用依据错误的情形。

第六十九条 有下列情形之一的，应当认定该具体行政行为违反法定程序：

（一）依法应当回避而未回避的；

（二）在作出行政处罚决定之前，没有依法履行告知义务的；

（三）拒绝听取当事人陈述、申辩的；

（四）应当听证而未听证的；

（五）其他违反法律、法规、规章规定程序的情形。

第七十条 有下列情形之一的，应当认定该具体行政行为超越职权：

（一）超越地域管辖范围的；

（二）超越执法权限的；

（三）其他超越职权的情形。

第七十一条 被申请人在法定职权范围内故意作出不适当的具体行政行为，侵犯申请人合法权益的，可以认定该具体行政行为滥用职权。

第七十二条 被申请人作出的具体行政行为与其他同类性质、情节的具体行政行为存在明显差别的，公安行政复议机关可以认定该具体行政行为明显不当。

第七十三条 公安行政复议机关对情况复杂，不能在规定期限内作出行政复议决定，需要延长行政复议期限的案件，应当制作《行政复议期限延长通知书》，送达申请人和被申请人。

前款规定中的情况复杂包括：

（一）需要对申请人、第三人在行政复议过程中提出的新的证据重新鉴定、勘验或补充，不能在法定的行政复议期限内办结的；

（二）需要对被申请人作出的具体行政行为所认定的事实作进一步的调查核实，或者申请人、第三人要求作进一步的调查核实，不能在法定的行政复议期限内调查核实完毕的；

（三）行政复议案件涉及较多的当事人、不同地区，不能在法定的行政复议期限内办结的；

（四）其他不能在法定的行政复议期限内作出行政复议决定的复杂情况。

第七十四条 公安行政复议机关作出行政复议决定，应当制作《行政复议决定书》，载明以下内容：

（一）申请人、第三人及其代理人的姓名、性别、年龄、职业、住址等，法人或者其他组织的名称、地址、法定代表人等；

（二）被申请人的名称、住址、法定代表人等；

（三）申请人的行政复议请求；

（四）申请人提出的事实和理由；

（五）被申请人答复的事实和理由；

（六）公安行政复议机关认定的事实、理由和适用的依据；

（七）行政复议结论；

（八）不服行政复议决定向人民法院提起行政诉讼的期限，或者最终裁决的履行期限；

（九）作出行政复议决定的日期。

《行政复议决定书》应当加盖公安行政复议机关印章或者公安行政复议专用章。

第七章　附　　则

第七十五条　公安机关建立公安行政复议决定书备案制度。

第七十六条　本规定中的送达，包括直接送达、留置送达、邮寄送达和公告送达。

送达有关法律文书，应当使用《送达回执》。

通过邮寄送达的，应当使用挂号信。

第七十七条　本规定自2003年1月1日起实施。本规定发布前公安部制定的有关规定与本规定不一致的，以本规定为准。

中华人民共和国行政诉讼法

（1989年4月4日第七届全国人民代表大会第二次会议通过　根据2014年11月1日第十二届全国人民代表大会常务委员会第十一次会议《关于修改〈中华人民共和国行政诉讼法〉的决定》第一次修正　根据2017年6月27日第十二届全国人民代表大会常务委员会第二十八次会议《关于修改〈中华人民共和国民事诉讼法〉和〈中华人民共和国行政诉讼法〉的决定》第二次修正)

目　　录

第一章　总　　则

第一条　【立法目的】为保证人民法院公正、及时审理行政案件，解决行政争议，保护公民、法人和其他组织的合法权益，监督行政机关依法行使职权，根据宪法，制定本法。

第二条　【诉权】公民、法人或者其他组织认为行政机关和行政机关工作人员的行政行为侵犯其合法权益，有权依照本法向人民法院提起诉讼。

前款所称行政行为，包括法律、法规、规章授权的组织作出的行政行为。

第三条　【行政机关负责人出庭应诉】人民法院应当保障公民、法人和其他组织的起诉权利，对应当受理的行政案件依法受理。

行政机关及其工作人员不得干预、阻碍人民法院受理行政案件。

被诉行政机关负责人应当出庭应诉。不能出庭的，应当委托行政机关相应的工作人员出庭。

第四条　【独立行使审判权】人民法院依法对行政案件独立行使审判权，不受行政机关、社会团体和个人的干涉。

人民法院设行政审判庭，审理行政案件。

第五条　【以事实为根据，以法律为准绳原则】人民法院审理行政案件，以事实为根据，以法律为准绳。

第六条　【合法性审查原则】人民法院审理行政案件，对行政行为是否合法进行审查。

第七条　【合议、回避、公开审判和两审终审原则】人民法院审理行政案件，依法实行合议、回避、公开审判和两审终审制度。

第八条　【法律地位平等原则】当事人在行政诉讼中的法律地位平等。

第九条　【本民族语言文字原则】各民族公民都有用本民族语言、文字进行行政诉讼的权利。

在少数民族聚居或者多民族共同居住的地区，人民法院应当用当地民族通用的语言、文字进行审理和发布法律文书。

人民法院应当对不通晓当地民族通用的语言、文字的诉讼参与人提供翻译。

第十条　【辩论原则】当事人在行政诉讼中有权进行辩论。

第十一条　【法律监督原则】人民检察院有权对行政诉讼实行法律监督。

第二章　受 案 范 围

第十二条　【行政诉讼受案范围】人民法院受理公民、法人或者其他组织提起的下列诉讼：

（一）对行政拘留、暂扣或者吊销许可证和执照、责令停产停业、没收违法所得、没收非法财物、罚款、警告等行政处罚不服的；

（二）对限制人身自由或者对财产的查封、扣押、冻结等行政强制措施和行政强制执行不服的；

（三）申请行政许可，行政机关拒绝或者在法定期限内不予答复，或者对行政机关作出的有关行政许可的其他决定不服的；

（四）对行政机关作出的关于确认土地、矿藏、水流、森林、山岭、草原、荒地、滩涂、海域等自然资源的所有权或者使用权的决定不服的；

（五）对征收、征用决定及其补偿决定不服的；

（六）申请行政机关履行保护人身权、财产权等合法权益的法定职责，行政机关拒绝履行或者不予答复的；

（七）认为行政机关侵犯其经营自主权或者农村土地承包经营权、农村土地经营权的；

（八）认为行政机关滥用行政权力排除或者限制竞争的；

（九）认为行政机关违法集资、摊派费用或者违法要求履行其他义务的；

（十）认为行政机关没有依法支付抚恤金、最低生活保障待遇或者社会保险待遇的；

（十一）认为行政机关不依法履行、未按照约定履行或者违法变更、解除政府特许经营协议、土地房屋征收补偿协议等协议的；

（十二）认为行政机关侵犯其他人身权、财产权等合法权益的。

除前款规定外，人民法院受理法律、法规规定可以提起诉讼的其他行政案件。

第十三条　【受案范围的排除】人民法院不受理公民、法人或者其他组织对下列事项提起的诉讼：

（一）国防、外交等国家行为；

（二）行政法规、规章或者行政机关制定、发布的具有普遍约束力的决定、命令；

（三）行政机关对行政机关工作人员的奖惩、任免等决定；

（四）法律规定由行政机关最终裁决的行政行为。

第三章　管　　辖

第十四条　【基层人民法院管辖第一审行政案件】基层人民法

院管辖第一审行政案件。

第十五条　【中级人民法院管辖的第一审行政案件】中级人民法院管辖下列第一审行政案件：

（一）对国务院部门或者县级以上地方人民政府所作的行政行为提起诉讼的案件；

（二）海关处理的案件；

（三）本辖区内重大、复杂的案件；

（四）其他法律规定由中级人民法院管辖的案件。

第十六条　【高级人民法院管辖的第一审行政案件】高级人民法院管辖本辖区内重大、复杂的第一审行政案件。

第十七条　【最高人民法院管辖的第一审行政案件】最高人民法院管辖全国范围内重大、复杂的第一审行政案件。

第十八条　【一般地域管辖和法院跨行政区域管辖】行政案件由最初作出行政行为的行政机关所在地人民法院管辖。经复议的案件，也可以由复议机关所在地人民法院管辖。

经最高人民法院批准，高级人民法院可以根据审判工作的实际情况，确定若干人民法院跨行政区域管辖行政案件。

第十九条　【限制人身自由行政案件的管辖】对限制人身自由的行政强制措施不服提起的诉讼，由被告所在地或者原告所在地人民法院管辖。

第二十条　【不动产行政案件的管辖】因不动产提起的行政诉讼，由不动产所在地人民法院管辖。

第二十一条　【选择管辖】两个以上人民法院都有管辖权的案件，原告可以选择其中一个人民法院提起诉讼。原告向两个以上有管辖权的人民法院提起诉讼的，由最先立案的人民法院管辖。

第二十二条　【移送管辖】人民法院发现受理的案件不属于本院管辖的，应当移送有管辖权的人民法院，受移送的人民法院应当受理。受移送的人民法院认为受移送的案件按照规定不属于本院管辖的，应当报请上级人民法院指定管辖，不得再自行移送。

第二十三条　【指定管辖】有管辖权的人民法院由于特殊原因不能行使管辖权的，由上级人民法院指定管辖。

人民法院对管辖权发生争议，由争议双方协商解决。协商不成的，报它们的共同上级人民法院指定管辖。

第二十四条　【管辖权转移】上级人民法院有权审理下级人民法院管辖的第一审行政案件。

下级人民法院对其管辖的第一审行政案件，认为需要由上级人民法院审理或者指定管辖的，可以报请上级人民法院决定。

第四章　诉讼参加人

第二十五条　【原告资格】行政行为的相对人以及其他与行政行为有利害关系的公民、法人或者其他组织，有权提起诉讼。

有权提起诉讼的公民死亡，其近亲属可以提起诉讼。

有权提起诉讼的法人或者其他组织终止，承受其权利的法人或者其他组织可以提起诉讼。

人民检察院在履行职责中发现生态环境和资源保护、食品药品安全、国有财产保护、国有土地使用权出让等领域负有监督管理职责的行政机关违法行使职权或者不作为，致使国家利益或者社会公共利益受到侵害的，应当向行政机关提出检察建议，督促其依法履行职责。行政机关不依法履行职责的，人民检察院依法向人民法院提起诉讼。

第二十六条　【被告资格】公民、法人或者其他组织直接向人民法院提起诉讼的，作出行政行为的行政机关是被告。

经复议的案件，复议机关决定维持原行政行为的，作出原行政行为的行政机关和复议机关是共同被告；复议机关改变原行政行为的，复议机关是被告。

复议机关在法定期限内未作出复议决定，公民、法人或者其他组织起诉原行政行为的，作出原行政行为的行政机关是被告；起诉复议机关不作为的，复议机关是被告。

两个以上行政机关作出同一行政行为的，共同作出行政行为的行政机关是共同被告。

行政机关委托的组织所作的行政行为，委托的行政机关是被告。

行政机关被撤销或者职权变更的，继续行使其职权的行政机关是被告。

第二十七条　【共同诉讼】当事人一方或者双方为二人以上，因同一行政行为发生的行政案件，或者因同类行政行为发生的行政案件、人民法院认为可以合并审理并经当事人同意的，为共同诉讼。

第二十八条　【代表人诉讼】当事人一方人数众多的共同诉讼，可以由当事人推选代表人进行诉讼。代表人的诉讼行为对其所代表的当事人发生效力，但代表人变更、放弃诉讼请求或者承认对方当事人的诉讼请求，应当经被代表的当事人同意。

第二十九条　【诉讼第三人】公民、法人或者其他组织同被诉行政行为有利害关系但没有提起诉讼，或者同案件处理结果有利害关系的，可以作为第三人申请参加诉讼，或者由人民法院通知参加诉讼。

人民法院判决第三人承担义务或者减损第三人权益的，第三人有权依法提起上诉。

第三十条　【法定代理人】没有诉讼行为能力的公民，由其法定代理人代为诉讼。法定代理人互相推诿代理责任的，由人民法院指定其中一人代为诉讼。

第三十一条　【委托代理人】当事人、法定代理人，可以委托一至二人作为诉讼代理人。

下列人员可以被委托为诉讼代理人：

（一）律师、基层法律服务工作者；

（二）当事人的近亲属或者工作人员；

（三）当事人所在社区、单位以及有关社会团体推荐的公民。

第三十二条　【当事人及诉讼代理人权利】代理诉讼的律师，有权按照规定查阅、复制本案有关材料，有权向有关组织和公民调查，收集与本案有关的证据。对涉及国家秘密、商业秘密和个人隐私的材料，应当依照法律规定保密。

当事人和其他诉讼代理人有权按照规定查阅、复制本案庭审材料，但涉及国家秘密、商业秘密和个人隐私的内容除外。

第五章　证　　据

第三十三条　【证据种类】证据包括：

（一）书证；

（二）物证；

（三）视听资料；

（四）电子数据；

（五）证人证言；

（六）当事人的陈述；

（七）鉴定意见；

（八）勘验笔录、现场笔录。

以上证据经法庭审查属实，才能作为认定案件事实的根据。

第三十四条　【被告举证责任】被告对作出的行政行为负有举证责任，应当提供作出该行政行为的证据和所依据的规范性文件。

被告不提供或者无正当理由逾期提供证据，视为没有相应证据。但是，被诉行政行为涉及第三人合法权益，第三人提供证据的除外。

第三十五条　【行政机关收集证据的限制】在诉讼过程中，被告及其诉讼代理人不得自行向原告、第三人和证人收集证据。

第三十六条 【被告延期提供证据和补充证据】被告在作出行政行为时已经收集了证据，但因不可抗力等正当事由不能提供的，经人民法院准许，可以延期提供。

原告或者第三人提出了其在行政处理程序中没有提出的理由或者证据的，经人民法院准许，被告可以补充证据。

第三十七条 【原告可以提供证据】原告可以提供证明行政行为违法的证据。原告提供的证据不成立的，不免除被告的举证责任。

第三十八条 【原告举证责任】在起诉被告不履行法定职责的案件中，原告应当提供其向被告提出申请的证据。但有下列情形之一的除外：

（一）被告应当依职权主动履行法定职责的；

（二）原告因正当理由不能提供证据的。

在行政赔偿、补偿的案件中，原告应当对行政行为造成的损害提供证据。因被告的原因导致原告无法举证的，由被告承担举证责任。

第三十九条 【法院要求当事人提供或者补充证据】人民法院有权要求当事人提供或者补充证据。

第四十条 【法院调取证据】人民法院有权向有关行政机关以及其他组织、公民调取证据。但是，不得为证明行政行为的合法性调取被告作出行政行为时未收集的证据。

第四十一条 【申请法院调取证据】与本案有关的下列证据，原告或者第三人不能自行收集的，可以申请人民法院调取：

（一）由国家机关保存而须由人民法院调取的证据；

（二）涉及国家秘密、商业秘密和个人隐私的证据；

（三）确因客观原因不能自行收集的其他证据。

第四十二条 【证据保全】在证据可能灭失或者以后难以取得的情况下，诉讼参加人可以向人民法院申请保全证据，人民法院也可以主动采取保全措施。

第四十三条　【证据适用规则】证据应当在法庭上出示，并由当事人互相质证。对涉及国家秘密、商业秘密和个人隐私的证据，不得在公开开庭时出示。

人民法院应当按照法定程序，全面、客观地审查核实证据。对未采纳的证据应当在裁判文书中说明理由。

以非法手段取得的证据，不得作为认定案件事实的根据。

第六章　起诉和受理

第四十四条　【行政复议与行政诉讼的关系】对属于人民法院受案范围的行政案件，公民、法人或者其他组织可以先向行政机关申请复议，对复议决定不服的，再向人民法院提起诉讼；也可以直接向人民法院提起诉讼。

法律、法规规定应当先向行政机关申请复议，对复议决定不服再向人民法院提起诉讼的，依照法律、法规的规定。

第四十五条　【经行政复议的起诉期限】公民、法人或者其他组织不服复议决定的，可以在收到复议决定书之日起十五日内向人民法院提起诉讼。复议机关逾期不作决定的，申请人可以在复议期满之日起十五日内向人民法院提起诉讼。法律另有规定的除外。

第四十六条　【起诉期限】公民、法人或者其他组织直接向人民法院提起诉讼的，应当自知道或者应当知道作出行政行为之日起六个月内提出。法律另有规定的除外。

因不动产提起诉讼的案件自行政行为作出之日起超过二十年，其他案件自行政行为作出之日起超过五年提起诉讼的，人民法院不予受理。

第四十七条　【行政机关不履行法定职责的起诉期限】公民、法人或者其他组织申请行政机关履行保护其人身权、财产权等合法权益的法定职责，行政机关在接到申请之日起两个月内不履行的，公民、法人或者其他组织可以向人民法院提起诉讼。法律、法规对行政机关履行职责的期限另有规定的，从其规定。

公民、法人或者其他组织在紧急情况下请求行政机关履行保护其人身权、财产权等合法权益的法定职责，行政机关不履行的，提起诉讼不受前款规定期限的限制。

第四十八条　【起诉期限的扣除和延长】公民、法人或者其他组织因不可抗力或者其他不属于其自身的原因耽误起诉期限的，被耽误的时间不计算在起诉期限内。

公民、法人或者其他组织因前款规定以外的其他特殊情况耽误起诉期限的，在障碍消除后十日内，可以申请延长期限，是否准许由人民法院决定。

第四十九条　【起诉条件】提起诉讼应当符合下列条件：

（一）原告是符合本法第二十五条规定的公民、法人或者其他组织；

（二）有明确的被告；

（三）有具体的诉讼请求和事实根据；

（四）属于人民法院受案范围和受诉人民法院管辖。

第五十条　【起诉方式】起诉应当向人民法院递交起诉状，并按照被告人数提出副本。

书写起诉状确有困难的，可以口头起诉，由人民法院记入笔录，出具注明日期的书面凭证，并告知对方当事人。

第五十一条　【登记立案】人民法院在接到起诉状时对符合本法规定的起诉条件的，应当登记立案。

对当场不能判定是否符合本法规定的起诉条件的，应当接收起诉状，出具注明收到日期的书面凭证，并在七日内决定是否立案。不符合起诉条件的，作出不予立案的裁定。裁定书应当载明不予立案的理由。原告对裁定不服的，可以提起上诉。

起诉状内容欠缺或者有其他错误的，应当给予指导和释明，并一次性告知当事人需要补正的内容。不得未经指导和释明即以起诉不符合条件为由不接收起诉状。

对于不接收起诉状、接收起诉状后不出具书面凭证，以及不一次性告知当事人需要补正的起诉状内容的，当事人可以向上级人民法院投诉，上级人民法院应当责令改正，并对直接负责的主管人员和其他直接责任人员依法给予处分。

第五十二条　【法院不立案的救济】人民法院既不立案，又不作出不予立案裁定的，当事人可以向上一级人民法院起诉。上一级人民法院认为符合起诉条件的，应当立案、审理，也可以指定其他下级人民法院立案、审理。

第五十三条　【规范性文件的附带审查】公民、法人或者其他组织认为行政行为所依据的国务院部门和地方人民政府及其部门制定的规范性文件不合法，在对行政行为提起诉讼时，可以一并请求对该规范性文件进行审查。

前款规定的规范性文件不含规章。

第七章　审理和判决

第一节　一般规定

第五十四条　【公开审理原则】人民法院公开审理行政案件，但涉及国家秘密、个人隐私和法律另有规定的除外。

涉及商业秘密的案件，当事人申请不公开审理的，可以不公开审理。

第五十五条　【回避】当事人认为审判人员与本案有利害关系或者有其他关系可能影响公正审判，有权申请审判人员回避。

审判人员认为自己与本案有利害关系或者有其他关系，应当申请回避。

前两款规定，适用于书记员、翻译人员、鉴定人、勘验人。

院长担任审判长时的回避，由审判委员会决定；审判人员的回避，由院长决定；其他人员的回避，由审判长决定。当事人对决定不服的，可以申请复议一次。

第五十六条　【诉讼不停止执行】诉讼期间，不停止行政行为的执行。但有下列情形之一的，裁定停止执行：

（一）被告认为需要停止执行的；

（二）原告或者利害关系人申请停止执行，人民法院认为该行政行为的执行会造成难以弥补的损失，并且停止执行不损害国家利益、社会公共利益的；

（三）人民法院认为该行政行为的执行会给国家利益、社会公共利益造成重大损害的；

（四）法律、法规规定停止执行的。

当事人对停止执行或者不停止执行的裁定不服的，可以申请复议一次。

第五十七条　【先予执行】人民法院对起诉行政机关没有依法支付抚恤金、最低生活保障金和工伤、医疗社会保险金的案件，权利义务关系明确、不先予执行将严重影响原告生活的，可以根据原告的申请，裁定先予执行。

当事人对先予执行裁定不服的，可以申请复议一次。复议期间不停止裁定的执行。

第五十八条　【拒不到庭或中途退庭的法律后果】经人民法院传票传唤，原告无正当理由拒不到庭，或者未经法庭许可中途退庭的，可以按照撤诉处理；被告无正当理由拒不到庭，或者未经法庭许可中途退庭的，可以缺席判决。

第五十九条　【妨害行政诉讼强制措施】诉讼参与人或者其他人有下列行为之一的，人民法院可以根据情节轻重，予以训诫、责令具结悔过或者处一万元以下的罚款、十五日以下的拘留；构成犯罪的，依法追究刑事责任：

（一）有义务协助调查、执行的人，对人民法院的协助调查决定、协助执行通知书，无故推拖、拒绝或者妨碍调查、执行的；

（二）伪造、隐藏、毁灭证据或者提供虚假证明材料，妨碍人民法院审理案件的；

（三）指使、贿买、胁迫他人作伪证或者威胁、阻止证人作证的；

（四）隐藏、转移、变卖、毁损已被查封、扣押、冻结的财产的；

（五）以欺骗、胁迫等非法手段使原告撤诉的；

（六）以暴力、威胁或者其他方法阻碍人民法院工作人员执行职务，或者以哄闹、冲击法庭等方法扰乱人民法院工作秩序的；

（七）对人民法院审判人员或者其他工作人员、诉讼参与人、协助调查和执行的人员恐吓、侮辱、诽谤、诬陷、殴打、围攻或者打击报复的。

人民法院对有前款规定的行为之一的单位，可以对其主要负责人或者直接责任人员依照前款规定予以罚款、拘留；构成犯罪的，依法追究刑事责任。

罚款、拘留须经人民法院院长批准。当事人不服的，可以向上一级人民法院申请复议一次。复议期间不停止执行。

第六十条　【调解】人民法院审理行政案件，不适用调解。但是，行政赔偿、补偿以及行政机关行使法律、法规规定的自由裁量权的案件可以调解。

调解应当遵循自愿、合法原则，不得损害国家利益、社会公共利益和他人合法权益。

第六十一条　【民事争议和行政争议交叉】在涉及行政许可、登记、征收、征用和行政机关对民事争议所作的裁决的行政诉讼中，当事人申请一并解决相关民事争议的，人民法院可以一并审理。

在行政诉讼中，人民法院认为行政案件的审理需以民事诉讼的裁判为依据的，可以裁定中止行政诉讼。

第六十二条　【撤诉】人民法院对行政案件宣告判决或者裁定

前，原告申请撤诉的，或者被告改变其所作的行政行为，原告同意并申请撤诉的，是否准许，由人民法院裁定。

第六十三条　【审理依据】人民法院审理行政案件，以法律和行政法规、地方性法规为依据。地方性法规适用于本行政区域内发生的行政案件。

人民法院审理民族自治地方的行政案件，并以该民族自治地方的自治条例和单行条例为依据。

人民法院审理行政案件，参照规章。

第六十四条　【规范性文件审查和处理】人民法院在审理行政案件中，经审查认为本法第五十三条规定的规范性文件不合法的，不作为认定行政行为合法的依据，并向制定机关提出处理建议。

第六十五条　【裁判文书公开】人民法院应当公开发生法律效力的判决书、裁定书，供公众查阅，但涉及国家秘密、商业秘密和个人隐私的内容除外。

第六十六条　【有关行政机关工作人员和被告的处理】人民法院在审理行政案件中，认为行政机关的主管人员、直接责任人员违法违纪的，应当将有关材料移送监察机关、该行政机关或者其上一级行政机关；认为有犯罪行为的，应当将有关材料移送公安、检察机关。

人民法院对被告经传票传唤无正当理由拒不到庭，或者未经法庭许可中途退庭的，可以将被告拒不到庭或者中途退庭的情况予以公告，并可以向监察机关或者被告的上一级行政机关提出依法给予其主要负责人或者直接责任人员处分的司法建议。

第二节　第一审普通程序

第六十七条　【发送起诉状和提出答辩状】人民法院应当在立案之日起五日内，将起诉状副本发送被告。被告应当在收到起诉状副本之日起十五日内向人民法院提交作出行政行为的证据和所依据的规范性文件，并提出答辩状。人民法院应当在收到答辩状之日起五日内，将答辩状副本发送原告。

被告不提出答辩状的，不影响人民法院审理。

第六十八条　【审判组织形式】人民法院审理行政案件，由审判员组成合议庭，或者由审判员、陪审员组成合议庭。合议庭的成员，应当是三人以上的单数。

第六十九条　【驳回原告诉讼请求判决】行政行为证据确凿，适用法律、法规正确，符合法定程序的，或者原告申请被告履行法定职责或者给付义务理由不成立的，人民法院判决驳回原告的诉讼请求。

第七十条　【撤销判决和重作判决】行政行为有下列情形之一的，人民法院判决撤销或者部分撤销，并可以判决被告重新作出行政行为：

（一）主要证据不足的；

（二）适用法律、法规错误的；

（三）违反法定程序的；

（四）超越职权的；

（五）滥用职权的；

（六）明显不当的。

第七十一条　【重作判决对被告的限制】人民法院判决被告重新作出行政行为的，被告不得以同一的事实和理由作出与原行政行为基本相同的行政行为。

第七十二条　【履行判决】人民法院经过审理，查明被告不履行法定职责的，判决被告在一定期限内履行。

第七十三条　【给付判决】人民法院经过审理，查明被告依法负有给付义务的，判决被告履行给付义务。

第七十四条　【确认违法判决】行政行为有下列情形之一的，人民法院判决确认违法，但不撤销行政行为：

（一）行政行为依法应当撤销，但撤销会给国家利益、社会公共利益造成重大损害的；

（二）行政行为程序轻微违法，但对原告权利不产生实际影响的。

行政行为有下列情形之一，不需要撤销或者判决履行的，人民法院判决确认违法：

（一）行政行为违法，但不具有可撤销内容的；

（二）被告改变原违法行政行为，原告仍要求确认原行政行为违法的；

（三）被告不履行或者拖延履行法定职责，判决履行没有意义的。

第七十五条　【确认无效判决】行政行为有实施主体不具有行政主体资格或者没有依据等重大且明显违法情形，原告申请确认行政行为无效的，人民法院判决确认无效。

第七十六条　【确认违法和无效判决的补充规定】人民法院判决确认违法或者无效的，可以同时判决责令被告采取补救措施；给原告造成损失的，依法判决被告承担赔偿责任。

第七十七条　【变更判决】行政处罚明显不当，或者其他行政行为涉及对款额的确定、认定确有错误的，人民法院可以判决变更。

人民法院判决变更，不得加重原告的义务或者减损原告的权益。但利害关系人同为原告，且诉讼请求相反的除外。

第七十八条　【行政协议履行及补偿判决】被告不依法履行、未按照约定履行或者违法变更、解除本法第十二条第一款第十一项规定的协议的，人民法院判决被告承担继续履行、采取补救措施或者赔偿损失等责任。

被告变更、解除本法第十二条第一款第十一项规定的协议合法，但未依法给予补偿的，人民法院判决给予补偿。

第七十九条　【复议决定和原行政行为一并裁判】复议机关与

作出原行政行为的行政机关为共同被告的案件，人民法院应当对复议决定和原行政行为一并作出裁判。

第八十条　【公开宣判】人民法院对公开审理和不公开审理的案件，一律公开宣告判决。

当庭宣判的，应当在十日内发送判决书；定期宣判的，宣判后立即发给判决书。

宣告判决时，必须告知当事人上诉权利、上诉期限和上诉的人民法院。

第八十一条　【第一审审限】人民法院应当在立案之日起六个月内作出第一审判决。有特殊情况需要延长的，由高级人民法院批准，高级人民法院审理第一审案件需要延长的，由最高人民法院批准。

第三节　简易程序

第八十二条　【简易程序适用情形】人民法院审理下列第一审行政案件，认为事实清楚、权利义务关系明确、争议不大的，可以适用简易程序：

（一）被诉行政行为是依法当场作出的；

（二）案件涉及款额二千元以下的；

（三）属于政府信息公开案件的。

除前款规定以外的第一审行政案件，当事人各方同意适用简易程序的，可以适用简易程序。

发回重审、按照审判监督程序再审的案件不适用简易程序。

第八十三条　【简易程序的审判组织形式和审限】适用简易程序审理的行政案件，由审判员一人独任审理，并应当在立案之日起四十五日内审结。

第八十四条　【简易程序与普通程序的转换】人民法院在审理过程中，发现案件不宜适用简易程序的，裁定转为普通程序。

第四节 第二审程序

第八十五条 【上诉】当事人不服人民法院第一审判决的，有权在判决书送达之日起十五日内向上一级人民法院提起上诉。当事人不服人民法院第一审裁定的，有权在裁定书送达之日起十日内向上一级人民法院提起上诉。逾期不提起上诉的，人民法院的第一审判决或者裁定发生法律效力。

第八十六条 【二审审理方式】人民法院对上诉案件，应当组成合议庭，开庭审理。经过阅卷、调查和询问当事人，对没有提出新的事实、证据或者理由，合议庭认为不需要开庭审理的，也可以不开庭审理。

第八十七条 【二审审查范围】人民法院审理上诉案件，应当对原审人民法院的判决、裁定和被诉行政行为进行全面审查。

第八十八条 【二审审限】人民法院审理上诉案件，应当在收到上诉状之日起三个月内作出终审判决。有特殊情况需要延长的，由高级人民法院批准，高级人民法院审理上诉案件需要延长的，由最高人民法院批准。

第八十九条 【二审裁判】人民法院审理上诉案件，按照下列情形，分别处理：

（一）原判决、裁定认定事实清楚，适用法律、法规正确的，判决或者裁定驳回上诉，维持原判决、裁定；

（二）原判决、裁定认定事实错误或者适用法律、法规错误的，依法改判、撤销或者变更；

（三）原判决认定基本事实不清、证据不足的，发回原审人民法院重审，或者查清事实后改判；

（四）原判决遗漏当事人或者违法缺席判决等严重违反法定程序的，裁定撤销原判决，发回原审人民法院重审。

原审人民法院对发回重审的案件作出判决后，当事人提起上诉的，第二审人民法院不得再次发回重审。

人民法院审理上诉案件，需要改变原审判决的，应当同时对被诉行政行为作出判决。

第五节　审判监督程序

第九十条　【当事人申请再审】当事人对已经发生法律效力的判决、裁定，认为确有错误的，可以向上一级人民法院申请再审，但判决、裁定不停止执行。

第九十一条　【再审事由】当事人的申请符合下列情形之一的，人民法院应当再审：

（一）不予立案或者驳回起诉确有错误的；

（二）有新的证据，足以推翻原判决、裁定的；

（三）原判决、裁定认定事实的主要证据不足、未经质证或者系伪造的；

（四）原判决、裁定适用法律、法规确有错误的；

（五）违反法律规定的诉讼程序，可能影响公正审判的；

（六）原判决、裁定遗漏诉讼请求的；

（七）据以作出原判决、裁定的法律文书被撤销或者变更的；

（八）审判人员在审理该案件时有贪污受贿、徇私舞弊、枉法裁判行为的。

第九十二条　【人民法院依职权再审】各级人民法院院长对本院已经发生法律效力的判决、裁定，发现有本法第九十一条规定情形之一，或者发现调解违反自愿原则或者调解书内容违法，认为需要再审的，应当提交审判委员会讨论决定。

最高人民法院对地方各级人民法院已经发生法律效力的判决、裁定，上级人民法院对下级人民法院已经发生法律效力的判决、裁定，发现有本法第九十一条规定情形之一，或者发现调解违反自愿原则或者调解书内容违法的，有权提审或者指令下级人民法院再审。

第九十三条 【抗诉和检察建议】最高人民检察院对各级人民法院已经发生法律效力的判决、裁定，上级人民检察院对下级人民法院已经发生法律效力的判决、裁定，发现有本法第九十一条规定情形之一，或者发现调解书损害国家利益、社会公共利益的，应当提出抗诉。

地方各级人民检察院对同级人民法院已经发生法律效力的判决、裁定，发现有本法第九十一条规定情形之一，或者发现调解书损害国家利益、社会公共利益的，可以向同级人民法院提出检察建议，并报上级人民检察院备案；也可以提请上级人民检察院向同级人民法院提出抗诉。

各级人民检察院对审判监督程序以外的其他审判程序中审判人员的违法行为，有权向同级人民法院提出检察建议。

第八章 执　　行

第九十四条 【生效裁判和调解书的执行】当事人必须履行人民法院发生法律效力的判决、裁定、调解书。

第九十五条 【申请强制执行和执行管辖】公民、法人或者其他组织拒绝履行判决、裁定、调解书的，行政机关或者第三人可以向第一审人民法院申请强制执行，或者由行政机关依法强制执行。

第九十六条 【对行政机关拒绝履行的执行措施】行政机关拒绝履行判决、裁定、调解书的，第一审人民法院可以采取下列措施：

（一）对应当归还的罚款或者应当给付的款额，通知银行从该行政机关的账户内划拨；

（二）在规定期限内不履行的，从期满之日起，对该行政机关负责人按日处五十元至一百元的罚款；

（三）将行政机关拒绝履行的情况予以公告；

（四）向监察机关或者该行政机关的上一级行政机关提出司法建议。接受司法建议的机关，根据有关规定进行处理，并将处理情况告知人民法院；

（五）拒不履行判决、裁定、调解书，社会影响恶劣的，可以对该行政机关直接负责的主管人员和其他直接责任人员予以拘留；情节严重，构成犯罪的，依法追究刑事责任。

第九十七条　【非诉执行】公民、法人或者其他组织对行政行为在法定期限内不提起诉讼又不履行的，行政机关可以申请人民法院强制执行，或者依法强制执行。

第九章　涉外行政诉讼

第九十八条　【涉外行政诉讼的法律适用原则】外国人、无国籍人、外国组织在中华人民共和国进行行政诉讼，适用本法。法律另有规定的除外。

第九十九条　【同等与对等原则】外国人、无国籍人、外国组织在中华人民共和国进行行政诉讼，同中华人民共和国公民、组织有同等的诉讼权利和义务。

外国法院对中华人民共和国公民、组织的行政诉讼权利加以限制的，人民法院对该国公民、组织的行政诉讼权利，实行对等原则。

第一百条　【中国律师代理】外国人、无国籍人、外国组织在中华人民共和国进行行政诉讼，委托律师代理诉讼的，应当委托中华人民共和国律师机构的律师。

第十章　附　　则

第一百零一条　【适用民事诉讼法规定】人民法院审理行政案件，关于期间、送达、财产保全、开庭审理、调解、中止诉讼、终结诉讼、简易程序、执行等，以及人民检察院对行政案件受理、审理、裁判、执行的监督，本法没有规定的，适用《中华人民共和国民事诉讼法》的相关规定。

第一百零二条　【诉讼费用】人民法院审理行政案件，应当收取诉讼费用。诉讼费用由败诉方承担，双方都有责任的由双方分担。收取诉讼费用的具体办法另行规定。

第一百零三条　【施行日期】本法自1990年10月1日起施行。

中华人民共和国刑法（节录）

（1979年7月1日第五届全国人民代表大会第二次会议通过　1997年3月14日第八届全国人民代表大会第五次会议修订　根据1998年12月29日第九届全国人民代表大会常务委员会第六次会议通过的《全国人民代表大会常务委员会关于惩治骗购外汇、逃汇和非法买卖外汇犯罪的决定》、1999年12月25日第九届全国人民代表大会常务委员会第十三次会议通过的《中华人民共和国刑法修正案》、2001年8月31日第九届全国人民代表大会常务委员会第二十三次会议通过的《中华人民共和国刑法修正案（二）》、2001年12月29日第九届全国人民代表大会常务委员会第二十五次会议通过的《中华人民共和国刑法修正案（三）》、2002年12月28日第九届全国人民代表大会常务委员会第三十一次会议通过的《中华人民共和国刑法修正案（四）》、2005年2月28日第十届全国人民代表大会常务委员会第十四次会议通过的《中华人民共和国刑法修正案（五）》、2006年6月29日第十届全国人民代表大会常务委员会第二十二次会议通过的《中华人民共和国刑法修正案（六）》、2009年2月28日第十一届全国人民代表大会常务委员会第七次会议通过的《中华人民共和国刑法修正案（七）》、2009年8月27日第十一届全国人民代表大会常务委员会第十次会议通过的《全国人民代表大会常务委员会关于修改部分法律的决定》、2011年2月25日第十一届全国人民代表大会常务委员会第十九次会议通过的《中华人民共和国刑法修正案（八）》、2015年8月29日第十二届全国人民代表大会常务委员会第十六次会议通过的《中华人民共和国刑法修正案（九）》、2017年11月4日第十二届全国人民代表大会常务委员会第三十次会议通过的《中华人民共和国刑法修正案（十）》和2020年12月26日第十三届全国人民代表大会常务委员会第二十四次会议通过的《中华人民共和国刑法修正案（十一）》修正)①

……

第一百一十六条　【破坏交通工具罪】破坏火车、汽车、电车、船只、航空器，足以使火车、汽车、电车、船只、航空器发生倾覆、毁坏危险，尚未造成严重后果的，处三年以上十年以下有期徒刑。

第一百一十七条　【破坏交通设施罪】破坏轨道、桥梁、隧道、公路、机场、航道、灯塔、标志或者进行其他破坏活动，足以使火车、汽车、电车、船只、航空器发生倾覆、毁坏危险，尚未造成严重后果的，处三年以上十年以下有期徒刑。

……

第一百一十九条　【破坏交通工具罪】【破坏交通设施罪】【破坏电力设备罪】【破坏易燃易爆设备罪】破坏交通工具、交通设施、电力设备、燃气设备、易燃易爆设备，造成严重后果的，处十年以上有期徒刑、无期徒刑或者死刑。

---

① 刑法、历次刑法修正案、涉及修改刑法的决定的施行日期，分别依据各法律所规定的施行日期确定。

【过失损坏交通工具罪】【过失损坏交通设施罪】【过失损坏电力设备罪】【过失损坏易燃易爆设备罪】过失犯前款罪的，处三年以上七年以下有期徒刑；情节较轻的，处三年以下有期徒刑或者拘役。

……

第一百二十二条　【劫持船只、汽车罪】以暴力、胁迫或者其他方法劫持船只、汽车的，处五年以上十年以下有期徒刑；造成严重后果的，处十年以上有期徒刑或者无期徒刑。

第一百二十三条　【暴力危及飞行安全罪】对飞行中的航空器上的人员使用暴力，危及飞行安全，尚未造成严重后果的，处五年以下有期徒刑或者拘役；造成严重后果的，处五年以上有期徒刑。

……

第一百三十一条　【重大飞行事故罪】航空人员违反规章制度，致使发生重大飞行事故，造成严重后果的，处三年以下有期徒刑或者拘役；造成飞机坠毁或者人员死亡的，处三年以上七年以下有期徒刑。

第一百三十二条　【铁路运营安全事故罪】铁路职工违反规章制度，致使发生铁路运营安全事故，造成严重后果的，处三年以下有期徒刑或者拘役；造成特别严重后果的，处三年以上七年以下有期徒刑。

第一百三十三条　【交通肇事罪】违反交通运输管理法规，因而发生重大事故，致人重伤、死亡或者使公私财产遭受重大损失的，处三年以下有期徒刑或者拘役；交通运输肇事后逃逸或者有其他特别恶劣情节的，处三年以上七年以下有期徒刑；因逃逸致人死亡的，处七年以上有期徒刑。

第一百三十三条之一　【危险驾驶罪】在道路上驾驶机动车，有下列情形之一的，处拘役，并处罚金：

（一）追逐竞驶，情节恶劣的；

（二）醉酒驾驶机动车的；

（三）从事校车业务或者旅客运输，严重超过额定乘员载客，或者严重超过规定时速行驶的；

（四）违反危险化学品安全管理规定运输危险化学品，危及公共安全的。

机动车所有人、管理人对前款第三项、第四项行为负有直接责任的，依照前款的规定处罚。

有前两款行为，同时构成其他犯罪的，依照处罚较重的规定定罪处罚。

……

最高人民法院关于审理交通肇事刑事案件具体应用法律若干问题的解释

（2000年11月10日最高人民法院审判委员会第1136次会议通过　2000年11月15日最高人民法院公告公布　自2000年11月21日起施行　法释〔2000〕33号）

为依法惩处交通肇事犯罪活动，根据刑法有关规定，现将审理交通肇事刑事案件具体应用法律的若干问题解释如下：

第一条　从事交通运输人员或者非交通运输人员，违反交通运输管理法规发生重大交通事故，在分清事故责任的基础上，对于构成犯罪的，依照刑法第一百三十三条的规定定罪处罚。

第二条　交通肇事具有下列情形之一的，处3年以下有期徒刑或者拘役：

（一）死亡1人或者重伤3人以上，负事故全部或者主要责任的；

（二）死亡3人以上，负事故同等责任的；

（三）造成公共财产或者他人财产直接损失，负事故全部或者主要责任，无能力赔偿数额在30万元以上的。

交通肇事致1人以上重伤，负事故全部或者主要责任，并具有下列情形之一的，以交通肇事罪定罪处罚：

（一）酒后、吸食毒品后驾驶机动车辆的；

（二）无驾驶资格驾驶机动车辆的；

（三）明知是安全装置不全或者安全机件失灵的机动车辆而驾驶的；

（四）明知是无牌证或者已报废的机动车辆而驾驶的；

（五）严重超载驾驶的；

（六）为逃避法律追究逃离事故现场的。

第三条 “交通运输肇事后逃逸”，是指行为人具有本解释第二条第一款规定和第二款第（一）至（五）项规定的情形之一，在发生交通事故后，为逃避法律追究而逃跑的行为。

第四条 交通肇事具有下列情形之一的，属于“有其他特别恶劣情节”，处3年以上7年以下有期徒刑：

（一）死亡2人以上或者重伤5人以上，负事故全部或者主要责任的；

（二）死亡6人以上，负事故同等责任的；

（三）造成公共财产或者他人财产直接损失，负事故全部或者主要责任，无能力赔偿数额在60万元以上的。

第五条 “因逃逸致人死亡”，是指行为人在交通肇事后为逃避法律追究而逃跑，致使被害人因得不到救助而死亡的情形。

交通肇事后，单位主管人员、机动车辆所有人、承包人或者乘车人指使肇事人逃逸，致使被害人因得不到救助而死亡的，以交通肇事罪的共犯论处。

第六条 行为人在交通肇事后为逃避法律追究，将被害人带离事故现场后隐藏或者遗弃，致使被害人无法得到救助而死亡或者严重残疾的，应当分别依照刑法第二百三十二条、第二百三十四条第二款的规定，以故意杀人罪或者故意伤害罪定罪处罚。

第七条 单位主管人员、机动车辆所有人或者机动车辆承包人指使、强令他人违章驾驶造成重大交通事故，具有本解释第二条规定情形之一的，以交通肇事罪定罪处罚。

第八条 在实行公共交通管理的范围内发生重大交通事故的，依照刑法第一百三十三条和本解释的有关规定办理。

在公共交通管理的范围外，驾驶机动车辆或者使用其他交通工具致人伤亡或者致使公共财产或者他人财产遭受重大损失，构成犯罪的，分别依照刑法第一百三十四条、第一百三十五条、第二百三十三条等规定定罪处罚。

第九条 各省、自治区、直辖市高级人民法院可以根据本地实际情况，在30万元至60万元、60万元至100万元的幅度内，确定本地区执行本解释第二条第一款第（三）项、第四条第（三）项的起点数额标准，并报最高人民法院备案。

最高人民法院、最高人民检察院、公安部关于办理醉酒驾驶机动车刑事案件适用法律若干问题的意见

（2013年12月18日 法发〔2013〕15号）

为保障法律的正确、统一实施，依法惩处醉酒驾驶机动车犯罪，维护公共安全和人民群众生命财产安全，根据刑法、刑事诉讼法的有关规定，结合侦查、起诉、审判实践，制定本意见。

一、在道路上驾驶机动车，血液酒精含量达到80毫克/100毫升以上的，属于醉酒驾驶机动车，依照刑法第一百三十三条之一第一款的规定，以危险驾驶罪定罪处罚。

前款规定的“道路”“机动车”，适用道路交通安全法的有关规定。

二、醉酒驾驶机动车，具有下列情形之一的，依照刑法第一百三十三条之一第一款的规定，从重处罚：

（一）造成交通事故且负事故全部或者主要责任，或者造成交通事故后逃逸，尚未构成其他犯罪的；

（二）血液酒精含量达到200毫克/100毫升以上的；

（三）在高速公路、城市快速路上驾驶的；

（四）驾驶载有乘客的营运机动车的；

（五）有严重超员、超载或者超速驾驶，无驾驶资格驾驶机动车，使用伪造或者变造的机动车牌证等严重违反道路交通安全法的行为的；

（六）逃避公安机关依法检查，或者拒绝、阻碍公安机关依法检查尚未构成其他犯罪的；

（七）曾因酒后驾驶机动车受过行政处罚或者刑事追究的；

（八）其他可以从重处罚的情形。

三、醉酒驾驶机动车，以暴力、威胁方法阻碍公安机关依法检查，又构成妨害公务罪等其他犯罪的，依照数罪并罚的规定处罚。

四、对醉酒驾驶机动车的被告人判处罚金，应当根据被告人的醉酒程度、是否造成实际损害、认罪悔罪态度等情况，确定与主刑相适应的罚金数额。

五、公安机关在查处醉酒驾驶机动车的犯罪嫌疑人时，对查获经过、呼气酒精含量检验和抽取血样过程应当制作记录；有条件的，应当拍照、录音或者录像；有证人的，应当收集证人证言。

六、血液酒精含量检验鉴定意见是认定犯罪嫌疑人是否醉酒的依据。犯罪嫌疑人经呼气酒精含量检验达到本意见第一条规定的醉酒标准，在抽取血样之前脱逃的，可以以呼气酒精含量检验结果作为认定其醉酒的依据。

犯罪嫌疑人在公安机关依法检查时，为逃避法律追究，在呼气酒精含量检验或者抽取血样前又饮酒，经检验其血液酒精含量达到本意见第一条规定的醉酒标准的，应当认定为醉酒。

七、办理醉酒驾驶机动车刑事案件，应当严格执行刑事诉讼法的有关规定，切实保障犯罪嫌疑人、被告人的诉讼权利，在法定诉讼期限内及时侦查、起诉、审判。

对醉酒驾驶机动车的犯罪嫌疑人、被告人，根据案件情况，可以拘留或者取保候审。对符合取保候审条件，但犯罪嫌疑人、被告人不能提出保证人，也不交纳保证金的，可以监视居住。对违反取保候审、监视居住规定的犯罪嫌疑人、被告人，情节严重的，可以予以逮捕。

（二）违法行为处罚

中华人民共和国行政处罚法

（1996年3月17日第八届全国人民代表大会第四次会议通过　根据2009年8月27日第十一届全国人民代表大会常务委员会第十次会议《关于修改部分法律的决定》第一次修正　根据2017年9月1日第十二届全国人民代表大会常务委员会第二十九次会议《关于修改〈中华人民共和国法官法〉等八部法律的决定》第二次修正　2021年1月22日第十三届全国人民代表大会常务委员会第二十五次会议修订　2021年1月22日中华人民共和国主席令第70号公布　自2021年7月15日起施行）

目　录

第一章　总　　则

第一条　【立法目的】为了规范行政处罚的设定和实施，保障和监督行政机关有效实施行政管理，维护公共利益和社会秩序，保护公民、法人或者其他组织的合法权益，根据宪法，制定本法。

第二条　【行政处罚的定义】行政处罚是指行政机关依法对违反行政管理秩序的公民、法人或者其他组织，以减损权益或者增加义务的方式予以惩戒的行为。

第三条　【适用范围】行政处罚的设定和实施，适用本法。

第四条　【适用对象】公民、法人或者其他组织违反行政管理秩序的行为，应当给予行政处罚的，依照本法由法律、法规、规章规定，并由行政机关依照本法规定的程序实施。

第五条　【适用原则】行政处罚遵循公正、公开的原则。

设定和实施行政处罚必须以事实为依据，与违法行为的事实、性质、情节以及社会危害程度相当。

对违法行为给予行政处罚的规定必须公布；未经公布的，不得作为行政处罚的依据。

第六条 【适用目的】实施行政处罚，纠正违法行为，应当坚持处罚与教育相结合，教育公民、法人或者其他组织自觉守法。

第七条 【被处罚者权利】公民、法人或者其他组织对行政机关所给予的行政处罚，享有陈述权、申辩权；对行政处罚不服的，有权依法申请行政复议或者提起行政诉讼。

公民、法人或者其他组织因行政机关违法给予行政处罚受到损害的，有权依法提出赔偿要求。

第八条 【被处罚者承担的其他法律责任】公民、法人或者其他组织因违法行为受到行政处罚，其违法行为对他人造成损害的，应当依法承担民事责任。

违法行为构成犯罪，应当依法追究刑事责任的，不得以行政处罚代替刑事处罚。

第二章 行政处罚的种类和设定

第九条 【处罚的种类】行政处罚的种类：

（一）警告、通报批评；

（二）罚款、没收违法所得、没收非法财物；

（三）暂扣许可证件、降低资质等级、吊销许可证件；

（四）限制开展生产经营活动、责令停产停业、责令关闭、限制从业；

（五）行政拘留；

（六）法律、行政法规规定的其他行政处罚。

第十条 【法律对处罚的设定】法律可以设定各种行政处罚。

限制人身自由的行政处罚，只能由法律设定。

第十一条 【行政法规对处罚的设定】行政法规可以设定除限制人身自由以外的行政处罚。

法律对违法行为已经作出行政处罚规定，行政法规需要作出具体规定的，必须在法律规定的给予行政处罚的行为、种类和幅度的范围内规定。

法律对违法行为未作出行政处罚规定，行政法规为实施法律，可以补充设定行政处罚。拟补充设定行政处罚的，应当通过听证会、论证会等形式广泛听取意见，并向制定机关作出书面说明。行政法规报送备案时，应当说明补充设定行政处罚的情况。

第十二条　【地方性法规对处罚的设定】地方性法规可以设定除限制人身自由、吊销营业执照以外的行政处罚。

法律、行政法规对违法行为已经作出行政处罚规定，地方性法规需要作出具体规定的，必须在法律、行政法规规定的给予行政处罚的行为、种类和幅度的范围内规定。

法律、行政法规对违法行为未作出行政处罚规定，地方性法规为实施法律、行政法规，可以补充设定行政处罚。拟补充设定行政处罚的，应当通过听证会、论证会等形式广泛听取意见，并向制定机关作出书面说明。地方性法规报送备案时，应当说明补充设定行政处罚的情况。

第十三条　【国务院部门规章对处罚的设定】国务院部门规章可以在法律、行政法规规定的给予行政处罚的行为、种类和幅度的范围内作出具体规定。

尚未制定法律、行政法规的，国务院部门规章对违反行政管理秩序的行为，可以设定警告、通报批评或者一定数额罚款的行政处罚。罚款的限额由国务院规定。

第十四条　【地方政府规章对处罚的设定】地方政府规章可以在法律、法规规定的给予行政处罚的行为、种类和幅度的范围内作出具体规定。

尚未制定法律、法规的，地方政府规章对违反行政管理秩序的行为，可以设定警告、通报批评或者一定数额罚款的行政处罚。罚款的限额由省、自治区、直辖市人民代表大会常务委员会规定。

第十五条　【对行政处罚定期评估】国务院部门和省、自治区、直辖市人民政府及其有关部门应当定期组织评估行政处罚的实施情况和必要性，对不适当的行政处罚事项及种类、罚款数额等，应当提出修改或者废止的建议。

第十六条　【其他规范性文件不得设定处罚】除法律、法规、规章外，其他规范性文件不得设定行政处罚。

第三章　行政处罚的实施机关

第十七条　【处罚的实施】行政处罚由具有行政处罚权的行政机关在法定职权范围内实施。

第十八条　【处罚的权限】国家在城市管理、市场监管、生态环境、文化市场、交通运输、应急管理、农业等领域推行建立综合行政执法制度，相对集中行政处罚权。

国务院或者省、自治区、直辖市人民政府可以决定一个行政机关行使有关行政机关的行政处罚权。

限制人身自由的行政处罚权只能由公安机关和法律规定的其他机关行使。

第十九条　【授权实施处罚】法律、法规授权的具有管理公共事务职能的组织可以在法定授权范围内实施行政处罚。

第二十条　【委托实施处罚】行政机关依照法律、法规、规章的规定，可以在其法定权限内书面委托符合本法第二十一条规定条件的组织实施行政处罚。行政机关不得委托其他组织或者个人实施行政处罚。

委托书应当载明委托的具体事项、权限、期限等内容。委托行政机关和受委托组织应当将委托书向社会公布。

委托行政机关对受委托组织实施行政处罚的行为应当负责监督，并对该行为的后果承担法律责任。

受委托组织在委托范围内，以委托行政机关名义实施行政处罚；不得再委托其他组织或者个人实施行政处罚。

第二十一条　【受托组织的条件】受委托组织必须符合以下条件：

（一）依法成立并具有管理公共事务职能；

（二）有熟悉有关法律、法规、规章和业务并取得行政执法资格的工作人员；

（三）需要进行技术检查或者技术鉴定的，应当有条件组织进行相应的技术检查或者技术鉴定。

第四章　行政处罚的管辖和适用

第二十二条　【地域管辖】行政处罚由违法行为发生地的行政机关管辖。法律、行政法规、部门规章另有规定的，从其规定。

第二十三条　【级别管辖】行政处罚由县级以上地方人民政府具有行政处罚权的行政机关管辖。法律、行政法规另有规定的，从其规定。

第二十四条　【行政处罚权的承接】省、自治区、直辖市根据当地实际情况，可以决定将基层管理迫切需要的县级人民政府部门的行政处罚权交由能够有效承接的乡镇人民政府、街道办事处行使，并定期组织评估。决定应当公布。

承接行政处罚权的乡镇人民政府、街道办事处应当加强执法能力建设，按照规定范围、依照法定程序实施行政处罚。

有关地方人民政府及其部门应当加强组织协调、业务指导、执法监督，建立健全行政处罚协调配合机制，完善评议、考核制度。

第二十五条　【共同管辖及指定管辖】两个以上行政机关都有管辖权的，由最先立案的行政机关管辖。

对管辖发生争议的，应当协商解决，协商不成的，报请共同的上一级行政机关指定管辖；也可以直接由共同的上一级行政机关指定管辖。

第二十六条　【行政协助】行政机关因实施行政处罚的需要，

可以向有关机关提出协助请求。协助事项属于被请求机关职权范围内的，应当依法予以协助。

第二十七条　【刑事责任优先】违法行为涉嫌犯罪的，行政机关应当及时将案件移送司法机关，依法追究刑事责任。对依法不需要追究刑事责任或者免予刑事处罚，但应当给予行政处罚的，司法机关应当及时将案件移送有关行政机关。

行政处罚实施机关与司法机关之间应当加强协调配合，建立健全案件移送制度，加强证据材料移交、接收衔接，完善案件处理信息通报机制。

第二十八条　【责令改正与责令退赔】行政机关实施行政处罚时，应当责令当事人改正或者限期改正违法行为。

当事人有违法所得，除依法应当退赔的外，应当予以没收。违法所得是指实施违法行为所取得的款项。法律、行政法规、部门规章对违法所得的计算另有规定的，从其规定。

第二十九条　【一事不二罚】对当事人的同一个违法行为，不得给予两次以上罚款的行政处罚。同一个违法行为违反多个法律规范应当给予罚款处罚的，按照罚款数额高的规定处罚。

第三十条　【未成年人处罚的限制】不满十四周岁的未成年人有违法行为的，不予行政处罚，责令监护人加以管教；已满十四周岁不满十八周岁的未成年人有违法行为的，应当从轻或者减轻行政处罚。

第三十一条　【精神病人及限制性精神病人处罚的限制】精神病人、智力残疾人在不能辨认或者不能控制自己行为时有违法行为的，不予行政处罚，但应当责令其监护人严加看管和治疗。间歇性精神病人在精神正常时有违法行为的，应当给予行政处罚。尚未完全丧失辨认或者控制自己行为能力的精神病人、智力残疾人有违法行为的，可以从轻或者减轻行政处罚。

第三十二条　【从轻、减轻处罚的情形】当事人有下列情形之一，应当从轻或者减轻行政处罚：

（一）主动消除或者减轻违法行为危害后果的；

（二）受他人胁迫或者诱骗实施违法行为的；

（三）主动供述行政机关尚未掌握的违法行为的；

（四）配合行政机关查处违法行为有立功表现的；

（五）法律、法规、规章规定其他应当从轻或者减轻行政处罚的。

第三十三条　【不予行政处罚的条件】违法行为轻微并及时改正，没有造成危害后果的，不予行政处罚。初次违法且危害后果轻微并及时改正的，可以不予行政处罚。

当事人有证据足以证明没有主观过错的，不予行政处罚。法律、行政法规另有规定的，从其规定。

对当事人的违法行为依法不予行政处罚的，行政机关应当对当事人进行教育。

第三十四条　【行政处罚裁量基准】行政机关可以依法制定行政处罚裁量基准，规范行使行政处罚裁量权。行政处罚裁量基准应当向社会公布。

第三十五条　【刑罚的折抵】违法行为构成犯罪，人民法院判处拘役或者有期徒刑时，行政机关已经给予当事人行政拘留的，应当依法折抵相应刑期。

违法行为构成犯罪，人民法院判处罚金时，行政机关已经给予当事人罚款的，应当折抵相应罚金；行政机关尚未给予当事人罚款的，不再给予罚款。

第三十六条　【处罚的时效】违法行为在二年内未被发现的，不再给予行政处罚；涉及公民生命健康安全、金融安全且有危害后果的，上述期限延长至五年。法律另有规定的除外。

前款规定的期限，从违法行为发生之日起计算；违法行为有连续或者继续状态的，从行为终了之日起计算。

第三十七条　【法不溯及既往】实施行政处罚，适用违法行为发生时的法律、法规、规章的规定。但是，作出行政处罚决定时，法律、法规、规章已被修改或者废止，且新的规定处罚较轻或者不认为是违法的，适用新的规定。

第三十八条　【行政处罚无效】行政处罚没有依据或者实施主体不具有行政主体资格的，行政处罚无效。

违反法定程序构成重大且明显违法的，行政处罚无效。

第五章　行政处罚的决定

第一节　一般规定

第三十九条　【信息公示】行政处罚的实施机关、立案依据、实施程序和救济渠道等信息应当公示。

第四十条　【处罚的前提】公民、法人或者其他组织违反行政管理秩序的行为，依法应当给予行政处罚的，行政机关必须查明事实；违法事实不清、证据不足的，不得给予行政处罚。

第四十一条　【信息化手段的运用】行政机关依照法律、行政法规规定利用电子技术监控设备收集、固定违法事实的，应当经过法制和技术审核，确保电子技术监控设备符合标准、设置合理、标志明显，设置地点应当向社会公布。

电子技术监控设备记录违法事实应当真实、清晰、完整、准确。行政机关应当审核记录内容是否符合要求；未经审核或者经审核不符合要求的，不得作为行政处罚的证据。

行政机关应当及时告知当事人违法事实，并采取信息化手段或者其他措施，为当事人查询、陈述和申辩提供便利。不得限制或者变相限制当事人享有的陈述权、申辩权。

第四十二条　【执法人员要求】行政处罚应当由具有行政执法资格的执法人员实施。执法人员不得少于两人，法律另有规定的除外。

执法人员应当文明执法，尊重和保护当事人合法权益。

第四十三条　【回避】执法人员与案件有直接利害关系或者有其他关系可能影响公正执法的，应当回避。

当事人认为执法人员与案件有直接利害关系或者有其他关系可能影响公正执法的，有权申请回避。

当事人提出回避申请的，行政机关应当依法审查，由行政机关负责人决定。决定作出之前，不停止调查。

第四十四条　【告知义务】行政机关在作出行政处罚决定之前，应当告知当事人拟作出的行政处罚内容及事实、理由、依据，并告知当事人依法享有的陈述、申辩、要求听证等权利。

第四十五条　【当事人的陈述权和申辩权】当事人有权进行陈述和申辩。行政机关必须充分听取当事人的意见，对当事人提出的事实、理由和证据，应当进行复核；当事人提出的事实、理由或者证据成立的，行政机关应当采纳。

行政机关不得因当事人陈述、申辩而给予更重的处罚。

第四十六条　【证据】证据包括：

（一）书证；

（二）物证；

（三）视听资料；

（四）电子数据；

（五）证人证言；

（六）当事人的陈述；

（七）鉴定意见；

（八）勘验笔录、现场笔录。

证据必须经查证属实，方可作为认定案件事实的根据。

以非法手段取得的证据，不得作为认定案件事实的根据。

第四十七条　【执法全过程记录制度】行政机关应当依法以文

字、音像等形式，对行政处罚的启动、调查取证、审核、决定、送达、执行等进行全过程记录，归档保存。

第四十八条　【行政处罚决定公示制度】 具有一定社会影响的行政处罚决定应当依法公开。

公开的行政处罚决定被依法变更、撤销、确认违法或者确认无效的，行政机关应当在三日内撤回行政处罚决定信息并公开说明理由。

第四十九条　【应急处罚】 发生重大传染病疫情等突发事件，为了控制、减轻和消除突发事件引起的社会危害，行政机关对违反突发事件应对措施的行为，依法快速、从重处罚。

第五十条　【保密义务】 行政机关及其工作人员对实施行政处罚过程中知悉的国家秘密、商业秘密或者个人隐私，应当依法予以保密。

第二节　简易程序

第五十一条　【当场处罚的情形】 违法事实确凿并有法定依据，对公民处以二百元以下、对法人或者其他组织处以三千元以下罚款或者警告的行政处罚的，可以当场作出行政处罚决定。法律另有规定的，从其规定。

第五十二条　【当场处罚的程序】 执法人员当场作出行政处罚决定的，应当向当事人出示执法证件，填写预定格式、编有号码的行政处罚决定书，并当场交付当事人。当事人拒绝签收的，应当在行政处罚决定书上注明。

前款规定的行政处罚决定书应当载明当事人的违法行为，行政处罚的种类和依据、罚款数额、时间、地点，申请行政复议、提起行政诉讼的途径和期限以及行政机关名称，并由执法人员签名或者盖章。

执法人员当场作出的行政处罚决定，应当报所属行政机关备案。

第五十三条 【当场处罚的履行】对当场作出的行政处罚决定，当事人应当依照本法第六十七条至第六十九条的规定履行。

第三节 普通程序

第五十四条 【调查取证与立案】除本法第五十一条规定的可以当场作出的行政处罚外，行政机关发现公民、法人或者其他组织有依法应当给予行政处罚的行为的，必须全面、客观、公正地调查，收集有关证据；必要时，依照法律、法规的规定，可以进行检查。

符合立案标准的，行政机关应当及时立案。

第五十五条 【出示证件与协助调查】执法人员在调查或者进行检查时，应当主动向当事人或者有关人员出示执法证件。当事人或者有关人员有权要求执法人员出示执法证件。执法人员不出示执法证件的，当事人或者有关人员有权拒绝接受调查或者检查。

当事人或者有关人员应当如实回答询问，并协助调查或者检查，不得拒绝或者阻挠。询问或者检查应当制作笔录。

第五十六条 【证据的收集原则】行政机关在收集证据时，可以采取抽样取证的方法；在证据可能灭失或者以后难以取得的情况下，经行政机关负责人批准，可以先行登记保存，并应当在七日内及时作出处理决定，在此期间，当事人或者有关人员不得销毁或者转移证据。

第五十七条 【处罚决定】调查终结，行政机关负责人应当对调查结果进行审查，根据不同情况，分别作出如下决定：

（一）确有应受行政处罚的违法行为的，根据情节轻重及具体情况，作出行政处罚决定；

（二）违法行为轻微，依法可以不予行政处罚的，不予行政处罚；

（三）违法事实不能成立的，不予行政处罚；

（四）违法行为涉嫌犯罪的，移送司法机关。

对情节复杂或者重大违法行为给予行政处罚，行政机关负责人应当集体讨论决定。

第五十八条　【法制审核】有下列情形之一，在行政机关负责人作出行政处罚的决定之前，应当由从事行政处罚决定法制审核的人员进行法制审核；未经法制审核或者审核未通过的，不得作出决定：

（一）涉及重大公共利益的；

（二）直接关系当事人或者第三人重大权益，经过听证程序的；

（三）案件情况疑难复杂、涉及多个法律关系的；

（四）法律、法规规定应当进行法制审核的其他情形。

行政机关中初次从事行政处罚决定法制审核的人员，应当通过国家统一法律职业资格考试取得法律职业资格。

第五十九条　【行政处罚决定书的内容】行政机关依照本法第五十七条的规定给予行政处罚，应当制作行政处罚决定书。行政处罚决定书应当载明下列事项：

（一）当事人的姓名或者名称、地址；

（二）违反法律、法规、规章的事实和证据；

（三）行政处罚的种类和依据；

（四）行政处罚的履行方式和期限；

（五）申请行政复议、提起行政诉讼的途径和期限；

（六）作出行政处罚决定的行政机关名称和作出决定的日期。

行政处罚决定书必须盖有作出行政处罚决定的行政机关的印章。

第六十条　【决定期限】行政机关应当自行政处罚案件立案之日起九十日内作出行政处罚决定。法律、法规、规章另有规定的，从其规定。

第六十一条　【送达】行政处罚决定书应当在宣告后当场交付当事人；当事人不在场的，行政机关应当在七日内依照《中华人民共和国民事诉讼法》的有关规定，将行政处罚决定书送达当事人。

当事人同意并签订确认书的，行政机关可以采用传真、电子邮件等方式，将行政处罚决定书等送达当事人。

第六十二条　【处罚的成立条件】行政机关及其执法人员在作出行政处罚决定之前，未依照本法第四十四条、第四十五条的规定向当事人告知拟作出的行政处罚内容及事实、理由、依据，或者拒绝听取当事人的陈述、申辩，不得作出行政处罚决定；当事人明确放弃陈述或者申辩权利的除外。

第四节　听证程序

第六十三条　【听证权】行政机关拟作出下列行政处罚决定，应当告知当事人有要求听证的权利，当事人要求听证的，行政机关应当组织听证：

（一）较大数额罚款；

（二）没收较大数额违法所得、没收较大价值非法财物；

（三）降低资质等级、吊销许可证件；

（四）责令停产停业、责令关闭、限制从业；

（五）其他较重的行政处罚；

（六）法律、法规、规章规定的其他情形。

当事人不承担行政机关组织听证的费用。

第六十四条　【听证程序】听证应当依照以下程序组织：

（一）当事人要求听证的，应当在行政机关告知后五日内提出；

（二）行政机关应当在举行听证的七日前，通知当事人及有关人员听证的时间、地点；

（三）除涉及国家秘密、商业秘密或者个人隐私依法予以保密外，听证公开举行；

（四）听证由行政机关指定的非本案调查人员主持；当事人认为主持人与本案有直接利害关系的，有权申请回避；

（五）当事人可以亲自参加听证，也可以委托一至二人代理；

（六）当事人及其代理人无正当理由拒不出席听证或者未经许可中途退出听证的，视为放弃听证权利，行政机关终止听证；

（七）举行听证时，调查人员提出当事人违法的事实、证据和行政处罚建议，当事人进行申辩和质证；

（八）听证应当制作笔录。笔录应当交当事人或者其代理人核对无误后签字或者盖章。当事人或者其代理人拒绝签字或者盖章的，由听证主持人在笔录中注明。

第六十五条　【听证笔录】听证结束后，行政机关应当根据听证笔录，依照本法第五十七条的规定，作出决定。

第六章　行政处罚的执行

第六十六条　【履行义务及分期履行】行政处罚决定依法作出后，当事人应当在行政处罚决定书载明的期限内，予以履行。

当事人确有经济困难，需要延期或者分期缴纳罚款的，经当事人申请和行政机关批准，可以暂缓或者分期缴纳。

第六十七条　【罚缴分离原则】作出罚款决定的行政机关应当与收缴罚款的机构分离。

除依照本法第六十八条、第六十九条的规定当场收缴的罚款外，作出行政处罚决定的行政机关及其执法人员不得自行收缴罚款。

当事人应当自收到行政处罚决定书之日起十五日内，到指定的银行或者通过电子支付系统缴纳罚款。银行应当收受罚款，并将罚款直接上缴国库。

第六十八条　【当场收缴罚款范围】依照本法第五十一条的规定当场作出行政处罚决定，有下列情形之一，执法人员可以当场收缴罚款：

（一）依法给予一百元以下罚款的；

（二）不当场收缴事后难以执行的。

第六十九条 【边远地区当场收缴罚款】在边远、水上、交通不便地区，行政机关及其执法人员依照本法第五十一条、第五十七条的规定作出罚款决定后，当事人到指定的银行或者通过电子支付系统缴纳罚款确有困难，经当事人提出，行政机关及其执法人员可以当场收缴罚款。

第七十条 【罚款票据】行政机关及其执法人员当场收缴罚款的，必须向当事人出具国务院财政部门或者省、自治区、直辖市人民政府财政部门统一制发的专用票据；不出具财政部门统一制发的专用票据的，当事人有权拒绝缴纳罚款。

第七十一条 【罚款交纳期】执法人员当场收缴的罚款，应当自收缴罚款之日起二日内，交至行政机关；在水上当场收缴的罚款，应当自抵岸之日起二日内交至行政机关；行政机关应当在二日内将罚款缴付指定的银行。

第七十二条 【执行措施】当事人逾期不履行行政处罚决定的，作出行政处罚决定的行政机关可以采取下列措施：

（一）到期不缴纳罚款的，每日按罚款数额的百分之三加处罚款，加处罚款的数额不得超出罚款的数额；

（二）根据法律规定，将查封、扣押的财物拍卖、依法处理或者将冻结的存款、汇款划拨抵缴罚款；

（三）根据法律规定，采取其他行政强制执行方式；

（四）依照《中华人民共和国行政强制法》的规定申请人民法院强制执行。

行政机关批准延期、分期缴纳罚款的，申请人民法院强制执行的期限，自暂缓或者分期缴纳罚款期限结束之日起计算。

第七十三条 【不停止执行及暂缓执行】当事人对行政处罚决

定不服，申请行政复议或者提起行政诉讼的，行政处罚不停止执行，法律另有规定的除外。

当事人对限制人身自由的行政处罚决定不服，申请行政复议或者提起行政诉讼的，可以向作出决定的机关提出暂缓执行申请。符合法律规定情形的，应当暂缓执行。

当事人申请行政复议或者提起行政诉讼的，加处罚款的数额在行政复议或者行政诉讼期间不予计算。

第七十四条　【没收的非法财物的处理】除依法应当予以销毁的物品外，依法没收的非法财物必须按照国家规定公开拍卖或者按照国家有关规定处理。

罚款、没收的违法所得或者没收非法财物拍卖的款项，必须全部上缴国库，任何行政机关或者个人不得以任何形式截留、私分或者变相私分。

罚款、没收的违法所得或者没收非法财物拍卖的款项，不得同作出行政处罚决定的行政机关及其工作人员的考核、考评直接或者变相挂钩。除依法应当退还、退赔的外，财政部门不得以任何形式向作出行政处罚决定的行政机关返还罚款、没收的违法所得或者没收非法财物拍卖的款项。

第七十五条　【监督检查】行政机关应当建立健全对行政处罚的监督制度。县级以上人民政府应当定期组织开展行政执法评议、考核，加强对行政处罚的监督检查，规范和保障行政处罚的实施。

行政机关实施行政处罚应当接受社会监督。公民、法人或者其他组织对行政机关实施行政处罚的行为，有权申诉或者检举；行政机关应当认真审查，发现有错误的，应当主动改正。

第七章　法律责任

第七十六条　【上级行政机关的监督】行政机关实施行政处罚，有下列情形之一，由上级行政机关或者有关机关责令改正，对直接负责的主管人员和其他直接责任人员依法给予处分：

（一）没有法定的行政处罚依据的；

（二）擅自改变行政处罚种类、幅度的；

（三）违反法定的行政处罚程序的；

（四）违反本法第二十条关于委托处罚的规定的；

（五）执法人员未取得执法证件的。

行政机关对符合立案标准的案件不及时立案的，依照前款规定予以处理。

第七十七条　【当事人的拒绝处罚权及检举权】行政机关对当事人进行处罚不使用罚款、没收财物单据或者使用非法定部门制发的罚款、没收财物单据的，当事人有权拒绝，并有权予以检举，由上级行政机关或者有关机关对使用的非法单据予以收缴销毁，对直接负责的主管人员和其他直接责任人员依法给予处分。

第七十八条　【自行收缴罚款的处理】行政机关违反本法第六十七条的规定自行收缴罚款的，财政部门违反本法第七十四条的规定向行政机关返还罚款、没收的违法所得或者拍卖款项的，由上级行政机关或者有关机关责令改正，对直接负责的主管人员和其他直接责任人员依法给予处分。

第七十九条　【私分罚没财物的处理】行政机关截留、私分或者变相私分罚款、没收的违法所得或者财物的，由财政部门或者有关机关予以追缴，对直接负责的主管人员和其他直接责任人员依法给予处分；情节严重构成犯罪的，依法追究刑事责任。

执法人员利用职务上的便利，索取或者收受他人财物、将收缴罚款据为己有，构成犯罪的，依法追究刑事责任；情节轻微不构成犯罪的，依法给予处分。

第八十条　【行政机关的赔偿责任及对有关人员的处理】行政机关使用或者损毁查封、扣押的财物，对当事人造成损失的，应当依法予以赔偿，对直接负责的主管人员和其他直接责任人员依法给予处分。

第八十一条　【违法实行检查或执行措施的赔偿责任】行政机关违法实施检查措施或者执行措施，给公民人身或者财产造成损害、给法人或者其他组织造成损失的，应当依法予以赔偿，对直接负责的主管人员和其他直接责任人员依法给予处分；情节严重构成犯罪的，依法追究刑事责任。

第八十二条　【以行代刑的责任】行政机关对应当依法移交司法机关追究刑事责任的案件不移交，以行政处罚代替刑事处罚，由上级行政机关或者有关机关责令改正，对直接负责的主管人员和其他直接责任人员依法给予处分；情节严重构成犯罪的，依法追究刑事责任。

第八十三条　【失职责任】行政机关对应当予以制止和处罚的违法行为不予制止、处罚，致使公民、法人或者其他组织的合法权益、公共利益和社会秩序遭受损害的，对直接负责的主管人员和其他直接责任人员依法给予处分；情节严重构成犯罪的，依法追究刑事责任。

第八章　附　　则

第八十四条　【属地原则】外国人、无国籍人、外国组织在中华人民共和国领域内有违法行为，应当给予行政处罚的，适用本法，法律另有规定的除外。

第八十五条　【工作日】本法中“二日”“三日”“五日”“七日”的规定是指工作日，不含法定节假日。

第八十六条　【施行日期】本法自 2021 年 7 月 15 日起施行。

道路交通安全违法行为处理程序规定

（2008 年 12 月 20 日公安部令第 105 号公布　根据 2020 年 4 月 7 日《公安部关于修改〈道路交通安全违法行为处理程序规定〉的决定》修订）

目　　录

第一章　总　　则

第一条　为了规范道路交通安全违法行为处理程序，保障公安机关交通管理部门正确履行职责，保护公民、法人和其他组织的合法权益，根据《中华人民共和国道路交通安全法》及其实施条例等法律、行政法规制定本规定。

第二条　公安机关交通管理部门及其交通警察对道路交通安全

违法行为（以下简称违法行为）的处理程序，在法定职权范围内依照本规定实施。

第三条 对违法行为的处理应当遵循合法、公正、文明、公开、及时的原则，尊重和保障人权，保护公民的人格尊严。

对违法行为的处理应当坚持教育与处罚相结合的原则，教育公民、法人和其他组织自觉遵守道路交通安全法律法规。

对违法行为的处理，应当以事实为依据，与违法行为的事实、性质、情节以及社会危害程度相当。

第二章 管 辖

第四条 交通警察执勤执法中发现的违法行为由违法行为发生地的公安机关交通管理部门管辖。

对管辖权发生争议的，报请共同的上一级公安机关交通管理部门指定管辖。上一级公安机关交通管理部门应当及时确定管辖主体，并通知争议各方。

第五条 违法行为人可以在违法行为发生地、机动车登记地或者其他任意地公安机关交通管理部门处理交通技术监控设备记录的违法行为。

违法行为人在违法行为发生地以外的地方（以下简称处理地）处理交通技术监控设备记录的违法行为的，处理地公安机关交通管理部门可以协助违法行为发生地公安机关交通管理部门调查违法事实、代为送达法律文书、代为履行处罚告知程序，由违法行为发生地公安机关交通管理部门按照发生地标准作出处罚决定。

违法行为人或者机动车所有人、管理人对交通技术监控设备记录的违法行为事实有异议的，可以通过公安机关交通管理部门互联网站、移动互联网应用程序或者违法行为处理窗口向公安机关交通管理部门提出。处理地公安机关交通管理部门应当在收到当事人申请后当日，通过道路交通违法信息管理系统通知违法行为发生地公安机关交通管理部门。违法行为发生地公安机关交通管理部门应当在五日内予以审查，异议成立的，予以消除；异议不成立的，告知当事人。

第六条 对违法行为人处以警告、罚款或者暂扣机动车驾驶证处罚的，由县级以上公安机关交通管理部门作出处罚决定。

对违法行为人处以吊销机动车驾驶证处罚的，由设区的市公安机关交通管理部门作出处罚决定。

对违法行为人处以行政拘留处罚的，由县、市公安局、公安分局或者相当于县一级的公安机关作出处罚决定。

第三章 调查取证

第一节 一般规定

第七条 交通警察调查违法行为时，应当表明执法身份。

交通警察执勤执法应当严格执行安全防护规定，注意自身安全，在公路上执勤执法不得少于两人。

第八条 交通警察应当全面、及时、合法收集能够证实违法行为是否存在、违法情节轻重的证据。

第九条 交通警察调查违法行为时，应当查验机动车驾驶证、行驶证、机动车号牌、检验合格标志、保险标志等牌证以及机动车和驾驶人违法信息。对运载爆炸物品、易燃易爆化学物品以及剧毒、放射性等危险物品车辆驾驶人违法行为调查的，还应当查验其他相关证件及信息。

第十条 交通警察查验机动车驾驶证时，应当询问驾驶人姓名、住址、出生年月并与驾驶证上记录的内容进行核对；对持证人的相貌与驾驶证上的照片进行核对。必要时，可以要求驾驶人出示居民身份证进行核对。

第十一条 调查中需要采取行政强制措施的，依照法律、法规、本规定及国家其他有关规定实施。

第十二条 交通警察对机动车驾驶人不在现场的违法停放机动车行为，应当在机动车侧门玻璃或者摩托车座位上粘贴违法停车告知单，并采取拍照或者录像方式固定相关证据。

第十三条 调查中发现违法行为人有其他违法行为的，在依法对其道路交通安全违法行为作出处理决定的同时，按照有关规定移送有管辖权的单位处理。涉嫌构成犯罪的，转为刑事案件办理或者移送有权处理的主管机关、部门办理。

第十四条 公安机关交通管理部门对于控告、举报的违法行为以及其他行政主管部门移送的案件应当接受，并按规定处理。

第二节　交通技术监控

第十五条 公安机关交通管理部门可以利用交通技术监控设备、执法记录设备收集、固定违法行为证据。

交通技术监控设备、执法记录设备应当符合国家标准或者行业标准，需要认定、检定的交通技术监控设备应当经认定、检定合格后，方可用于收集、固定违法行为证据。

交通技术监控设备应当定期维护、保养、检测，保持功能完好。

第十六条 交通技术监控设备的设置应当遵循科学、规范、合理的原则，设置的地点应当有明确规范相应交通行为的交通信号。

固定式交通技术监控设备设置地点应当向社会公布。

第十七条 使用固定式交通技术监控设备测速的路段，应当设置测速警告标志。

使用移动测速设备测速的，应当由交通警察操作。使用车载移动测速设备的，还应当使用制式警车。

第十八条 作为处理依据的交通技术监控设备收集的违法行为记录资料，应当清晰、准确地反映机动车类型、号牌、外观等特征以及违法时间、地点、事实。

第十九条 交通技术监控设备收集违法行为记录资料后五日内，违法行为发生地公安机关交通管理部门应当对记录内容进行审核，经审核无误后录入道路交通违法信息管理系统，作为处罚违法行为的证据。

第二十条 交通技术监控设备记录的违法行为信息录入道路交通违法信息管理系统后当日，违法行为发生地和机动车登记地公安机关交通管理部门应当向社会提供查询。违法行为发生地公安机关交通管理部门应当在违法行为信息录入道路交通违法信息管理系统后五日内，按照机动车备案信息中的联系方式，通过移动互联网应用程序、手机短信或者邮寄等方式将违法时间、地点、事实通知违法行为人或者机动车所有人、管理人，并告知其在三十日内接受处理。

公安机关交通管理部门应当在违法行为人或者机动车所有人、管理人处理违法行为和交通事故、办理机动车或者驾驶证业务时，书面确认违法行为人或者机动车所有人、管理人的联系方式和法律文书送达方式，并告知其可以通过公安机关交通管理部门互联网站、移动互联网应用程序等方式备案或者变更联系方式、法律文书送达方式。

第二十一条 对交通技术监控设备记录的违法行为信息，经核查能够确定实际驾驶人的，公安机关交通管理部门可以在道路交通违法信息管理系统中将其记录为实际驾驶人的违法行为信息。

第二十二条 交通技术监控设备记录或者录入道路交通违法信息管理系统的违法行为信息，有下列情形之一并经核实的，违法行为发生地或者机动车登记地公安机关交通管理部门应当自核实之日起三日内予以消除：

（一）警车、消防救援车辆、救护车、工程救险车执行紧急任务期间交通技术监控设备记录的违法行为；

（二）机动车所有人或者管理人提供报案记录证明机动车被盗抢期间、机动车号牌被他人冒用期间交通技术监控设备记录的违法行为；

（三）违法行为人或者机动车所有人、管理人提供证据证明机动车因救助危难或者紧急避险造成的违法行为；

（四）已经在现场被交通警察处理的交通技术监控设备记录的违法行为；

（五）因交通信号指示不一致造成的违法行为；

（六）作为处理依据的交通技术监控设备收集的违法行为记录资料，不能清晰、准确地反映机动车类型、号牌、外观等特征以及违法时间、地点、事实的；

（七）经比对交通技术监控设备记录的违法行为照片、道路交通违法信息管理系统登记的机动车信息，确认记录的机动车号牌信息错误的；

（八）其他应当消除的情形。

第二十三条 经查证属实，单位或者个人提供的违法行为照片或者视频等资料可以作为处罚的证据。

对群众举报的违法行为照片或者视频资料的审核录入要求，参照本规定执行。

第四章 行政强制措施适用

第二十四条 公安机关交通管理部门及其交通警察在执法过程中，依法可以采取下列行政强制措施：

（一）扣留车辆；

（二）扣留机动车驾驶证；

（三）拖移机动车；

（四）检验体内酒精、国家管制的精神药品、麻醉药品含量；

（五）收缴物品；

（六）法律、法规规定的其他行政强制措施。

第二十五条 采取本规定第二十四条第（一）、（二）、（四）、（五）项行政强制措施，应当按照下列程序实施：

（一）口头告知违法行为人或者机动车所有人、管理人违法行为的基本事实、拟作出行政强制措施的种类、依据及其依法享有的权利；

（二）听取当事人的陈述和申辩，当事人提出的事实、理由或者证据成立的，应当采纳；

（三）制作行政强制措施凭证，并告知当事人在十五日内到指定地点接受处理；

（四）行政强制措施凭证应当由当事人签名、交通警察签名或者盖章，并加盖公安机关交通管理部门印章；当事人拒绝签名的，交通警察应当在行政强制措施凭证上注明；

（五）行政强制措施凭证应当当场交付当事人；当事人拒收的，由交通警察在行政强制措施凭证上注明，即为送达。

现场采取行政强制措施的，交通警察应当在二十四小时内向所属公安机关交通管理部门负责人报告，并补办批准手续。公安机关交通管理部门负责人认为不应当采取行政强制措施的，应当立即解除。

第二十六条 行政强制措施凭证应当载明当事人的基本情况、车辆牌号、车辆类型、违法事实、采取行政强制措施种类和依据、接受处理的具体地点和期限、决定机关名称及当事人依法享有的行政复议、行政诉讼权利等内容。

第二十七条 有下列情形之一的，依法扣留车辆：

（一）上道路行驶的机动车未悬挂机动车号牌，未放置检验合格标志、保险标志，或者未随车携带机动车行驶证、驾驶证的；

（二）有伪造、变造或者使用伪造、变造的机动车登记证书、号牌、行驶证、检验合格标志、保险标志、驾驶证或者使用其他车辆的机动车登记证书、号牌、行驶证、检验合格标志、保险标志嫌疑的；

（三）未按照国家规定投保机动车交通事故责任强制保险的；

（四）公路客运车辆或者货运机动车超载的；

（五）机动车有被盗抢嫌疑的；

（六）机动车有拼装或者达到报废标准嫌疑的；

（七）未申领《剧毒化学品公路运输通行证》通过公路运输剧毒化学品的；

（八）非机动车驾驶人拒绝接受罚款处罚的。

对发生道路交通事故，因收集证据需要的，可以依法扣留事故车辆。

第二十八条 交通警察应当在扣留车辆后二十四小时内，将被扣留车辆交所属公安机关交通管理部门。

公安机关交通管理部门扣留车辆的，不得扣留车辆所载货物。对车辆所载货物应当通知当事人自行处理，当事人无法自行处理或者不自行处理的，应当登记并妥善保管，对容易腐烂、损毁、灭失或者其他不具备保管条件的物品，经县级以上公安机关交通管理部门负责人批准，可以在拍照或者录像后变卖或者拍卖，变卖、拍卖所得按照有关规定处理。

第二十九条 对公路客运车辆载客超过核定乘员、货运机动车超过核定载质量的，公安机关交通管理部门应当按照下列规定消除违法状态：

（一）违法行为人可以自行消除违法状态的，应当在公安机关交通管理部门的监督下，自行将超载的乘车人转运、将超载的货物卸载；

（二）违法行为人无法自行消除违法状态的，对超载的乘车人，公安机关交通管理部门应当及时通知有关部门联系转运；对超载的货物，应当在指定的场地卸载，并由违法行为人与指定场地的保管方签订卸载货物的保管合同。

消除违法状态的费用由违法行为人承担。违法状态消除后，应当立即退还被扣留的机动车。

第三十条 对扣留的车辆，当事人接受处理或者提供、补办的相关证明或者手续经核实后，公安机关交通管理部门应当依法及时退还。

公安机关交通管理部门核实的时间不得超过十日；需要延长的，经县级以上公安机关交通管理部门负责人批准，可以延长至十五日。核实时间自车辆驾驶人或者所有人、管理人提供被扣留车辆合法来历证明，补办相应手续，或者接受处理之日起计算。

发生道路交通事故因收集证据需要扣留车辆的，扣留车辆时间依照《道路交通事故处理程序规定》有关规定执行。

第三十一条 有下列情形之一的，依法扣留机动车驾驶证：

（一）饮酒后驾驶机动车的；

（二）将机动车交由未取得机动车驾驶证或者机动车驾驶证被吊销、暂扣的人驾驶的；

（三）机动车行驶超过规定时速百分之五十的；

（四）驾驶有拼装或者达到报废标准嫌疑的机动车上道路行驶的；

（五）在一个记分周期内累积记分达到十二分的。

第三十二条 交通警察应当在扣留机动车驾驶证后二十四小时内，将被扣留机动车驾驶证交所属公安机关交通管理部门。

具有本规定第三十一条第（一）、（二）、（三）、（四）项所列情形之一的，扣留机动车驾驶证至作出处罚决定之日；处罚决定生效前先予扣留机动车驾驶证的，扣留一日折抵暂扣期限一日。只对违法行为人作出罚款处罚的，缴纳罚款完毕后，应当立即发还机动车驾驶证。具有本规定第三十一条第（五）项情形的，扣留机动车驾驶证至考试合格之日。

第三十三条 违反机动车停放、临时停车规定，驾驶人不在现场或者虽在现场但拒绝立即驶离，妨碍其他车辆、行人通行的，公安机关交通管理部门及其交通警察可以将机动车拖移至不妨碍交通的地点或者公安机关交通管理部门指定的地点。

拖移机动车的，现场交通警察应当通过拍照、录像等方式固定违法事实和证据。

第三十四条 公安机关交通管理部门应当公开拖移机动车查询电话，并通过设置拖移机动车专用标志牌明示或者以其他方式告知当事人。当事人可以通过电话查询接受处理的地点、期限和被拖移机动车的停放地点。

第三十五条 车辆驾驶人有下列情形之一的，应当对其检验体内酒精含量：

（一）对酒精呼气测试等方法测试的酒精含量结果有异议并当场提出的；

（二）涉嫌饮酒驾驶车辆发生交通事故的；

（三）涉嫌醉酒驾驶的；

（四）拒绝配合酒精呼气测试等方法测试的。

车辆驾驶人对酒精呼气测试结果无异议的，应当签字确认。事后提出异议的，不予采纳。

车辆驾驶人涉嫌吸食、注射毒品或者服用国家管制的精神药品、麻醉药品后驾驶车辆的，应当按照《吸毒检测程序规定》对车辆驾驶人进行吸毒检测，并通知其家属，但无法通知的除外。

对酒后、吸毒后行为失控或者拒绝配合检验、检测的，可以使用约束带或者警绳等约束性警械。

第三十六条 对车辆驾驶人进行体内酒精含量检验的，应当按照下列程序实施：

（一）由两名交通警察或者由一名交通警察带领警务辅助人员将车辆驾驶人带到医疗机构提取血样，或者现场由法医等具有相应资质的人员提取血样；

（二）公安机关交通管理部门应当在提取血样后五日内将血样送交有检验资格的单位或者机构进行检验，并在收到检验结果后五日内书面告知车辆驾驶人。

检验车辆驾驶人体内酒精含量的，应当通知其家属，但无法通知的除外。

车辆驾驶人对检验结果有异议的，可以在收到检验结果之日起三日内申请重新检验。

具有下列情形之一的，应当进行重新检验：

（一）检验程序违法或者违反相关专业技术要求，可能影响检验结果正确性的；

（二）检验单位或者机构、检验人不具备相应资质和条件的；

（三）检验结果明显依据不足的；

（四）检验人故意作虚假检验的；

（五）检验人应当回避而没有回避的；

（六）检材虚假或者被污染的；

（七）其他应当重新检验的情形。

不符合前款规定情形的，经县级以上公安机关交通管理部门负责人批准，作出不准予重新检验的决定，并在作出决定之日起的三日内书面通知申请人。

重新检验，公安机关应当另行指派或者聘请检验人。

第三十七条 对非法安装警报器、标志灯具或者自行车、三轮车加装动力装置的，公安机关交通管理部门应当强制拆除，予以收缴，并依法予以处罚。

交通警察现场收缴非法装置的，应当在二十四小时内，将收缴的物品交所属公安机关交通管理部门。

对收缴的物品，除作为证据保存外，经县级以上公安机关交通管理部门批准后，依法予以销毁。

第三十八条 公安机关交通管理部门对扣留的拼装或者已达到

报废标准的机动车，经县级以上公安机关交通管理部门批准后，予以收缴，强制报废。

第三十九条 对伪造、变造或者使用伪造、变造的机动车登记证书、号牌、行驶证、检验合格标志、保险标志、驾驶证的，应当予以收缴，依法处罚后予以销毁。

对使用其他车辆的机动车登记证书、号牌、行驶证、检验合格标志、保险标志的，应当予以收缴，依法处罚后转至机动车登记地车辆管理所。

第四十条 对在道路两侧及隔离带上种植树木、其他植物或者设置广告牌、管线等，遮挡路灯、交通信号灯、交通标志，妨碍安全视距的，公安机关交通管理部门应当向违法行为人送达排除妨碍通知书，告知履行期限和不履行的后果。违法行为人在规定期限内拒不履行的，依法予以处罚并强制排除妨碍。

第四十一条 强制排除妨碍，公安机关交通管理部门及其交通警察可以当场实施。无法当场实施的，应当按照下列程序实施：

（一）经县级以上公安机关交通管理部门负责人批准，可以委托或者组织没有利害关系的单位予以强制排除妨碍；

（二）执行强制排除妨碍时，公安机关交通管理部门应当派员到场监督。

第五章　行政处罚

第一节　行政处罚的决定

第四十二条 交通警察对于当场发现的违法行为，认为情节轻微、未影响道路通行和安全的，口头告知其违法行为的基本事实、依据，向违法行为人提出口头警告，纠正违法行为后放行。

各省、自治区、直辖市公安机关交通管理部门可以根据实际确定适用口头警告的具体范围和实施办法。

第四十三条 对违法行为人处以警告或者二百元以下罚款的，可以适用简易程序。

对违法行为人处以二百元（不含）以上罚款、暂扣或者吊销机动车驾驶证的，应当适用一般程序。不需要采取行政强制措施的，现场交通警察应当收集、固定相关证据，并制作违法行为处理通知书。其中，对违法行为人单处二百元（不含）以上罚款的，可以通过简化取证方式和审核审批手续等措施快速办理。

对违法行为人处以行政拘留处罚的，按照《公安机关办理行政案件程序规定》实施。

第四十四条 适用简易程序处罚的，可以由一名交通警察作出，并应当按照下列程序实施：

（一）口头告知违法行为人违法行为的基本事实、拟作出的行政处罚、依据及其依法享有的权利；

（二）听取违法行为人的陈述和申辩，违法行为人提出的事实、理由或者证据成立的，应当采纳；

（三）制作简易程序处罚决定书；

（四）处罚决定书应当由被处罚人签名、交通警察签名或者盖章，并加盖公安机关交通管理部门印章；被处罚人拒绝签名的，交通警察应当在处罚决定书上注明；

（五）处罚决定书应当当场交付被处罚人；被处罚人拒收的，由交通警察在处罚决定书上注明，即为送达。

交通警察应当在二日内将简易程序处罚决定书报所属公安机关交通管理部门备案。

第四十五条 简易程序处罚决定书应当载明被处罚人的基本情况、车辆牌号、车辆类型、违法事实、处罚的依据、处罚的内容、履行方式、期限、处罚机关名称及被处罚人依法享有的行政复议、行政诉讼权利等内容。

第四十六条 制发违法行为处理通知书应当按照下列程序

实施：

（一）口头告知违法行为人违法行为的基本事实；

（二）听取违法行为人的陈述和申辩，违法行为人提出的事实、理由或者证据成立的，应当采纳；

（三）制作违法行为处理通知书，并通知当事人在十五日内接受处理；

（四）违法行为处理通知书应当由违法行为人签名、交通警察签名或者盖章，并加盖公安机关交通管理部门印章；当事人拒绝签名的，交通警察应当在违法行为处理通知书上注明；

（五）违法行为处理通知书应当当场交付当事人；当事人拒收的，由交通警察在违法行为处理通知书上注明，即为送达。

交通警察应当在二十四小时内将违法行为处理通知书报所属公安机关交通管理部门备案。

第四十七条 违法行为处理通知书应当载明当事人的基本情况、车辆牌号、车辆类型、违法事实、接受处理的具体地点和时限、通知机关名称等内容。

第四十八条 适用一般程序作出处罚决定，应当由两名以上交通警察按照下列程序实施：

（一）对违法事实进行调查，询问当事人违法行为的基本情况，并制作笔录；当事人拒绝接受询问、签名或者盖章的，交通警察应当在询问笔录上注明；

（二）采用书面形式或者笔录形式告知当事人拟作出的行政处罚的事实、理由及依据，并告知其依法享有的权利；

（三）对当事人陈述、申辩进行复核，复核结果应当在笔录中注明；

（四）制作行政处罚决定书；

（五）行政处罚决定书应当由被处罚人签名，并加盖公安机关交通管理部门印章；被处罚人拒绝签名的，交通警察应当在处罚决定书上注明；

（六）行政处罚决定书应当当场交付被处罚人；被处罚人拒收的，由交通警察在处罚决定书上注明，即为送达；被处罚人不在场的，应当依照《公安机关办理行政案件程序规定》的有关规定送达。

第四十九条 行政处罚决定书应当载明被处罚人的基本情况、车辆牌号、车辆类型、违法事实和证据、处罚的依据、处罚的内容、履行方式、期限、处罚机关名称及被处罚人依法享有的行政复议、行政诉讼权利等内容。

第五十条 一人有两种以上违法行为，分别裁决，合并执行，可以制作一份行政处罚决定书。

一人只有一种违法行为，依法应当并处两个以上处罚种类且涉及两个处罚主体的，应当分别制作行政处罚决定书。

第五十一条 对违法行为事实清楚，需要按照一般程序处以罚款的，应当自违法行为人接受处理之时起二十四小时内作出处罚决定；处以暂扣机动车驾驶证的，应当自违法行为人接受处理之日起三日内作出处罚决定；处以吊销机动车驾驶证的，应当自违法行为人接受处理或者听证程序结束之日起七日内作出处罚决定，交通肇事构成犯罪的，应当在人民法院判决后及时作出处罚决定。

第五十二条 对交通技术监控设备记录的违法行为，当事人应当及时到公安机关交通管理部门接受处理，处以警告或者二百元以下罚款的，可以适用简易程序；处以二百元（不含）以上罚款、吊销机动车驾驶证的，应当适用一般程序。

第五十三条 违法行为人或者机动车所有人、管理人收到道路交通安全违法行为通知后，应当及时到公安机关交通管理部门接受处理。机动车所有人、管理人将机动车交由他人驾驶的，应当通知机动车驾驶人按照本规定第二十条规定期限接受处理。

违法行为人或者机动车所有人、管理人无法在三十日内接受处理的，可以申请延期处理。延长的期限最长不得超过三个月。

第五十四条 机动车有五起以上未处理的违法行为记录，违法行为人或者机动车所有人、管理人未在三十日内接受处理且未申请延期处理的，违法行为发生地公安机关交通管理部门应当按照备案信息中的联系方式，通过移动互联网应用程序、手机短信或者邮寄等方式将拟作出的行政处罚决定的事实、理由、依据以及依法享有的权利，告知违法行为人或者机动车所有人、管理人。违法行为人或者机动车所有人、管理人未在告知后三十日内接受处理的，可以采取公告方式告知拟作出的行政处罚决定的事实、理由、依据、依法享有的权利以及公告期届满后将依法作出行政处罚决定。公告期为七日。

违法行为人或者机动车所有人、管理人提出申辩或者接受处理的，应当按照本规定第四十四条或者第四十八条办理；违法行为人或者机动车所有人、管理人未提出申辩的，公安机关交通管理部门可以依法作出行政处罚决定，并制作行政处罚决定书。

第五十五条 行政处罚决定书可以邮寄或者电子送达。邮寄或者电子送达不成功的，公安机关交通管理部门可以公告送达，公告期为六十日。

第五十六条 电子送达可以采用移动互联网应用程序、电子邮件、移动通信等能够确认受送达人收悉的特定系统作为送达媒介。送达日期为公安机关交通管理部门对应系统显示发送成功的日期。受送达人证明到达其特定系统的日期与公安机关交通管理部门对应系统显示发送成功的日期不一致的，以受送达人证明到达其特定系统的日期为准。

公告应当通过互联网交通安全综合服务管理平台、移动互联网应用程序等方式进行。公告期满，即为送达。

公告内容应当避免泄漏个人隐私。

第五十七条 交通警察在道路执勤执法时，发现违法行为人或者机动车所有人、管理人有交通技术监控设备记录的违法行为逾期未处理的，应当以口头或者书面方式告知违法行为人或者机动车所有人、管理人。

第五十八条 违法行为人可以通过公安机关交通管理部门自助处理平台自助处理违法行为。

第二节 行政处罚的执行

第五十九条 对行人、乘车人、非机动车驾驶人处以罚款，交通警察当场收缴的，交通警察应当在简易程序处罚决定书上注明，由被处罚人签名确认。被处罚人拒绝签名的，交通警察应当在处罚决定书上注明。

交通警察依法当场收缴罚款的，应当开具省、自治区、直辖市财政部门统一制发的罚款收据；不开具省、自治区、直辖市财政部门统一制发的罚款收据的，当事人有权拒绝缴纳罚款。

第六十条 当事人逾期不履行行政处罚决定的，作出行政处罚决定的公安机关交通管理部门可以采取下列措施：

（一）到期不缴纳罚款的，每日按罚款数额的百分之三加处罚款，加处罚款总额不得超出罚款数额；

（二）申请人民法院强制执行。

第六十一条 公安机关交通管理部门对非本辖区机动车驾驶人给予暂扣、吊销机动车驾驶证处罚的，应当在作出处罚决定之日起十五日内，将机动车驾驶证转至核发地公安机关交通管理部门。

违法行为人申请不将暂扣的机动车驾驶证转至核发地公安机关交通管理部门的，应当准许，并在行政处罚决定书上注明。

第六十二条 对违法行为人决定行政拘留并处罚款的，公安机关交通管理部门应当告知违法行为人可以委托他人代缴罚款。

第六章 执法监督

第六十三条 交通警察执勤执法时，应当按照规定着装，佩戴人民警察标志，随身携带人民警察证件，保持警容严整，举止端庄，指挥规范。

交通警察查处违法行为时应当使用规范、文明的执法用语。

第六十四条 公安机关交通管理部门所属的交警队、车管所及重点业务岗位应当建立值日警官和法制员制度，防止和纠正执法中的错误和不当行为。

第六十五条 各级公安机关交通管理部门应当加强执法监督，建立本单位及其所属民警的执法档案，实施执法质量考评、执法责任制和执法过错追究。

执法档案可以是电子档案或者纸质档案。

第六十六条 公安机关交通管理部门应当依法建立交通民警执勤执法考核评价标准，不得下达或者变相下达罚款指标，不得以处罚数量作为考核民警执法效果的依据。

第七章 其他规定

第六十七条 当事人对公安机关交通管理部门采取的行政强制措施或者作出的行政处罚决定不服的，可以依法申请行政复议或者提起行政诉讼。

第六十八条 公安机关交通管理部门应当使用道路交通违法信息管理系统对违法行为信息进行管理。对记录和处理的交通违法行为信息应当及时录入道路交通违法信息管理系统。

第六十九条 公安机关交通管理部门对非本辖区机动车有违法行为记录的，应当在违法行为信息录入道路交通违法信息管理系统后，在规定时限内将违法行为信息转至机动车登记地公安机关交通管理部门。

第七十条 公安机关交通管理部门对非本辖区机动车驾驶人的违法行为给予记分或者暂扣、吊销机动车驾驶证以及扣留机动车驾驶证的，应当在违法行为信息录入道路交通违法信息管理系统后，在规定时限内将违法行为信息转至驾驶证核发地公安机关交通管理部门。

第七十一条 公安机关交通管理部门可以与保险监管机构建立违法行为与机动车交通事故责任强制保险费率联系浮动制度。

第七十二条 机动车所有人为单位的，公安机关交通管理部门可以将严重影响道路交通安全的违法行为通报机动车所有人。

第七十三条 对非本辖区机动车驾驶人申请在违法行为发生地、处理地参加满分学习、考试的，公安机关交通管理部门应当准许，考试合格后发还扣留的机动车驾驶证，并将考试合格的信息转至驾驶证核发地公安机关交通管理部门。

驾驶证核发地公安机关交通管理部门应当根据转递信息清除机动车驾驶人的累积记分。

第七十四条 以欺骗、贿赂等不正当手段取得机动车登记的，应当收缴机动车登记证书、号牌、行驶证，由机动车登记地公安机关交通管理部门撤销机动车登记。

以欺骗、贿赂等不正当手段取得驾驶许可的，应当收缴机动车驾驶证，由驾驶证核发地公安机关交通管理部门撤销机动车驾驶许可。

非本辖区机动车登记或者机动车驾驶许可需要撤销的，公安机关交通管理部门应当将收缴的机动车登记证书、号牌、行驶证或者机动车驾驶证以及相关证据材料，及时转至机动车登记地或者驾驶证核发地公安机关交通管理部门。

第七十五条 撤销机动车登记或者机动车驾驶许可的，应当按照下列程序实施：

（一）经设区的市公安机关交通管理部门负责人批准，制作撤销决定书送达当事人；

（二）将收缴的机动车登记证书、号牌、行驶证或者机动车驾驶证以及撤销决定书转至机动车登记地或者驾驶证核发地车辆管理所予以注销；

（三）无法收缴的，公告作废。

第七十六条 简易程序案卷应当包括简易程序处罚决定书。一般程序案卷应当包括行政强制措施凭证或者违法行为处理通知书、证据材料、公安交通管理行政处罚决定书。

在处理违法行为过程中形成的其他文书应当一并存入案卷。

第八章 附 则

第七十七条 本规定中下列用语的含义：

（一）“违法行为人”，是指违反道路交通安全法律、行政法规规定的公民、法人及其他组织。

（二）“县级以上公安机关交通管理部门”，是指县级以上人民政府公安机关交通管理部门或者相当于同级的公安机关交通管理部门。“设区的市公安机关交通管理部门”，是指设区的市人民政府公安机关交通管理部门或者相当于同级的公安机关交通管理部门。

第七十八条 交通技术监控设备记录的非机动车、行人违法行为参照本规定关于机动车违法行为处理程序处理。

第七十九条 公安机关交通管理部门可以以电子案卷形式保存违法处理案卷。

第八十条 本规定未规定的违法行为处理程序，依照《公安机关办理行政案件程序规定》执行。

第八十一条 本规定所称“以上”“以下”，除特别注明的外，包括本数在内。

本规定所称的“二日”“三日”“五日”“七日”“十日”“十五日”，是指工作日，不包括节假日。

第八十二条 执行本规定所需要的法律文书式样，由公安部制定。公安部没有制定式样，执法工作中需要的其他法律文书，各省、自治区、直辖市公安机关交通管理部门可以制定式样。

第八十三条 本规定自2009年4月1日起施行。2004年4月30日发布的《道路交通安全违法行为处理程序规定》(公安部第69号令)同时废止。本规定生效后，以前有关规定与本规定不一致的，以本规定为准。

交通事故损害赔偿与强制保险

（一）交通事故损害赔偿

中华人民共和国民法典（节录）

（2020 年 5 月 28 日第十三届全国人民代表大会第三次会议通过　2020 年 5 月 28 日中华人民共和国主席令第 45 号公布　自 2021 年 1 月 1 日起施行）

……

第七编　侵权责任

第一章　一般规定

第一千一百六十四条　【侵权责任编的调整范围】本编调整因侵害民事权益产生的民事关系。

第一千一百六十五条　【过错责任原则与过错推定责任】行为人因过错侵害他人民事权益造成损害的，应当承担侵权责任。

依照法律规定推定行为人有过错，其不能证明自己没有过错的，应当承担侵权责任。

第一千一百六十六条　【无过错责任】 行为人造成他人民事权益损害，不论行为人有无过错，法律规定应当承担侵权责任的，依照其规定。

第一千一百六十七条　【危及他人人身、财产安全的责任承担方式】 侵权行为危及他人人身、财产安全的，被侵权人有权请求侵权人承担停止侵害、排除妨碍、消除危险等侵权责任。

第一千一百六十八条　【共同侵权】 二人以上共同实施侵权行为，造成他人损害的，应当承担连带责任。

第一千一百六十九条　【教唆侵权、帮助侵权】 教唆、帮助他人实施侵权行为的，应当与行为人承担连带责任。

教唆、帮助无民事行为能力人、限制民事行为能力人实施侵权行为的，应当承担侵权责任；该无民事行为能力人、限制民事行为能力人的监护人未尽到监护职责的，应当承担相应的责任。

第一千一百七十条　【共同危险行为】 二人以上实施危及他人人身、财产安全的行为，其中一人或者数人的行为造成他人损害，能够确定具体侵权人的，由侵权人承担责任；不能确定具体侵权人的，行为人承担连带责任。

第一千一百七十一条　【分别侵权的连带责任】 二人以上分别实施侵权行为造成同一损害，每个人的侵权行为都足以造成全部损害的，行为人承担连带责任。

第一千一百七十二条　【分别侵权的按份责任】 二人以上分别实施侵权行为造成同一损害，能够确定责任大小的，各自承担相应的责任；难以确定责任大小的，平均承担责任。

第一千一百七十三条　【与有过错】 被侵权人对同一损害的发生或者扩大有过错的，可以减轻侵权人的责任。

第一千一百七十四条　【受害人故意】 损害是因受害人故意造成的，行为人不承担责任。

第一千一百七十五条　【第三人过错】 损害是因第三人造成

的，第三人应当承担侵权责任。

第一千一百七十六条　【自甘风险】自愿参加具有一定风险的文体活动，因其他参加者的行为受到损害的，受害人不得请求其他参加者承担侵权责任；但是，其他参加者对损害的发生有故意或者重大过失的除外。

活动组织者的责任适用本法第一千一百九十八条至第一千二百零一条的规定。

第一千一百七十七条　【自力救济】合法权益受到侵害，情况紧迫且不能及时获得国家机关保护，不立即采取措施将使其合法权益受到难以弥补的损害的，受害人可以在保护自己合法权益的必要范围内采取扣留侵权人的财物等合理措施；但是，应当立即请求有关国家机关处理。

受害人采取的措施不当造成他人损害的，应当承担侵权责任。

第一千一百七十八条　【特别规定优先适用】本法和其他法律对不承担责任或者减轻责任的情形另有规定的，依照其规定。

第二章　损害赔偿

第一千一百七十九条　【人身损害赔偿范围】侵害他人造成人身损害的，应当赔偿医疗费、护理费、交通费、营养费、住院伙食补助费等为治疗和康复支出的合理费用，以及因误工减少的收入。造成残疾的，还应当赔偿辅助器具费和残疾赔偿金；造成死亡的，还应当赔偿丧葬费和死亡赔偿金。

第一千一百八十条　【以相同数额确定死亡赔偿金】因同一侵权行为造成多人死亡的，可以以相同数额确定死亡赔偿金。

第一千一百八十一条　【被侵权人死亡时请求权主体的确定】被侵权人死亡的，其近亲属有权请求侵权人承担侵权责任。被侵权人为组织，该组织分立、合并的，承继权利的组织有权请求侵权人承担侵权责任。

被侵权人死亡的，支付被侵权人医疗费、丧葬费等合理费用的人有权请求侵权人赔偿费用，但是侵权人已经支付该费用的除外。

第一千一百八十二条　【侵害他人人身权益造成财产损失的赔偿计算方式】侵害他人人身权益造成财产损失的，按照被侵权人因此受到的损失或者侵权人因此获得的利益赔偿；被侵权人因此受到的损失以及侵权人因此获得的利益难以确定，被侵权人和侵权人就赔偿数额协商不一致，向人民法院提起诉讼的，由人民法院根据实际情况确定赔偿数额。

第一千一百八十三条　【精神损害赔偿】侵害自然人人身权益造成严重精神损害的，被侵权人有权请求精神损害赔偿。

因故意或者重大过失侵害自然人具有人身意义的特定物造成严重精神损害的，被侵权人有权请求精神损害赔偿。

第一千一百八十四条　【财产损失的计算】侵害他人财产的，财产损失按照损失发生时的市场价格或者其他合理方式计算。

第一千一百八十五条　【故意侵害知识产权的惩罚性赔偿责任】故意侵害他人知识产权，情节严重的，被侵权人有权请求相应的惩罚性赔偿。

第一千一百八十六条　【公平分担损失】受害人和行为人对损害的发生都没有过错的，依照法律的规定由双方分担损失。

第一千一百八十七条　【赔偿费用的支付方式】损害发生后，当事人可以协商赔偿费用的支付方式。协商不一致的，赔偿费用应当一次性支付；一次性支付确有困难的，可以分期支付，但是被侵权人有权请求提供相应的担保。

第三章　责任主体的特殊规定

第一千一百八十八条　【监护人责任】无民事行为能力人、限制民事行为能力人造成他人损害的，由监护人承担侵权责任。监护人尽到监护职责的，可以减轻其侵权责任。

有财产的无民事行为能力人、限制民事行为能力人造成他人损害的，从本人财产中支付赔偿费用；不足部分，由监护人赔偿。

第一千一百八十九条　【委托监护时监护人的责任】无民事行为能力人、限制民事行为能力人造成他人损害，监护人将监护职责委托给他人的，监护人应当承担侵权责任；受托人有过错的，承担相应的责任。

第一千一百九十条　【暂时丧失意识后的侵权责任】完全民事行为能力人对自己的行为暂时没有意识或者失去控制造成他人损害有过错的，应当承担侵权责任；没有过错的，根据行为人的经济状况对受害人适当补偿。

完全民事行为能力人因醉酒、滥用麻醉药品或者精神药品对自己的行为暂时没有意识或者失去控制造成他人损害的，应当承担侵权责任。

第一千一百九十一条　【用人单位责任和劳务派遣单位、劳务用工单位责任】用人单位的工作人员因执行工作任务造成他人损害的，由用人单位承担侵权责任。用人单位承担侵权责任后，可以向有故意或者重大过失的工作人员追偿。

劳务派遣期间，被派遣的工作人员因执行工作任务造成他人损害的，由接受劳务派遣的用工单位承担侵权责任；劳务派遣单位有过错的，承担相应的责任。

第一千一百九十二条　【个人劳务关系中的侵权责任】个人之间形成劳务关系，提供劳务一方因劳务造成他人损害的，由接受劳务一方承担侵权责任。接受劳务一方承担侵权责任后，可以向有故意或者重大过失的提供劳务一方追偿。提供劳务一方因劳务受到损害的，根据双方各自的过错承担相应的责任。

提供劳务期间，因第三人的行为造成提供劳务一方损害的，提供劳务一方有权请求第三人承担侵权责任，也有权请求接受劳务一方给予补偿。接受劳务一方补偿后，可以向第三人追偿。

第一千一百九十三条　【承揽关系中的侵权责任】承揽人在完成工作过程中造成第三人损害或者自己损害的，定作人不承担侵权责任。但是，定作人对定作、指示或者选任有过错的，应当承担相应的责任。

第一千一百九十四条　【网络侵权责任】网络用户、网络服务提供者利用网络侵害他人民事权益的，应当承担侵权责任。法律另有规定的，依照其规定。

第一千一百九十五条　【"通知与取下"制度】网络用户利用网络服务实施侵权行为的，权利人有权通知网络服务提供者采取删除、屏蔽、断开链接等必要措施。通知应当包括构成侵权的初步证据及权利人的真实身份信息。

网络服务提供者接到通知后，应当及时将该通知转送相关网络用户，并根据构成侵权的初步证据和服务类型采取必要措施；未及时采取必要措施的，对损害的扩大部分与该网络用户承担连带责任。

权利人因错误通知造成网络用户或者网络服务提供者损害的，应当承担侵权责任。法律另有规定的，依照其规定。

第一千一百九十六条　【"反通知"制度】网络用户接到转送的通知后，可以向网络服务提供者提交不存在侵权行为的声明。声明应当包括不存在侵权行为的初步证据及网络用户的真实身份信息。

网络服务提供者接到声明后，应当将该声明转送发出通知的权利人，并告知其可以向有关部门投诉或者向人民法院提起诉讼。网络服务提供者在转送声明到达权利人后的合理期限内，未收到权利人已经投诉或者提起诉讼通知的，应当及时终止所采取的措施。

第一千一百九十七条　【网络服务提供者与网络用户的连带责任】网络服务提供者知道或者应当知道网络用户利用其网络服务侵害他人民事权益，未采取必要措施的，与该网络用户承担连带责任。

第一千一百九十八条　【违反安全保障义务的侵权责任】宾馆、商场、银行、车站、机场、体育场馆、娱乐场所等经营场所、公共场所的经营者、管理者或者群众性活动的组织者，未尽到安全保障义务，造成他人损害的，应当承担侵权责任。

因第三人的行为造成他人损害的，由第三人承担侵权责任；经营者、管理者或者组织者未尽到安全保障义务的，承担相应的补充责任。经营者、管理者或者组织者承担补充责任后，可以向第三人追偿。

第一千一百九十九条　【教育机构对无民事行为能力人受到人身损害的过错推定责任】无民事行为能力人在幼儿园、学校或者其他教育机构学习、生活期间受到人身损害的，幼儿园、学校或者其他教育机构应当承担侵权责任；但是，能够证明尽到教育、管理职责的，不承担侵权责任。

第一千二百条　【教育机构对限制民事行为能力人受到人身损害的过错责任】限制民事行为能力人在学校或者其他教育机构学习、生活期间受到人身损害，学校或者其他教育机构未尽到教育、管理职责的，应当承担侵权责任。

第一千二百零一条　【受到校外人员人身损害时的责任分担】无民事行为能力人或者限制民事行为能力人在幼儿园、学校或者其他教育机构学习、生活期间，受到幼儿园、学校或者其他教育机构以外的第三人人身损害的，由第三人承担侵权责任；幼儿园、学校或者其他教育机构未尽到管理职责的，承担相应的补充责任。幼儿园、学校或者其他教育机构承担补充责任后，可以向第三人追偿。

第四章　产 品 责 任

第一千二百零二条　【产品生产者侵权责任】因产品存在缺陷造成他人损害的，生产者应当承担侵权责任。

第一千二百零三条　【被侵权人请求损害赔偿的途径和先行赔偿人追偿权】因产品存在缺陷造成他人损害的，被侵权人可以向产品的生产者请求赔偿，也可以向产品的销售者请求赔偿。

产品缺陷由生产者造成的，销售者赔偿后，有权向生产者追偿。因销售者的过错使产品存在缺陷的，生产者赔偿后，有权向销售者追偿。

第一千二百零四条　【生产者、销售者的第三人追偿权】因运输者、仓储者等第三人的过错使产品存在缺陷，造成他人损害的，产品的生产者、销售者赔偿后，有权向第三人追偿。

第一千二百零五条　【产品缺陷危及他人人身、财产安全的侵权责任】因产品缺陷危及他人人身、财产安全的，被侵权人有权请求生产者、销售者承担停止侵害、排除妨碍、消除危险等侵权责任。

第一千二百零六条　【生产者、销售者的补救措施及费用承担】产品投入流通后发现存在缺陷的，生产者、销售者应当及时采取停止销售、警示、召回等补救措施；未及时采取补救措施或者补救措施不力造成损害扩大的，对扩大的损害也应当承担侵权责任。

依据前款规定采取召回措施的，生产者、销售者应当负担被侵权人因此支出的必要费用。

第一千二百零七条　【产品责任中的惩罚性赔偿】明知产品存在缺陷仍然生产、销售，或者没有依据前条规定采取有效补救措施，造成他人死亡或者健康严重损害的，被侵权人有权请求相应的惩罚性赔偿。

第五章　机动车交通事故责任

第一千二百零八条　【机动车交通事故责任的法律适用】机动车发生交通事故造成损害的，依照道路交通安全法律和本法的有关规定承担赔偿责任。

第一千二百零九条　【租赁、借用机动车交通事故责任】因租赁、借用等情形机动车所有人、管理人与使用人不是同一人时，发生交通事故造成损害，属于该机动车一方责任的，由机动车使用人承担赔偿责任；机动车所有人、管理人对损害的发生有过错的，承担相应的赔偿责任。

第一千二百一十条　【转让并交付但未办理登记的机动车侵权责任】当事人之间已经以买卖或者其他方式转让并交付机动车但是未办理登记，发生交通事故造成损害，属于该机动车一方责任的，由受让人承担赔偿责任。

第一千二百一十一条　【挂靠机动车交通事故责任】以挂靠形式从事道路运输经营活动的机动车，发生交通事故造成损害，属于该机动车一方责任的，由挂靠人和被挂靠人承担连带责任。

第一千二百一十二条　【擅自驾驶他人机动车交通事故责任】未经允许驾驶他人机动车，发生交通事故造成损害，属于该机动车一方责任的，由机动车使用人承担赔偿责任；机动车所有人、管理人对损害的发生有过错的，承担相应的赔偿责任，但是本章另有规定的除外。

第一千二百一十三条　【交通事故侵权救济来源的支付顺序】机动车发生交通事故造成损害，属于该机动车一方责任的，先由承保机动车强制保险的保险人在强制保险责任限额范围内予以赔偿；不足部分，由承保机动车商业保险的保险人按照保险合同的约定予以赔偿；仍然不足或者没有投保机动车商业保险的，由侵权人赔偿。

第一千二百一十四条　【拼装车、报废车交通事故责任】以买卖或者其他方式转让拼装或者已经达到报废标准的机动车，发生交通事故造成损害的，由转让人和受让人承担连带责任。

第一千二百一十五条　【盗抢机动车交通事故责任】盗窃、抢劫或者抢夺的机动车发生交通事故造成损害的，由盗窃人、抢劫人或者抢夺人承担赔偿责任。盗窃人、抢劫人或者抢夺人与机动车使用人不是同一人，发生交通事故造成损害，属于该机动车一方责任的，由盗窃人、抢劫人或者抢夺人与机动车使用人承担连带责任。

保险人在机动车强制保险责任限额范围内垫付抢救费用的，有权向交通事故责任人追偿。

第一千二百一十六条　【驾驶人逃逸责任承担规则】机动车驾驶人发生交通事故后逃逸，该机动车参加强制保险的，由保险人在机动车强制保险责任限额范围内予以赔偿；机动车不明、该机动车未参加强制保险或者抢救费用超过机动车强制保险责任限额，需要支付被侵权人人身伤亡的抢救、丧葬等费用的，由道路交通事故社会救助基金垫付。道路交通事故社会救助基金垫付后，其管理机构有权向交通事故责任人追偿。

第一千二百一十七条　【好意同乘规则】非营运机动车发生交通事故造成无偿搭乘人损害，属于该机动车一方责任的，应当减轻其赔偿责任，但是机动车使用人有故意或者重大过失的除外。

第六章　医疗损害责任

第一千二百一十八条　【医疗损害责任归责原则】患者在诊疗活动中受到损害，医疗机构或者其医务人员有过错的，由医疗机构承担赔偿责任。

第一千二百一十九条　【医疗机构说明义务与患者知情同意权】医务人员在诊疗活动中应当向患者说明病情和医疗措施。需要实施手术、特殊检查、特殊治疗的，医务人员应当及时向患者具体说明医疗风险、替代医疗方案等情况，并取得其明确同意；不能或者不宜向患者说明的，应当向患者的近亲属说明，并取得其明确同意。

医务人员未尽到前款义务，造成患者损害的，医疗机构应当承担赔偿责任。

第一千二百二十条　【紧急情况下实施的医疗措施】因抢救生命垂危的患者等紧急情况，不能取得患者或者其近亲属意见的，经医疗机构负责人或者授权的负责人批准，可以立即实施相应的医疗措施。

第一千二百二十一条　【医务人员过错的医疗机构赔偿责任】医务人员在诊疗活动中未尽到与当时的医疗水平相应的诊疗义务，造成患者损害的，医疗机构应当承担赔偿责任。

第一千二百二十二条　【医疗机构过错推定的情形】患者在诊疗活动中受到损害，有下列情形之一的，推定医疗机构有过错：

（一）违反法律、行政法规、规章以及其他有关诊疗规范的规定；

（二）隐匿或者拒绝提供与纠纷有关的病历资料；

（三）遗失、伪造、篡改或者违法销毁病历资料。

第一千二百二十三条　【因药品、消毒产品、医疗器械的缺陷或输入不合格的血液的侵权责任】因药品、消毒产品、医疗器械的缺陷，或者输入不合格的血液造成患者损害的，患者可以向药品上市许可持有人、生产者、血液提供机构请求赔偿，也可以向医疗机构请求赔偿。患者向医疗机构请求赔偿的，医疗机构赔偿后，有权向负有责任的药品上市许可持有人、生产者、血液提供机构追偿。

第一千二百二十四条　【医疗机构免责事由】患者在诊疗活动中受到损害，有下列情形之一的，医疗机构不承担赔偿责任：

（一）患者或者其近亲属不配合医疗机构进行符合诊疗规范的诊疗；

（二）医务人员在抢救生命垂危的患者等紧急情况下已经尽到合理诊疗义务；

（三）限于当时的医疗水平难以诊疗。

前款第一项情形中，医疗机构或者其医务人员也有过错的，应当承担相应的赔偿责任。

第一千二百二十五条　【医疗机构对病历的义务及患者对病历的权利】医疗机构及其医务人员应当按照规定填写并妥善保管住院志、医嘱单、检验报告、手术及麻醉记录、病理资料、护理记录等病历资料。

患者要求查阅、复制前款规定的病历资料的，医疗机构应当及时提供。

第一千二百二十六条　【患者隐私和个人信息保护】医疗机构及其医务人员应当对患者的隐私和个人信息保密。泄露患者的隐私和个人信息，或者未经患者同意公开其病历资料的，应当承担侵权责任。

第一千二百二十七条　【不必要检查禁止义务】医疗机构及其医务人员不得违反诊疗规范实施不必要的检查。

第一千二百二十八条　【医疗机构及医务人员合法权益的维护】医疗机构及其医务人员的合法权益受法律保护。

干扰医疗秩序，妨碍医务人员工作、生活，侵害医务人员合法权益的，应当依法承担法律责任。

第七章　环境污染和生态破坏责任

第一千二百二十九条　【环境污染和生态破坏侵权责任】因污染环境、破坏生态造成他人损害的，侵权人应当承担侵权责任。

第一千二百三十条　【环境污染、生态破坏侵权举证责任】因污染环境、破坏生态发生纠纷，行为人应当就法律规定的不承担责任或者减轻责任的情形及其行为与损害之间不存在因果关系承担举证责任。

第一千二百三十一条　【两个以上侵权人造成损害的责任分担】两个以上侵权人污染环境、破坏生态的，承担责任的大小，根据污染物的种类、浓度、排放量，破坏生态的方式、范围、程度，以及行为对损害后果所起的作用等因素确定。

第一千二百三十二条　【侵权人的惩罚性赔偿】侵权人违反法律规定故意污染环境、破坏生态造成严重后果的，被侵权人有权请求相应的惩罚性赔偿。

第一千二百三十三条　【因第三人过错污染环境、破坏生态的责任】因第三人的过错污染环境、破坏生态的，被侵权人可以向侵权人请求赔偿，也可以向第三人请求赔偿。侵权人赔偿后，有权向第三人追偿。

第一千二百三十四条　【生态环境损害修复责任】违反国家规

定造成生态环境损害，生态环境能够修复的，国家规定的机关或者法律规定的组织有权请求侵权人在合理期限内承担修复责任。侵权人在期限内未修复的，国家规定的机关或者法律规定的组织可以自行或者委托他人进行修复，所需费用由侵权人负担。

第一千二百三十五条　【生态环境损害赔偿的范围】违反国家规定造成生态环境损害的，国家规定的机关或者法律规定的组织有权请求侵权人赔偿下列损失和费用：

（一）生态环境受到损害至修复完成期间服务功能丧失导致的损失；

（二）生态环境功能永久性损害造成的损失；

（三）生态环境损害调查、鉴定评估等费用；

（四）清除污染、修复生态环境费用；

（五）防止损害的发生和扩大所支出的合理费用。

第八章　高度危险责任

第一千二百三十六条　【高度危险责任一般规定】从事高度危险作业造成他人损害的，应当承担侵权责任。

第一千二百三十七条　【民用核设施致害责任】民用核设施或者运入运出核设施的核材料发生核事故造成他人损害的，民用核设施的营运单位应当承担侵权责任；但是，能够证明损害是因战争、武装冲突、暴乱等情形或者受害人故意造成的，不承担责任。

第一千二百三十八条　【民用航空器致害责任】民用航空器造成他人损害的，民用航空器的经营者应当承担侵权责任；但是，能够证明损害是因受害人故意造成的，不承担责任。

第一千二百三十九条　【高度危险物致害责任】占有或者使用易燃、易爆、剧毒、高放射性、强腐蚀性、高致病性等高度危险物造成他人损害的，占有人或者使用人应当承担侵权责任；但是，能够证明损害是因受害人故意或者不可抗力造成的，不承担责任。被侵权人对损害的发生有重大过失的，可以减轻占有人或者使用人的责任。

第一千二百四十条　【高度危险活动致害责任】从事高空、高压、地下挖掘活动或者使用高速轨道运输工具造成他人损害的，经营者应当承担侵权责任；但是，能够证明损害是因受害人故意或者不可抗力造成的，不承担责任。被侵权人对损害的发生有重大过失的，可以减轻经营者的责任。

第一千二百四十一条　【遗失、抛弃高度危险物致害的侵权责任】遗失、抛弃高度危险物造成他人损害的，由所有人承担侵权责任。所有人将高度危险物交由他人管理的，由管理人承担侵权责任；所有人有过错的，与管理人承担连带责任。

第一千二百四十二条　【非法占有高度危险物致害的侵权责任】非法占有高度危险物造成他人损害的，由非法占有人承担侵权责任。所有人、管理人不能证明对防止非法占有尽到高度注意义务的，与非法占有人承担连带责任。

第一千二百四十三条　【未经许可进入高度危险作业区域的致害责任】未经许可进入高度危险活动区域或者高度危险物存放区域受到损害，管理人能够证明已经采取足够安全措施并尽到充分警示义务的，可以减轻或者不承担责任。

第一千二百四十四条　【高度危险责任赔偿限额】承担高度危险责任，法律规定赔偿限额的，依照其规定，但是行为人有故意或者重大过失的除外。

第九章　饲养动物损害责任

第一千二百四十五条　【饲养动物损害责任一般规定】饲养的动物造成他人损害的，动物饲养人或者管理人应当承担侵权责任；但是，能够证明损害是因被侵权人故意或者重大过失造成的，可以不承担或者减轻责任。

第一千二百四十六条　【未对动物采取安全措施损害责任】违反管理规定，未对动物采取安全措施造成他人损害的，动物饲养人或者管理人应当承担侵权责任；但是，能够证明损害是因被侵权人故意造成的，可以减轻责任。

第一千二百四十七条　【禁止饲养的危险动物损害责任】禁止饲养的烈性犬等危险动物造成他人损害的，动物饲养人或者管理人应当承担侵权责任。

第一千二百四十八条　【动物园饲养动物损害责任】动物园的动物造成他人损害的，动物园应当承担侵权责任；但是，能够证明尽到管理职责的，不承担侵权责任。

第一千二百四十九条　【遗弃、逃逸动物损害责任】遗弃、逃逸的动物在遗弃、逃逸期间造成他人损害的，由动物原饲养人或者管理人承担侵权责任。

第一千二百五十条　【因第三人过错致使动物致害责任】因第三人的过错致使动物造成他人损害的，被侵权人可以向动物饲养人或者管理人请求赔偿，也可以向第三人请求赔偿。动物饲养人或者管理人赔偿后，有权向第三人追偿。

第一千二百五十一条　【饲养动物应负的社会责任】饲养动物应当遵守法律法规，尊重社会公德，不得妨碍他人生活。

第十章　建筑物和物件损害责任

第一千二百五十二条　【建筑物、构筑物或者其他设施倒塌、塌陷致害责任】建筑物、构筑物或者其他设施倒塌、塌陷造成他人损害的，由建设单位与施工单位承担连带责任，但是建设单位与施工单位能够证明不存在质量缺陷的除外。建设单位、施工单位赔偿后，有其他责任人的，有权向其他责任人追偿。

因所有人、管理人、使用人或者第三人的原因，建筑物、构筑物或者其他设施倒塌、塌陷造成他人损害的，由所有人、管理人、使用人或者第三人承担侵权责任。

第一千二百五十三条　【建筑物、构筑物或者其他设施及其搁置物、悬挂物脱落、坠落致害责任】建筑物、构筑物或者其他设施及其搁置物、悬挂物发生脱落、坠落造成他人损害，所有人、管理人或者使用人不能证明自己没有过错的，应当承担侵权责任。所有人、管理人或者使用人赔偿后，有其他责任人的，有权向其他责任人追偿。

第一千二百五十四条　【高空抛掷物、坠落物致害责任】禁止从建筑物中抛掷物品。从建筑物中抛掷物品或者从建筑物上坠落的物品造成他人损害的，由侵权人依法承担侵权责任；经调查难以确定具体侵权人的，除能够证明自己不是侵权人的外，由可能加害的建筑物使用人给予补偿。可能加害的建筑物使用人补偿后，有权向侵权人追偿。

物业服务企业等建筑物管理人应当采取必要的安全保障措施防止前款规定情形的发生；未采取必要的安全保障措施的，应当依法承担未履行安全保障义务的侵权责任。

发生本条第一款规定的情形的，公安等机关应当依法及时调查，查清责任人。

第一千二百五十五条　【堆放物致害责任】堆放物倒塌、滚落或者滑落造成他人损害，堆放人不能证明自己没有过错的，应当承担侵权责任。

第一千二百五十六条　【在公共道路上妨碍通行物品的致害责任】在公共道路上堆放、倾倒、遗撒妨碍通行的物品造成他人损害的，由行为人承担侵权责任。公共道路管理人不能证明已经尽到清理、防护、警示等义务的，应当承担相应的责任。

第一千二百五十七条　【林木致害的责任】因林木折断、倾倒或者果实坠落等造成他人损害，林木的所有人或者管理人不能证明自己没有过错的，应当承担侵权责任。

第一千二百五十八条　【公共场所或道路施工致害责任和窨井等地下设施致害责任】在公共场所或者道路上挖掘、修缮安装地下设施等造成他人损害，施工人不能证明已经设置明显标志和采取安全措施的，应当承担侵权责任。

窨井等地下设施造成他人损害，管理人不能证明尽到管理职责的，应当承担侵权责任。

……

最高人民法院关于审理人身损害赔偿案件适用法律若干问题的解释

（2003年12月4日最高人民法院审判委员会第1299次会议通过　根据2020年12月23日最高人民法院审判委员会第1823次会议通过的《最高人民法院关于修改〈最高人民法院关于在民事审判工作中适用《中华人民共和国工会法》若干问题的解释〉等二十七件民事类司法解释的决定》修正　根据2022年2月15日最高人民法院审判委员会第1864次会议通过的《最高人民法院关于修改〈最高人民法院关于审理人身损害赔偿案件适用法律若干问题的解释〉的决定》修正　2022年4月24日最高人民法院公告公布　自2022年5月1日起施行）

为正确审理人身损害赔偿案件，依法保护当事人的合法权益，根据《中华人民共和国民法典》《中华人民共和国民事诉讼法》等有关法律规定，结合审判实践，制定本解释。

第一条　因生命、身体、健康遭受侵害，赔偿权利人起诉请求赔偿义务人赔偿物质损害和精神损害的，人民法院应予受理。

本条所称“赔偿权利人”，是指因侵权行为或者其他致害原因直接遭受人身损害的受害人以及死亡受害人的近亲属。

本条所称“赔偿义务人”，是指因自己或者他人的侵权行为以及其他致害原因依法应当承担民事责任的自然人、法人或者非法人组织。

第二条 赔偿权利人起诉部分共同侵权人的，人民法院应当追加其他共同侵权人作为共同被告。赔偿权利人在诉讼中放弃对部分共同侵权人的诉讼请求的，其他共同侵权人对被放弃诉讼请求的被告应当承担的赔偿份额不承担连带责任。责任范围难以确定的，推定各共同侵权人承担同等责任。

人民法院应当将放弃诉讼请求的法律后果告知赔偿权利人，并将放弃诉讼请求的情况在法律文书中叙明。

第三条 依法应当参加工伤保险统筹的用人单位的劳动者，因工伤事故遭受人身损害，劳动者或者其近亲属向人民法院起诉请求用人单位承担民事赔偿责任的，告知其按《工伤保险条例》的规定处理。

因用人单位以外的第三人侵权造成劳动者人身损害，赔偿权利人请求第三人承担民事赔偿责任的，人民法院应予支持。

第四条 无偿提供劳务的帮工人，在从事帮工活动中致人损害的，被帮工人应当承担赔偿责任。被帮工人承担赔偿责任后向有故意或者重大过失的帮工人追偿的，人民法院应予支持。被帮工人明确拒绝帮工的，不承担赔偿责任。

第五条 无偿提供劳务的帮工人因帮工活动遭受人身损害的，根据帮工人和被帮工人各自的过错承担相应的责任；被帮工人明确拒绝帮工的，被帮工人不承担赔偿责任，但可以在受益范围内予以适当补偿。

帮工人在帮工活动中因第三人的行为遭受人身损害的，有权请求第三人承担赔偿责任，也有权请求被帮工人予以适当补偿。被帮工人补偿后，可以向第三人追偿。

第六条 医疗费根据医疗机构出具的医药费、住院费等收款凭证，结合病历和诊断证明等相关证据确定。赔偿义务人对治疗的必要性和合理性有异议的，应当承担相应的举证责任。

医疗费的赔偿数额，按照一审法庭辩论终结前实际发生的数额确定。器官功能恢复训练所必要的康复费、适当的整容费以及其他后续治疗费，赔偿权利人可以待实际发生后另行起诉。但根据医疗证明或者鉴定结论确定必然发生的费用，可以与已经发生的医疗费一并予以赔偿。

第七条 误工费根据受害人的误工时间和收入状况确定。

误工时间根据受害人接受治疗的医疗机构出具的证明确定。受害人因伤致残持续误工的，误工时间可以计算至定残日前一天。

受害人有固定收入的，误工费按照实际减少的收入计算。受害人无固定收入的，按照其最近三年的平均收入计算；受害人不能举证证明其最近三年的平均收入状况的，可以参照受诉法院所在地相同或者相近行业上一年度职工的平均工资计算。

第八条 护理费根据护理人员的收入状况和护理人数、护理期限确定。

护理人员有收入的，参照误工费的规定计算；护理人员没有收入或者雇佣护工的，参照当地护工从事同等级别护理的劳务报酬标准计算。护理人员原则上为一人，但医疗机构或者鉴定机构有明确意见的，可以参照确定护理人员人数。

护理期限应计算至受害人恢复生活自理能力时止。受害人因残疾不能恢复生活自理能力的，可以根据其年龄、健康状况等因素确定合理的护理期限，但最长不超过二十年。

受害人定残后的护理，应当根据其护理依赖程度并结合配制残疾辅助器具的情况确定护理级别。

第九条 交通费根据受害人及其必要的陪护人员因就医或者转院治疗实际发生的费用计算。交通费应当以正式票据为凭；有关凭据应当与就医地点、时间、人数、次数相符合。

第十条 住院伙食补助费可以参照当地国家机关一般工作人员的出差伙食补助标准予以确定。

受害人确有必要到外地治疗，因客观原因不能住院，受害人本人及其陪护人员实际发生的住宿费和伙食费，其合理部分应予赔偿。

第十一条 营养费根据受害人伤残情况参照医疗机构的意见确定。

第十二条 残疾赔偿金根据受害人丧失劳动能力程度或者伤残等级，按照受诉法院所在地上一年度城镇居民人均可支配收入标准，自定残之日起按二十年计算。但六十周岁以上的，年龄每增加一岁减少一年；七十五周岁以上的，按五年计算。

受害人因伤致残但实际收入没有减少，或者伤残等级较轻但造成职业妨害严重影响其劳动就业的，可以对残疾赔偿金作相应调整。

第十三条 残疾辅助器具费按照普通适用器具的合理费用标准计算。伤情有特殊需要的，可以参照辅助器具配制机构的意见确定相应的合理费用标准。

辅助器具的更换周期和赔偿期限参照配制机构的意见确定。

第十四条 丧葬费按照受诉法院所在地上一年度职工月平均工资标准，以六个月总额计算。

第十五条 死亡赔偿金按照受诉法院所在地上一年度城镇居民人均可支配收入标准，按二十年计算。但六十周岁以上的，年龄每增加一岁减少一年；七十五周岁以上的，按五年计算。

第十六条 被扶养人生活费计入残疾赔偿金或者死亡赔偿金。

第十七条 被扶养人生活费根据扶养人丧失劳动能力程度，按照受诉法院所在地上一年度城镇居民人均消费支出标准计算。被扶养人为未成年人的，计算至十八周岁；被扶养人无劳动能力又无其他生活来源的，计算二十年。但六十周岁以上的，年龄每增加一岁减少一年；七十五周岁以上的，按五年计算。

被扶养人是指受害人依法应当承担扶养义务的未成年人或者丧失劳动能力又无其他生活来源的成年近亲属。被扶养人还有其他扶养人的，赔偿义务人只赔偿受害人依法应当负担的部分。被扶养人有数人的，年赔偿总额累计不超过上一年度城镇居民人均消费支出额。

第十八条 赔偿权利人举证证明其住所地或者经常居住地城镇居民人均可支配收入高于受诉法院所在地标准的，残疾赔偿金或者死亡赔偿金可以按照其住所地或者经常居住地的相关标准计算。

被扶养人生活费的相关计算标准，依照前款原则确定。

第十九条 超过确定的护理期限、辅助器具费给付年限或者残疾赔偿金给付年限，赔偿权利人向人民法院起诉请求继续给付护理费、辅助器具费或者残疾赔偿金的，人民法院应予受理。赔偿权利人确需继续护理、配制辅助器具，或者没有劳动能力和生活来源的，人民法院应当判令赔偿义务人继续给付相关费用五至十年。

第二十条 赔偿义务人请求以定期金方式给付残疾赔偿金、辅助器具费的，应当提供相应的担保。人民法院可以根据赔偿义务人的给付能力和提供担保的情况，确定以定期金方式给付相关费用。但是，一审法庭辩论终结前已经发生的费用、死亡赔偿金以及精神损害抚慰金，应当一次性给付。

第二十一条 人民法院应当在法律文书中明确定期金的给付时间、方式以及每期给付标准。执行期间有关统计数据发生变化的，给付金额应当适时进行相应调整。

定期金按照赔偿权利人的实际生存年限给付，不受本解释有关赔偿期限的限制。

第二十二条 本解释所称“城镇居民人均可支配收入”“城镇居民人均消费支出”“职工平均工资”，按照政府统计部门公布的各省、自治区、直辖市以及经济特区和计划单列市上一年度相关统计数据确定。

“上一年度”，是指一审法庭辩论终结时的上一统计年度。

第二十三条 精神损害抚慰金适用《最高人民法院关于确定民事侵权精神损害赔偿责任若干问题的解释》予以确定。

第二十四条 本解释自2022年5月1日起施行。施行后发生的侵权行为引起的人身损害赔偿案件适用本解释。

本院以前发布的司法解释与本解释不一致的，以本解释为准。

最高人民法院关于确定民事侵权精神损害赔偿责任若干问题的解释

（2001年2月26日由最高人民法院审判委员会第1161次会议通过 根据2020年12月23日最高人民法院审判委员会第1823次会议通过的《最高人民法院关于修改〈最高人民法院关于在民事审判工作中适用《中华人民共和国工会法》若干问题的解释〉等二十七件民事类司法解释的决定》修正 2020年12月29日最高人民法院公告公布 自2021年1月1日起施行 法释〔2020〕17号）

为在审理民事侵权案件中正确确定精神损害赔偿责任，根据《中华人民共和国民法典》等有关法律规定，结合审判实践，制定本解释。

第一条 因人身权益或者具有人身意义的特定物受到侵害，自然人或者其近亲属向人民法院提起诉讼请求精神损害赔偿的，人民法院应当依法予以受理。

第二条 非法使被监护人脱离监护，导致亲子关系或者近亲属间的亲属关系遭受严重损害，监护人向人民法院起诉请求赔偿精神损害的，人民法院应当依法予以受理。

第三条 死者的姓名、肖像、名誉、荣誉、隐私、遗体、遗骨等受到侵害，其近亲属向人民法院提起诉讼请求精神损害赔偿的，人民法院应当依法予以支持。

第四条 法人或者非法人组织以名誉权、荣誉权、名称权遭受侵害为由，向人民法院起诉请求精神损害赔偿的，人民法院不予支持。

第五条 精神损害的赔偿数额根据以下因素确定：

（一）侵权人的过错程度，但是法律另有规定的除外；

（二）侵权行为的目的、方式、场合等具体情节；

（三）侵权行为所造成的后果；

（四）侵权人的获利情况；

（五）侵权人承担责任的经济能力；

（六）受理诉讼法院所在地的平均生活水平。

第六条 在本解释公布施行之前已经生效施行的司法解释，其内容有与本解释不一致的，以本解释为准。

最高人民法院关于审理道路交通事故损害赔偿案件适用法律若干问题的解释

（2012 年 9 月 17 日由最高人民法院审判委员会第 1556 次会议通过　根据 2020 年 12 月 23 日最高人民法院审判委员会第 1823 次会议通过的《最高人民法院关于修改〈最高人民法院关于在民事审判工作中适用《中华人民共和国工会法》若干问题的解释〉等二十七件民事类司法解释的决定》修正　2020 年 12 月 29 日最高人民法院公告公布　自 2021 年 1 月 1 日起施行　法释〔2020〕17 号）

为正确审理道路交通事故损害赔偿案件，根据《中华人民共和国民法典》《中华人民共和国道路交通安全法》《中华人民共和国保险法》《中华人民共和国民事诉讼法》等法律的规定，结合审判实践，制定本解释。

一、关于主体责任的认定

第一条 机动车发生交通事故造成损害，机动车所有人或者管理人有下列情形之一，人民法院应当认定其对损害的发生有过错，并适用民法典第一千二百零九条的规定确定其相应的赔偿责任：

（一）知道或者应当知道机动车存在缺陷，且该缺陷是交通事故发生原因之一的；

（二）知道或者应当知道驾驶人无驾驶资格或者未取得相应驾驶资格的；

（三）知道或者应当知道驾驶人因饮酒、服用国家管制的精神药品或者麻醉药品，或者患有妨碍安全驾驶机动车的疾病等依法不能驾驶机动车的；

（四）其他应当认定机动车所有人或者管理人有过错的。

第二条 被多次转让但是未办理登记的机动车发生交通事故造成损害，属于该机动车一方责任，当事人请求由最后一次转让并交付的受让人承担赔偿责任的，人民法院应予支持。

第三条 套牌机动车发生交通事故造成损害，属于该机动车一方责任，当事人请求由套牌机动车的所有人或者管理人承担赔偿责任的，人民法院应予支持；被套牌机动车所有人或者管理人同意套牌的，应当与套牌机动车的所有人或者管理人承担连带责任。

第四条 拼装车、已达到报废标准的机动车或者依法禁止行驶的其他机动车被多次转让，并发生交通事故造成损害，当事人请求由所有的转让人和受让人承担连带责任的，人民法院应予支持。

第五条 接受机动车驾驶培训的人员，在培训活动中驾驶机动车发生交通事故造成损害，属于该机动车一方责任，当事人请求驾驶培训单位承担赔偿责任的，人民法院应予支持。

第六条 机动车试乘过程中发生交通事故造成试乘人损害，当事人请求提供试乘服务者承担赔偿责任的，人民法院应予支持。试乘人有过错的，应当减轻提供试乘服务者的赔偿责任。

第七条 因道路管理维护缺陷导致机动车发生交通事故造成损害，当事人请求道路管理者承担相应赔偿责任的，人民法院应予支持。但道路管理者能够证明已经依照法律、法规、规章的规定，或者按照国家标准、行业标准、地方标准的要求尽到安全防护、警示等管理维护义务的除外。

依法不得进入高速公路的车辆、行人，进入高速公路发生交通事故造成自身损害，当事人请求高速公路管理者承担赔偿责任的，适用民法典第一千二百四十三条的规定。

第八条 未按照法律、法规、规章或者国家标准、行业标准、地方标准的强制性规定设计、施工，致使道路存在缺陷并造成交通事故，当事人请求建设单位与施工单位承担相应赔偿责任的，人民法院应予支持。

第九条 机动车存在产品缺陷导致交通事故造成损害，当事人请求生产者或者销售者依照民法典第七编第四章的规定承担赔偿责任的，人民法院应予支持。

第十条 多辆机动车发生交通事故造成第三人损害，当事人请求多个侵权人承担赔偿责任的，人民法院应当区分不同情况，依照民法典第一千一百七十条、第一千一百七十一条、第一千一百七十二条的规定，确定侵权人承担连带责任或者按份责任。

二、关于赔偿范围的认定

第十一条 道路交通安全法第七十六条规定的“人身伤亡”，是指机动车发生交通事故侵害被侵权人的生命权、身体权、健康权等人身权益所造成的损害，包括民法典第一千一百七十九条和第一千一百八十三条规定的各项损害。

道路交通安全法第七十六条规定的“财产损失”，是指因机动车发生交通事故侵害被侵权人的财产权益所造成的损失。

第十二条 因道路交通事故造成下列财产损失，当事人请求侵权人赔偿的，人民法院应予支持：

（一）维修被损坏车辆所支出的费用、车辆所载物品的损失、车辆施救费用；

（二）因车辆灭失或者无法修复，为购买交通事故发生时与被损坏车辆价值相当的车辆重置费用；

（三）依法从事货物运输、旅客运输等经营性活动的车辆，因无法从事相应经营活动所产生的合理停运损失；

（四）非经营性车辆因无法继续使用，所产生的通常替代性交通工具的合理费用。

三、关于责任承担的认定

第十三条 同时投保机动车第三者责任强制保险（以下简称交强险）和第三者责任商业保险（以下简称商业三者险）的机动车发生交通事故造成损害，当事人同时起诉侵权人和保险公司的，人民法院应当依照民法典第一千二百一十三条的规定，确定赔偿责任。

被侵权人或者其近亲属请求承保交强险的保险公司优先赔偿精神损害的，人民法院应予支持。

第十四条 投保人允许的驾驶人驾驶机动车致使投保人遭受损害，当事人请求承保交强险的保险公司在责任限额范围内予以赔偿的，人民法院应予支持，但投保人为本车上人员的除外。

第十五条 有下列情形之一导致第三人人身损害，当事人请求保险公司在交强险责任限额范围内予以赔偿，人民法院应予支持：

（一）驾驶人未取得驾驶资格或者未取得相应驾驶资格的；

（二）醉酒、服用国家管制的精神药品或者麻醉药品后驾驶机动车发生交通事故的；

（三）驾驶人故意制造交通事故的。

保险公司在赔偿范围内向侵权人主张追偿权的，人民法院应予支持。追偿权的诉讼时效期间自保险公司实际赔偿之日起计算。

第十六条 未依法投保交强险的机动车发生交通事故造成损害，当事人请求投保义务人在交强险责任限额范围内予以赔偿的，人民法院应予支持。

投保义务人和侵权人不是同一人，当事人请求投保义务人和侵权人在交强险责任限额范围内承担相应责任的，人民法院应予支持。

第十七条 具有从事交强险业务资格的保险公司违法拒绝承保、拖延承保或者违法解除交强险合同，投保义务人在向第三人承担赔偿责任后，请求该保险公司在交强险责任限额范围内承担相应赔偿责任的，人民法院应予支持。

第十八条 多辆机动车发生交通事故造成第三人损害，损失超出各机动车交强险责任限额之和的，由各保险公司在各自责任限额范围内承担赔偿责任；损失未超出各机动车交强险责任限额之和，当事人请求由各保险公司按照其责任限额与责任限额之和的比例承担赔偿责任的，人民法院应予支持。

依法分别投保交强险的牵引车和挂车连接使用时发生交通事故造成第三人损害，当事人请求由各保险公司在各自的责任限额范围内平均赔偿的，人民法院应予支持。

多辆机动车发生交通事故造成第三人损害，其中部分机动车未投保交强险，当事人请求先由已承保交强险的保险公司在责任限额范围内予以赔偿的，人民法院应予支持。保险公司就超出其应承担的部分向未投保交强险的投保义务人或者侵权人行使追偿权的，人民法院应予支持。

第十九条 同一交通事故的多个被侵权人同时起诉的，人民法院应当按照各被侵权人的损失比例确定交强险的赔偿数额。

第二十条 机动车所有权在交强险合同有效期内发生变动，保险公司在交通事故发生后，以该机动车未办理交强险合同变更手续为由主张免除赔偿责任的，人民法院不予支持。

机动车在交强险合同有效期内发生改装、使用性质改变等导致危险程度增加的情形，发生交通事故后，当事人请求保险公司在责任限额范围内予以赔偿的，人民法院应予支持。

前款情形下，保险公司另行起诉请求投保义务人按照重新核定后的保险费标准补足当期保险费的，人民法院应予支持。

第二十一条 当事人主张交强险人身伤亡保险金请求权转让或者设定担保的行为无效的，人民法院应予支持。

四、关于诉讼程序的规定

第二十二条 人民法院审理道路交通事故损害赔偿案件，应当将承保交强险的保险公司列为共同被告。但该保险公司已经在交强险责任限额范围内予以赔偿且当事人无异议的除外。

人民法院审理道路交通事故损害赔偿案件，当事人请求将承保商业三者险的保险公司列为共同被告的，人民法院应予准许。

第二十三条 被侵权人因道路交通事故死亡，无近亲属或者近亲属不明，未经法律授权的机关或者有关组织向人民法院起诉主张死亡赔偿金的，人民法院不予受理。

侵权人以已向未经法律授权的机关或者有关组织支付死亡赔偿金为理由，请求保险公司在交强险责任限额范围内予以赔偿的，人民法院不予支持。

被侵权人因道路交通事故死亡，无近亲属或者近亲属不明，支付被侵权人医疗费、丧葬费等合理费用的单位或者个人，请求保险公司在交强险责任限额范围内予以赔偿的，人民法院应予支持。

第二十四条 公安机关交通管理部门制作的交通事故认定书，

人民法院应依法审查并确认其相应的证明力，但有相反证据推翻的除外。

五、关于适用范围的规定

第二十五条 机动车在道路以外的地方通行时引发的损害赔偿案件，可以参照适用本解释的规定。

第二十六条 本解释施行后尚未终审的案件，适用本解释；本解释施行前已经终审，当事人申请再审或者按照审判监督程序决定再审的案件，不适用本解释。

最高人民法院关于购买人使用分期付款购买的车辆从事运输因交通事故造成他人财产损失保留车辆所有权的出卖方不应承担民事责任的批复

（2000 年 12 月 1 日　法释〔2000〕38 号）

四川省高级人民法院：

你院川高法〔1999〕2 号《关于在实行分期付款、保留所有权的车辆买卖合同履行过程中购买方使用该车辆进行货物运输给他人造成损失的，出卖方是否应当承担民事责任的请示》收悉。经研究，答复如下：

采取分期付款方式购车，出卖方在购买方付清全部车款前保留车辆所有权的，购买方以自己名义与他人订立货物运输合同并使用该车运输时，因交通事故造成他人财产损失的，出卖方不承担民事责任。

此复

（二）交通事故责任强制保险

中华人民共和国保险法

（1995 年 6 月 30 日第八届全国人民代表大会常务委员会第十四次会议通过　根据 2002 年 10 月 28 日第九届全国人民代表大会常务委员会第三十次会议《关于修改〈中华人民共和国保险法〉的决定》第一次修正　2009 年 2 月 28 日第十一届全国人民代表大会常务委员会第七次会议修订　根据 2014 年 8 月 31 日第十二届全国人民代表大会常务委员会第十次会议《关于修改〈中华人民共和国保险法〉等五部法律的决定》第二次修正　根据 2015 年 4 月 24 日第十二届全国人民代表大会常务委员会第十四次会议《关于修改〈中华人民共和国计量法〉等五部法律的决定》第三次修正）

目　　录

第一章　总　　则

第一条　【立法目的】为了规范保险活动，保护保险活动当事人的合法权益，加强对保险业的监督管理，维护社会经济秩序和社会公共利益，促进保险事业的健康发展，制定本法。

第二条　【调整范围】本法所称保险，是指投保人根据合同约定，向保险人支付保险费，保险人对于合同约定的可能发生的事故因其发生所造成的财产损失承担赔偿保险金责任，或者当被保险人死亡、伤残、疾病或者达到合同约定的年龄、期限等条件时承担给付保险金责任的商业保险行为。

第三条　【适用范围】在中华人民共和国境内从事保险活动，适用本法。

第四条　【从事保险活动的基本原则】从事保险活动必须遵守法律、行政法规，尊重社会公德，不得损害社会公共利益。

第五条　【诚实信用原则】保险活动当事人行使权利、履行义务应当遵循诚实信用原则。

第六条　【保险业务经营主体】保险业务由依照本法设立的保险公司以及法律、行政法规规定的其他保险组织经营，其他单位和个人不得经营保险业务。

第七条　【境内投保原则】在中华人民共和国境内的法人和其他组织需要办理境内保险的，应当向中华人民共和国境内的保险公司投保。

第八条　【分业经营原则】保险业和银行业、证券业、信托业实行分业经营、分业管理，保险公司与银行、证券、信托业务机构分别设立。国家另有规定的除外。

第九条　【保险监督管理机构】国务院保险监督管理机构依法对保险业实施监督管理。

国务院保险监督管理机构根据履行职责的需要设立派出机构。派出机构按照国务院保险监督管理机构的授权履行监督管理职责。

第二章　保 险 合 同

第一节　一 般 规 定

第十条　【保险合同及其主体】保险合同是投保人与保险人约定保险权利义务关系的协议。

投保人是指与保险人订立保险合同，并按照合同约定负有支付保险费义务的人。

保险人是指与投保人订立保险合同，并按照合同约定承担赔偿或者给付保险金责任的保险公司。

第十一条　【保险合同订立原则】订立保险合同，应当协商一致，遵循公平原则确定各方的权利和义务。

除法律、行政法规规定必须保险的外，保险合同自愿订立。

第十二条　【保险利益、保险标的】人身保险的投保人在保险合同订立时，对被保险人应当具有保险利益。

财产保险的被保险人在保险事故发生时，对保险标的应当具有保险利益。

人身保险是以人的寿命和身体为保险标的的保险。

财产保险是以财产及其有关利益为保险标的的保险。

被保险人是指其财产或者人身受保险合同保障，享有保险金请求权的人。投保人可以为被保险人。

保险利益是指投保人或者被保险人对保险标的具有的法律上承认的利益。

第十三条　【保险合同成立与生效】投保人提出保险要求，经保险人同意承保，保险合同成立。保险人应当及时向投保人签发保险单或者其他保险凭证。

保险单或者其他保险凭证应当载明当事人双方约定的合同内容。当事人也可以约定采用其他书面形式载明合同内容。

依法成立的保险合同，自成立时生效。投保人和保险人可以对合同的效力约定附条件或者附期限。

第十四条　【保险合同效力】保险合同成立后，投保人按照约定交付保险费，保险人按照约定的时间开始承担保险责任。

第十五条　【保险合同解除】除本法另有规定或者保险合同另有约定外，保险合同成立后，投保人可以解除合同，保险人不得解除合同。

第十六条　【投保人如实告知义务】订立保险合同，保险人就保险标的或者被保险人的有关情况提出询问的，投保人应当如实告知。

投保人故意或者因重大过失未履行前款规定的如实告知义务，足以影响保险人决定是否同意承保或者提高保险费率的，保险人有权解除合同。

前款规定的合同解除权，自保险人知道有解除事由之日起，超过三十日不行使而消灭。自合同成立之日起超过二年的，保险人不得解除合同；发生保险事故的，保险人应当承担赔偿或者给付保险金的责任。

投保人故意不履行如实告知义务的，保险人对于合同解除前发生的保险事故，不承担赔偿或者给付保险金的责任，并不退还保险费。

投保人因重大过失未履行如实告知义务，对保险事故的发生有严重影响的，保险人对于合同解除前发生的保险事故，不承担赔偿或者给付保险金的责任，但应当退还保险费。

保险人在合同订立时已经知道投保人未如实告知的情况的，保险人不得解除合同；发生保险事故的，保险人应当承担赔偿或者给付保险金的责任。

保险事故是指保险合同约定的保险责任范围内的事故。

第十七条　【保险人说明义务】订立保险合同，采用保险人提供的格式条款的，保险人向投保人提供的投保单应当附格式条款，保险人应当向投保人说明合同的内容。

对保险合同中免除保险人责任的条款，保险人在订立合同时应当在投保单、保险单或者其他保险凭证上作出足以引起投保人注意的提示，并对该条款的内容以书面或者口头形式向投保人作出明确说明；未作提示或者明确说明的，该条款不产生效力。

第十八条　【保险合同内容】保险合同应当包括下列事项：

（一）保险人的名称和住所；

（二）投保人、被保险人的姓名或者名称、住所，以及人身保险的受益人的姓名或者名称、住所；

（三）保险标的；

（四）保险责任和责任免除；

（五）保险期间和保险责任开始时间；

（六）保险金额；

（七）保险费以及支付办法；

（八）保险金赔偿或者给付办法；

（九）违约责任和争议处理；

（十）订立合同的年、月、日。

投保人和保险人可以约定与保险有关的其他事项。

受益人是指人身保险合同中由被保险人或者投保人指定的享有保险金请求权的人。投保人、被保险人可以为受益人。

保险金额是指保险人承担赔偿或者给付保险金责任的最高限额。

第十九条　【无效格式条款】采用保险人提供的格式条款订立

的保险合同中的下列条款无效：

（一）免除保险人依法应承担的义务或者加重投保人、被保险人责任的；

（二）排除投保人、被保险人或者受益人依法享有的权利的。

第二十条　【保险合同变更】投保人和保险人可以协商变更合同内容。

变更保险合同的，应当由保险人在保险单或者其他保险凭证上批注或者附贴批单，或者由投保人和保险人订立变更的书面协议。

第二十一条　【通知义务】投保人、被保险人或者受益人知道保险事故发生后，应当及时通知保险人。故意或者因重大过失未及时通知，致使保险事故的性质、原因、损失程度等难以确定的，保险人对无法确定的部分，不承担赔偿或者给付保险金的责任，但保险人通过其他途径已经及时知道或者应当及时知道保险事故发生的除外。

第二十二条　【协助义务】保险事故发生后，按照保险合同请求保险人赔偿或者给付保险金时，投保人、被保险人或者受益人应当向保险人提供其所能提供的与确认保险事故的性质、原因、损失程度等有关的证明和资料。

保险人按照合同的约定，认为有关的证明和资料不完整的，应当及时一次性通知投保人、被保险人或者受益人补充提供。

第二十三条　【理赔】保险人收到被保险人或者受益人的赔偿或者给付保险金的请求后，应当及时作出核定；情形复杂的，应当在三十日内作出核定，但合同另有约定的除外。保险人应当将核定结果通知被保险人或者受益人；对属于保险责任的，在与被保险人或者受益人达成赔偿或者给付保险金的协议后十日内，履行赔偿或者给付保险金义务。保险合同对赔偿或者给付保险金的期限有约定的，保险人应当按照约定履行赔偿或者给付保险金义务。

保险人未及时履行前款规定义务的，除支付保险金外，应当赔偿被保险人或者受益人因此受到的损失。

任何单位和个人不得非法干预保险人履行赔偿或者给付保险金的义务，也不得限制被保险人或者受益人取得保险金的权利。

第二十四条　【拒绝赔付通知】保险人依照本法第二十三条的规定作出核定后，对不属于保险责任的，应当自作出核定之日起三日内向被保险人或者受益人发出拒绝赔偿或者拒绝给付保险金通知书，并说明理由。

第二十五条　【先行赔付】保险人自收到赔偿或者给付保险金的请求和有关证明、资料之日起六十日内，对其赔偿或者给付保险金的数额不能确定的，应当根据已有证明和资料可以确定的数额先予支付；保险人最终确定赔偿或者给付保险金的数额后，应当支付相应的差额。

第二十六条　【诉讼时效】人寿保险以外的其他保险的被保险人或者受益人，向保险人请求赔偿或者给付保险金的诉讼时效期间为二年，自其知道或者应当知道保险事故发生之日起计算。

人寿保险的被保险人或者受益人向保险人请求给付保险金的诉讼时效期间为五年，自其知道或者应当知道保险事故发生之日起计算。

第二十七条　【保险欺诈】未发生保险事故，被保险人或者受益人谎称发生了保险事故，向保险人提出赔偿或者给付保险金请求的，保险人有权解除合同，并不退还保险费。

投保人、被保险人故意制造保险事故的，保险人有权解除合同，不承担赔偿或者给付保险金的责任；除本法第四十三条规定外，不退还保险费。

保险事故发生后，投保人、被保险人或者受益人以伪造、变造的有关证明、资料或者其他证据，编造虚假的事故原因或者夸大损失程度的，保险人对其虚报的部分不承担赔偿或者给付保险金的责任。

投保人、被保险人或者受益人有前三款规定行为之一，致使保险人支付保险金或者支出费用的，应当退回或者赔偿。

第二十八条　【再保险】保险人将其承担的保险业务，以分保形式部分转移给其他保险人的，为再保险。

应再保险接受人的要求，再保险分出人应当将其自负责任及原保险的有关情况书面告知再保险接受人。

第二十九条　【再保险的保费及赔付】再保险接受人不得向原保险的投保人要求支付保险费。

原保险的被保险人或者受益人不得向再保险接受人提出赔偿或者给付保险金的请求。

再保险分出人不得以再保险接受人未履行再保险责任为由，拒绝履行或者迟延履行其原保险责任。

第三十条　【争议条款解释】采用保险人提供的格式条款订立的保险合同，保险人与投保人、被保险人或者受益人对合同条款有争议的，应当按照通常理解予以解释。对合同条款有两种以上解释的，人民法院或者仲裁机构应当作出有利于被保险人和受益人的解释。

第二节　人身保险合同

第三十一条　【人身保险利益】投保人对下列人员具有保险利益：

（一）本人；

（二）配偶、子女、父母；

（三）前项以外与投保人有抚养、赡养或者扶养关系的家庭其他成员、近亲属；

（四）与投保人有劳动关系的劳动者。

除前款规定外，被保险人同意投保人为其订立合同的，视为投保人对被保险人具有保险利益。

订立合同时，投保人对被保险人不具有保险利益的，合同无效。

第三十二条 【申报年龄不真实的处理】投保人申报的被保险人年龄不真实，并且其真实年龄不符合合同约定的年龄限制的，保险人可以解除合同，并按照合同约定退还保险单的现金价值。保险人行使合同解除权，适用本法第十六条第三款、第六款的规定。

投保人申报的被保险人年龄不真实，致使投保人支付的保险费少于应付保险费的，保险人有权更正并要求投保人补交保险费，或者在给付保险金时按照实付保险费与应付保险费的比例支付。

投保人申报的被保险人年龄不真实，致使投保人支付的保险费多于应付保险费的，保险人应当将多收的保险费退还投保人。

第三十三条 【死亡保险的禁止】投保人不得为无民事行为能力人投保以死亡为给付保险金条件的人身保险，保险人也不得承保。

父母为其未成年子女投保的人身保险，不受前款规定限制。但是，因被保险人死亡给付的保险金总和不得超过国务院保险监督管理机构规定的限额。

第三十四条 【死亡保险合同的效力】以死亡为给付保险金条件的合同，未经被保险人同意并认可保险金额的，合同无效。

按照以死亡为给付保险金条件的合同所签发的保险单，未经被保险人书面同意，不得转让或者质押。

父母为其未成年子女投保的人身保险，不受本条第一款规定限制。

第三十五条 【保险费的支付】投保人可以按照合同约定向保险人一次支付全部保险费或者分期支付保险费。

第三十六条 【逾期支付保险费】合同约定分期支付保险费，投保人支付首期保险费后，除合同另有约定外，投保人自保险人催告之日起超过三十日未支付当期保险费，或者超过约定的期限六十日未支付当期保险费的，合同效力中止，或者由保险人按照合同约定的条件减少保险金额。

被保险人在前款规定期限内发生保险事故的，保险人应当按照合同约定给付保险金，但可以扣减欠交的保险费。

第三十七条 【合同效力的恢复】合同效力依照本法第三十六条规定中止的，经保险人与投保人协商并达成协议，在投保人补交保险费后，合同效力恢复。但是，自合同效力中止之日起满二年双方未达成协议的，保险人有权解除合同。

保险人依照前款规定解除合同的，应当按照合同约定退还保险单的现金价值。

第三十八条 【禁止通过诉讼要求支付保险费】保险人对人寿保险的保险费，不得用诉讼方式要求投保人支付。

第三十九条 【受益人的确定】人身保险的受益人由被保险人或者投保人指定。

投保人指定受益人时须经被保险人同意。投保人为与其有劳动关系的劳动者投保人身保险，不得指定被保险人及其近亲属以外的人为受益人。

被保险人为无民事行为能力人或者限制民事行为能力人的，可以由其监护人指定受益人。

第四十条 【受益顺序及份额】被保险人或者投保人可以指定一人或者数人为受益人。

受益人为数人的，被保险人或者投保人可以确定受益顺序和受益份额；未确定受益份额的，受益人按照相等份额享有受益权。

第四十一条 【受益人变更】被保险人或者投保人可以变更受益人并书面通知保险人。保险人收到变更受益人的书面通知后，应当在保险单或者其他保险凭证上批注或者附贴批单。

投保人变更受益人时须经被保险人同意。

第四十二条 【保险金作为遗产情形】被保险人死亡后，有下列情形之一的，保险金作为被保险人的遗产，由保险人依照《中华人民共和国继承法》的规定履行给付保险金的义务：

（一）没有指定受益人，或者受益人指定不明无法确定的；

（二）受益人先于被保险人死亡，没有其他受益人的；

（三）受益人依法丧失受益权或者放弃受益权，没有其他受益人的。

受益人与被保险人在同一事件中死亡，且不能确定死亡先后顺序的，推定受益人死亡在先。

第四十三条　【受益权丧失】投保人故意造成被保险人死亡、伤残或者疾病的，保险人不承担给付保险金的责任。投保人已交足二年以上保险费的，保险人应当按照合同约定向其他权利人退还保险单的现金价值。

受益人故意造成被保险人死亡、伤残、疾病的，或者故意杀害被保险人未遂的，该受益人丧失受益权。

第四十四条　【被保险人自杀处理】以被保险人死亡为给付保险金条件的合同，自合同成立或者合同效力恢复之日起二年内，被保险人自杀的，保险人不承担给付保险金的责任，但被保险人自杀时为无民事行为能力人的除外。

保险人依照前款规定不承担给付保险金责任的，应当按照合同约定退还保险单的现金价值。

第四十五条　【免于赔付情形】因被保险人故意犯罪或者抗拒依法采取的刑事强制措施导致其伤残或者死亡的，保险人不承担给付保险金的责任。投保人已交足二年以上保险费的，保险人应当按照合同约定退还保险单的现金价值。

第四十六条　【禁止追偿】被保险人因第三者的行为而发生死亡、伤残或者疾病等保险事故的，保险人向被保险人或者受益人给付保险金后，不享有向第三者追偿的权利，但被保险人或者受益人仍有权向第三者请求赔偿。

第四十七条　【人身保险合同解除】投保人解除合同的，保险人应当自收到解除合同通知之日起三十日内，按照合同约定退还保险单的现金价值。

第三节　财产保险合同

第四十八条　【财产保险利益】保险事故发生时，被保险人对保险标的不具有保险利益的，不得向保险人请求赔偿保险金。

第四十九条　【保险标的转让】保险标的转让的，保险标的的受让人承继被保险人的权利和义务。

保险标的转让的，被保险人或者受让人应当及时通知保险人，但货物运输保险合同和另有约定的合同除外。

因保险标的转让导致危险程度显著增加的，保险人自收到前款规定的通知之日起三十日内，可以按照合同约定增加保险费或者解除合同。保险人解除合同的，应当将已收取的保险费，按照合同约定扣除自保险责任开始之日起至合同解除之日止应收的部分后，退还投保人。

被保险人、受让人未履行本条第二款规定的通知义务的，因转让导致保险标的的危险程度显著增加而发生的保险事故，保险人不承担赔偿保险金的责任。

第五十条　【禁止解除合同】货物运输保险合同和运输工具航程保险合同，保险责任开始后，合同当事人不得解除合同。

第五十一条　【安全义务】被保险人应当遵守国家有关消防、安全、生产操作、劳动保护等方面的规定，维护保险标的的安全。

保险人可以按照合同约定对保险标的的安全状况进行检查，及时向投保人、被保险人提出消除不安全因素和隐患的书面建议。

投保人、被保险人未按照约定履行其对保险标的的安全应尽责任的，保险人有权要求增加保险费或者解除合同。

保险人为维护保险标的的安全，经被保险人同意，可以采取安全预防措施。

第五十二条 【危险增加通知义务】在合同有效期内，保险标的的危险程度显著增加的，被保险人应当按照合同约定及时通知保险人，保险人可以按照合同约定增加保险费或者解除合同。保险人解除合同的，应当将已收取的保险费，按照合同约定扣除自保险责任开始之日起至合同解除之日止应收的部分后，退还投保人。

被保险人未履行前款规定的通知义务的，因保险标的的危险程度显著增加而发生的保险事故，保险人不承担赔偿保险金的责任。

第五十三条 【降低保险费】有下列情形之一的，除合同另有约定外，保险人应当降低保险费，并按日计算退还相应的保险费：

（一）据以确定保险费率的有关情况发生变化，保险标的的危险程度明显减少的；

（二）保险标的的保险价值明显减少的。

第五十四条 【保费退还】保险责任开始前，投保人要求解除合同的，应当按照合同约定向保险人支付手续费，保险人应当退还保险费。保险责任开始后，投保人要求解除合同的，保险人应当将已收取的保险费，按照合同约定扣除自保险责任开始之日起至合同解除之日止应收的部分后，退还投保人。

第五十五条 【保险价值的确定】投保人和保险人约定保险标的的保险价值并在合同中载明的，保险标的发生损失时，以约定的保险价值为赔偿计算标准。

投保人和保险人未约定保险标的的保险价值的，保险标的发生损失时，以保险事故发生时保险标的的实际价值为赔偿计算标准。

保险金额不得超过保险价值。超过保险价值的，超过部分无效，保险人应当退还相应的保险费。

保险金额低于保险价值的，除合同另有约定外，保险人按照保险金额与保险价值的比例承担赔偿保险金的责任。

第五十六条 【重复保险】重复保险的投保人应当将重复保险

的有关情况通知各保险人。

重复保险的各保险人赔偿保险金的总和不得超过保险价值。除合同另有约定外，各保险人按照其保险金额与保险金额总和的比例承担赔偿保险金的责任。

重复保险的投保人可以就保险金额总和超过保险价值的部分，请求各保险人按比例返还保险费。

重复保险是指投保人对同一保险标的、同一保险利益、同一保险事故分别与两个以上保险人订立保险合同，且保险金额总和超过保险价值的保险。

第五十七条　【防止或减少损失责任】保险事故发生时，被保险人应当尽力采取必要的措施，防止或者减少损失。

保险事故发生后，被保险人为防止或者减少保险标的的损失所支付的必要的、合理的费用，由保险人承担；保险人所承担的费用数额在保险标的损失赔偿金额以外另行计算，最高不超过保险金额的数额。

第五十八条　【赔偿解除】保险标的发生部分损失的，自保险人赔偿之日起三十日内，投保人可以解除合同；除合同另有约定外，保险人也可以解除合同，但应当提前十五日通知投保人。

合同解除的，保险人应当将保险标的未受损失部分的保险费，按照合同约定扣除自保险责任开始之日起至合同解除之日止应收的部分后，退还投保人。

第五十九条　【保险标的残值权利归属】保险事故发生后，保险人已支付了全部保险金额，并且保险金额等于保险价值的，受损保险标的的全部权利归于保险人；保险金额低于保险价值的，保险人按照保险金额与保险价值的比例取得受损保险标的的部分权利。

第六十条　【代位求偿权】因第三者对保险标的的损害而造成保险事故的，保险人自向被保险人赔偿保险金之日起，在赔偿金额范围内代位行使被保险人对第三者请求赔偿的权利。

前款规定的保险事故发生后，被保险人已经从第三者取得损害赔偿的，保险人赔偿保险金时，可以相应扣减被保险人从第三者已取得的赔偿金额。

保险人依照本条第一款规定行使代位请求赔偿的权利，不影响被保险人就未取得赔偿的部分向第三者请求赔偿的权利。

第六十一条　【不能行使代位求偿权的法律后果】保险事故发生后，保险人未赔偿保险金之前，被保险人放弃对第三者请求赔偿的权利的，保险人不承担赔偿保险金的责任。

保险人向被保险人赔偿保险金后，被保险人未经保险人同意放弃对第三者请求赔偿的权利的，该行为无效。

被保险人故意或者因重大过失致使保险人不能行使代位请求赔偿的权利的，保险人可以扣减或者要求返还相应的保险金。

第六十二条　【代位求偿权行使限制】除被保险人的家庭成员或者其组成人员故意造成本法第六十条第一款规定的保险事故外，保险人不得对被保险人的家庭成员或者其组成人员行使代位请求赔偿的权利。

第六十三条　【协助行使代位求偿权】保险人向第三者行使代位请求赔偿的权利时，被保险人应当向保险人提供必要的文件和所知道的有关情况。

第六十四条　【勘险费用承担】保险人、被保险人为查明和确定保险事故的性质、原因和保险标的的损失程度所支付的必要的、合理的费用，由保险人承担。

第六十五条　【责任保险】保险人对责任保险的被保险人给第三者造成的损害，可以依照法律的规定或者合同的约定，直接向该第三者赔偿保险金。

责任保险的被保险人给第三者造成损害，被保险人对第三者应负的赔偿责任确定的，根据被保险人的请求，保险人应当直接向该第三者赔偿保险金。被保险人怠于请求的，第三者有权就其应获赔偿部分直接向保险人请求赔偿保险金。

责任保险的被保险人给第三者造成损害，被保险人未向该第三者赔偿的，保险人不得向被保险人赔偿保险金。

责任保险是指以被保险人对第三者依法应负的赔偿责任为保险标的的保险。

第六十六条　【责任保险相应费用承担】责任保险的被保险人因给第三者造成损害的保险事故而被提起仲裁或者诉讼的，被保险人支付的仲裁或者诉讼费用以及其他必要的、合理的费用，除合同另有约定外，由保险人承担。

第三章　保 险 公 司

第六十七条　【设立须经批准】设立保险公司应当经国务院保险监督管理机构批准。

国务院保险监督管理机构审查保险公司的设立申请时，应当考虑保险业的发展和公平竞争的需要。

第六十八条　【设立条件】设立保险公司应当具备下列条件：

（一）主要股东具有持续盈利能力，信誉良好，最近三年内无重大违法违规记录，净资产不低于人民币二亿元；

（二）有符合本法和《中华人民共和国公司法》规定的章程；

（三）有符合本法规定的注册资本；

（四）有具备任职专业知识和业务工作经验的董事、监事和高级管理人员；

（五）有健全的组织机构和管理制度；

（六）有符合要求的营业场所和与经营业务有关的其他设施；

（七）法律、行政法规和国务院保险监督管理机构规定的其他条件。

第六十九条　【注册资本】设立保险公司，其注册资本的最低限额为人民币二亿元。

国务院保险监督管理机构根据保险公司的业务范围、经营规模，可以调整其注册资本的最低限额，但不得低于本条第一款规定的限额。

保险公司的注册资本必须为实缴货币资本。

第七十条　【申请文件、资料】申请设立保险公司，应当向国务院保险监督管理机构提出书面申请，并提交下列材料：

（一）设立申请书，申请书应当载明拟设立的保险公司的名称、注册资本、业务范围等；

（二）可行性研究报告；

（三）筹建方案；

（四）投资人的营业执照或者其他背景资料，经会计师事务所审计的上一年度财务会计报告；

（五）投资人认可的筹备组负责人和拟任董事长、经理名单及本人认可证明；

（六）国务院保险监督管理机构规定的其他材料。

第七十一条　【批准决定】国务院保险监督管理机构应当对设立保险公司的申请进行审查，自受理之日起六个月内作出批准或者不批准筹建的决定，并书面通知申请人。决定不批准的，应当书面说明理由。

第七十二条　【筹建期限和要求】申请人应当自收到批准筹建通知之日起一年内完成筹建工作；筹建期间不得从事保险经营活动。

第七十三条　【保险监督管理机构批准开业申请的期限和决定】筹建工作完成后，申请人具备本法第六十八条规定的设立条件的，可以向国务院保险监督管理机构提出开业申请。

国务院保险监督管理机构应当自受理开业申请之日起六十日内，作出批准或者不批准开业的决定。决定批准的，颁发经营保险业务许可证；决定不批准的，应当书面通知申请人并说明理由。

第七十四条　【设立分支机构】保险公司在中华人民共和国境内设立分支机构，应当经保险监督管理机构批准。

保险公司分支机构不具有法人资格，其民事责任由保险公司承担。

第七十五条　【设立分支机构提交的材料】保险公司申请设立分支机构，应当向保险监督管理机构提出书面申请，并提交下列材料：

（一）设立申请书；

（二）拟设机构三年业务发展规划和市场分析材料；

（三）拟任高级管理人员的简历及相关证明材料；

（四）国务院保险监督管理机构规定的其他材料。

第七十六条　【审批保险公司设立分支机构申请的期限】保险监督管理机构应当对保险公司设立分支机构的申请进行审查，自受理之日起六十日内作出批准或者不批准的决定。决定批准的，颁发分支机构经营保险业务许可证；决定不批准的，应当书面通知申请人并说明理由。

第七十七条　【工商登记】经批准设立的保险公司及其分支机构，凭经营保险业务许可证向工商行政管理机关办理登记，领取营业执照。

第七十八条　【工商登记期限】保险公司及其分支机构自取得经营保险业务许可证之日起六个月内，无正当理由未向工商行政管理机关办理登记的，其经营保险业务许可证失效。

第七十九条　【境外机构设立规定】保险公司在中华人民共和国境外设立子公司、分支机构，应当经国务院保险监督管理机构批准。

第八十条　【外国保险机构驻华代表机构设立的批准】外国保险机构在中华人民共和国境内设立代表机构，应当经国务院保险监督管理机构批准。代表机构不得从事保险经营活动。

第八十一条 【董事、监事和高级管理人员任职规定】保险公司的董事、监事和高级管理人员，应当品行良好，熟悉与保险相关的法律、行政法规，具有履行职责所需的经营管理能力，并在任职前取得保险监督管理机构核准的任职资格。

保险公司高级管理人员的范围由国务院保险监督管理机构规定。

第八十二条 【董事、高级管理人员的任职禁止】有《中华人民共和国公司法》第一百四十六条规定的情形或者下列情形之一的，不得担任保险公司的董事、监事、高级管理人员：

（一）因违法行为或者违纪行为被金融监督管理机构取消任职资格的金融机构的董事、监事、高级管理人员，自被取消任职资格之日起未逾五年的；

（二）因违法行为或者违纪行为被吊销执业资格的律师、注册会计师或者资产评估机构、验证机构等机构的专业人员，自被吊销执业资格之日起未逾五年的。

第八十三条 【董事、监事、高级管理人员的责任】保险公司的董事、监事、高级管理人员执行公司职务时违反法律、行政法规或者公司章程的规定，给公司造成损失的，应当承担赔偿责任。

第八十四条 【变更事项批准】保险公司有下列情形之一的，应当经保险监督管理机构批准：

（一）变更名称；

（二）变更注册资本；

（三）变更公司或者分支机构的营业场所；

（四）撤销分支机构；

（五）公司分立或者合并；

（六）修改公司章程；

（七）变更出资额占有限责任公司资本总额百分之五以上的股东，或者变更持有股份有限公司股份百分之五以上的股东；

（八）国务院保险监督管理机构规定的其他情形。

第八十五条　【精算报告制度和合规报告制度】保险公司应当聘用专业人员，建立精算报告制度和合规报告制度。

第八十六条　【如实报送报告、报表、文件和资料】保险公司应当按照保险监督管理机构的规定，报送有关报告、报表、文件和资料。

保险公司的偿付能力报告、财务会计报告、精算报告、合规报告及其他有关报告、报表、文件和资料必须如实记录保险业务事项，不得有虚假记载、误导性陈述和重大遗漏。

第八十七条　【账簿、原始凭证和有关资料的保管】保险公司应当按照国务院保险监督管理机构的规定妥善保管业务经营活动的完整账簿、原始凭证和有关资料。

前款规定的账簿、原始凭证和有关资料的保管期限，自保险合同终止之日起计算，保险期间在一年以下的不得少于五年，保险期间超过一年的不得少于十年。

第八十八条　【聘请或解聘中介服务机构】保险公司聘请或者解聘会计师事务所、资产评估机构、资信评级机构等中介服务机构，应当向保险监督管理机构报告；解聘会计师事务所、资产评估机构、资信评级机构等中介服务机构，应当说明理由。

第八十九条　【解散和清算】保险公司因分立、合并需要解散，或者股东会、股东大会决议解散，或者公司章程规定的解散事由出现，经国务院保险监督管理机构批准后解散。

经营有人寿保险业务的保险公司，除因分立、合并或者被依法撤销外，不得解散。

保险公司解散，应当依法成立清算组进行清算。

第九十条　【重整、和解和破产清算】保险公司有《中华人民共和国企业破产法》第二条规定情形的，经国务院保险监督管理机构同意，保险公司或者其债权人可以依法向人民法院申请重整、和解或者破产清算；国务院保险监督管理机构也可以依法向人民法院申请对该保险公司进行重整或者破产清算。

第九十一条　【破产财产的清偿顺序】破产财产在优先清偿破产费用和共益债务后，按照下列顺序清偿：

（一）所欠职工工资和医疗、伤残补助、抚恤费用，所欠应当划入职工个人账户的基本养老保险、基本医疗保险费用，以及法律、行政法规规定应当支付给职工的补偿金；

（二）赔偿或者给付保险金；

（三）保险公司欠缴的除第（一）项规定以外的社会保险费用和所欠税款；

（四）普通破产债权。

破产财产不足以清偿同一顺序的清偿要求的，按照比例分配。

破产保险公司的董事、监事和高级管理人员的工资，按照该公司职工的平均工资计算。

第九十二条　【人寿保险合同及责任准备金转让】经营有人寿保险业务的保险公司被依法撤销或者被依法宣告破产的，其持有的人寿保险合同及责任准备金，必须转让给其他经营有人寿保险业务的保险公司；不能同其他保险公司达成转让协议的，由国务院保险监督管理机构指定经营有人寿保险业务的保险公司接受转让。

转让或者由国务院保险监督管理机构指定接受转让前款规定的人寿保险合同及责任准备金的，应当维护被保险人、受益人的合法权益。

第九十三条　【经营保险业务许可证的注销】保险公司依法终止其业务活动，应当注销其经营保险业务许可证。

第九十四条　【适用公司法的规定】保险公司，除本法另有规定外，适用《中华人民共和国公司法》的规定。

第四章　保险经营规则

第九十五条　【业务范围】保险公司的业务范围：

（一）人身保险业务，包括人寿保险、健康保险、意外伤害保险等保险业务；

（二）财产保险业务，包括财产损失保险、责任保险、信用保险、保证保险等保险业务；

（三）国务院保险监督管理机构批准的与保险有关的其他业务。

保险人不得兼营人身保险业务和财产保险业务。但是，经营财产保险业务的保险公司经国务院保险监督管理机构批准，可以经营短期健康保险业务和意外伤害保险业务。

保险公司应当在国务院保险监督管理机构依法批准的业务范围内从事保险经营活动。

第九十六条　【再保险业务】经国务院保险监督管理机构批准，保险公司可以经营本法第九十五条规定的保险业务的下列再保险业务：

（一）分出保险；

（二）分入保险。

第九十七条　【保证金】保险公司应当按照其注册资本总额的百分之二十提取保证金，存入国务院保险监督管理机构指定的银行，除公司清算时用于清偿债务外，不得动用。

第九十八条　【责任准备金】保险公司应当根据保障被保险人利益、保证偿付能力的原则，提取各项责任准备金。

保险公司提取和结转责任准备金的具体办法，由国务院保险监督管理机构制定。

第九十九条　【公积金】保险公司应当依法提取公积金。

第一百条　【保险保障基金】保险公司应当缴纳保险保障基金。

保险保障基金应当集中管理，并在下列情形下统筹使用：

（一）在保险公司被撤销或者被宣告破产时，向投保人、被保险人或者受益人提供救济；

（二）在保险公司被撤销或者被宣告破产时，向依法接受其人寿保险合同的保险公司提供救济；

（三）国务院规定的其他情形。

保险保障基金筹集、管理和使用的具体办法，由国务院制定。

第一百零一条　【最低偿付能力】保险公司应当具有与其业务规模和风险程度相适应的最低偿付能力。保险公司的认可资产减去认可负债的差额不得低于国务院保险监督管理机构规定的数额；低于规定数额的，应当按照国务院保险监督管理机构的要求采取相应措施达到规定的数额。

第一百零二条　【财产保险公司自留保险费】经营财产保险业务的保险公司当年自留保险费，不得超过其实有资本金加公积金总和的四倍。

第一百零三条　【最大损失责任的赔付要求】保险公司对每一危险单位，即对一次保险事故可能造成的最大损失范围所承担的责任，不得超过其实有资本金加公积金总和的百分之十；超过的部分应当办理再保险。

保险公司对危险单位的划分应当符合国务院保险监督管理机构的规定。

第一百零四条　【危险单位划分方法和巨灾风险安排方案】保险公司对危险单位的划分方法和巨灾风险安排方案，应当报国务院保险监督管理机构备案。

第一百零五条　【再保险】保险公司应当按照国务院保险监督管理机构的规定办理再保险，并审慎选择再保险接受人。

第一百零六条　【资金运用的原则和形式】保险公司的资金运用必须稳健，遵循安全性原则。

保险公司的资金运用限于下列形式：

（一）银行存款；

（二）买卖债券、股票、证券投资基金份额等有价证券；

（三）投资不动产；

（四）国务院规定的其他资金运用形式。

保险公司资金运用的具体管理办法，由国务院保险监督管理机构依照前两款的规定制定。

第一百零七条 【保险资产管理公司】 经国务院保险监督管理机构会同国务院证券监督管理机构批准，保险公司可以设立保险资产管理公司。

保险资产管理公司从事证券投资活动，应当遵守《中华人民共和国证券法》等法律、行政法规的规定。

保险资产管理公司的管理办法，由国务院保险监督管理机构会同国务院有关部门制定。

第一百零八条 【关联交易管理和信息披露制度】 保险公司应当按照国务院保险监督管理机构的规定，建立对关联交易的管理和信息披露制度。

第一百零九条 【关联交易的禁止】 保险公司的控股股东、实际控制人、董事、监事、高级管理人员不得利用关联交易损害公司的利益。

第一百一十条 【重大事项披露】 保险公司应当按照国务院保险监督管理机构的规定，真实、准确、完整地披露财务会计报告、风险管理状况、保险产品经营情况等重大事项。

第一百一十一条 【保险销售人员任职资格】 保险公司从事保险销售的人员应当品行良好，具有保险销售所需的专业能力。保险销售人员的行为规范和管理办法，由国务院保险监督管理机构规定。

第一百一十二条 【保险代理人登记制度】 保险公司应当建立保险代理人登记管理制度，加强对保险代理人的培训和管理，不得唆使、诱导保险代理人进行违背诚信义务的活动。

第一百一十三条 【依法使用经营保险业务许可证】 保险公司及其分支机构应当依法使用经营保险业务许可证，不得转让、出租、出借经营保险业务许可证。

第一百一十四条　【公平合理拟订保险条款和保险费率并及时履行义务】保险公司应当按照国务院保险监督管理机构的规定，公平、合理拟订保险条款和保险费率，不得损害投保人、被保险人和受益人的合法权益。

保险公司应当按照合同约定和本法规定，及时履行赔偿或者给付保险金义务。

第一百一十五条　【公平竞争原则】保险公司开展业务，应当遵循公平竞争的原则，不得从事不正当竞争。

第一百一十六条　【保险业务行为禁止】保险公司及其工作人员在保险业务活动中不得有下列行为：

（一）欺骗投保人、被保险人或者受益人；

（二）对投保人隐瞒与保险合同有关的重要情况；

（三）阻碍投保人履行本法规定的如实告知义务，或者诱导其不履行本法规定的如实告知义务；

（四）给予或者承诺给予投保人、被保险人、受益人保险合同约定以外的保险费回扣或者其他利益；

（五）拒不依法履行保险合同约定的赔偿或者给付保险金义务；

（六）故意编造未曾发生的保险事故、虚构保险合同或者故意夸大已经发生的保险事故的损失程度进行虚假理赔，骗取保险金或者牟取其他不正当利益；

（七）挪用、截留、侵占保险费；

（八）委托未取得合法资格的机构从事保险销售活动；

（九）利用开展保险业务为其他机构或者个人牟取不正当利益；

（十）利用保险代理人、保险经纪人或者保险评估机构，从事以虚构保险中介业务或者编造退保等方式套取费用等违法活动；

（十一）以捏造、散布虚假事实等方式损害竞争对手的商业信誉，或者以其他不正当竞争行为扰乱保险市场秩序；

（十二）泄露在业务活动中知悉的投保人、被保险人的商业秘密；

（十三）违反法律、行政法规和国务院保险监督管理机构规定的其他行为。

第五章 保险代理人和保险经纪人

第一百一十七条 【保险代理人】保险代理人是根据保险人的委托，向保险人收取佣金，并在保险人授权的范围内代为办理保险业务的机构或者个人。

保险代理机构包括专门从事保险代理业务的保险专业代理机构和兼营保险代理业务的保险兼业代理机构。

第一百一十八条 【保险经纪人】保险经纪人是基于投保人的利益，为投保人与保险人订立保险合同提供中介服务，并依法收取佣金的机构。

第一百一十九条 【保险代理机构、保险经纪人的资格条件及以业务许可管理】保险代理机构、保险经纪人应当具备国务院保险监督管理机构规定的条件，取得保险监督管理机构颁发的经营保险代理业务许可证、保险经纪业务许可证。

第一百二十条 【以公司形式设立的保险专业代理机构、保险经纪人的注册资本】以公司形式设立保险专业代理机构、保险经纪人，其注册资本最低限额适用《中华人民共和国公司法》的规定。

国务院保险监督管理机构根据保险专业代理机构、保险经纪人的业务范围和经营规模，可以调整其注册资本的最低限额，但不得低于《中华人民共和国公司法》规定的限额。

保险专业代理机构、保险经纪人的注册资本或者出资额必须为实缴货币资本。

第一百二十一条 【保险专业代理机构、保险经纪人的高级管理人员的经营管理能力与任职资格】保险专业代理机构、保险经纪人的高级管理人员，应当品行良好，熟悉保险法律、行政法规，具有履行职责所需的经营管理能力，并在任职前取得保险监督管理机构核准的任职资格。

第一百二十二条　【个人保险代理人、保险代理机构的代理从业人员、保险经纪人的经纪从业人员的任职资格】个人保险代理人、保险代理机构的代理从业人员、保险经纪人的经纪从业人员，应当品行良好，具有从事保险代理业务或者保险经纪业务所需的专业能力。

第一百二十三条　【经营场所与账簿记载】保险代理机构、保险经纪人应当有自己的经营场所，设立专门账簿记载保险代理业务、经纪业务的收支情况。

第一百二十四条　【保险代理机构、保险经纪人缴存保证金或者投保职业责任保险】保险代理机构、保险经纪人应当按照国务院保险监督管理机构的规定缴存保证金或者投保职业责任保险。

第一百二十五条　【个人保险代理人代为办理人寿保险业务接受委托的限制】个人保险代理人在代为办理人寿保险业务时，不得同时接受两个以上保险人的委托。

第一百二十六条　【保险业务委托代理协议】保险人委托保险代理人代为办理保险业务，应当与保险代理人签订委托代理协议，依法约定双方的权利和义务。

第一百二十七条　【保险代理责任承担】保险代理人根据保险人的授权代为办理保险业务的行为，由保险人承担责任。

保险代理人没有代理权、超越代理权或者代理权终止后以保险人名义订立合同，使投保人有理由相信其有代理权的，该代理行为有效。保险人可以依法追究越权的保险代理人的责任。

第一百二十八条　【保险经纪人的赔偿责任】保险经纪人因过错给投保人、被保险人造成损失的，依法承担赔偿责任。

第一百二十九条　【保险事故的评估和鉴定】保险活动当事人

可以委托保险公估机构等依法设立的独立评估机构或者具有相关专业知识的人员，对保险事故进行评估和鉴定。

接受委托对保险事故进行评估和鉴定的机构和人员，应当依法、独立、客观、公正地进行评估和鉴定，任何单位和个人不得干涉。

前款规定的机构和人员，因故意或者过失给保险人或者被保险人造成损失的，依法承担赔偿责任。

第一百三十条　【保险佣金的支付】保险佣金只限于向保险代理人、保险经纪人支付，不得向其他人支付。

第一百三十一条　【保险代理人、保险经纪人及其从业人员的禁止行为】保险代理人、保险经纪人及其从业人员在办理保险业务活动中不得有下列行为：

（一）欺骗保险人、投保人、被保险人或者受益人；

（二）隐瞒与保险合同有关的重要情况；

（三）阻碍投保人履行本法规定的如实告知义务，或者诱导其不履行本法规定的如实告知义务；

（四）给予或者承诺给予投保人、被保险人或者受益人保险合同约定以外的利益；

（五）利用行政权力、职务或者职业便利以及其他不正当手段强迫、引诱或者限制投保人订立保险合同；

（六）伪造、擅自变更保险合同，或者为保险合同当事人提供虚假证明材料；

（七）挪用、截留、侵占保险费或者保险金；

（八）利用业务便利为其他机构或者个人牟取不正当利益；

（九）串通投保人、被保险人或者受益人，骗取保险金；

（十）泄露在业务活动中知悉的保险人、投保人、被保险人的商业秘密。

第一百三十二条　【准用条款】本法第八十六条第一款、第一百一十三条的规定，适用于保险代理机构和保险经纪人。

第六章　保险业监督管理

第一百三十三条　【保险监督管理机构职责】保险监督管理机构依照本法和国务院规定的职责，遵循依法、公开、公正的原则，对保险业实施监督管理，维护保险市场秩序，保护投保人、被保险人和受益人的合法权益。

第一百三十四条　【国务院保险监督管理机构立法权限】国务院保险监督管理机构依照法律、行政法规制定并发布有关保险业监督管理的规章。

第一百三十五条　【保险条款与保险费率的审批与备案】关系社会公众利益的保险险种、依法实行强制保险的险种和新开发的人寿保险险种等的保险条款和保险费率，应当报国务院保险监督管理机构批准。国务院保险监督管理机构审批时，应当遵循保护社会公众利益和防止不正当竞争的原则。其他保险险种的保险条款和保险费率，应当报保险监督管理机构备案。

保险条款和保险费率审批、备案的具体办法，由国务院保险监督管理机构依照前款规定制定。

第一百三十六条　【对违法、违规保险条款和费率采取的措施】保险公司使用的保险条款和保险费率违反法律、行政法规或者国务院保险监督管理机构的有关规定的，由保险监督管理机构责令停止使用，限期修改；情节严重的，可以在一定期限内禁止申报新的保险条款和保险费率。

第一百三十七条　【对保险公司偿付能力的监控】国务院保险监督管理机构应当建立健全保险公司偿付能力监管体系，对保险公司的偿付能力实施监控。

第一百三十八条　【对偿付能力不足的保险公司采取的措施】对偿付能力不足的保险公司，国务院保险监督管理机构应当将其列为重点监管对象，并可以根据具体情况采取下列措施：

（一）责令增加资本金、办理再保险；

（二）限制业务范围；

（三）限制向股东分红；

（四）限制固定资产购置或者经营费用规模；

（五）限制资金运用的形式、比例；

（六）限制增设分支机构；

（七）责令拍卖不良资产、转让保险业务；

（八）限制董事、监事、高级管理人员的薪酬水平；

（九）限制商业性广告；

（十）责令停止接受新业务。

第一百三十九条　【责令保险公司改正违法行为】保险公司未依照本法规定提取或者结转各项责任准备金，或者未依照本法规定办理再保险，或者严重违反本法关于资金运用的规定的，由保险监督管理机构责令限期改正，并可以责令调整负责人及有关管理人员。

第一百四十条　【保险公司整顿】保险监督管理机构依照本法第一百三十九条的规定作出限期改正的决定后，保险公司逾期未改正的，国务院保险监督管理机构可以决定选派保险专业人员和指定该保险公司的有关人员组成整顿组，对公司进行整顿。

整顿决定应当载明被整顿公司的名称、整顿理由、整顿组成员和整顿期限，并予以公告。

第一百四十一条　【整顿组职权】整顿组有权监督被整顿保险公司的日常业务。被整顿公司的负责人及有关管理人员应当在整顿组的监督下行使职权。

第一百四十二条　【被整顿保险公司的业务运作】整顿过程中，被整顿保险公司的原有业务继续进行。但是，国务院保险监督管理机构可以责令被整顿公司停止部分原有业务、停止接受新业务，调整资金运用。

第一百四十三条　【保险公司结束整顿】被整顿保险公司经整顿已纠正其违反本法规定的行为，恢复正常经营状况的，由整顿组提出报告，经国务院保险监督管理机构批准，结束整顿，并由国务院保险监督管理机构予以公告。

第一百四十四条　【保险公司接管】保险公司有下列情形之一的，国务院保险监督管理机构可以对其实行接管：

（一）公司的偿付能力严重不足的；

（二）违反本法规定，损害社会公共利益，可能严重危及或者已经严重危及公司的偿付能力的。

被接管的保险公司的债权债务关系不因接管而变化。

第一百四十五条　【国务院保险监管机构决定接管实施办法】接管组的组成和接管的实施办法，由国务院保险监督管理机构决定，并予以公告。

第一百四十六条　【接管保险公司期限】接管期限届满，国务院保险监督管理机构可以决定延长接管期限，但接管期限最长不得超过二年。

第一百四十七条　【终止接管】接管期限届满，被接管的保险公司已恢复正常经营能力的，由国务院保险监督管理机构决定终止接管，并予以公告。

第一百四十八条　【被整顿、被接管的保险公司的重整及破产清算】被整顿、被接管的保险公司有《中华人民共和国企业破产法》第二条规定情形的，国务院保险监督管理机构可以依法向人民法院申请对该保险公司进行重整或者破产清算。

第一百四十九条　【保险公司的撤销及清算】保险公司因违法经营被依法吊销经营保险业务许可证的，或者偿付能力低于国务院保险监督管理机构规定标准，不予撤销将严重危害保险市场秩序、损害公共利益的，由国务院保险监督管理机构予以撤销并公告，依法及时组织清算组进行清算。

第一百五十条　【提供信息资料】国务院保险监督管理机构有权要求保险公司股东、实际控制人在指定的期限内提供有关信息和资料。

第一百五十一条　【股东利用关联交易严重损害公司利益，危及公司偿付能力的处理措施】保险公司的股东利用关联交易严重损害公司利益，危及公司偿付能力的，由国务院保险监督管理机构责令改正。在按照要求改正前，国务院保险监督管理机构可以限制其股东权利；拒不改正的，可以责令其转让所持的保险公司股权。

第一百五十二条　【保险公司业务活动和风险管理重大事项说明】保险监督管理机构根据履行监督管理职责的需要，可以与保险公司董事、监事和高级管理人员进行监督管理谈话，要求其就公司的业务活动和风险管理的重大事项作出说明。

第一百五十三条　【保险公司被整顿、接管、撤销清算期间及出现重大风险时对直接责任人员采取的措施】保险公司在整顿、接管、撤销清算期间，或者出现重大风险时，国务院保险监督管理机构可以对该公司直接负责的董事、监事、高级管理人员和其他直接责任人员采取以下措施：

（一）通知出境管理机关依法阻止其出境；

（二）申请司法机关禁止其转移、转让或者以其他方式处分财产，或者在财产上设定其他权利。

第一百五十四条　【保险监督管理机构的履职措施及程序】保险监督管理机构依法履行职责，可以采取下列措施：

（一）对保险公司、保险代理人、保险经纪人、保险资产管理公司、外国保险机构的代表机构进行现场检查；

（二）进入涉嫌违法行为发生场所调查取证；

（三）询问当事人及与被调查事件有关的单位和个人，要求其对与被调查事件有关的事项作出说明；

（四）查阅、复制与被调查事件有关的财产权登记等资料；

（五）查阅、复制保险公司、保险代理人、保险经纪人、保险资产管理公司、外国保险机构的代表机构以及与被调查事件有关的单位和个人的财务会计资料及其他相关文件和资料；对可能被转移、隐匿或者毁损的文件和资料予以封存；

（六）查询涉嫌违法经营的保险公司、保险代理人、保险经纪人、保险资产管理公司、外国保险机构的代表机构以及与涉嫌违法事项有关的单位和个人的银行账户；

（七）对有证据证明已经或者可能转移、隐匿违法资金等涉案财产或者隐匿、伪造、毁损重要证据的，经保险监督管理机构主要负责人批准，申请人民法院予以冻结或者查封。

保险监督管理机构采取前款第（一）项、第（二）项、第（五）项措施的，应当经保险监督管理机构负责人批准；采取第（六）项措施的，应当经国务院保险监督管理机构负责人批准。

保险监督管理机构依法进行监督检查或者调查，其监督检查、调查的人员不得少于二人，并应当出示合法证件和监督检查、调查通知书；监督检查、调查的人员少于二人或者未出示合法证件和监督检查、调查通知书的，被检查、调查的单位和个人有权拒绝。

第一百五十五条 【配合检查、调查】保险监督管理机构依法履行职责，被检查、调查的单位和个人应当配合。

第一百五十六条 【保险监督管理机构工作人员行为准则】保险监督管理机构工作人员应当忠于职守，依法办事，公正廉洁，不得利用职务便利牟取不正当利益，不得泄露所知悉的有关单位和个人的商业秘密。

第一百五十七条 【金融监督管理机构监督管理信息共享机制】国务院保险监督管理机构应当与中国人民银行、国务院其他金融监督管理机构建立监督管理信息共享机制。

保险监督管理机构依法履行职责，进行监督检查、调查时，有关部门应当予以配合。

第七章 法律责任

第一百五十八条 【擅自设立保险公司、保险资产管理公司或非法经营商业保险业务的法律责任】违反本法规定，擅自设立保险公司、保险资产管理公司或者非法经营商业保险业务的，由保险监督管理机构予以取缔，没收违法所得，并处违法所得一倍以上五倍以下的罚款；没有违法所得或者违法所得不足二十万元的，处二十万元以上一百万元以下的罚款。

第一百五十九条 【擅自设立保险代理机构、保险经纪人或者未取得许可从事保险业务的法律责任】违反本法规定，擅自设立保险专业代理机构、保险经纪人，或者未取得经营保险代理业务许可证、保险经纪业务许可证从事保险代理业务、保险经纪业务的，由保险监督管理机构予以取缔，没收违法所得，并处违法所得一倍以上五倍以下的罚款；没有违法所得或者违法所得不足五万元的，处五万元以上三十万元以下的罚款。

第一百六十条 【保险公司超出业务范围经营的法律责任】保险公司违反本法规定，超出批准的业务范围经营的，由保险监督管理机构责令限期改正，没收违法所得，并处违法所得一倍以上五倍以下的罚款；没有违法所得或者违法所得不足十万元的，处十万元以上五十万元以下的罚款。逾期不改正或者造成严重后果的，责令停业整顿或者吊销业务许可证。

第一百六十一条 【保险公司在保险业务活动中从事禁止性行为的法律责任】保险公司有本法第一百一十六条规定行为之一的，由保险监督管理机构责令改正，处五万元以上三十万元以下的罚款；情节严重的，限制其业务范围、责令停止接受新业务或者吊销业务许可证。

第一百六十二条 【保险公司未经批准变更公司登记事项的法律责任】保险公司违反本法第八十四条规定的，由保险监督管理机构责令改正，处一万元以上十万元以下的罚款。

第一百六十三条　【超额承保及为无民事行为能力人承保以死亡为给付保险金条件的保险的法律责任】保险公司违反本法规定，有下列行为之一的，由保险监督管理机构责令改正，处五万元以上三十万元以下的罚款：

（一）超额承保，情节严重的；

（二）为无民事行为能力人承保以死亡为给付保险金条件的保险的。

第一百六十四条　【违反保险业务规则和保险组织机构管理规定的法律责任】违反本法规定，有下列行为之一的，由保险监督管理机构责令改正，处五万元以上三十万元以下的罚款；情节严重的，可以限制其业务范围、责令停止接受新业务或者吊销业务许可证：

（一）未按照规定提存保证金或者违反规定动用保证金的；

（二）未按照规定提取或者结转各项责任准备金的；

（三）未按照规定缴纳保险保障基金或者提取公积金的；

（四）未按照规定办理再保险的；

（五）未按照规定运用保险公司资金的；

（六）未经批准设立分支机构的；

（七）未按照规定申请批准保险条款、保险费率的。

第一百六十五条　【保险代理机构、保险经纪人违反诚信原则办理保险业务的法律责任】保险代理机构、保险经纪人有本法第一百三十一条规定行为之一的，由保险监督管理机构责令改正，处五万元以上三十万元以下的罚款；情节严重的，吊销业务许可证。

第一百六十六条　【不按规定缴存保证金或者投保职业责任保险、设立收支财簿的法律责任】保险代理机构、保险经纪人违反本法规定，有下列行为之一的，由保险监督管理机构责令改正，处二万元以上十万元以下的罚款；情节严重的，责令停业整顿或者吊销业务许可证：

（一）未按照规定缴存保证金或者投保职业责任保险的；

（二）未按照规定设立专门账簿记载业务收支情况的。

第一百六十七条　【违法聘任不具有任职资格的人员的法律责任】违反本法规定，聘任不具有任职资格的人员的，由保险监督管理机构责令改正，处二万元以上十万元以下的罚款。

第一百六十八条　【违法转让、出租、出借业务许可证的法律责任】违反本法规定，转让、出租、出借业务许可证的，由保险监督管理机构处一万元以上十万元以下的罚款；情节严重的，责令停业整顿或者吊销业务许可证。

第一百六十九条　【不按规定披露保险业务相关信息的法律责任】违反本法规定，有下列行为之一的，由保险监督管理机构责令限期改正；逾期不改正的，处一万元以上十万元以下的罚款：

（一）未按照规定报送或者保管报告、报表、文件、资料的，或者未按照规定提供有关信息、资料的；

（二）未按照规定报送保险条款、保险费率备案的；

（三）未按照规定披露信息的。

第一百七十条　【提供保险业务相关信息不实、拒绝或者妨碍监督检查、不按规定使用保险条款、保险费率的法律责任】违反本法规定，有下列行为之一的，由保险监督管理机构责令改正，处十万元以上五十万元以下的罚款；情节严重的，可以限制其业务范围、责令停止接受新业务或者吊销业务许可证：

（一）编制或者提供虚假的报告、报表、文件、资料的；

（二）拒绝或者妨碍依法监督检查的；

（三）未按照规定使用经批准或者备案的保险条款、保险费率的。

第一百七十一条　【董事、监事、高级管理人员的法律责任】保险公司、保险资产管理公司、保险专业代理机构、保险经纪人违反本法规定的，保险监督管理机构除分别依照本法第一百六十条至第一百七十条的规定对该单位给予处罚外，对其直接负责的主管人员和其他直接责任人员给予警告，并处一万元以上十万元以下的罚款；情节严重的，撤销任职资格。

第一百七十二条　【个人保险代理人的法律责任】个人保险代理人违反本法规定的，由保险监督管理机构给予警告，可以并处二万元以下的罚款；情节严重的，处二万元以上十万元以下的罚款。

第一百七十三条　【外国保险机构违法从事保险活动的法律责任】外国保险机构未经国务院保险监督管理机构批准，擅自在中华人民共和国境内设立代表机构的，由国务院保险监督管理机构予以取缔，处五万元以上三十万元以下的罚款。

外国保险机构在中华人民共和国境内设立的代表机构从事保险经营活动的，由保险监督管理机构责令改正，没收违法所得，并处违法所得一倍以上五倍以下的罚款；没有违法所得或者违法所得不足二十万元的，处二十万元以上一百万元以下的罚款；对其首席代表可以责令撤换；情节严重的，撤销其代表机构。

第一百七十四条　【投保人、被保险人或受益人进行保险诈骗活动的法律责任】投保人、被保险人或者受益人有下列行为之一，进行保险诈骗活动，尚不构成犯罪的，依法给予行政处罚：

（一）投保人故意虚构保险标的，骗取保险金的；

（二）编造未曾发生的保险事故，或者编造虚假的事故原因或者夸大损失程度，骗取保险金的；

（三）故意造成保险事故，骗取保险金的。

保险事故的鉴定人、评估人、证明人故意提供虚假的证明文件，为投保人、被保险人或者受益人进行保险诈骗提供条件的，依照前款规定给予处罚。

第一百七十五条　【侵权民事责任的规定】违反本法规定，给他人造成损害的，依法承担民事责任。

第一百七十六条　【拒绝、阻碍监督检查、调查职权的行政责任】拒绝、阻碍保险监督管理机构及其工作人员依法行使监督检查、调查职权，未使用暴力、威胁方法的，依法给予治安管理处罚。

第一百七十七条　【禁止从业的规定】违反法律、行政法规的规定，情节严重的，国务院保险监督管理机构可以禁止有关责任人员一定期限直至终身进入保险业。

第一百七十八条　【保险监督人员的法律责任】保险监督管理机构从事监督管理工作的人员有下列情形之一的，依法给予处分：

（一）违反规定批准机构的设立的；

（二）违反规定进行保险条款、保险费率审批的；

（三）违反规定进行现场检查的；

（四）违反规定查询账户或者冻结资金的；

（五）泄露其知悉的有关单位和个人的商业秘密的；

（六）违反规定实施行政处罚的；

（七）滥用职权、玩忽职守的其他行为。

第一百七十九条　【刑事责任的规定】违反本法规定，构成犯罪的，依法追究刑事责任。

第八章　附　　则

第一百八十条　【保险行业协会的规定】保险公司应当加入保险行业协会。保险代理人、保险经纪人、保险公估机构可以加入保险行业协会。

保险行业协会是保险业的自律性组织，是社会团体法人。

第一百八十一条　【其他保险组织的商业保险业务适用本法】保险公司以外的其他依法设立的保险组织经营的商业保险业务，适用本法。

第一百八十二条　【海上保险的法律适用】海上保险适用

《中华人民共和国海商法》的有关规定；《中华人民共和国海商法》未规定的，适用本法的有关规定。

第一百八十三条　【合资保险公司、外资公司法律适用规定】 中外合资保险公司、外资独资保险公司、外国保险公司分公司适用本法规定；法律、行政法规另有规定的，适用其规定。

第一百八十四条　【农业保险的规定】 国家支持发展为农业生产服务的保险事业。农业保险由法律、行政法规另行规定。

强制保险，法律、行政法规另有规定的，适用其规定。

第一百八十五条　【施行日期】 本法自 2009 年 10 月 1 日起施行。

机动车交通事故责任强制保险条例

（2006 年 3 月 21 日中华人民共和国国务院令第 462 号公布　根据 2012 年 3 月 30 日《国务院关于修改〈机动车交通事故责任强制保险条例〉的决定》第一次修订　根据 2012 年 12 月 17 日《国务院关于修改〈机动车交通事故责任强制保险条例〉的决定》第二次修订　根据 2016 年 2 月 6 日《国务院关于修改部分行政法规的决定》第三次修订　根据 2019 年 3 月 2 日《国务院关于修改部分行政法规的决定》第四次修订）

第一章　总　　则

第一条　为了保障机动车道路交通事故受害人依法得到赔偿，促进道路交通安全，根据《中华人民共和国道路交通安全法》、《中华人民共和国保险法》，制定本条例。

第二条　在中华人民共和国境内道路上行驶的机动车的所有人

或者管理人，应当依照《中华人民共和国道路交通安全法》的规定投保机动车交通事故责任强制保险。

机动车交通事故责任强制保险的投保、赔偿和监督管理，适用本条例。

第三条 本条例所称机动车交通事故责任强制保险，是指由保险公司对被保险机动车发生道路交通事故造成本车人员、被保险人以外的受害人的人身伤亡、财产损失，在责任限额内予以赔偿的强制性责任保险。

第四条 国务院保险监督管理机构依法对保险公司的机动车交通事故责任强制保险业务实施监督管理。

公安机关交通管理部门、农业（农业机械）主管部门（以下统称机动车管理部门）应当依法对机动车参加机动车交通事故责任强制保险的情况实施监督检查。对未参加机动车交通事故责任强制保险的机动车，机动车管理部门不得予以登记，机动车安全技术检验机构不得予以检验。

公安机关交通管理部门及其交通警察在调查处理道路交通安全违法行为和道路交通事故时，应当依法检查机动车交通事故责任强制保险的保险标志。

第二章 投　　保

第五条 保险公司可以从事机动车交通事故责任强制保险业务。

为了保证机动车交通事故责任强制保险制度的实行，国务院保险监督管理机构有权要求保险公司从事机动车交通事故责任强制保险业务。

除保险公司外，任何单位或者个人不得从事机动车交通事故责任强制保险业务。

第六条 机动车交通事故责任强制保险实行统一的保险条款和

基础保险费率。国务院保险监督管理机构按照机动车交通事故责任强制保险业务总体上不盈利不亏损的原则审批保险费率。

国务院保险监督管理机构在审批保险费率时，可以聘请有关专业机构进行评估，可以举行听证会听取公众意见。

第七条 保险公司的机动车交通事故责任强制保险业务，应当与其他保险业务分开管理，单独核算。

国务院保险监督管理机构应当每年对保险公司的机动车交通事故责任强制保险业务情况进行核查，并向社会公布；根据保险公司机动车交通事故责任强制保险业务的总体盈利或者亏损情况，可以要求或者允许保险公司相应调整保险费率。

调整保险费率的幅度较大的，国务院保险监督管理机构应当进行听证。

第八条 被保险机动车没有发生道路交通安全违法行为和道路交通事故的，保险公司应当在下一年度降低其保险费率。在此后的年度内，被保险机动车仍然没有发生道路交通安全违法行为和道路交通事故的，保险公司应当继续降低其保险费率，直至最低标准。被保险机动车发生道路交通安全违法行为或者道路交通事故的，保险公司应当在下一年度提高其保险费率。多次发生道路交通安全违法行为、道路交通事故，或者发生重大道路交通事故的，保险公司应当加大提高其保险费率的幅度。在道路交通事故中被保险人没有过错的，不提高其保险费率。降低或者提高保险费率的标准，由国务院保险监督管理机构会同国务院公安部门制定。

第九条 国务院保险监督管理机构、国务院公安部门、国务院农业主管部门以及其他有关部门应当逐步建立有关机动车交通事故责任强制保险、道路交通安全违法行为和道路交通事故的信息共享机制。

第十条 投保人在投保时应当选择从事机动车交通事故责任强制保险业务的保险公司，被选择的保险公司不得拒绝或者拖延承保。

国务院保险监督管理机构应当将从事机动车交通事故责任强制保险业务的保险公司向社会公示。

第十一条 投保人投保时，应当向保险公司如实告知重要事项。

重要事项包括机动车的种类、厂牌型号、识别代码、牌照号码、使用性质和机动车所有人或者管理人的姓名（名称）、性别、年龄、住所、身份证或者驾驶证号码（组织机构代码）、续保前该机动车发生事故的情况以及国务院保险监督管理机构规定的其他事项。

第十二条 签订机动车交通事故责任强制保险合同时，投保人应当一次支付全部保险费；保险公司应当向投保人签发保险单、保险标志。保险单、保险标志应当注明保险单号码、车牌号码、保险期限、保险公司的名称、地址和理赔电话号码。

被保险人应当在被保险机动车上放置保险标志。

保险标志式样全国统一。保险单、保险标志由国务院保险监督管理机构监制。任何单位或者个人不得伪造、变造或者使用伪造、变造的保险单、保险标志。

第十三条 签订机动车交通事故责任强制保险合同时，投保人不得在保险条款和保险费率之外，向保险公司提出附加其他条件的要求。

签订机动车交通事故责任强制保险合同时，保险公司不得强制投保人订立商业保险合同以及提出附加其他条件的要求。

第十四条 保险公司不得解除机动车交通事故责任强制保险合同；但是，投保人对重要事项未履行如实告知义务的除外。

投保人对重要事项未履行如实告知义务，保险公司解除合同前，应当书面通知投保人，投保人应当自收到通知之日起5日内履行如实告知义务；投保人在上述期限内履行如实告知义务的，保险公司不得解除合同。

第十五条 保险公司解除机动车交通事故责任强制保险合同的，应当收回保险单和保险标志，并书面通知机动车管理部门。

第十六条 投保人不得解除机动车交通事故责任强制保险合同，但有下列情形之一的除外：

（一）被保险机动车被依法注销登记的；

（二）被保险机动车办理停驶的；

（三）被保险机动车经公安机关证实丢失的。

第十七条 机动车交通事故责任强制保险合同解除前，保险公司应当按照合同承担保险责任。

合同解除时，保险公司可以收取自保险责任开始之日起至合同解除之日止的保险费，剩余部分的保险费退还投保人。

第十八条 被保险机动车所有权转移的，应当办理机动车交通事故责任强制保险合同变更手续。

第十九条 机动车交通事故责任强制保险合同期满，投保人应当及时续保，并提供上一年度的保险单。

第二十条 机动车交通事故责任强制保险的保险期间为 1 年，但有下列情形之一的，投保人可以投保短期机动车交通事故责任强制保险：

（一）境外机动车临时入境的；

（二）机动车临时上道路行驶的；

（三）机动车距规定的报废期限不足 1 年的；

（四）国务院保险监督管理机构规定的其他情形。

第三章 赔 偿

第二十一条 被保险机动车发生道路交通事故造成本车人员、被保险人以外的受害人人身伤亡、财产损失的，由保险公司依法在机动车交通事故责任强制保险责任限额范围内予以赔偿。

道路交通事故的损失是由受害人故意造成的，保险公司不予赔偿。

第二十二条 有下列情形之一的，保险公司在机动车交通事故责任强制保险责任限额范围内垫付抢救费用，并有权向致害人追偿：

（一）驾驶人未取得驾驶资格或者醉酒的；

（二）被保险机动车被盗抢期间肇事的；

（三）被保险人故意制造道路交通事故的。

有前款所列情形之一，发生道路交通事故的，造成受害人的财产损失，保险公司不承担赔偿责任。

第二十三条 机动车交通事故责任强制保险在全国范围内实行统一的责任限额。责任限额分为死亡伤残赔偿限额、医疗费用赔偿限额、财产损失赔偿限额以及被保险人在道路交通事故中无责任的赔偿限额。

机动车交通事故责任强制保险责任限额由国务院保险监督管理机构会同国务院公安部门、国务院卫生主管部门、国务院农业主管部门规定。

第二十四条 国家设立道路交通事故社会救助基金（以下简称救助基金）。有下列情形之一时，道路交通事故中受害人人身伤亡的丧葬费用、部分或者全部抢救费用，由救助基金先行垫付，救助基金管理机构有权向道路交通事故责任人追偿：

（一）抢救费用超过机动车交通事故责任强制保险责任限额的；

（二）肇事机动车未参加机动车交通事故责任强制保险的；

（三）机动车肇事后逃逸的。

第二十五条 救助基金的来源包括：

（一）按照机动车交通事故责任强制保险的保险费的一定比例提取的资金；

（二）对未按照规定投保机动车交通事故责任强制保险的机动

车的所有人、管理人的罚款；

（三）救助基金管理机构依法向道路交通事故责任人追偿的资金；

（四）救助基金孳息；

（五）其他资金。

第二十六条 救助基金的具体管理办法，由国务院财政部门会同国务院保险监督管理机构、国务院公安部门、国务院卫生主管部门、国务院农业主管部门制定试行。

第二十七条 被保险机动车发生道路交通事故，被保险人或者受害人通知保险公司的，保险公司应当立即给予答复，告知被保险人或者受害人具体的赔偿程序等有关事项。

第二十八条 被保险机动车发生道路交通事故的，由被保险人向保险公司申请赔偿保险金。保险公司应当自收到赔偿申请之日起1日内，书面告知被保险人需要向保险公司提供的与赔偿有关的证明和资料。

第二十九条 保险公司应当自收到被保险人提供的证明和资料之日起5日内，对是否属于保险责任作出核定，并将结果通知被保险人；对不属于保险责任的，应当书面说明理由；对属于保险责任的，在与被保险人达成赔偿保险金的协议后10日内，赔偿保险金。

第三十条 被保险人与保险公司对赔偿有争议的，可以依法申请仲裁或者向人民法院提起诉讼。

第三十一条 保险公司可以向被保险人赔偿保险金，也可以直接向受害人赔偿保险金。但是，因抢救受伤人员需要保险公司支付或者垫付抢救费用的，保险公司在接到公安机关交通管理部门通知后，经核对应当及时向医疗机构支付或者垫付抢救费用。

因抢救受伤人员需要救助基金管理机构垫付抢救费用的，救助基金管理机构在接到公安机关交通管理部门通知后，经核对应当及时向医疗机构垫付抢救费用。

第三十二条 医疗机构应当参照国务院卫生主管部门组织制定的有关临床诊疗指南，抢救、治疗道路交通事故中的受伤人员。

第三十三条 保险公司赔偿保险金或者垫付抢救费用，救助基金管理机构垫付抢救费用，需要向有关部门、医疗机构核实有关情况的，有关部门、医疗机构应当予以配合。

第三十四条 保险公司、救助基金管理机构的工作人员对当事人的个人隐私应当保密。

第三十五条 道路交通事故损害赔偿项目和标准依照有关法律的规定执行。

第四章 罚 则

第三十六条 保险公司以外的单位或者个人，非法从事机动车交通事故责任强制保险业务的，由国务院保险监督管理机构予以取缔；构成犯罪的，依法追究刑事责任；尚不构成犯罪的，由国务院保险监督管理机构没收违法所得，违法所得20万元以上的，并处违法所得1倍以上5倍以下罚款；没有违法所得或者违法所得不足20万元的，处20万元以上100万元以下罚款。

第三十七条 保险公司违反本条例规定，有下列行为之一的，由国务院保险监督管理机构责令改正，处5万元以上30万元以下罚款；情节严重的，可以限制业务范围、责令停止接受新业务或者吊销经营保险业务许可证：

（一）拒绝或者拖延承保机动车交通事故责任强制保险的；

（二）未按照统一的保险条款和基础保险费率从事机动车交通事故责任强制保险业务的；

（三）未将机动车交通事故责任强制保险业务和其他保险业务分开管理，单独核算的；

（四）强制投保人订立商业保险合同的；

（五）违反规定解除机动车交通事故责任强制保险合同的；

（六）拒不履行约定的赔偿保险金义务的；

（七）未按照规定及时支付或者垫付抢救费用的。

第三十八条 机动车所有人、管理人未按照规定投保机动车交通事故责任强制保险的，由公安机关交通管理部门扣留机动车，通知机动车所有人、管理人依照规定投保，处依照规定投保最低责任限额应缴纳的保险费的2倍罚款。

机动车所有人、管理人依照规定补办机动车交通事故责任强制保险的，应当及时退还机动车。

第三十九条 上道路行驶的机动车未放置保险标志的，公安机关交通管理部门应当扣留机动车，通知当事人提供保险标志或者补办相应手续，可以处警告或者20元以上200元以下罚款。

当事人提供保险标志或者补办相应手续的，应当及时退还机动车。

第四十条 伪造、变造或者使用伪造、变造的保险标志，或者使用其他机动车的保险标志，由公安机关交通管理部门予以收缴，扣留该机动车，处200元以上2000元以下罚款；构成犯罪的，依法追究刑事责任。

当事人提供相应的合法证明或者补办相应手续的，应当及时退还机动车。

第五章 附 则

第四十一条 本条例下列用语的含义：

（一）投保人，是指与保险公司订立机动车交通事故责任强制保险合同，并按照合同负有支付保险费义务的机动车的所有人、管理人。

（二）被保险人，是指投保人及其允许的合法驾驶人。

（三）抢救费用，是指机动车发生道路交通事故导致人员受伤时，医疗机构参照国务院卫生主管部门组织制定的有关临床诊疗指南，对生命体征不平稳和虽然生命体征平稳但如果不采取处理措施会产生生命危险，或者导致残疾、器官功能障碍，或者导致病程明显延长的受伤人员，采取必要的处理措施所发生的医疗费用。

第四十二条　挂车不投保机动车交通事故责任强制保险。发生道路交通事故造成人身伤亡、财产损失的，由牵引车投保的保险公司在机动车交通事故责任强制保险责任限额范围内予以赔偿；不足的部分，由牵引车方和挂车方依照法律规定承担赔偿责任。

第四十三条　机动车在道路以外的地方通行时发生事故，造成人身伤亡、财产损失的赔偿，比照适用本条例。

第四十四条　中国人民解放军和中国人民武装警察部队在编机动车参加机动车交通事故责任强制保险的办法，由中国人民解放军和中国人民武装警察部队另行规定。

第四十五条　机动车所有人、管理人自本条例施行之日起 3 个月内投保机动车交通事故责任强制保险；本条例施行前已经投保商业性机动车第三者责任保险的，保险期满，应当投保机动车交通事故责任强制保险。

第四十六条　本条例自 2006 年 7 月 1 日起施行。

附　录

（一）典型案例[①]

赵春明等诉烟台市福山区汽车运输公司卫德平等机动车交通事故责任纠纷案[②]

（最高人民法院审判委员会讨论通过　2013 年 11 月 8 日发布）

【关键词】

民事 机动车交通事故 责任 套牌 连带责任

【裁判要点】

机动车所有人或者管理人将机动车号牌出借他人套牌使用，或者明知他人套牌使用其机动车号牌不予制止，套牌机动车发生交通事故造成他人损害的，机动车所有人或者管理人应当与套牌机动车所有人或者管理人承担连带责任。

【相关法条】

《中华人民共和国侵权责任法》第八条

《中华人民共和国道路交通安全法》第十六条

---

① 参见中国法制出版社编：《最高人民法院 最高人民检察院指导性案例全书（第 2 版）》，中国法制出版社 2022 年版。

② 最高人民法院指导案例 19 号。

【基本案情】

2008年11月25日5时30分许，被告林则东驾驶套牌的鲁F41××3货车在同三高速公路某段行驶时，与同向行驶的被告周亚平驾驶的客车相撞，两车冲下路基，客车翻滚致车内乘客冯永菊当场死亡。经交警部门认定，货车司机林则东负主要责任，客车司机周亚平负次要责任，冯永菊不负事故责任。原告赵春明、赵某某、冯某某、侯某某分别系死者冯永菊的丈夫、儿子、父亲和母亲。

鲁F41××3号牌在车辆管理部门登记的货车并非肇事货车，该号牌登记货车的所有人系被告烟台市福山区汽车运输公司（以下简称福山公司），实际所有人系被告卫德平，该货车在被告永安财产保险股份有限公司烟台中心支公司（以下简称永安保险公司）投保机动车第三者责任强制保险。

套牌使用鲁F41××3号牌的货车（肇事货车）实际所有人为被告卫广辉，林则东系卫广辉雇佣的司机。据车辆管理部门登记信息反映，鲁F41××3号牌登记货车自2004年4月26日至2008年7月2日，先后15次被以损坏或灭失为由申请补领号牌和行驶证。2007年8月23日卫广辉申请补领行驶证的申请表上有福山公司的签章。事发后，福山公司曾派人到交警部门处理相关事宜。审理中，卫广辉表示，卫德平对套牌事宜知情并收取套牌费，事发后卫广辉还向卫德平借用鲁F41××3号牌登记货车的保单去处理事故，保单仍在卫广辉处。

发生事故的客车的登记所有人系被告朱荣明，但该车辆几经转手，现实际所有人系周亚平，朱荣明对该客车既不支配也未从该车运营中获益。被告上海腾飞建设工程有限公司（以下简称腾飞公司）系周亚平的雇主，但事发时周亚平并非履行职务。该客车在中国人民财产保险股份有限公司上海市分公司（以下简称人保公司）投保了机动车第三者责任强制保险。

【裁判结果】

上海市宝山区人民法院于2010年5月18日作出（2009）宝民一（民）初字第1128号民事判决：一、被告卫广辉、林则东赔偿四原告丧葬费、精神损害抚慰金、死亡赔偿金、交通费、误工费、住宿费、被扶养人生活费和律师费共计396863元；二、被告周亚平赔偿四原告丧葬费、精神损害抚慰金、死亡赔偿金、交通费、误工费、住宿费、被扶养人生活费和律师费共计170084元；三、被告福山公司、卫德平对上述判决主文第一项的赔偿义务承担连带责任；被告卫广辉、林则东、周亚平对上述判决主文第一、二项的赔偿义务互负连带责任；四、驳回四原告的其余诉讼请求。宣判后，卫德平提起上诉。上海市第二中级人民法院于2010年8月5日作出（2010）沪二中民一（民）终字第1353号民事判决：驳回上诉，维持原判。

【裁判理由】

法院生效裁判认为：根据本案交通事故责任认定，肇事货车司机林则东负事故主要责任，而卫广辉是肇事货车的实际所有人，也是林则东的雇主，故卫广辉和林则东应就本案事故损失连带承担主要赔偿责任。永安保险公司承保的鲁F41××3货车并非实际肇事货车，其也不知道鲁F41××3机动车号牌被肇事货车套牌，故永安保险公司对本案事故不承担赔偿责任。根据交通事故责任认定，本案客车司机周亚平对事故负次要责任，周亚平也是该客车的实际所有人，故周亚平应对本案事故损失承担次要赔偿责任。朱荣明虽系该客车的登记所有人，但该客车已几经转手，朱荣明既不支配该车，也未从该车运营中获益，故其对本案事故不承担责任。周亚平虽受雇于腾飞公司，但本案事发时周亚平并非在为腾飞公司履行职务，故腾飞公司对本案亦不承担责任。至于承保该客车的人保公司，因死者冯永菊系车内人员，依法不适用机动车交通事故责任强制保险，故人保公司对本案不承担责任。另，卫广辉和林则东一方、周亚平一方虽各自应承担的责任比例有所不同，但车祸的发生系两方的共同侵权行为所致，故卫广辉、林则东对于周亚平的应负责任份额、周亚平对于卫广辉、林则东的应负责任份额，均应互负连带责任。

鲁 F41××3 货车的登记所有人福山公司和实际所有人卫德平，明知卫广辉等人套用自己的机动车号牌而不予阻止，且提供方便，纵容套牌货车在公路上行驶，福山公司与卫德平的行为已属于出借机动车号牌给他人使用的情形，该行为违反了《中华人民共和国道路交通安全法》等有关机动车管理的法律规定。将机动车号牌出借他人套牌使用，将会纵容不符合安全技术标准的机动车通过套牌在道路上行驶，增加道路交通的危险性，危及公共安全。套牌机动车发生交通事故造成损害，号牌出借人同样存在过错，对于肇事的套牌车一方应负的赔偿责任，号牌出借人应当承担连带责任。故福山公司和卫德平应对卫广辉与林则东一方的赔偿责任份额承担连带责任。

（二）相关文书

交通运输行政执法文书式样[①]

目　　录

① 载交通运输部网站，https：//xxgk. mot. gov. cn/2020/jigou/fgs/202107/t20210712_3611685. html，最后访问时间：2022 年 11 月 17 日。

（18）执行公告
（19）催告书
（20）行政强制执行决定书
（21）代履行决定书
（22）中止（终结、恢复）行政强制执行通知书
（23）送达回证
（24）结案报告

交通运输行政执法文书式样之一

立案登记表

案号：

<table>
<tr><td>案件来源</td><td colspan="7">□1. 在行政检查中发现的；
□2. 个人、法人及其他组织举报经核实的；
□3. 上级机关________________交办的；
□4. 下级机关________________报请查处的；
□5. 有关部门________________移送的；
□6. 其他途径发现的：________________</td></tr>
<tr><td>案由</td><td colspan="7"></td></tr>
<tr><td>受案时间</td><td colspan="7"></td></tr>
<tr><td rowspan="5">当事人基本情况</td><td rowspan="2">个人</td><td>姓 名</td><td></td><td>性　别</td><td></td><td>年　龄</td><td></td></tr>
<tr><td>住 址</td><td></td><td>身份证件号</td><td></td><td>联系电话</td><td></td></tr>
<tr><td rowspan="3">单位</td><td>名 称</td><td colspan="3"></td><td>法定代表人</td><td></td></tr>
<tr><td>地 址</td><td colspan="3"></td><td>联系电话</td><td></td></tr>
<tr><td colspan="2">统一社会信用代码</td><td colspan="4"></td></tr>
<tr><td>案件基本情况</td><td colspan="7"></td></tr>
<tr><td>立案依据</td><td colspan="3"></td><td>经办机构负责人意见</td><td colspan="3">签名：
年　　月　　日</td></tr>
<tr><td>负责人审批意见</td><td colspan="7">签名：
年　　月　　日</td></tr>
<tr><td>备注</td><td colspan="7"></td></tr>
</table>

交通运输行政执法文书式样之二

询 问 笔 录

案号：

时间：____年___月___日___时___分至___时___分 第____次询问

地点：____

询问人：__________________记录人：__________________

被询问人：________________与案件关系：________________

性别：____________________年龄：____________________

身份证件号：______________联系电话：________________

工作单位及职务：______________________________________

联系地址：____

我们是______________的执法人员________、________，这是我们的执法证件，执法证号分别是________、________，请你确认。现依法向你询问，请如实回答所问问题。执法人员与你有直接利害关系的，你可以申请回避。

问：你是否申请回避？

答：____

问：____

____

答：____

____

被询问人签名：　　　　　　　　　　询问人签名：

______________　　　　　　　　　　______________

交通运输行政执法文书式样之三

勘验笔录

案号：

案由：____

勘验时间：____年____月____日____时____分至____日____时____分

勘验场所：______________________天气情况：______________

勘验人：__________单位及职务：__________执法证号：________

勘验人：__________单位及职务：__________执法证号：________

当事人（当事人代理人）姓名：______性别：______年龄：______

身份证件号：______________________单位及职务：____________

住址：____________________________联系电话：______________

被邀请人：________________________单位及职务：____________

记录人：__________________________单位及职务：____________

勘验情况及结果：____

____

当事人或其代理人签名：______________勘验人签名：__________

被邀请人签名：____

记录人签名：__________

交通运输行政执法文书式样之四

现 场 笔 录

案号：

<table>
<tr><td>执法地点</td><td colspan="2"></td><td>执法时间</td><td colspan="2">年 月 日
时 分至 时 分</td></tr>
<tr><td rowspan="2">执法人员</td><td></td><td rowspan="2">执法证号</td><td></td><td rowspan="2">记录人</td><td rowspan="2"></td></tr>
<tr><td></td><td></td></tr>
<tr><td rowspan="5">现场人员基本情况</td><td>姓 名</td><td></td><td>性 别</td><td colspan="2"></td></tr>
<tr><td>身份证件号</td><td></td><td>与案件关系</td><td colspan="2"></td></tr>
<tr><td>单位及职务</td><td></td><td>联系电话</td><td colspan="2"></td></tr>
<tr><td>联系地址</td><td colspan="4"></td></tr>
<tr><td>车（船）号</td><td></td><td>车（船）型</td><td colspan="2"></td></tr>
<tr><td rowspan="4">主要内容</td><td colspan="5">现场情况：（如实施行政强制措施的，包括当场告知当事人采取行政强制措施的理由、依据以及当事人依法享有的权利、救济途径，听取当事人陈述、申辩情况。）
____
____
____
____________________</td></tr>
<tr><td colspan="5">☐上述笔录我已看过 ☐或已向我宣读过，情况属实无误。
现场人员签名：
时间：</td></tr>
<tr><td colspan="5">备注：</td></tr>
<tr><td colspan="5">执法人员签名： 时间：</td></tr>
</table>

交通运输行政执法文书式样之五

抽样取证凭证

案号：

<table>
<tr><td rowspan="7">当事人</td><td rowspan="2">个人</td><td>姓　　名</td><td></td><td>身份证件号</td><td></td></tr>
<tr><td>住　　址</td><td></td><td>联系电话</td><td></td></tr>
<tr><td rowspan="5">单位</td><td>名　　称</td><td colspan="3"></td></tr>
<tr><td>地　　址</td><td colspan="3"></td></tr>
<tr><td>联系电话</td><td></td><td>法定代表人</td><td></td></tr>
<tr><td>统一社会信用代码</td><td colspan="3"></td></tr>
</table>

抽样取证时间：___年___月___日___时___分至___月___日___时___分

抽样地点：__________________________________

抽样取证机关：__________________联系电话：________________

依据《中华人民共和国行政处罚法》第五十六条规定，对你（单位）的下列物品进行抽样取证。

序号	被抽样物品名称	规格及批号	数量	被抽样物品地点

当事人或其代理人签名：　　　　　　　执法人员签名：

____________________　　　　　　____________________

交通运输执法部门（印章）

年　　月　　日

备注：

（本文书一式两份：一份存根，一份交被抽样取证人或其代理人。）

交通运输行政执法文书式样之六

证据登记保存清单

案号：

<table>
<tr><td rowspan="6">当事人</td><td rowspan="2">个人</td><td>姓　　名</td><td></td><td>身份证件号</td><td></td></tr>
<tr><td>住　　址</td><td></td><td>联系电话</td><td></td></tr>
<tr><td rowspan="4">单位</td><td>名　　称</td><td colspan="3"></td></tr>
<tr><td>地　　址</td><td colspan="3"></td></tr>
<tr><td>联系电话</td><td></td><td>法定代表人</td><td></td></tr>
<tr><td colspan="2">统一社会信用代码</td><td colspan="2"></td></tr>
</table>

因调查________________________________一案，根据《中华人民共和国行政处罚法》第五十六条的规定，对你（单位）下列物品予以先行登记保存____日（自____年____月____日至____年____月____日）。在此期间，当事人或有关人员不得销毁或转移证据。

序号	证据名称	规格	数量	登记保存地点

当事人或其代理人签名：　　　　　　　　执法人员签名：

____________________　　　　　　　　____________________

交通运输执法部门（印章）

年　　月　　日

（本文书一式两份：一份存根，一份交当事人或其代理人。）

交通运输行政执法文书式样之七

解除证据登记保存决定书

案号：

当事人（个人姓名或单位名称）＿＿＿＿＿＿＿＿＿＿＿：

本机关依法于＿＿年＿＿月＿＿日对你（单位）采取了证据登记保存，《证据登记保存清单》案号为：＿＿＿＿＿＿＿＿。依照《中华人民共和国行政处罚法》第五十六条的规定，本机关决定自＿＿年＿＿月＿＿日起解除该证据登记保存。

交通运输执法部门（印章）

年　　月　　日

（本文书一式两份：一份存根，一份交当事人或其代理人。）

交通运输行政执法文书式样之八

行政强制措施决定书

案号：

<table>
<tr><td rowspan="6">当事人</td><td rowspan="2">个人</td><td>姓　　名</td><td></td><td>身份证件号</td><td></td></tr>
<tr><td>住　　址</td><td></td><td>联系电话</td><td></td></tr>
<tr><td rowspan="4">单位</td><td>名　　称</td><td colspan="3"></td></tr>
<tr><td>地　　址</td><td colspan="3"></td></tr>
<tr><td>联系电话</td><td></td><td>法定代表人</td><td></td></tr>
<tr><td colspan="2">统一社会信用代码</td><td colspan="2"></td></tr>
</table>

____年____月____日，你（单位）________________________________。依据____________________的规定，本机关决定对你（单位）的____________（财物、设施或场所的名称及数量）实施________________的行政强制措施，期限为____年____月____日至____年____月____日。

如果不服本决定，可以依法在六十日内向____________________________申请行政复议，或者在六个月内依法向____________________________人民法院提起行政诉讼，但本决定不停止执行，法律另有规定的除外。

交通运输执法部门（印章）

年　　月　　日

查封、扣押场所、设施、财物清单如下：

序号	查封、扣押场所、设施、财物名称	规格	数量	备注

其他说明：____

（本文书一式两份：一份存根，一份交当事人或其代理人。）

交通运输行政执法文书式样之九

延长行政强制措施期限通知书

案号：

当事人（个人姓名或单位名称）________________________：

因你（单位）______________________________________，本机关依法于______年_____月_____日对你（单位）采取了______________________的行政强制措施，行政强制措施决定书案号：______________________。

现因____，依据《中华人民共和国行政强制法》第二十五条的规定，决定延长行政强制措施期限至____年____月____日。

交通运输执法部门（印章）

年　　月　　日

（本文书一式两份：一份存根，一份交当事人或其代理人。）

交通运输行政执法文书式样之十

解除行政强制措施决定书

案号：

当事人（个人姓名或单位名称）__________________________：

因你（单位）____，本机关依法于____年____月____日对你（单位）采取了__________的行政强制措施，行政强制措施决定书案号：__________________。

依照《中华人民共和国行政强制法》第二十八条第一款第____项的规定，本机关决定自____年____月____日起解除该行政强制措施。

交通运输执法部门（印章）

年　　月　　日

退还财物清单如下：

序号	退还财物名称	规格	数量	备注

经当事人（代理人）查验，退还的财物与查封、扣押时一致，查封、扣押期间没有使用、丢失和损坏现象。

（本文书一式两份：一份存根，一份交当事人或其代理人。）

交通运输行政执法文书式样之十一

违法行为通知书

案号：

当事人（个人姓名或单位名称）________________________：

经调查，本机关认为你（单位）________________________行为，违反了________________的规定，依据____________________的规定，本机关拟作出______________________________处罚决定。

□根据《中华人民共和国行政处罚法》第四十四条、第四十五条的规定，你（单位）如对该处罚意见有异议，可向本机关提出陈述申辩，本机关将依法予以核实。

□根据《中华人民共和国行政处罚法》第六十三条、第六十四条的规定，你（单位）有权在收到本通知书之日起五日内向本机关要求举行听证；逾期不要求举行听证的，视为你（单位）放弃听证的权利。

（注：在序号前□内打“√”的为当事人享有该权利。）

联系地址：______________________邮编：____________________

联系人：________________________联系电话：________________

交通运输执法部门（印章）

年　　月　　日

（本文书一式两份：一份存根，一份交当事人或其代理人。）

交通运输行政执法文书式样之十二

听证通知书

案号：

当事人（个人姓名或单位名称）________________________：

根据你（单位）申请，关于________________________一案，现定于____年____月____日____时在________________________（公开、不公开）举行听证会议，请准时出席。

听证主持人姓名：__________________职务：__________________

听证员姓名：______________________职务：__________________

记录员姓名：______________________职务：__________________

根据《中华人民共和国行政处罚法》第六十四条规定，你（单位）可以申请听证主持人、听证员、记录员回避。

注意事项如下：

1. 请事先准备相关证据，通知证人和委托代理人准时参加。

2. 委托代理人参加听证的，应当在听证会前向本机关提交授权委托书等有关证明。

3. 申请延期举行的，应当在举行听证会前向本行政机关提出，由本机关决定是否延期。

4. 当事人及其代理人无正当理由拒不出席听证或者未经许可中途退出听证的，视为放弃听证权利。

特此通知。

联系地址：______________________邮编：____________________

联系人：________________________联系电话：________________

交通运输执法部门（印章）

年　　月　　日

（本文书一式两份：一份存根，一份交当事人或其代理人。）

交通运输行政执法文书式样之十三

听 证 笔 录

案号：

案件名称：＿＿＿＿＿＿＿＿＿＿＿＿＿＿＿＿＿＿＿＿＿＿＿＿＿＿＿＿

主持听证机关：＿＿＿＿＿＿＿＿＿＿＿＿＿＿＿＿＿＿＿＿＿＿＿＿＿＿

听证地点：＿＿＿＿＿＿＿＿＿＿＿＿＿＿＿＿＿＿＿＿＿＿＿＿＿＿＿＿

听证时间：＿＿＿年＿＿月＿＿日＿＿时＿＿分至＿＿＿年＿＿月＿＿日＿＿时＿＿分

主持人：＿＿＿＿＿＿＿＿＿＿＿＿＿听证员：＿＿＿＿＿＿＿＿＿＿

记录员：＿＿＿＿＿＿＿＿＿＿＿＿＿＿＿＿＿＿＿＿＿＿＿＿＿＿＿＿

执法人员：＿＿＿＿＿＿＿＿＿＿＿执法证号：＿＿＿＿＿＿＿＿＿＿

＿＿＿＿＿＿＿＿＿＿＿执法证号：＿＿＿＿＿＿＿＿＿＿

当事人：＿＿＿＿＿＿法定代表人：＿＿＿＿＿＿联系电话：＿＿＿＿

委托代理人：＿＿＿性别：＿＿年龄：＿＿工作单位及职务：＿＿＿

第三人：＿＿＿＿＿＿性别：＿＿年龄：＿＿工作单位及职务：＿＿＿

其他参与人员：＿＿性别：＿＿年龄：＿＿工作单位及职务：＿＿＿

听证记录：＿＿＿＿＿＿＿＿＿＿＿＿＿＿＿＿＿＿＿＿＿＿＿＿＿＿＿＿

＿＿＿＿＿＿＿＿＿＿＿＿＿＿＿＿＿＿＿＿＿＿＿＿＿＿＿＿＿＿＿＿＿

当事人或其代理人签名：　　　　主持人及听证员签名：＿＿＿＿＿＿

＿＿＿＿＿＿＿＿＿＿＿＿＿＿　　记录员签名：＿＿＿＿＿＿＿＿＿＿

其他听证参加人签名：

＿＿＿＿＿＿＿＿＿＿＿＿＿＿

交通运输行政执法文书式样之十四

当场行政处罚决定书

案号：

<table>
<tr><td rowspan="6">当事人</td><td rowspan="2">个人</td><td>姓　　名</td><td></td><td>身份证件号</td><td></td></tr>
<tr><td>住　　址</td><td></td><td>联系电话</td><td></td></tr>
<tr><td rowspan="4">单位</td><td>名　　称</td><td colspan="3"></td></tr>
<tr><td>地　　址</td><td colspan="3"></td></tr>
<tr><td>联系电话</td><td></td><td>法定代表人</td><td></td></tr>
<tr><td colspan="2">统一社会信用代码</td><td colspan="2"></td></tr>
</table>

违法事实及证据：____

____

你（单位）的行为违反了____________________的规定，依据____________________的规定，决定给予____________________的行政处罚。

罚款的履行方式和期限（见打√处）：

□当场缴纳。

□自收到本决定书之日起十五日内缴至____________，账号__________，到期不缴纳罚款的，本机关可以每日按罚款数额的百分之三加处罚款，加处罚款的数额不超过罚款本数。

如果不服本处罚决定，可以在六十日内依法向____________________申请行政复议，或者在六个月内依法向________________人民法院提起行政诉讼，但本决定不停止执行，法律另有规定的除外。逾期不申请行政复议、不提起行政诉讼又不履行的，本机关将依法申请人民法院强制执行。

处罚前已口头告知当事人拟作出处罚的事实、理由和依据，并告知当事人依法享有的陈述权和申辩权。

当场行政处罚地点：____

当事人或其代理人签名：　　　　　　执法人员签名：

________________________　　　　________________、________________

交通运输执法部门（印章）

年　　月　　日

（本文书一式两份：一份存根，一份交当事人或其代理人。）

交通运输行政执法文书式样之十五

行政处罚决定书

案号：

<table>
<tr><td rowspan="7">当事人</td><td rowspan="2">个人</td><td>姓　　名</td><td></td><td>身份证件号</td><td></td></tr>
<tr><td>住　　址</td><td></td><td>联系电话</td><td></td></tr>
<tr><td rowspan="5">单位</td><td>名　　称</td><td colspan="3"></td></tr>
<tr><td>地　　址</td><td colspan="3"></td></tr>
<tr><td>联系电话</td><td></td><td>法定代表人</td><td></td></tr>
<tr><td colspan="2">统一社会信用代码</td><td colspan="2"></td></tr>
</table>

违法事实及证据：____
____
____
____

你（单位）的行为违反了________________________________
__________的规定，依据__________________________的规定，决定给予__________的行政处罚。

处以罚款的，自收到本决定书之日起十五日内缴至______________，账号__________，到期不缴纳罚款的，本机关可以每日按罚款数额的百分之三加处罚款，加处罚款的数额不超过罚款本数。

其他执行方式和期限：__________________________________
____。

如果不服本处罚决定，可以在六十日内依法向________________申请行政复议，或者在六个月内依法向__________人民法院提起行政诉讼，但本决定不停止执行，法律另有规定的除外。逾期不申请行政复议、不提起行政诉讼又不履行的，本机关将依法申请人民法院强制执行。

交通运输执法部门（印章）

年　　月　　日

（本文书一式两份：一份存根，一份交当事人或其代理人。）

交通运输行政执法文书式样之十六

责令改正违法行为通知书

案号：

当事人（个人姓名或单位名称）______________________：

经调查，你（单位）存在下列违法事实：____。

根据________________________的规定，现责令你（单位）

□立即予以改正。

□在_____年____月____日前改正或者整改完毕。

如果不服本决定，可以在六十日内依法向__________申请行政复议，或者在六个月内依法向__________人民法院提起行政诉讼。

当事人或其代理人签名：　　　　　　执法人员签名：

______________________　　　　　　______________________

交通运输执法部门（印章）

年　　月　　日

（本文书一式两份：一份存根，一份交当事人或其代理人。）

交通运输行政执法文书式样之十七

分期（延期）缴纳罚款通知书

案号：

当事人（个人姓名或单位名称）＿＿＿＿＿＿＿＿＿＿＿＿＿：

＿＿年＿＿月＿＿日，本机关对你（单位）送达了＿＿＿＿＿＿＿＿＿＿＿＿＿（案号）《行政处罚决定书》，作出了对你（单位）罚款＿＿＿＿＿＿＿（大写）的行政处罚决定，根据你（单位）的申请，本机关依据《中华人民共和国行政处罚法》第六十六条的规定，现决定：

□同意你（单位）延期缴纳罚款。延长至＿＿年＿＿月＿＿日。

□同意你（单位）分期缴纳罚款。第＿＿期至＿＿年＿＿月＿＿日前，缴纳罚款＿＿＿＿＿＿＿＿＿＿＿＿＿＿＿＿元（大写）（每期均应当单独开具本文书）。此外，尚有未缴纳的罚款＿＿＿＿＿＿元（大写）。

□由于＿＿＿＿＿＿＿＿＿＿＿＿＿＿＿＿＿＿＿＿＿＿＿＿＿＿＿＿＿，因此，本机关认为你的申请不符合《中华人民共和国行政处罚法》第六十六条的规定，不同意你（单位）分期（延期）缴纳罚款。

代收机构以本通知书为据，办理收款手续。

交通运输执法部门（印章）

年　　月　　日

（本文书一式两份：一份存根，一份交当事人或其代理人。）

交通运输行政执法文书式样之十八

执 行 公 告

案号：

________________________一案，本机关于____年____月____日依法作出了_________________________的决定，决定书案号为____。

依据《中华人民共和国行政强制法》第四十四条的规定，现责令当事人____立即停止违法行为并于____年____月____日____时前自行拆除违法的建筑物、构筑物、设施等。当事人在法定期限内不申请行政复议或者提起行政诉讼，又不拆除的，本机关将依法强制拆除。

特此公告。

交通运输执法部门（印章）

年　　月　　日

交通运输行政执法文书式样之十九

催　告　书

案号：

当事人（个人姓名或单位名称）______________________：

因你（单位）______________________，本机关于____年____月____日作出了_______的决定，决定书案号为___________。你（单位）逾期未履行义务，根据《中华人民共和国行政强制法》第三十五条和第五十四条的规定，现就有关事项催告如下，请你（单位）按要求履行：

1. 履行标的：______________________________________

2. 履行期限：______________________________________

3. 履行方式：______________________________________

4. 履行要求：______________________________________

5. 其他事项：______________________________________

你（单位）逾期仍不履行的，本机关将依法采取以下措施：

□1. 到期不缴纳罚款的，每日按罚款数额的百分之三加处罚款。

□2. 根据法律规定，将查封、扣押的财物拍卖抵缴罚款。

□3. 申请人民法院强制执行。

□4. 依法代履行或者委托第三人：_______________代履行。

□5. 其他强制执行方式：___________________________。

你（单位）可向本机关进行陈述或申辩，本机关将依法核实。

交通运输执法部门（印章）

年　　月　　日

（本文书一式两份：一份存根，一份交当事人或其代理人。）

交通运输行政执法文书式样之二十

行政强制执行决定书

案号：

<table>
<tr><td rowspan="6">当事人</td><td rowspan="2">个人</td><td>姓　　名</td><td></td><td>身份证件号</td><td></td></tr>
<tr><td>住　　址</td><td></td><td>联系电话</td><td></td></tr>
<tr><td rowspan="4">单位</td><td>名　　称</td><td colspan="3"></td></tr>
<tr><td>地　　址</td><td colspan="3"></td></tr>
<tr><td>联系电话</td><td></td><td>法定代表人</td><td></td></tr>
<tr><td>统一社会信用代码</td><td colspan="3"></td></tr>
</table>

因你（单位）逾期未履行本机关关于____年____月____日作出的____________________决定，决定书案号为____________。经本机关催告后，你（单位）在规定期限内仍未履行行政决定。依据____________________的规定，本机关将立即于____年____月____日强制执行：________________________________（强制执行方式）。

如不服本决定，可以在收到本决定书之日起六十日内向____________________申请行政复议或者在六个月内依法向__________人民法院提起行政诉讼。

交通运输执法部门（印章）

年　　月　　日

（文书一式两份：一份存根，一份交当事人或其代理人。）

交通运输行政执法文书式样之二十一

代履行决定书

案号：

<table>
<tr><td rowspan="6">当事人</td><td rowspan="2">个人</td><td>姓　　名</td><td></td><td>身份证件号</td><td></td></tr>
<tr><td>住　　址</td><td></td><td>联系电话</td><td></td></tr>
<tr><td rowspan="4">单位</td><td>名　　称</td><td colspan="3"></td></tr>
<tr><td>地　　址</td><td colspan="3"></td></tr>
<tr><td>联系电话</td><td></td><td>法定代表人</td><td></td></tr>
<tr><td>统一社会信用代码</td><td colspan="3"></td></tr>
</table>

因你（单位）______________________________，

□1. 本机关于____年____月____日作出了____________________决定，决定书案号为______________。经本机关催告后仍不履行，因其后果已经或者将危害交通安全、造成环境污染或者破坏自然资源。依据《中华人民共和国行政强制法》第五十条以及______________________________的规定，

□2. 需要立即清除道路、河道、航道或者公共场所的遗洒物、障碍物或者污染物，因你（单位）不能清除，依据《中华人民共和国行政强制法》第五十二条以及____________________的规定，

本机关依法作出代履行决定如下：

1. 代履行人 ：□本机关　　□第三人：________________________

2. 代履行标的：______________________________________

3. 代履行时间和方式：________________________________

4. 代履行费用（预算）：______________________________

请你（单位）在收到本决定书后________日内预付代履行预算费用（开户行：____________账号：____________）。代履行费用据实决算后，多退少补。

如不服本决定，可以在收到本决定书之日起六十日内向______________申请行政复议或者在六个月内依法向____________人民法院提起行政诉讼。

交通运输执法部门（印章）

年　　月　　日

（本文书一式两份：一份存根，一份交当事人或其代理人。）

交通运输行政执法文书式样之二十二

中止（终结、恢复）行政强制执行通知书

案号：

当事人（个人姓名或单位名称）＿＿＿＿＿＿＿＿＿＿＿＿＿：

＿＿＿＿＿＿＿＿＿＿＿＿＿＿＿＿＿＿＿＿＿一案，本机关于＿＿年＿＿月＿＿日依法作出了行政强制执行决定，并向你（单位）送达了《行政强制执行决定书》（案号：＿＿＿＿＿＿）。

□1. 现因＿＿＿＿＿＿＿＿＿＿＿＿＿＿＿＿＿＿＿＿＿＿＿，根据《中华人民共和国行政强制法》第三十九条第一款的规定，本机关决定自＿＿年＿＿月＿＿日起中止该行政强制执行。中止执行的情形消失后，本机关将恢复执行。

□2. 现因＿＿＿＿＿＿＿＿＿＿＿＿＿＿＿＿＿＿＿＿＿＿＿，根据《中华人民共和国行政强制法》第四十条的规定，本机关决定终结执行。

□3. 你（单位）＿＿＿＿＿＿＿＿＿＿＿＿＿＿＿＿＿＿一案，本机关于＿＿年＿＿月＿＿日决定中止执行，现中止执行的情形已消失，根据《中华人民共和国行政强制法》第三十九第二款的规定，决定从即日恢复强制执行。

□4. 本机关于＿＿年＿＿月＿＿日与你（单位）达成执行协议，因你（单位）不履行执行协议，根据《中华人民共和国行政强制法》第四十二条第二款的规定，决定从即日恢复强制执行。

特此通知。

交通运输执法部门（印章）

年　　月　　日

（本文书一式两份：一份存根，一份交当事人或其代理人。）

交通运输行政执法文书式样之二十三

送达回证

案号：

案由：________________________

<table>
<tr><td>送达单位</td><td colspan="5"></td></tr>
<tr><td>受送达人</td><td colspan="5"></td></tr>
<tr><td>代收人</td><td colspan="5"></td></tr>
<tr><td>送达文书名称、文号</td><td>收件人签名
（盖章）</td><td>送达地点</td><td>送达日期</td><td>送达方式</td><td>送达人</td></tr>
<tr><td></td><td></td><td></td><td></td><td></td><td></td></tr>
<tr><td></td><td></td><td></td><td></td><td></td><td></td></tr>
<tr><td></td><td></td><td></td><td></td><td></td><td></td></tr>
<tr><td></td><td></td><td></td><td></td><td></td><td></td></tr>
<tr><td></td><td></td><td></td><td></td><td></td><td></td></tr>
<tr><td></td><td></td><td></td><td></td><td></td><td></td></tr>
<tr><td></td><td></td><td></td><td></td><td></td><td></td></tr>
<tr><td colspan="6">交通运输执法部门（印章）
年　　月　　日</td></tr>
<tr><td colspan="6">备注：</td></tr>
</table>

交通运输行政执法文书式样之二十四

结 案 报 告

案号：

案由：＿＿＿＿＿＿＿＿＿＿＿＿＿＿

<table>
<tr><td rowspan="5">当事人基本情况</td><td>个人</td><td></td><td>年龄</td><td></td><td>性别</td><td></td></tr>
<tr><td>所在单位</td><td></td><td>联系地址</td><td colspan="3"></td></tr>
<tr><td>联系电话</td><td></td><td>邮编</td><td colspan="3"></td></tr>
<tr><td>单位</td><td></td><td>地址</td><td colspan="3"></td></tr>
<tr><td>法定代表人</td><td></td><td>职务</td><td colspan="3"></td></tr>
<tr><td>处理结果</td><td colspan="6"></td></tr>
<tr><td>执行情况</td><td colspan="6"></td></tr>
<tr><td>经办机构负责人意见</td><td colspan="6">签名：
年　月　日</td></tr>
<tr><td>负责人审批意见</td><td colspan="6">签名：
年　月　日</td></tr>
</table>

图书在版编目（CIP）数据

道路交通安全法律政策全书：含法律、法规、司法解释、典型案例及相关文书 / 中国法制出版社编 .—北京：中国法制出版社，2023. 1

（法律政策全书系列）

ISBN 978-7-5216-3091-6

Ⅰ. ①道… Ⅱ. ①中… Ⅲ. ①道路交通安全法-汇编-中国 Ⅳ. ①D922. 296. 9

中国版本图书馆 CIP 数据核字（2022）第 208770 号

策划编辑：王熹　吕静云　　责任编辑：王熹　　封面设计：周黎明

道路交通安全法律政策全书：含法律、法规、司法解释、典型案例及相关文书

DAOLU JIAOTONG ANQUAN FALÜ ZHENGCE QUANSHU：HAN FALÜ、FAGUI、SIFA JIESHI、DIANXING ANLI JI XIANGGUAN WENSHU

编者/中国法制出版社

经销/新华书店

印刷/三河市国英印务有限公司

开本/880 毫米×1230 毫米　32 开　　印张/ 21. 25　字数/ 445 千

版次/2023 年 1 月第 1 版　　2023 年 1 月第 1 次印刷

中国法制出版社出版

书号 ISBN 978-7-5216-3091-6　　定价：69. 00 元

北京市西城区西便门西里甲 16 号西便门办公区

邮政编码：100053　　传真：010-63141600

网址：http：//www. zgfzs. com　　**编辑部电话：010-63141795**

市场营销部电话：010-63141612　　**印务部电话：010-63141606**

（如有印装质量问题，请与本社印务部联系。）